Shulamith Shahar

Kindheit im Mi

W0362978

Shulamith Shahar

Kindheit im Mittelalter

Deutsch von Barbara Brumm

Patmos

Die hebräische Originalausgabe erschien 1990 bei
Dvir Publishing House, Tel Aviv.
Die deutsche Übersetzung erfolgte nach der autorisierten
englischen Ausgabe, die 1990 bei Routledge, London, erschien.
© 1990 Shulamith Shahar

Die Deutsche Bibliothek – CIP-Einheitsaufnahme
Ein Titeldatensatz für diese Publikation ist bei
Der Deutschen Bibliothek erhältlich.

© 1991 Artemis & Winkler Verlag
© ppb-Ausgabe 2002
Patmos Verlag GmbH & Co. KG, Düsseldorf
Alle Rechte, einschließlich derjenigen des auszugsweisen
Abdrucks sowie der fotomechanischen und elektronischen
Wiedergabe, vorbehalten.
Umschlaggestaltung: Volker Butenschön, Lüneburg
Druck und Bindung: Wiener Verlag, A-Himberg
ISBN 3-491-69059-5
www.patmos.de

Inhalt

Vorwort

Den Anstoß zu dem vorliegenden Werk gab mir meine Beschäftigung mit der Geschichte der Frau im Mittelalter.[1] In meinem gleichnamigen Buch erörterte ich in den Kapiteln über »Verheiratete Frauen«, »Edelfrauen«, »Städterinnen« und »Bäuerinnen« die Rolle der Frau als Mutter und Erzieherin, dabei ging es jedoch vornehmlich um die erwachsene Frau und nicht um deren Kindheit oder ihren Nachwuchs. Am Beginn meiner Forschungen über die Frau im Mittelalter stand ich noch ganz unter dem Einfluß von Philippe Ariès' *Geschichte der Kindheit*[2] und hatte seine Theorien über den Begriff der Kindheit und die Einstellung zu Kindern in Westeuropa vom Mittelalter bis heute weitgehend übernommen. Zwar hegte ich erste Zweifel an seinen Annahmen, im Rahmen eines Buchs über die Frau im Mittelalter war es mir jedoch nicht möglich, der Sache auf den Grund zu gehen. So äußerte ich nur wenige Vorbehalte gegenüber einigen seiner Thesen.[3] Nach Abschluß des Buches *Die Frau im Mittelalter* erforschte ich die Kindheit im Mittelalter und konnte mich mit Ariès' Theorien eingehend auseinandersetzen.

Zeitlich umfaßt das vorliegende Buch das Hoch- und Spätmittelalter (1100–1425). Auf die davor liegende Zeit habe ich mich nur bezogen, um die Urprünge von Ideen und Bräuchen darzulegen. Geographisch umfaßt diese Studie Westeuropa – d. h. die Länder, in denen die Gebildeten Latein sprachen, die westliche Form des Feudalismus vorherrschte, materielle Kultur und sozioökonomische Struktur ähnlich waren und in denen der christliche (katholische) Glaube dominierte. Auf Basis dieser Gemeinsamkeiten gab es zwischen den verschiedenen Ländern und sogar zwischen verschiedenen Regionen in ein und demselben Land Unterschiede in der Art der Feudalherrschaft, im Gewohnheitsrecht, in der Familienstruktur und der Kultur der unteren Schichten. Auch waren Bevölkerungsentwicklung und wirtschaftliche Bedingungen nicht in allen Gegenden gleich (obwohl ab dem 11. Jahrhundert zunächst in ganz Westeuropa ein demographischer und wirtschaftlicher Aufschwung und später nach der Pest des Jahres 1348 und anderen Seuchen Wirtschaftskrisen und Bevölkerungsrückgang zu verzeichnen waren). In Anbetracht dieser Tatsachen gab es unterschiedliche Bedingungen für das Aufziehen der Kinder, deren Erziehung und Sozialisation, denen ich hier allerdings nicht im einzelnen nachgehen konnte. Ein Buch über die Kindheit im Mittelalter befaßt sich selbstverständlich vorwiegend mit den charakteristischen Merkmalen und bemüht sich um ein Gesamtbild, dadurch treten die lokalen Besonderheiten eher in den Hintergrund. In künftigen Regionalstudien werden die Unterschiede im lokalen Brauchtum genauer erforscht werden, die in diesem Buch nicht ausführlich zur Sprache kommen. Der Begriff, den die Gelehrten von der Kindheit hatten, die Auffassung von der Kindheit als eigenständiger Entwicklungsphase, und die Normen, die die Autoren didaktischer Werke propagierten, waren jedenfalls überall die gleichen, ob auf Lateinisch oder in der Volkssprache abgefaßt. Auch gab es keine wesentlichen Unterschiede zwischen weltlichen und Kirchenschriftstellern. (Ein Großteil der didaktischen Literatur wurde von Bettelmönchen verfaßt, die einem internationalen Orden angehörten und von einem Ort zum anderen zogen.) Die gegebenen theoretischen und methodischen Unterschiede verdanken sich der Art des Werks (ob mehr theoretischer oder didaktischer Natur) bzw. dem Standpunkt des Autors.

Meinen Tel Aviver Studentinnen und Studenten möchte ich für die rege Teilnahme an meinen Seminaren über verschiedene Aspekte der Kindheit im Mittelalter danken. Ihre Fragen und kritischen Anmerkungen waren mir eine große Hilfe. Ferner gilt mein Dank meiner Schülerin Jael Waldman, die mich auf skandinavische Quellen zur Kindheit im Mittelalter aufmerksam gemacht hat; meiner Freundin Dr. Miri Rubin, mit der ich über verschiedene Forschungsprobleme diskutiert habe und die mich auf Quellen sowie auf spezielle Sekundärliteratur zur Geschichte der Kindheit hingewiesen hat; dem Psychologen Professor Zvi Giora, der das Manuskript kritisch gelesen und mir wichtige Hinweise gegeben hat, sowie meinen Freunden und Kollegen Dr. Ron Barkai und Professor Zvi Razi, die das Manuskript durchgesehen und mich auf wichtige Quellen hingewiesen haben. Als Stipendiatin des Clare Hall College in Cambridge konnte ich ein Jahr unter idealen Bedingungen forschen und von den fruchtbaren Diskussionen mit den Kollegen in dieser äußerst anregenden Umgebung profitieren.

Shulamith Shahar

Die Einstellung zur Zeugung und das Bild des Kindes in der Kultur des Mittelalters

Die Haltung des Christentums zur Zeugung von Kindern war ambivalent. Die Askese galt als die christlichere Lebensweise, Priester, Mönche und Nonnen, die ihr ganzes Leben Gott weihten, entsagten den Freuden des Familienlebens, aber auch den Leiden. Gibt es ein drückenderes Joch als das eines Menschen, der nicht Herr über seinen eigenen Körper ist? Gibt es ein beschwerlicheres Leben als das eines Mannes, der täglich mühselig für Frau und Kinder sorgen muß? Gibt es ein Leben, das der Anbetung Gottes weniger förderlich ist als das eines Mannes, der durch so viele zarte Bande an die Welt gebunden ist?[1] Diese Fragen stellte Abaelard in einer seiner Predigten, nachdem er Mönch geworden war. Bernhard von Morlas, der gleichfalls im 12. Jahrhundert schrieb, betrachtete das starke Bevölkerungswachstum seiner Zeit mit Sorge. Ständig wachse die Horde gottloser Menschen, die nur wegen ihrer grenzenlosen Fleischeslust heirate und sich hemmungslos vermehre.[2] Eine Heilige habe sich gegen die Verlockungen Satans zur Wehr setzen müssen, der sie in Versuchung führen wollte, Kinder zur Welt zu bringen, schrieb ihr Biograph. Kinder seien eine Quelle des Glücks, doch stammten diese Freuden von Satan, der für seine Zwecke sogar die Heilige Schrift »Seid fruchtbar und vermehrt Euch« (Gen 1,22; 9,7) zitiere.[3]

Einige weltliche Schriftsteller, die Unterweisungsbücher für Frauen verfaßten, ignorierten einfach das Thema Kinder bzw. die mit Geburt und Erziehung verbundenen Probleme. Wie die Frau ihre Keuschheit bewahren und ihre ehelichen Pflichten erfüllen soll, wird in allen Einzelheiten beschrieben; ihre Pflichten als Mutter werden jedoch entweder überhaupt nicht oder nur kurz beiläufig erwähnt. Der Akzent liegt eindeutig auf der Rolle der Ehefrau und nicht auf der der Mutter.

Sinn und Zweck der platonischen oder rein sinnlichen Liebe, die in der höfischen Literatur gepriesen wurde, war ohnehin nie die Zeugung.

Manchmal wird in der weltlichen Literatur mehr oder weniger ernsthaft jedoch noch ein Argument vorgebracht, warum Kinder »eine schwere Strafe« seien.[4] Nicht weil sie die Frucht der Fleischeslust seien, und auch nicht weil sie den Menschen an der totalen Hingabe an Gott hindern, sondern weil sie Kummer und Sorgen bereiten, Geld kosten, Leiden verursachen und Männer zu Sklaven ihrer Ehefrauen machen. (Die Schriftsteller sind fast ausnahmslos Männer.) So schreibt ein Satiriker: »Weder das kleine noch das mittlere noch das große Kind kann man lieben. Das Kleinkind ist schwer aufzuziehen, und es läßt die Leute nachts nicht schlafen. Das mittlere Kind geht die Straße hinunter und muß vor Pferd und Wagen geschützt werden. Das ältere Kind streitet mit den Eltern um die Erbschaft und muß aus dem Wirtshaus geholt werden.«[5]

Und der pessimistische Dichter des Spätmittelalters, Eustache Deschamps, schreibt: »Glücklich, wer keine Kinder hat, denn kleine Kinder sind nur Geschrei und Gestank, Mühe und Sorge; sie müssen gekleidet, beschuht, gefüttert werden; immer sind sie in Gefahr zu fallen oder sich zu verletzen. Sie werden krank und sterben, oder werden groß und schlecht; sie kommen ins Gefängnis. Nichts als Mühe und Verdruß, kein Glück vergilt die Sorgen, Anstrengungen und Kosten der Erziehung. Kein größeres Unglück als mißgestaltete Kinder zu haben.«[6]

Abaelard zufolge zitierte Heloïse, als sie ihn von der Entscheidung, sie zu heiraten, abbringen wollte, nicht nur die Argumente des heiligen Paulus, der Kirchenväter und der antiken Philosophen gegen die Ehe, sondern führte ihm auch die Lebensweise eines verheirateten Philosophen mit Kindern vor Augen: »Wie soll das zusammengehen: Scholaren mit Zofen, Studierzimmer mit Wiege, Bücher oder Schreibtafeln mit Spinnrocken, Schreibrohre oder Griffel mit Spindeln? Wer, der über die heiligen und philosophischen Texte meditiert, kann schließlich das Geplärre der Kinder, den Singsang der Ammen, die sie zu beruhigen suchen, und die lärmende Schar des männlichen und weiblichen Gesindes aushalten? Wer könnte auch die garstigen und unaufhörlichen Schmutzereien der Kleinkinder ertragen?«[7] Im Hochmittelalter war die Sekte der Katharer die einzige, die für strenge Askese eintrat und sexuelle Beziehungen und Kinder eindeutig ablehnte. Die Tatsache, daß Theologen und Autoren moralischer Abhandlungen die Enthaltsamkeit als das höchste Gut darstellten, ermöglichte es den oben genannten (und anderen) weltlichen Autoren jedoch, über das Schicksal derer, die Kinder zeugten und erzogen, so zu schreiben, wie sie es taten, ohne befürchten zu müssen, man könnte sie des Ketzertums bezichtigen.

Einige Geistliche plädierten außerdem nicht nur für Enthaltsamkeit, sondern hielten die Liebe der Eltern zu ihren Kindern auch nicht für deren wichtigste Aufgabe. Die Prediger und Autoren moralischer Schriften rügten Eltern, die ihre Kinder verwöhnten und mit den ehrgeizigen Plänen für ihren Nachwuchs die Sünde des Stolzes begingen. Um alle Bedürfnisse ihrer Kinder zu erfüllen und ihnen eine sorgenfreie Zukunft zu garantieren, verschwendeten solche Eltern ihre Zeit mit mühseliger Arbeit, versagten sich sogar das Essen, verpfändeten ihren Besitz und liehen sich Geld. Einige seien nicht einmal in der Lage, ihre Schulden zurückzuzahlen, oder würden sogar stehlen. Sie zahlten den Zehnten nicht und gäben den Armen keine Almosen. Die Kinder wurden nicht nur als Quelle von Leid und Kummer dargestellt, sondern auch als Hindernis – sie hielten die Eltern davon ab, Gutes zu tun, und ließen sie zu Zeiten sogar Sünden begehen. Auf der anderen Seite »spenden jene, die keinen Nachwuchs haben, ihr Geld der Kirche und geben den Armen Almosen«, schreibt einer der Autoren.[8] In dem volkstümlichen *Buch Sidrach* fragt der König den Weisen Sidrach: »Wie lieb soll man die Kinder haben?« Dieser antwortet: »Gott allein soll man mehr lieben als sich selbst; und danach sein Weib und danach seine Kinder.« Wer seine Kinder, »die Frucht unseres Leibes«, mehr als sich selbst liebt, gibt seine ganze Kraft und sein Geld zu ihrer Unterstützung und für ihren Kenntnisfortschritt aus und tut nichts zur Rettung der eigenen Seele.[9] Von dem Glauben beseelt, daß die totale Hingabe an Gott das höchste Gut ist, und unter Berufung auf die Worte Christi im Evangelium – »und wer Sohn oder Tochter mehr liebt als mich, ist meiner nicht würdig« (Mt 10,37) – lobten Kirchenschriftsteller Frauen und Männer, die der Welt entsagten und einem Mönchsorden beitraten, selbst wenn dies zur Folge hatte, daß sie ihre Kinder im Stich ließen.

Die Rechtfertigung dafür, die eigenen Kinder zu verlassen, um sich Gott zu weihen, findet sich in einer ganzen Reihe von Heiligenviten, zwei Beispiele mögen genügen. Margarete von Cortona, eine Bauerstochter, war einige Jahre lang die Geliebte eines Adeligen gewesen und hatte ihm einen Sohn geboren. Nachdem ihr Liebhaber unter tragischen Umständen zu Tode gekommen war, was sie als Strafe Gottes betrachtete, empfand sie Reue und begab sich ins Franziskanerkloster von Cortona, um dort mit ihrem Sohn zu leben. Sie betete den ganzen Tag, kochte nicht für ihren Sohn und sprach nur selten mit ihm, um ihre Gebete nicht unterbrechen zu müssen. Wenn sie frisch zubereitetes Essen bekam, gab sie es den Armen; sie und ihr Sohn ernährten sich von den Resten. Als sie sich dem Dritten Orden der Franziskaner anschloß, wurde der Junge nach Arezzo geschickt, um dort erzogen zu werden. Eines Tages kam der Vormund des Sohnes zu ihr, als sie in der Kirche ins Gebet versunken war, er wollte ihr mitteilen, wie es dem Knaben ging, und seinen Lohn in Empfang nehmen. Sie wußte aber nicht mehr, daß sie einen Sohn hatte. Dem Autor zufolge hatte sie es vergessen, weil sie sich durch ihre völlige Hingabe an Gott von der Welt und jedem mütterlichen Gefühl innerlich befreit hatte. Als der Junge die Osterferien nicht bei ihr verbrachte, ging im Dorf das Gerücht um, sie habe das Kind aus Armut und Verzweiflung getötet. Nach Ansicht des Autors handelte sie jedoch vorbildlich, denn sie befolgte das Gebot des Evangeliums, »und aus Liebe zum geliebten Bräutigam Jesus verbannte sie ihren Sohn aus ihren Augen«.[10] Das zweite Beispiel ist die Witwe Michelina von Pesaro. Sie hatte eine Freundin, die sie stark beeinflußte und zu überreden versuchte, sich dem Dritten Orden der Franziskaner anzuschließen. Michelina hatte jedoch einen kranken, kleinen Sohn. Solange dieser am Leben war, konnte sie dem Orden nicht beitreten. Die beiden Frauen beschlossen, zu Gott zu beten und ihm zu versprechen, Michelina werde ihr Leben lang Gott dienen, sollte das Kind sterben. Dies geschah denn auch. Während sie beteten, hörten sie eine Stimme, die sagte: »Ich möchte deinen Sohn im Himmel an meiner Seite haben. Ich befreie dich von seiner Liebe. Gehe in Frieden.« Als Michelina heimkam, war das Kind tot, Engel trugen seine Seele himmelwärts.[11] Sollte sich dies wirklich so zugetragen haben, dann gehören die Ereignisse, selbst im Kontext der von Frömmigkeit geprägten Kultur des Mittelalters, in die Sphäre der Psychopathologie. Auf die Fakten kommt es gar nicht so sehr an, denn selbst wenn die Geschichte erfunden sein sollte, spiegelt sie eine bestimmte Einstellung wider. Das Verhalten der beiden Frauen wurde von ihren Biographen als Ausdruck höchster Frömmigkeit und als Zeichen ihrer Heiligkeit gewertet.

Die Haltung des Christentums war in dieser Frage jedoch nicht eindeutig. Da dem Christentum alles menschliche Leben heilig ist, lehnte es von Anfang an nicht nur die Tötung Neugeborener ab, sondern auch die behinderter und unehelicher Kinder sowie die Abtreibung, die gleichfalls als Verstoß gegen die Gebote der Gottes- und Nächstenliebe galt.[12] Selbst das ungeborene Kind einer zum Tode verurteilten Frau hatte das Recht zu leben, und es war durchaus üblich, die Ächtung oder Hinrichtung schwangerer Frauen aufzuschieben.[13] Obwohl der heilige Paulus die Ehe als Zugeständnis an die Schwäche des Fleisches betrachtete (»Wenn sie aber nicht enthaltsam leben können, sollen sie heiraten. Es ist besser zu heiraten, als sich in Begierde zu verzehren.« 1 Kor 7,9) und die Zeugung nicht als vorrangigen Zweck der Ehe ansah, war die Zeugung von Nachkommen doch ein Zweck der Ehe (daneben sollte sie Unzucht verhüten und verhindern, daß der Mensch allein lebe) und der Hauptrechtfertigungsgrund für sexuelle Beziehungen in der Ehe. Unfruchtbarkeit wurde nicht als Grund für die Annullierung einer Ehe anerkannt; zur Hochzeitszeremonie gehörten jedoch Segenswünsche für eine reiche Nachkommenschaft[14], begleitet von Fruchtbarkeitsriten, die aus vorchristlicher Zeit stammten und in das christliche Ritual aufgenommen worden waren. Die Priester tadelten Junggesellen, die aus wirtschaftlichen Gründen nicht heirateten (man verdächtigte sie außerehelicher sexueller Beziehungen), und verheiratete Männer, die »Onans Sünde« begingen (d. h. den Coitus interruptus praktizierten) oder ihren ehelichen Pflichten nicht nachkamen aus Furcht, weitere Kinder zu zeugen, die sie wegen ihrer Armut nicht ernähren konnten.[15] Es wurde mit anderen Worten klar unterschieden zwischen Laien und jenen, die sich für ein Leben in Keuschheit im Schoß der Kirche entschieden hatten. Die Laien ermahnte man, zu heiraten und Kinder zu zeugen. Neben der volkstümlichen religiösen Literatur fanden ab der zweiten Hälfte des 13. Jahrhunderts die Lehren des Aristoteles weite Verbreitung, der die Zeugung als natürliches Verlangen und die Familie als erste grundlegende Gemeinschaft betrachtete. Demgemäß behaupteten Thomas von Aquin und andere Gelehrte, der Wunsch, Kinder zu zeugen, sei in einem Naturtrieb begründet.[16] Viele Söhne zu haben, galt als Segen, und die Priester, die ihre Gemeindemitglieder ermahnten, ihre Eltern zu ehren, versprachen ihnen sogar eine Belohnung im Diesseits: eine zahlreiche, insbesondere männliche Nachkommenschaft, gleichbedeutend mit irdischem Reichtum.[17]

In der weltlichen Literatur fordern nicht selten die Gefährten des Helden, eines Feudalherrn, daß er eine Frau nehmen und einen Erben zeugen solle, sonst würden sie ihn verlassen.[18] Philipp von Novara, ein weltlicher Autor aus dem 13. Jahrhundert, schreibt, daß der Verzicht auf die Freuden des Lebens, um Gott zu dienen und das Seelenheil zu erlangen, zwar Reichtum für die Seele sei, daß aber Kinder Reichtum für den Körper, weil eine Quelle der Freude für ihre Eltern seien, die diese nicht gegen alle Schätze der Welt eintauschen würden. Durch die Annahme des Namens ihres Vaters würden sie sein und seiner Vorväter Andenken verewigen.[19] Der Autor von *Der Reiche und der Arme* (Dives et pauper), einem Werk aus dem frühen 15. Jahrhundert, glaubt, wer Kinder hinterlasse, sei nicht ganz tot, er lebe in seinen Kindern fort, die in seine Fußstapfen treten;[20] denselben Gedanken faßt ein anderer Schriftsteller aus dem 13. Jahrhundert in folgende Worte: »Der Vater möchte sich in seiner Nachkommenschaft verdoppeln.«[21] Einer der Schriftsteller, die die Abtreibung verurteilten, erklärte die Sündhaftigkeit dieser Handlung damit, daß sie die Vermehrung der menschlichen Rasse verhindere.[22] Es scheint also, als habe es auch kulturelle Einstellungen gegeben, die den biologischen und emotionalen Trieb, Nachkommen zu zeugen, bzw. den dringenden Wunsch, aus politisch-dynastischen oder wirtschaftlichen Gründen Kinder in die Welt zu setzen (bekanntlich wünschten sich die Adeligen einen Erben, und die Bauern brauchten viele Arbeitskräfte) rechtfertigten, und daß diese Gründe dem Gefühl keineswegs widersprachen.

Die Kinder, die auf die Welt kamen, galten eher als Geschenk Gottes denn als Eigentum ihrer Eltern. Diese Auffassung stand im Gegensatz zu der im alten Rom gültigen, wo die Kinder von Rechts wegen Eigentum ihrer Väter waren, die kraft väterlicher Autorität (*patria postestas*) sogar darüber entscheiden durften, ob sie am Leben bleiben sollten.[23] Die Theologen, Prediger und Verfasser didaktischer Werke ließen sich ausführlich über die Pflichten der Eltern gegenüber den Kindern aus; es oblag ihnen, sie zu ernähren, sie zu beschützen, sie richtig aufzuziehen und christlich zu erziehen. Vor Gott waren sie für ihre Kinder verantwortlich.

Im 12. Jahrhundert begann man, die Jungfrau Maria zu verehren, die Christus empfangen, geboren und aufgezogen hatte. Im Lobpreis der Jungfräulichkeit unterschieden die Geistlichen eindeutig zwischen der Mutter Gottes, die entgegen den Naturgesetzen ein Kind geboren hatte, und gewöhnlichen Frauen, die auf natürliche Weise empfangen und gebären. In der bildenden Kunst und den Predigten für breitere Schichten der Bevölkerung wurde die Mutter Gottes jedoch als vorbildliche, hingebungsvolle Mutter dargestellt, als Schwangere und Stillende, mit ihrem Sohn spielend und ihn liebkosend – kurzum als Vorbild für alle Mütter. Im Gegensatz zum Lob der Frauen, die Heilige wurden und ihre Kinder verließen, um sich Gottes Werk zu widmen, wurden in vielen Heiligenviten nicht nur die Mütter der Heiligen gepriesen, sondern auch Frauen, die heirateten, Kinder gebaren und aufzogen, bevor sie der Welt entsagten, und die nach ihrem Tod seliggesprochen wurden. Im Geiste des heiligen Paulus – »Sie wird aber dadurch gerettet werden, daß sie Kinder zur Welt bringt, wenn sie in Glaube, Liebe und Heiligkeit ein besonnenes Leben führt.« (1 Tim 2,15) – loben die Verfasser diese Frauen nicht nur dafür, daß sie ihre Kinder christlich erzogen, sondern auch dafür, daß sie sie selbst gestillt und hingebungsvoll aufgezogen haben.[24] In den Consuetudines-Sammlungen mehrerer Mönchsorden gibt es eine Klausel, die es Eltern, die der Welt entsagen und in ein Kloster eintreten wollen, gestattet, ihre Kinder mitzubringen. Thomas von Aquin stellt ausdrücklich fest, es sei die Pflicht der Eltern, die ins Kloster gehen, so zu handeln, wenn ihre Kinder noch klein und von ihnen abhängig sind.[25]

Herlihy erwähnt, daß sich die Familienväter nach den Seuchen, die die europäische Bevölkerung im 14. und 15. Jahrhundert dahinrafften, zunehmend gezwungen sahen, wirksam für ihre Frauen und Kinder zu sorgen, sie mit Liebe zu überhäufen und zu beschützen. In diesem Zeitabschnitt galt Joseph, der Beschützer von Maria und dem Jesuskind, als der beispielhafte Vater. Daß die Eltern verpflichtet sind, den ihnen anvertrauten Nachwuchs aufzuziehen, zu beschützen und zu erziehen, wurde aber auch in der Zeit des Bevölkerungswachstums im 12. und 13. Jahrhundert hervorgehoben, desgleichen die Rolle des Ehemanns als Beschützer seiner Frau, der Mutter seiner Kinder.[26]

Das Bild des Kindes war in diesem Zeitabschnitt ebenso ambivalent wie die Haltung zur Zeugung. So gab es in der Kultur des Mittelalters zwei einander widersprechende Bilder des Kindes, die man vereinfachend das negative und das positive nennen könnte. Wie die verschiedenen Einstellungen zur Zeugung spiegelten auch sie die bewußte und die unbewußte emotionale Ambivalenz wider. Bei der Darstellung des negativen Bildes beriefen sich die Autoren des Hochmittelalters auf Augustinus von Hippo. Von ihm übernahmen sie die Vorstellung, der Säugling sei in Sünde geboren, da er die Frucht des Geschlechtsverkehrs der Eltern sei, der seit der Erbsünde und dem Sündenfall durch Fleischeslust gekennzeichnet sei, sowie die Ansicht, daß jedem Neugeborenen die Sünde von Adam und Eva weitervererbt werde. Augustinus betrachtete die Kindheit nicht nur als ein Lebensalter, in dem Vernunft und Verstand noch schlummerten, sondern hob in der Beschreibung des in Sünde geborenen Kindes dessen Triebhaftigkeit hervor: es sei aufdringlich, eifersüchtig, zornig und aggressiv, also alles andere als gut und unschuldig. »Schwach und unschuldig sind nur die kindlichen Glieder, nicht des Kindes Seele«, so deutete Augustinus die Worte Christi über die Unschuld der Kinder.[27] Die mittelalterlichen Autoren betonten weniger die Triebhaftigkeit als die Hilflosigkeit, den Mangel an Vernunft und die Leidenschaftlichkeit des in Sünde geborenen Kindes. Dies ist der vorherrschende Standpunkt in der Literatur, die die conditio humana pessimistisch darstellt; dieses Bild der Kindheit entspricht auch dem der Auffassung des menschlichen Lebens im irdischen Jammertal, das traurig, nichtig, sündhaft und elend ist. Besonders radikal wird diese Ansicht in dem Traktat *Über die Verachtung der Welt* (De contemptu mundi) von Papst Innozenz III. vertreten. Über Empfängnis, Geburt und frühe Kindheit des Menschen heißt es bei ihm, Gott habe den Menschen wie die Tiere aus dem niedrigsten der vier Elemente geschaffen – der Erde. Wenn du antwortest, nur Adam sei aus Erde geschaffen, du seist aber aus Samen gezeugt, schreibt der Autor, dann sei das richtig. Aber der erste Mensch sei aus jungfräulicher Erde geschaffen, du jedoch aus sündigem Samen. Der Mensch sei mit einem Frevel empfangen und in Sünden geboren, und zwar nicht in einem einzigen Fehltritt, sondern in vielen Fehltritten, den eigenen und denen seiner Mitmenschen. Jedermann wisse, daß es auch in der Ehe keinen Geschlechtsverkehr ohne Sinneslust, ohne sexuelles Verlangen, ohne das Feuer der Leidenschaft, ohne die Greuel der Begierde gebe. Daher seien die Samen, aus denen der Mensch entstehe, verdorben, befleckt und besudelt. Daher bekomme die Seele, wenn sie in den Körper einströmt, den Schandfleck der Sünde, den Makel der Schuld und den Unflat der Ungerechtigkeit. Die guten, natürlichen Kräfte würden durch die entgegengesetzten Mächte der Sünde verdorben. Ferner werde der Fötus im Mutterleib vom Menstruationsblut der Mutter ernährt, das während der Schwangerschaft nicht fließe und das höchst abscheulich und unrein sei. Nackt und schreiend kommt der Mensch auf die Welt. Einige Neugeborene sind derart mißgestaltet und entstellt, daß es besser gewesen wäre, wenn sie vor der Geburt gestorben wären und niemals das Licht der Welt erblickt hätten. Mitleiderregend, schwach und töricht unterscheiden wir uns bei der Geburt kaum von den Tieren. In mancherlei Hinsicht sind wir ihnen sogar noch unterlegen, denn sie können unmittelbar nach der Geburt aufrecht stehen, während wir nicht einmal kriechen können.[28]

In den Schriften anderer Autoren wird die Empfängnis des Kindes in Sünde nur angedeutet; im Mittelpunkt stehen die Unvollkommenheit, der Mangel an Körperbeherrschung, das Fehlen von Vernunft und Wahrnehmung sowie das Unvermögen, gute Taten zu vollbringen. Diese Schriftsteller folgen in ihren Auffassungen Aristoteles, der die frühe Kindheit als Zeit der Unvollkommenheit und Unwissenheit sah. Aristoteles zufolge fehlt dem Kind die Fähigkeit zur Entscheidung, die ein Charakteristikum des vernünftigen Menschen sei; es kennt nur sinnliche Freuden und kann nicht glücklich sein, da es keine edlen, uneigennützigen Taten vollbringen kann. Die Kindheit gilt ihm als die niedrigste Stufe im menschlichen Leben.[29]

Da alle Autoren des Mittelalters so dachten, stellten sie außergewöhnliche Kinder, künftige Heilige, gewöhnlich so dar, als hätten sie diese frühe Kindheitsphase übersprungen. Daher ist der Topos des *puer senex* – des »greisen« Kindes – einer der häufigsten Topoi in den Heiligenviten. Die oder der künftige Heilige bittet zum Beispiel schon als Kind darum, an Fasttagen zu fasten – so der heilige Nikolaus, das Urbild des heiligen Kindes, der schon als Säugling freitags und mittwochs die Mutterbrust verweigerte –, kreuzt bereits in der Wiege die Arme über der Brust, faltet die Hände, kniet nieder und hebt die Augen im Gebet zum Himmel, noch bevor er/sie ein Gebet zu sprechen gelernt hat, meidet den Unfug und die Spiele der Altersgenossen, gibt den Armen Almosen, ist kurzum genauso ernsthaft wie ein alter Mann.

»Von Stund an begann das kleine Mädchen, alt zu werden in der Reife ihrer Tugenden und ihrer Haltung und in der Wahrnehmung von Wunderbarem. So daß ihr Verhalten weder kindlich noch jugendlich erschien, sondern als das des ehrwürdigen Alters«, schreibt ein Biograph über die sechsjährige Katharina von Siena.[30] Ernst Robert Curtius hat die Bedeutung des *puer senex*-Topos in der Antike und in der lateinischen Literatur des Mittelalters untersucht.[31] Während in der antiken Literatur und in den Mythen verschiedener Religionen sich im greisen Knaben die Frische und der Liebreiz der Jugend mit der Reife und Weisheit des Alters paaren, ist in den Heiligenviten der *puer senex* in allem alt, nur nicht an Jahren. Offenbar fehlte den Verfassern der Heiligenviten, die zumeist kinderlose Geistliche waren, das rechte Verständnis für kleine Kinder, vielleicht flößte ihnen aber auch ihre Triebhaftigkeit Furcht ein. Sie verurteilten sie zwar nicht als Sünder, distanzierten sich aber doch von ihnen.

Auf noch stärkere Ablehnung stießen die Jugendlichen bei diesen Autoren. Der körperlich und geistig unvollkommen geborene Mensch wachse heran und entwickele sich physisch wie intellektuell gemäß den Gesetzen der natürlichen Entwicklung, aber gleichzeitig werde sein Hang zur Sünde stärker.[32] Der Heranwachsende gilt mit anderen Worten als jemand, der stärker von seinen Trieben bestimmt wird als von der sich entwickelnden Vernunft. Ihrer Ansicht nach macht sich diese Neigung zur Sünde im Alter von sieben Jahren bemerkbar und erreicht ihren Höhepunkt im Jugendalter. Jugendliche ab vierzehn werden als leichtsinnig und arrogant verurteilt, nicht bereit, die Autorität ihrer Eltern und Erzieher zu akzeptieren; sie achten ihre Eltern nicht, ziehen es vor, zu tanzen, herumzualbern und das durch die Priester verkündete Wort Gottes zu mißachten. Sie sind zügellos und geben sich fleischlichen Begierden hin. In den Heiligenviten wird die Ausnahme von der Regel dargestellt: der bescheidene, fromme, fleißige Schüler, vor allem ein leuchtendes Vorbild an Keuschheit in Gedanken, Worten und Taten. So wird durch die Schilderung des außergewöhnlichen Jugendlichen das tadelnswerte Verhalten der anderen verurteilt. Viele Verfasser didaktischer Werke und viele Prediger schrieben in diesem Sinne über die Jugendlichen.[33] Die Neigung zur Sünde – oder den Mangel an Triebbeherrschung trotz der sich entwickelnden Vernunft – führen die Autoren als Grund für ihre Forderung nach einer strengen, rigorosen Erziehung der Knaben an. In ihren Äußerungen spiegelt sich nicht selten eine ausgesprochene Feindseligkeit gegenüber den Jugendlichen. Es scheint, als hätten sie die eigene Arroganz, Gewinnsucht und Begierde, derentwegen sie sich schuldig fühlten, auf die Jugendlichen übertragen.

Alle Historiker, die sich mit dem negativen Bild des Kindes in der Kultur des Mittelalters beschäftigt haben, sind sich darin einig, daß es stark von den Ansichten des heiligen Augustinus beeinflußt war. Sie erwähnen jedoch nur selten den positiven Aspekt seiner Vorstellung von der Kindheit, der das Bindeglied zwischen den gegensätzlichen Auffassungen sein könnte. Augustinus zufolge sind Säuglinge und Kinder nämlich, obwohl in Sünde geboren und von ihren Trieben bestimmt, nach der Taufe unschuldiger als die Erwachsenen. Augustinus äußert sich ausführlich über das Säuglingsalter (über sich selbst weiß er nur etwas vom Hörensagen, ansonsten stellt er aufgrund eigener Beobachtungen bei anderen Kindern Vermutungen an) und fährt mit der Beschreibung seiner Schulzeit fort. Er wurde oft geschlagen, die Schläge taten ihm weh, und er hatte ständig Angst davor. Über die Nutzlosigkeit seiner Gebete, Gott möge ihn vor den Schlägen in der Schule bewahren, lachten die Erwachsenen. Spielten er und seine Kameraden, so wurden sie von den Erwachsenen bestraft, obwohl diese selbst sich gerne mit Spielen die Zeit vertrieben. Während die Spiele der Erwachsenen als ernsthafte Beschäftigungen (*negotia*) galten, wurde das ballspielende Kind erbarmungslos bestraft. Augustinus fragt daher: »Tat denn der Mann, der mir Schläge verabreichte, im Grunde genommen etwas anderes als ich? Ward er nicht, wenn ihn bei einem nichtigen Wortstreit sein Kollege überwand, von Galle und Eifersucht weit mehr gequält als ich, wenn ich mit dem Ball von einem Mitspieler besiegt wurde?«[34] Und er kommt zu dem Schluß, das Kind, das sündigt (und zu Recht geschlagen wird), sei nicht nur nicht schlechter als der Erwachsene, sondern besser.

Die Autoren des Hochmittelalters, die ein positives Bild des Kindes zeichneten, beriefen sich jedoch nicht nur auf den heiligen Augustinus, sondern zitierten auch folgende Worte Christi: »Amen, das sage ich euch: Wenn ihr nicht umkehrt und wie die Kinder werdet, könnt ihr nicht in das Himmelreich kommen. Wer so klein sein kann wie dieses Kind, der ist im Himmelreich der Größte. Und wer ein solches Kind um meinetwillen aufnimmt, der nimmt mich auf.« (Mt 18,3–5)

Dem Wortlaut dieser wie auch anderer Bibelstellen[35] nach ist die Kindheit die Zeit der Reinheit, der Unschuld und des Glaubens. Bei der Behandlung der zweiten Stufe der Kindheit (*pueritia*) behauptet Bartholomaeus Anglicus in der Nachfolge Isidors von Sevilla, Knabe, *puer,* sei von dem Begriff der Reinheit, *puritas,* abgeleitet und Mädchen, *puella,* von *pupilla,* der Pupille des Auges, weil Mädchen und Knaben noch so rein seien wie die Pupille.[36] Ein anderer Autor schreibt: »Die Kinder sind so rein wie die Engel.« Wenn sie Gott dienen, ist dies edler, weil ihre Seele schöner ist, sie »bringen Gott feinstes Weizenmehl dar, die Greise hingegen Kleie«.[37] Die Reinheit und die Schönheit der Kindheit vergehen;

das Erwachsenwerden ist mit dem Verlust der Unschuld und der Freude verbunden.[38] Infolge der Vollkommenheit ihres Glaubens, der Fähigkeit, sich durch Wunderbares in Erstaunen versetzen zu lassen, und ihrer Unschuld seien Kinder manchmal in der Lage, Wahrheiten zu erfassen, die den Erwachsenen noch verschlossen sind.[39] Diese Vorstellung von Kindheit ähnelt der der Romantiker im 19. Jahrhundert, bei denen von der Intuition und spontanen Reaktion des Kindes die Rede ist; dank dieser Eigenart kann es Dinge verstehen, die dem in gesellschaftlichen Konventionen befangenen Erwachsenen verborgen bleiben. Der feste Glaube der Kinder an die Heiligkeit eines Menschen sei ein weiterer Beweis für diese Heiligkeit.[40] Den Predigern und Hagiographen zufolge gab es Heilige, die besonders gern unter Kindern weilten, wegen der Reinheit und Unschuld, die ihrer eigenen glich, da diese Heiligen sich als Erwachsene noch kindliche Eigenschaften bewahrt hatten. Und deswegen waren sie bei den Kindern besonders beliebt, die diese Wesensverwandtschaft spürten.[41] Das Gebet eines Kindes habe mehr Kraft als das eines Erwachsenen.[42] Kinder seien ohne jede Bosheit und nicht in der Lage, Groll zu hegen. Selbst wenn ein Kind gerade geschlagen worden sei, vergesse es sofort, was man ihm angetan habe, und laufe einem mit offenen Armen entgegen, um einen zu küssen und zu liebkosen, wenn man ihm eine hübsche Blume oder einen roten Apfel anbiete.[43] Kinder seien großzügiger als Erwachsene; sie teilten ihr Brot mit ihren Spielgefährten, ihrem Hund oder ihrer Katze und in ihrer Unschuld sogar mit dem Jesuskind.[44]

Analog dem Marienkult erlebte auch die Anbetung des Jesuskindes im zwölften Jahrhundert eine hohe Blüte: Christus wird als Menschenkind dargestellt, klein, schwach, lachend, weinend, einen Apfel essend, den ihm seine Mutter gegeben hat, unschuldig und rein, als das Urbild des Kindes. In einer seiner Predigten appellierte Bernhard von Clairvaux – und zweihundert Jahre nach ihm auch Jean Gerson – an die Gläubigen, sie sollten ihr Herz diesem Kind schenken, an es glauben und es anbeten, auf daß auch sie wieder so unschuldig und rein würden wie kleine Kinder.[45] In der bildenden Kunst und in Predigten wird das Jesuskind anschaulich dargestellt; Mönche und Nonnen, Heilige und Mystiker behaupteten, es sei ihnen in ihren Visionen erschienen.[46] Im 13. Jahrhundert wurden erstmals Weihnachtskrippen in der Kirche aufgestellt, mit dem kleinen Jesuskind auf dem Stroh in der Krippe in Bethlehem neben Ochs und Esel. Übrigens war nicht nur das Jesuskind Symbol der Reinheit und Unschuld und Verkörperung Christi. In einer Heiligengeschichte tritt Jesus zum Beispiel als schöner und vornehm gekleideter Jüngling auf, der eine künftige Heilige beschützt, die von ihrer Schwester verfolgt wird; er ermahnt nicht nur die böse Schwester, sondern schlägt sie sogar![47] In der volkstümlichen religiösen Literatur wird Maria als kleines Mädchen dargestellt, das ganz allein, wie eine Erwachsene, die Stufen zum Tempel emporsteigt. Unter dem Einfluß der Geschichten über die Jungfrau Maria stellten sich Kinder manchmal vor, sie sei ihnen in Visionen erschienen, in Gestalt eines Mädchens, aber mit dem Verhalten und der Sprache einer Frau.[48] Ein Prediger schreibt, junge Leute ließen sich zwar leicht vom Teufel zur Unzucht verführen, seien aber noch nicht mit schweren Sünden beladen, auch seien ihre noch unverdorbenen Herzen weich und arglos. Es sei leicht, sie im Beten und Fasten zu unterweisen, und sie seien weniger dem Geiz, dem Stolz und der Schlemmerei verfallen als die Erwachsenen.[49] Aegidius Romanus erstellt Listen von guten und schlechten Eigenschaften junger wie alter Menschen und erklärt deren Entstehung physiologisch und psychologisch. Die Herrscher, für die sein Unterweisungsbuch geschrieben ist, werden ermahnt, sich die guten Eigenschaften der jungen Leute, wie Mut, Hoffnung, Glaube und Barmherzigkeit, zu eigen zu machen.[50]

Da kleine Kinder als unschuldig und rein galten, stellten die Künstler die zum Himmel emporschwebende Seele häufig als kleines Kind dar[51], und den Mystikern zufolge ähnelt die Beziehung zwischen der Seele des Gläubigen und Gott der von Mutter und Kind.[52]

Ein in der religiösen Literatur, im Drama und in der bildenden Kunst immer wiederkehrendes Motiv ist der bethlehemitische Kindermord – König Herodes »ließ in Bethlehem und der ganzen Umgebung alle Knaben bis zum Alter von zwei Jahren töten« (Mt 2,16). Die Kinder werden von den Soldaten aus den Armen der Mütter, die sie zu beschützen suchen, gerissen und grausam ermordet. Dieses Massaker wird als besonders schrecklich dargestellt, weil seine Opfer die allerunschuldigsten Geschöpfe waren.[53] Unter dem Eindruck dieser Schilderung und in ihrem Geiste beschrieb ein Chronist das ganze Außmaß der Schrecken des Hundertjährigen Krieges: Zwei- bis dreijährige Kinder betteln nach dem Tod ihrer Eltern um Brot, ein Säugling versucht noch, an der Brust seiner toten Mutter zu saugen, und eine Mutter drückt ihr totes Baby an ihren Busen, um es zu wärmen.[54]

Einige Verfasser medizinischer Werke zitieren nicht nur Aristoteles, sondern auch Galen, der die These vertrat, Kinder seien von Natur aus gut, sie bräuchten nicht gezüchtigt, sondern nur vor schlechten Einflüssen sowie vor dem Lesen und Hören von Schandtaten, vor dem Anblick unsittlichen Verhaltens und nackter Erwachsener bewahrt zu werden.[55] Wenn diese Autoren sich auf Aristoteles berufen, dann heben sie weniger seine Bemerkungen über die Unreife von Kindern und über die Kindheit als niedrigste Stufe im menschlichen Leben hervor als vielmehr seine Ansicht, daß Kinder eine natürliche Zuneigung zu jenen entwickeln, die sie ernähren, sowie die Bereitschaft, Disziplin zu akzeptieren.[56]

Im *Rosenroman* (Le Roman de la Rose) aus dem 13. Jahrhundert wird die »Jugend« (*joinece*) von einem kaum 12jährigen Mädchen symbolisiert, das weder das Böse noch die auf dieser Welt verbreitete Falschheit kennt. Es ist unschuldig, und jede Heuchelei ist ihm fremd. Seine Tage verbringt es im arglosen Spiel mit einem gleichaltrigen Jungen. Die Liebe der beiden zueinander ist frei von sündiger Lust und Scham, wie die Liebe eines Taubenpaares.[57] In mehreren Versionen des Tristan-Romans ist Tristans kleiner Neffe der Verbündete der Liebenden, deren Liebe mit dem Makel der Sünde behaftet ist. Seine Nähe läßt ihre Beziehung unschuldiger und reiner werden und trägt dazu bei, daß beide für ihre Sünde Sühne leisten.[58]

Ein ritueller Ausdruck des Glaubens an die Unschuld des Kindes und an seine Kraft zur Sühne ist der Brauch, daß Kinder bei Prozessionen die Spitze des Zuges bilden. In der Zunftordnung der Kürschnergilde von Norwich heißt es zum Beispiel, »die Kerze soll bei der Prozession von einem unschuldigen Kind getragen werden«.[59] Dabei gilt das Kind vor allem deshalb als unschuldig, weil es weder sexuelle Lust kennt noch um die Bedeutung des Todes weiß.

»Glücklich auch die Kleinen in ihrem Unwissen, weil sie sich, von den Mauern der Leidenschaftslosigkeit umgeben, engelsgleicher Sicherheit erfreuen«,[60] schreibt Guibert von Nogent über Kinder, die noch nicht das Pubertätsalter erreicht haben und sich ihrer Nacktheit nicht schämen. Der englische Prediger John Bromyard, der im 14. Jahrhundert lebte, beschreibt unschuldige Kinder, die noch nicht wissen, was der Tod ist, und fröhlich mit dem seidenen Tuch spielen, das den Leichnam ihres Vaters oder ihrer Mutter bedeckt.[61] Die Vorstellung, daß Thanatos und Eros in der Kosmogonie des Kindes nicht vorkommen, läßt sich noch in einer Reihe literarischer Werke des 19. Jahrhunderts nachweisen. Wenn das Kind die tiefgründige Realität des Todes und der Sexualität erkennt, ist das Paradies der Kindheit zu Ende.[62] Unschuld, Glaube und reine Liebe verschwinden mit dem Ende der Kindheit, wie Dante in der *Göttlichen Komödie* schrieb:

> »Es wachsen Glaub und Unschuld nur am Baume
> Der Kindheit noch; jedoch sie währen nicht,
> Bis daß die Wangen sind bedeckt vom Flaume.
>
> Gar mancher fastet, wenn er stammelnd spricht,
> Der sich mit loser Zunge pflegt zu laben
> In jedem Mond an jeglichem Gericht!
>
> Und stammelnd pflegt noch mancher liebzuhaben
> Die Mutter, welcher, wenn er fließend spricht,
> Den Wunsch nur hat: ›Oh, wäre sie begraben!‹«[63]

Das positive wie das negative Bild der Kindheit verweisen fraglos darauf, daß die Kindheit im Mittelalter als eine besondere Stufe im Leben des Menschen mit charakteristischen Eigenarten galt. Bekanntlich ist es leichter, die Ansichten, Erziehungstheorien und Haltungen derer zu beschreiben, die schreiben und sich schriftlich ausdrücken konnten, als zu beurteilen, in welchem Maße sie Einfluß auf ihre Umwelt nahmen oder diese widerspiegelten, zumal die Theorien über das Kind und das Verhalten ihm gegenüber in der Kultur des Mittelalters zweifellos ambivalent waren. Im folgenden soll darum untersucht werden, in welchem Maße die verschiedenen Einstellungen zur Zeugung, die unterschiedlichen Bilder vom Kind und die kirchlichen Verordnungen an die Eltern die Realität der damaligen Zeit widerspiegelten. Dabei darf nicht außer acht gelassen werden, daß es sicher innerhalb einer gesellschaftlichen Schicht Unterschiede im Verhältnis der Eltern zu ihren Kindern gab, die aus der jeweiligen Persönlichkeitsstruktur und den gegebenen gesellschaftlichen Zwängen und Wertvorstellungen resultierten. Sozialhistoriker versuchen, die geltende Norm, die typischen Merkmale und die Gemeinsamkeiten der Menschen einer bestimmten Gesellschaft in einem gegebenen Zeitalter zu beschreiben. Es ist jedoch unbestritten, daß Kinder, bedingt durch die individuellen Unterschiede ihrer Eltern, in derselben Epoche oder Gesellschaftsschicht ihre Kindheit verschieden erlebten. Von daher müssen die in den Quellen überlieferten, relativ ausführlichen Beschreibungen der Kindheit einzelner Personen (die fast ausnahmslos die oberen Schichten betreffen) äußerst sorgfältig untersucht und bewertet werden, um richtig einzuschätzen, in welchem Maße daraus Schlußfolgerungen für das Verhältnis der Eltern zu ihren Kindern und für den typischen Verlauf der Kindheit in einer bestimmten gesellschaftlichen Schicht gezogen werden können. Der kausale Zusammenhang zwischen den Ideen und dem tatsächlichen Verhalten ist relativ komplex und alles andere als direkt.[64]

Die Entwicklungsphasen der Kindheit

Entwicklungs- und Persönlichkeitspsychologen unterscheiden verschiedene Entwicklungsphasen der Kindheit. Jean Piaget, der die geistige Entwicklung des Kindes erforscht hat, unterteilte den Zeitabschnitt von der Geburt bis zur Adoleszenz in sechs Phasen, von denen die ersten drei das Säuglingsalter umfassen:

»Wir werden der Klarheit halber sechs Entwicklungsstadien oder -perioden unterscheiden...: 1. Das Stadium der Reflexe oder ererbten Reaktionen sowie der ersten triebbedingten Äußerungen (Ernährung) und der ersten Emotionen; 2. das Stadium der ersten motorischen Gewohnheiten und der ersten organisierten Wahrnehmungen sowie der ersten differenzierten Gefühle; 3. das Stadium der sensomotorischen oder praktischen Intelligenz (die der Sprache vorangeht), der elementaren Gefühlssteuerungen und der ersten äußerlichen Fixierungen des Gefühlslebens. Diese drei Stadien stellen zusammen die Periode des Säuglingsdaseins dar (die ersten eineinhalb bis zwei Lebensjahre, das heißt vor der Entwicklung der Sprache und des Denkens); 4. das Stadium der ›intuitiven‹ Intelligenz, der spontanen interindividuellen Gefühle und der sozialen Beziehungen einer Unterwerfung unter den Erwachsenen (von zwei bis zu sieben Jahren, der zweite Teil der ›Kleinkindheit‹); 5. das Stadium der konkreten intellektuellen Operationen (Beginn des logischen Denkens) und der moralischen und sozialen Empfindungen der Kooperation (sieben bis elf oder zwölf Jahre); 6. das Stadium der abstrakten intellektuellen Operationen, der Persönlichkeitsbildung und der gefühlsmäßigen und intellektuellen Eingliederung in die Erwachsenengesellschaft (Adoleszenz).«[1]

Der Freud-Schüler Erik Erikson, ein Vertreter der Ich-Psychologie, unterschied acht Phasen im Leben des Menschen und sah darin ein universelles Modell der Persönlichkeitsentwicklung. Der Zeitabschnitt von der Geburt bis zum Alter von zwanzig Jahren umfaßt fünf dieser Phasen: 1. das Säuglingsalter von der Geburt bis zum Alter von fünfzehn Monaten; 2. die frühe Kindheit von fünfzehn Monaten bis zweieinhalb Jahren; 3. das ›Spielschulalter‹ von zweieinhalb bis sechs Jahren; 4. das Schulalter von sechs bis zur Geschlechtsreife; 5. die Jugend, die mit zwanzig endet. Erikson erörtert die physiologische und psychologische Entwicklung in jeder Phase entsprechend der Freudschen Einteilung in die orale, anale und genitale Phase und unterscheidet die Phasen nach den Gefühlen, die das Kind in der jeweiligen Phase entwickelt, um zu einem ausgeglichenen Individuum mit Selbstvertrauen zu werden. So kommt es im ersten Stadium vor allem auf die Entwicklung des Urvertrauens an (das auf dem Vertrauen des Säuglings in die Personen, die ihn ernähren, beruht), welches die Grundlage für das Gefühl der Ich-Identität und das Selbstvertrauen bildet, die es dem Individuum ermöglichen, im Laufe seines Lebens Beziehungen einzugehen, die auf wechselseitigem Vertrauen beruhen. Die Qualität der Beziehung zwischen dem Säugling und der Person, die ihn ernährt, ist dabei für das Urvertrauen viel bedeutsamer als die eher technischen Details der Ernährung. Im zweiten Stadium kommt es auf die Entwicklung der Autonomie an, auf das Gefühl der Ich-Identität als eigenständige Persönlichkeit. In diesem Alter soll sich das Kind daran gewöhnen, sich den Anforderungen der Gesellschaft anzupassen, ohne das Ur- bzw. Selbstvertrauen zu verlieren. In den nächsten Entwicklungsphasen geht es ähnlich weiter, jede soll die normale Entwicklung befördern. Das Entwicklungsmuster ist gleichförmig, die Erziehungsmethoden ändern sich jedoch mit dem kulturellen Umfeld. Sie sind in den Werten und Zielen der Gesellschaft verankert, die auch bestimmen, welche Eigenschaften und Charakterzüge in dieser besonderen Kultur als wünschenswert gelten und daher durch die Erziehung gefördert werden.[2]

Im Mittelalter unterschieden die Autoren von medizinischen, didaktischen und moralischen Abhandlungen ebenfalls mehrere Entwicklungsphasen in der Kindheit und im Leben des Menschen. Meist wurde die Kindheit in drei Phasen unterteilt, 1. die *infantia* (frühe Kindheit) von der Geburt bis zum Alter von sieben Jahren; 2. die *pueritia,* bei den Mädchen von sieben bis zwölf, bei den Jungen von sieben bis vierzehn; 3. die *adolescentia* von zwölf bzw. vierzehn bis zum Erwachsenenalter. Die meisten Autoren nennen den Zeitabschnitt nach der Adoleszenz *juventus.*[3]

Das Verhalten und die Leistungen des Kindes wurden an den normativen Erwartungen an die jeweilige Altersgruppe gemessen.[4] Über Kinder, die am Ende der einen Entwicklungsstufe und am Beginn der nächsten stehen, schrieben die Autoren oft, »sie erreichten die Grenze« (zwischen der einen Phase und der nächsten); wenn das Kind eine Phase zur Hälfte durchlaufen hatte, sagten sie, es habe die »Mitte« erreicht. Sie vertraten die Ansicht, das Kind brauche auf jeder Stufe verschiedene materielle und geistige Anregungen, auch sollten die Anforderungen dem Alter angemessen sein.[5] Daß das Kind in jeder Phase eine bestimmte Stufe der körperlichen und geistigen Entwicklung erreicht und daß jedes Alter sich durch besondere Körperbewegungen oder Verhaltensweisen auszeichnet, wußten aber nicht nur die Verfasser didaktischer Schriften. Ein Schriftsteller beobachtet ein kleines Mädchen beim Brotschneiden und bemerkt: »Sie tat es, wie die Kinder dies zu tun pflegen, sie hielt es auf dem Schoß.« Einem Sprichwort zufolge sollen Kinder, die etwas sagen oder tun, das ihrem Alter nicht angemessen ist (mit anderen Worten frühreife Kinder), nicht alt werden.[6]

Alle Autoren, die sich mit den verschiedenen Entwicklungsstufen der Kindheit befassen, zählen die charakteristischen Merkmale jeder Phase auf und setzen sich ausführlich mit dem Status, den Rechten und Pflichten von Kindern und Jugendlichen in der zweiten und dritten Phase auseinander. Bei der frühen Kindheit unterscheiden die meisten zwei Abschnitte, einige unterteilen auch die zweite und dritte Phase. Die Aufteilung von Kindheit und Jugend in verschiedene Phasen war im ersten Viertel des 15. Jahrhunderts in Florenz üblich: Es gab Bruderschaften für Kinder ab zehn Jahren und Bruderschaften junger Männer, denen man erst mit neunzehn Jahren beitreten konnte. Über die jungen Männer hieß es, sie seien »zu alt, um unter Knaben, und zu jung, um unter erwachsenen Männern zu sein«.[7]

Die erste Entwicklungsphase (infantia)

Bartholomaeus Anglicus' Charakterisierung der ersten sieben Monate folgt der Isidors von Sevilla: Der Säugling sei zart und biegsam und habe noch keine Zähne. In diesem Zeitabschnitt bedürfe er ständiger, hingebungsvoller Pflege.[8] Das Säuglingsalter reichte üblicherweise bis zum zweiten Lebensjahr, bis das Kind alle Zähne hat, die ersten Wörter sagt und die ersten Schritte macht. Man hielt es für angemessen, es in diesem Alter zu entwöhnen; überdies galten Kinder ab zwei als weniger anfällig für die Krankheiten, die Säuglinge befielen und dahinrafften.[9] Der Philosoph Wilhelm von Conches (12. Jahrhundert) behauptete, die *infantia* dauere bis zum fünften Lebensjahr, in dieser Zeit könne das Kind noch nicht oder nur unvollkommen sprechen.[10] Daß die Kinder bis zum Alter von sieben Jahren hilflos und von den Erwachsenen vollkommen abhängig sind, wußten die Prediger und Verfasser von Bußbüchern, wenn sie die Eltern dazu ermahnten, gut für ihre Kinder zu sorgen, da sie bis zum siebenten Lebensjahr die volle Verantwortung für sie trugen. Sie wiesen sie auch darauf hin, daß sie von der Kirche und vor Gott zur Rechenschaft gezogen würden, wenn ihren Kindern ein Leid geschehe.[11] Zwei Sakramente wurden im Säuglingsalter gespendet: Jedes Kind wurde kurz nach der Geburt getauft. In bezug auf die Firmung waren die Lehrer des kanonischen Rechts geteilter Meinung, ob Kinder vor dem siebenten Lebensjahr gefirmt werden sollten oder nicht. Raymond Llull vertrat die Auffassung, dieses Sakrament solle dem Kind erst dann gespendet werden, wenn es alt genug sei, um die große Verpflichtung zu erkennen, die seine Paten bei der Taufe übernommen haben. Wieder andere waren der Meinung, die Kinder sollten nicht vor zwölf gefirmt werden. Viele empfingen das Sakrament erst in diesem Alter oder noch später (andere gar nicht), manchmal wurden aber auch Kinder unter sieben gefirmt.[12]

Die zweite Entwicklungsphase (pueritia)

Für viele Autoren beginnt die zweite Stufe mit sieben Jahren, da das Kind ab diesem Alter richtig sprechen, zwischen Gut und Böse unterscheiden und Entscheidungen treffen könne. Es habe

»die Jahre der Entscheidung« (*anni discretionis*) erreicht. Die Ansicht der mittelalterlichen Gelehrten, die Fähigkeit zu reden sei ein typisches Merkmal der zweiten Stufe der Kindheit, entsprach der Auffassung der alten Römer; auf lateinisch heißt Säugling nämlich *infans,* »nicht sprechend, nicht reden könnend«. Bartholomaeus Anglicus schreibt über den Säugling, er heiße *infans,* »nicht sprechend«, weil er nicht sprechen und sich nicht unterhalten könne, denn seine Zähne stünden noch nicht in Reih und Glied.[13] Ärzte wie Laien sahen im Mittelalter nämlich einen Zusammenhang zwischen dem Verlust der Milchzähne, der Entwicklung der bleibenden Zähne und dem Spracherwerb. Wenn ein junger Mann sich noch kindisch benahm, wurde er manchmal *infans* genannt; so wurden bisweilen aber auch Erwachsene bezeichnet, wenn sie sich nicht richtig ausdrückten.[14] Bernhard von Gordon behauptete, es gebe innerhalb der zweiten Phase der Kindheit einen weiteren Abschnitt, der mit zwölf beginne. Vor dieser Zeit sollten einige Werke der Klassiker Kindern aus moralischen Gründen nicht vorgelesen werden, ab zwölf sei das Kind jedoch in der Lage, selbst über seinen Lebensweg zu entscheiden. Philipp von Novara und einige Kirchenrechtslehrer setzten eine weitere Unterteilung mit zehn bzw. zehneinhalb Jahren an. Laut Philipp von Novara konnte das Kind erst ab diesem Alter zwischen Gut und Böse unterscheiden.[15] Da man der Auffassung war, das Kind könne ab sieben sprechen, stand einer Verlobung in diesem Alter auch nichts im Wege. Ab der zweiten Hälfte des 12. Jahrhunderts galt ein in diesem Alter geschlossenes Verlöbnis jedoch nicht mehr unbedingt als verbindliches Eheversprechen. Wenn ein Junge vierzehn bzw. ein Mädchen zwölf wurde – also am Ende der zweiten Entwicklungsstufe der Kindheit –, konnten sie darüber entscheiden, ob sie die Ehe eingehen wollten oder nicht. Es war zumindest festgelegt, daß die Eheschließung selbst nach der Hochzeitszeremonie nicht rechtlich bindend war und die Ehe annulliert werden konnte, wenn der Bräutigam unter vierzehn bzw. die Braut unter zwölf war und das junge Paar es nach Erreichen dieses Alters so wollte.[16] Mit sieben Jahren wurden üblicherweise die Kinder in die Schule oder in die Berufsausbildung geschickt; das galt auch für die Vorbereitung auf den Priesterberuf. Da beim sich körperlich wie geistig entwickelnden

Kind von diesem Alter an auch die Neigung zu sündigen stärker ausgeprägt sei – so das negative Bild des Kindes –, wird im didaktischen Schrifttum die Pflicht der Eltern, Taufpaten und Lehrer betont, das Kind ab diesem Zeitpunkt im christlichen Geist zu erziehen und es Disziplin und sittliches Verhalten zu lehren. Nach Ansicht der Theologen sollten Kinder ab diesem Alter zur Beichte gehen und Buße tun, da sie auch vor dem vierzehnten Lebensjahr in der Lage seien zu stehlen, zu lügen, falsches Zeugnis abzulegen, zu fluchen, sich Eltern, Priestern und anderen Autoritätspersonen gegenüber unehrerbietig zu verhalten und in Gedanken, Worten und Taten unkeusch zu sein. Andere vertraten die Auffassung, das Bußsakrament solle Jungen erst ab vierzehn, Mädchen ab zwölf gespendet werden. Ähnliche Meinungsverschiedenheiten gab es auch in der Frage, ob Knaben unter vierzehn und Mädchen unter zwölf schon die Eucharistie und die Letzte Ölung empfangen sollten.[17]

In der weltlichen Gesetzgebung waren Jungen und Mädchen unter vierzehn bzw. zwölf strafunmündig. Der englische Jurist Bracton war der Meinung, der fehlende Vorsatz schütze das Kind vor Strafe. Die Kinder konnten in diesem Alter zwar vor Gericht gestellt werden, aber die Gerichte – in manchen Fällen auch die städtischen Behörden – konnten entscheiden, ob sie bestraft werden sollten oder nicht, und im allgemeinen fielen die Urteile über Kinder milder aus als die über Erwachsene, die sich des gleichen Vergehens schuldig gemacht hatten. Kinder kamen gewöhnlich mit der Prügelstrafe davon, nur in Sonderfällen wurde das volle Strafmaß angewandt. So schrieb denn auch Philipp von Beaumanoir gegen Ende des 13. Jahrhunderts: »Es kommt wohl vor, daß ein zehn- oder zwölfjähriges Kind so bösartig ist, ... und wenn ein solches Kind willentlich oder von einem anderen angestiftet zum Mörder wird, dann muß es bestraft werden... Aber bei keinem Verbrechen... wird das Kind mit dem Tod oder dem Verlust von Gliedmaßen bestraft, es sei denn, es hätte einen Mann oder eine Frau getötet.«[18]

Aus Gerichtsprotokollen geht hervor, daß auf Kinder, die einen Mord begangen hatten, manchmal das volle Strafmaß angewandt wurde, andererseits kam es aber auch vor, daß sie nicht nur bei Diebstahl, sondern auch bei Mord mit Nachsicht behandelt wurden.[19] Für Nachsicht gegenüber kriminell gewordenen Kindern sprachen sich auch die Geistlichen aus. Thomas von Aquin schrieb, ein Kind sei nicht zu allem fähig, wozu ein Erwachsener in der Lage sei, deshalb sei Kindern vieles gestattet, was das Gesetz unter Strafe stelle und bei Erwachsenen verabscheut werde. Die Verfasser von Bußbüchern schrieben, Jugendliche würden ab vierzehn zur Buße für unkeusche Gedanken, Worte und Taten angehalten, die Buße sei jedoch leichter als die für Erwachsene. Bei dieser Art von Sünden wurden auch Jugendliche über vierzehn nachsichtiger behandelt, wenn sie noch unverheiratet oder noch nicht zwanzig waren. Offensichtlich beurteilten selbst diejenigen, die die Kinderbeichte befürworteten und all die Sünden aufzählten, zu denen Kinder fähig seien, die von Kindern begangenen Sünden nicht so streng wie die der Erwachsenen. Papst Alexander III. legte in der zweiten Hälfte des 12. Jahrhunderts gesetzlich fest, daß Jugendliche unter vierzehn (Mädchen unter zwölf) strafunmündig seien. Unter Berufung auf die Tradition legten seine Nachfolger dieses Gesetz so aus, Alexander III. habe nur außergewöhnliche Fälle im Auge gehabt, Kinder unter vierzehn dürften also durchaus Buße tun, diese solle jedoch weniger streng ausfallen als die für Erwachsene. Überdies war ein von einem Jungen unter vierzehn geleisteter Eid ungültig; der Vater war berechtigt, ihn für ungültig zu erklären.[20]

Die Autoren medizinischer und didaktischer Schriften nannten noch eine Reihe weiterer charakteristischer Merkmale für dieses Alter. Laut Bernhard von Gordon (14. Jahrhundert) sind lebhafte körperliche Aktivitäten (Laufen, Springen usw.) und Raufereien unter Knaben typisch für die Altersgruppe zwischen sieben und vierzehn, die er *aetas concussionis* (Alter der Erschütterung) nennt.[21] Bartholomaeus Anglicus zufolge sind Jungen in der zweiten Altersstufe sorglos und für Ernsthaftes nicht empfänglich; sie leben nur in der Gegenwart, denken nicht an die Zukunft und lieben vor allem Spiele mit Gleichaltrigen; Lob und Tadel der Erwachsenen beeindrucken sie nicht sonderlich, die größte Bedrohung sind für sie Schläge. Sie neigen zu raschem Stimmungswechsel, bald weinen sie, bald lachen sie. Sie können Geheimnisse nicht für sich behalten und erzählen sofort alles weiter. Sie machen Lärm und geben nur Ruhe, wenn sie schlafen. Sie begehren lautstark alles, was sie sehen;

sie machen sich schmutzig, stampfen vor Zorn mit dem Fuß und schreien, wenn die Mutter sie waschen oder umziehen will. Sie sind zart, behend und flink, aber ihr Körper ist noch nicht stark, sie sind großen körperlichen Anstrengungen noch nicht gewachsen. Sie bleiben gerne lange im Bett und sind immer hungrig und auf der Suche nach etwas Eßbarem. Manchmal können sie ihre Eßgier nicht bezwingen und werden krank. Ohne Scheu zeigen sie sich nackt, weinen Kleinigkeiten nach und ziehen einen Apfel einem Goldstück vor.[22] Bartholomaeus Anglicus beschreibt in Anlehnung an Aristoteles das Äußere, die Haare, den Körperbau und die Stimme der Mädchen, die für ihn noch reine Wesen sind. Er warnt jedoch vor der Entwicklung »weiblicher« Züge: Schamlosigkeit, Jähzorn, Haß, Neid, Ungeduld, Mangel an Ausdauer, leichte Verführbarkeit, Bitterkeit und Launenhaftigkeit. Mädchen sollten so erzogen werden, daß sie diese Charakterzüge nicht entwickeln.[23] Bartholomaeus Anglicus glaubt, die Altersgruppe von sieben bis vierzehn sei noch reinen Herzens, plädiert aber trotzdem für eine strenge Erziehung ab sieben, da die Kinder ab diesem Alter fähig seien zu sündigen. Auch heutige Entwicklungspsychologen vertreten die Ansicht, daß es für jedes Alter »normale« Verhaltensweisen gibt; sie haben beispielsweise festgestellt, daß Kinder im Alter von vier Jahren das erste Mal allein aus dem Haus gehen, sich verirren und nicht mehr auffindbar sind, mit acht auf der Straße radfahren möchten usw. Diese Entwicklungsstufe wird im Mittelalter üblicherweise bei Mädchen mit zwölf und bei Jungen mit vierzehn Jahren, also bei Beginn der Pubertät angesetzt.[24]

Die dritte Entwicklungsphase (adolescentia)

Die Prediger und einige Verfasser didaktischer Werke glaubten, eines der hervorstechendsten Merkmale dieser Altersstufe sei die stärker werdende Neigung zu sündigen, die im Alter von sieben aufkeime und gleichzeitig mit der Entwicklung des Intellekts zunehme. Aegidius Romanus behauptet, Kinder würden in diesem Alter jedermann Glauben schenken, sich gern in Gesellschaft von Gleichaltrigen aufhalten und leicht beeinflußbar sein. Da sich aber auf dieser Stufe auch das Urteilsvermögen, die Fähigkeit, Gut und Böse zu unterscheiden, und der Verstand entwickelten, sei es bereits möglich, sie jede Disziplin zu lehren und sie zu erziehen; darum solle man darauf bedacht sein, dies nicht zu unterlassen.[25] In diesem Alter wurden die Sakramente der Eucharistie und der Buße gespendet; starben die Kinder in diesem Alter, so empfingen sie auch schon die Letzte Ölung. Als sich an der Schwelle des 13. und 14. Jahrhunderts die Bewohner der Dörfer am Oberlauf der Ariège vor dem Inquisitionstribunal zu verantworten hatten, mußten alle Jungen über vierzehn und alle Mädchen über zwölf ein Gelübde ablegen und unter Eid schwören, daß sie keiner ketzerischen Sekte angehörten. Die Gegenseite, die Katharer, vertrat die Meinung, daß die Mädchen mit zwölf und die Jungen mit vierzehn für ihren Glauben »empfänglich« seien, obwohl sie erst mit achtzehn in der Lage seien, Gutes von Bösem zu unterscheiden.[26] Ab zwölf bzw. vierzehn konnten Jugendliche bei Zivilgerichten[27] als Zeugen aussagen; in einigen Gegenden galten sie ab diesem Alter auch bei bestimmten Straftaten als strafmündig, was nicht heißen muß, daß immer das volle Strafmaß angewandt wurde.

Ganz anders als die Kirchenschriftsteller schilderten die höfischen Dichter dieses Alter. Der Knabe, der zum Ritter ausgebildet wird, zeichnet sich durch hervorragende Tapferkeit und mehr noch durch seine Schönheit vor allen anderen aus, und natürlich sind auch die jungen Mädchen besonders schön.[28] Und da Schönheit als Charakteristikum junger Männer galt, hoben sie die überwältigende Schönheit des künftigen Helden hervor: »Im Alter von sieben Jahren war der kleine Junge schon so schön wie andere erst mit zwanzig.«[29] Schönheit war eher ein ritterliches denn ein religiöses Ideal. Die Geistlichen hielten Schönheit wenn nicht für moralisch verderblich, so doch zumindest für eine Gefahrenquelle.[30] Nur selten widersteht jedoch ein Autor der Versuchung, eine(n) künftige(n) Heilige(n) als besonders schönes Kind darzustellen, fügt aber meist hinzu, er bzw. sie habe durch Bescheidenheit und Keuschheit die Gefahren bestanden, die der Schönheit innewohnen.[31]

In der bäuerlichen Gesellschaft fingen die Jugendlichen in diesem Alter schon an, zu arbeiten und sich handwerkliche Fähigkeiten anzueignen. Dies war auch schon der Übergang zur dritten Entwicklungsstufe. So wurde etwa am Oberlauf der Ariège ein Junge *adolescens* genannt, sobald er selbständig zu arbeiten begann und Verantwortung übernahm, beispielsweise die Herden seines Vaters hütete.[32]

Während Einstimmigkeit darin besteht, daß die zweite Phase der Kindheit bei Mädchen mit zwölf und bei Jungen mit vierzehn endet, herrscht Uneinigkeit in der Frage, wann die dritte Phase endet. Bartholomaeus Anglicus zufolge dauert dieses Lebensalter von vierzehn bis einundzwanzig; er erwähnt aber, daß es laut Ansicht anderer Schriftsteller bis achtundzwanzig, dreißig oder fünfunddreißig dauere. Die meisten Zahlen sind Vielfache von sieben. Isidor von Sevilla, bei dem das Erwachsenenalter mit achtundzwanzig beginnt, behandelt ausführlich die Rolle der Zahl sieben im Universum, in der Geschichte der Menschheit und im Leben des Menschen.[33] Vincenz von Beauvais stellt ebenfalls fest, auf die *adolescentia,* die mit fünfundzwanzig ende, folge die *juventus.*[34] Georges Duby hat nachgewiesen, daß im 12. Jahrhundert im Nordwesten Frankreichs Jungen zwischen fünfzehn und neunzehn, die die Ausbildung zum Waffendienst noch nicht beendet hatten und daher noch keine Ritter waren, *pueri* oder *adolescentes* genannt wurden. Sobald der junge Mann seine Ausbildung abgeschlossen hatte und in den Ritterstand aufgenommen wurde, galt er als *iuvenis,* und zwar bis er ein eigenes Lehen erhielt oder heiratete, in manchen Fällen bis zum dreißigsten Lebensjahr. Erst der verheiratete Mann war für die Chronisten ein *vir* (Mann). Der Ausdruck *juventus* bezeichnete von daher sowohl eine bestimmte Altersgruppe als auch einen bestimmten sozioökonomischen Status und den Familienstand; zur *juventus* gehörten die mehr oder weniger jungen Junggesellen ohne eigenen Landbesitz, die auf der Suche nach einem Feudalherrn waren, der ihre Dienste in Anspruch zu nehmen bereit war, und ihr Leben mit Turnieren, Abenteuern, Trinkgelagen und Festen verbrachten.[35] Diese jungen fahrenden Ritter – zum Teil Junggesellen wider Willen, die noch kein Lehen erhalten oder noch keine Frau mit Mitgift gefunden hatten – waren die enthusiastischen Verfechter des Ideals der höfischen Liebe, der Liebe zwischen einer verheirateten Frau und einem jungen, unverheirateten Ritter.[36] Dante schreibt im *Convivio,* die *adolescentia* ende mit fünfundzwanzig.

Erst in diesem Alter sei der Verstand und folglich auch das menschliche Urteilsvermögen voll ausgebildet. Darum brauche ein junger Mann unter fünfundzwanzig in bestimmten Angelegenheiten noch einen Vormund. Nach der *adolescenza* komme die *gioventute,* die bis fünfundvierzig dauere.[37] Bei Dante ist *gioventute* (entsprechend dem lateinischen *juventus*) sowohl eine Stufe in der geistigen Entwicklung des Menschen als auch die völlige rechtliche Mündigkeit, wobei erstere letztere begründet. Mit der Festlegung der Volljährigkeit auf das Alter fünfundzwanzig folgt Dante dem römischen Recht, demzufolge ein junger Mann erst von diesem Alter an zivilrechtlich ohne Vormund handlungsfähig war.

Welche Bezeichnung auch immer im Mittelalter für das Erwachsenenalter verwandt wurde, so war es zweifellos schwierig, das Alter zu bestimmen, in dem ein junger Mann diese Phase erreichte (unabhängig davon, ob er *iuvenis* oder *vir* genannt wurde). Das Alter galt als Kriterium für die Vergabe von Ämtern und Herrschaftsbefugnissen; ab welchem Alter ein junger Mann in den verschiedenen Schichten der Gesellschaft selbständig handeln bzw. bestimmte Ämter bekleiden durfte, war jedoch nicht allgemeingültig festgelegt, denn im Grunde genommen gab es im Mittelalter kein einheitliches Kriterium für die Volljährigkeit. Das Mindestalter zum Heiraten unterschied sich von dem der freien Verfügung über das Erbe; wieder anders verhielt es sich mit dem Recht, Klage einzureichen oder in Zivil- oder Strafrechtsfällen als Zeuge aufzutreten, mit der Übernahme der vollen rechtlichen Verantwortung und mit der Möglichkeit, ein kirchliches Amt zu bekleiden, Mönch zu werden oder als Laie ein öffentliches Amt anzunehmen.[38] Auch das Recht, selbständig über das eigene Vermögen zu verfügen, war für die verschiedenen Arten von Vermögen unterschiedlich geregelt. Das Gesetz unterschied zwischen dem von einem Grundherrn gepachteten Land, Land zu vollem Eigen, städtischem Eigentum und Lehen. In England wurde beispielsweise der Erbe eines Erblehens mit fünfzehn Jahren aus der Vormundschaft entlassen und hatte damit das volle Recht, sein Erbe zu verkaufen; städtisches Eigentum bekam ein Erbe erst dann, wenn er falsche von echten Münzen unterscheiden oder Tuch messen konnte (meist mit fünfzehn), ein Lehen aber erst mit einundzwanzig Jahren.[39] Das Alter, in dem ein junger Mann wirtschaftlich unabhängig und zivilrechtlich voll verantwortlich wurde, war von Gegend zu Gegend verschieden, ebenso das Alter der Strafmündigkeit, das zusätzlich je nach Verbrechen variierte. Viele Historiker haben festgestellt, daß die Dauer der Kindheit im Mittelalter in Westeuropa kürzer war als heute. Auf dem Lande und in der Stadt begannen die Kinder früher zu arbeiten und stellten schon in jungen Jahren ein bedeutendes Arbeitskräftepotential dar. Früh setzte die Ausbildung zum Ritter, Kaufmann, Priester oder Mönch ein. Nicht jeder junge Mann war wirtschaftlich unabhängig; die Lehr- und Studienzeit dauerte bisweilen lange, und die verschiedenen Definitionen des Erwachsenenalters zeigen, daß die Gesellschaft des Mittelalters Jugendliche keinesfalls früher als heute als Erwachsene anerkannte. Unter Berufung auf das römische Recht erklärten einige Juristen, daß ein Sohn erst dann der väterlichen Gewalt (*patria potestas*) nicht mehr unterstehe, wenn der Vater ihn für volljährig erkläre, wenn der Sohn einen besonders hohen Posten bekomme oder wenn der Vater für immer verbannt werde.[40] Verfasser didaktischer Werke und Theologen hatten durchaus erkannt, daß beim Menschen die Zeit der Abhängigkeit und der Erziehung länger dauert als bei allen anderen Lebewesen.[41]

Wird in der Literatur über die erste Stufe der Kindheit, *infantia,* berichtet, so gehen die Schriftsteller gleichermaßen auf Jungen und Mädchen ein. In den Untersuchungen über die *pueritia* werden die Geschlechter meist getrennt behandelt, wobei jedoch die Erziehung der Jungen den Schwerpunkt bildet. Bei der Erörterung der dritten Entwicklungsstufe, die bei den Mädchen mit zwölf anfing, wird über diese viel weniger geschrieben, und beim Übergang zum Erwachsenenalter werden sie kaum erwähnt. Mädchen konnten in allen Schichten der Gesellschaft erben, fast ausnahmslos hatten die Jungen jedoch Vorrang in der Erbfolge. Mädchen war eine Universitäts- oder eine längere Berufsausbildung verwehrt. Sie durften weder ein kirchliches noch ein öffentliches Amt bekleiden (es sei denn, sie erbten ein Lehen, das Herrschaftsbefugnisse mit einschloß). Mädchen pflegten sehr jung zu heiraten, auf jeden Fall früher als die Männer derselben sozialen Schicht, und mit der Heirat büßten die Mädchen die volle zivilrechtliche Unabhängigkeit ein, die ihnen vom Zeitpunkt der Mündigkeit an zustand. Der Übergang von der Kindheit in den Ehestand mit all seiner Verantwortung und seinen Pflichten vollzog sich bei den Mädchen sehr rasch ohne Übergangsphase. Diejenigen, die für das Klosterleben vorgesehen waren, wurden schon in sehr jungen Jahren ins Kloster gesteckt. Die Kriterien für die Mündigkeit junger Männer galten nicht für Frauen; die Rollen der beiden Geschlechter waren genau festgelegt.

Das vorliegende Buch befaßt sich in erster Linie mit den ersten beiden Stufen der Kindheit, nur bedingt mit der *adolescentia,* die manche erst mit fünfunddreißig enden lassen, geht jedoch auf typische Merkmale des Übergangs von der zweiten zur dritten Stufe in verschiedenen Schichten der Gesellschaft ein. Das Problem der rein männlichen Jugendgruppen im Spätmittelalter,[42] die Beziehungen zwischen Eltern und erwachsenen Kindern, der Generationskonflikt in der Gesellschaft des Mittelalters, eine Analyse der dritten Entwicklungsstufe – all diese Themen würden eine eigene Untersuchung lohnen. Bei der Beschreibung der Kindheit im Mittelalter orientiert sich dieses Buch nicht an einem psychologischen Modell der Persönlichkeitsentwicklung. Zum Verständnis und zur Erläuterung der historischen Quellen wurde aber oft Eriksons Modell herangezogen, das den Lebensaltern bei den mittelalterlichen Autoren ähnelt. Zur Klärung der psychologischen Bedeutung bestimmter Phänomene der Kindererziehung im Mittelalter wurden auch entsprechende Deutungen der heutigen Forschung herangezogen.

Piaget und Erikson zählen für jede Phase der Kindheit mehr Anhaltspunkte auf als die Autoren des Mittelalters, auch sind ihre Unterscheidungen wesentlich differenzierter. Die moderne Psychologie weiß um die gegenseitige Abhängigkeit emotionaler Faktoren und auf Motivation beruhender Funktionen.[43]

Die Geburt

Kindheit war im Mittelalter eng mit dem Marienkult verknüpft. So waren allen Gesellschaftsschichten die Darstellung der Mutterschaft der Jungfrau Maria und der heiligen Elisabeth sowie der zärtlichen Zuwendung Marias an das Jesuskind und Elisabeths an Johannes den Täufer vertraut. Die religiöse Ikonographie spiegelte die idealtypische Vorstellung der Mutterschaft wider. Es war aber durchaus bekannt, daß eine Geburt für Mutter und Kind lebensgefährlich sein konnte. Nicht nur Ärzte beschrieben die Komplikationen und Risiken der Geburt in ihren Schriften. Prediger ermahnten die Kinder, ihre Eltern zu ehren: Sie erinnerten sie an die Leiden und Gefahren, denen ihre Mutter durch Schwangerschaft und Geburt ausgesetzt war.[1] Die Befürworter der Jungfräulichkeit führten den jungen Mädchen die Drangsale von Ehe und Kindererziehung eindringlich vor Augen und schilderten detailliert die Unreinheit der Empfängnis, die Unannehmlichkeiten und Leiden der Schwangerschaft sowie die Qualen und tödlichen Gefahren der Geburt.[2] Die Priester wurden verpflichtet, dafür zu sorgen, daß die schwangeren Frauen ihrer Gemeinde vor der Niederkunft beichteten und das Sakrament der Eucharistie empfingen.[3] Einige Heilige – so der heilige Antonius von Padua, die heilige Margarete und die heilige Dorothea – galten als Schutzpatrone der Schwangeren, und Hebammen ermutigten Frauen, die in den Wehen lagen, diese Heiligen oder die Mutter Gottes um Hilfe bei der Entbindung zu bitten. In der Kirche wurden sogar zwei getrennte Segen erteilt: einer für die Schwangere und einer für den Fötus im Mutterleib.[4] In der Literatur werden Schwangerschaft und Geburt nicht nur erwähnt, manchmal ist die Niederkunft sogar der tragische oder positive Höhepunkt einer Erzählung. So erfährt die Mutter des Helden in Wolfram von Eschenbachs Versroman *Parzival* vom Tod ihres Mannes, als sie in der 18. Woche schwanger ist. In diesem Augenblick regt sich zum ersten Mal das neue Leben. Allein das ungeborene Kind – »denn ich trage ihn in mir, seinen Lebenskeim, den unsre Liebe in mich senkte« – hält sie davon ab, sich vor Kummer umzubringen. Bei der Geburt, die aufgrund der Größe des Kindes besonders schwer ist, entrinnt sie mit knapper Not dem Tod. Schoysiane, Parzivals Tante mütterlicherseits, stirbt bei der Geburt ihrer Tochter.[5] Die dänische Ballade *Geburt im Grab* (Redselille og medelvold) erzählt von zwei Liebenden, die fliehen, nachdem die Eltern des Mädchens von der Schwangerschaft erfahren haben. Noch auf der Flucht setzen die Wehen ein, und das Mädchen stirbt bei der Entbindung.[6] Andere Quellen zeugen davon, daß die Schwangerschaft durchaus auch positiv erlebt wurde. So schrieb Giovanni Morelli im 14. Jahrhundert in sein Tagebuch, er erinnere sich genau an Zeit, Ort und Art und Weise der Zeugung seines Sohnes; auch beschreibt er die hoffnungsvollen Erwartungen seiner Frau und die Freude, die er jedesmal empfand, wenn er den Leib seiner Frau berührte und die Bewegungen des Kindes spürte.[7]

Die Entbindung

In den lateinisch abgefaßten medizinischen Abhandlungen des Hochmittelalters über Geburt und Geburtshilfe, Frauenleiden und andere medizinische Themen wurden die griechischen und römischen Autoritäten auf dem Gebiet der Gynäkologie angeführt – so Hippokrates, Galen und Soranos von Ephesus sowie die islamischen Ärzte des 9.–12. Jahrhunderts Abulcasis, Haly Abbas, Rhazes und Avicenna und vor allem die Schriften des Arib ibn Sa'id von Cordoba. Die Schriften handeln von Frauenleiden, Empfängnis, Schwangerschaft, Unfruchtbarkeit und deren Ursachen, Fehlgeburten, Säuglingspflege und Geburt, enthalten jedoch kaum Anweisungen für die Geburtshilfe. Einige Enzyklopädien befassen sich zwar relativ ausführlich mit Gynäkologie, aber nicht mit der Geburt selbst. Das Werk *Über die Heilung von Frauenkrankheiten* (De passionibus mulierum curandarum), das die Gelehrten lange Zeit fälschlicherweise der Trotula von Salerno zuschrieben, enthält zwar längere Passagen über unregelmäßige Menstruation, Unfruchtbarkeit wegen Ausbleibens der Regel, über die Unfruchtbarkeit im allgemeinen, Schwangerschafts-Symptome, schwere Geburten, Unterleibsleiden nach der Geburt, Anweisungen für die Säuglingspflege sowie die Behandlung anderer Krankheiten, die nicht in das Gebiet der Frauenheilkunde fallen, aber nur spärliche Anweisungen zur Geburtshilfe. Diese Unterlassung mag darauf zurückzuführen sein, daß die Autoren keine eigenen Erfahrungen auf diesem Gebiet hatten und in den Werken der griechischen, römischen und mohammedanischen Schriftsteller nur wenige Hinweise vorfanden. In der Antike und im Islam war die Geburtshilfe nämlich kein Bestandteil der Ausbildung von Ärzten, dafür waren allein die Hebammen zuständig. Ein Lehrbuch begnügt sich beispielsweise mit der Feststellung, bei einer normalen Geburt – d. h. wenn zuerst der Kopf des Kindes (Hinterhaupt voran) zum Vorschein kommt – brauche man nicht nachzuhelfen. Wenn das Kind sich dagegen in einer anderen Lage befinde, müsse die Hebamme versuchen, es im Mutterleib zu drehen. Vagina und Muttermund sollten eingeölt werden, um die Geburt zu beschleunigen. Ein anderes Buch beschränkt sich auf den Rat, die Mutter solle zum Niesen gebracht und ihr das Heilkraut Ackermennig um den Oberschenkel gebunden werden, damit die Niederkunft schneller vonstatten gehe. Die Gelehrten waren der Ansicht, daß die Geburt Sache der Frauen sei und daher nur ganz allgemein behandelt werden solle. So schreibt ein Schriftsteller des Mittelalters, nachdem er die Schwierigkeiten bei der Geburt von Zwillingen und Drillingen nur kurz erwähnt hat, »da dieser Gegenstand die Aufmerksamkeit der Frauen erfordert, hat es keinen Sinn, ihn ausführlich zu erörtern«. Ähnlich Bartholomaeus Anglicus: »Dies ist das Geschick der Frauen, der Mutter die Niederkunft so leicht wie möglich zu machen.« Einige Gelehrte befaßten sich auch mit Geburtshilfe. So hielt Albertus Magnus es für notwendig, Hebammen auszubilden, und schätzte ihr Geschick, das er, wenn nicht aus eigener Anschauung, so doch aus Gesprächen mit Hebammen über ihren Beruf kannte.[8] Vom Spätmittelalter an erschien in verschiedenen Volkssprachen eine Reihe

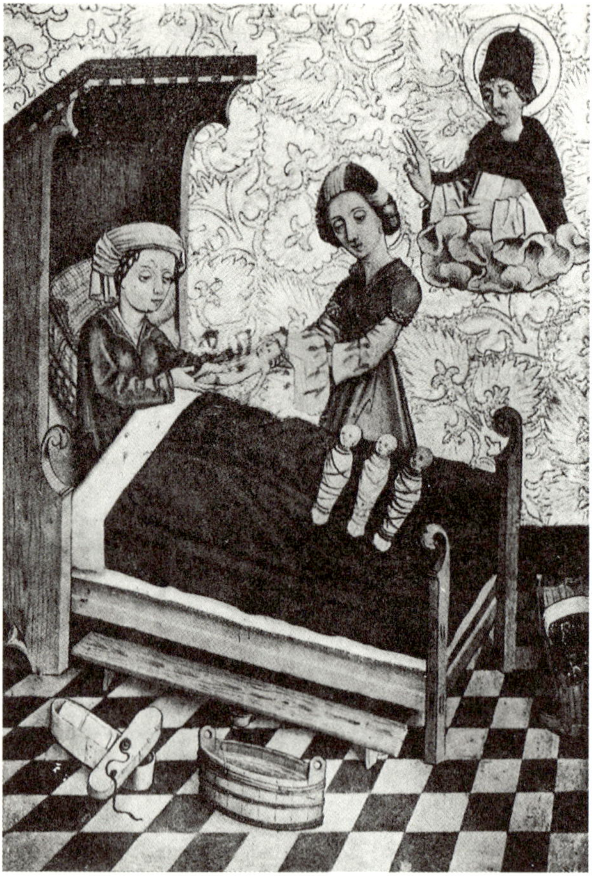

Geburt von Vierlingen

von Werken über Frauenleiden und Geburtshilfe. Einige waren Übersetzungen aus dem Lateinischen (oder enthielten zumindest Teile, die aus dem Lateinischen übersetzt waren, gewöhnlich eine der vielen Versionen der Schrift der Trotula oder der Abhandlung von Mustio), andere waren von vornherein in der Volkssprache abgefaßt. Sie waren für Hebammen, Heilkundige und andere des Lesens kundige Frauen geschrieben und sollten ihnen helfen, sich und ihre Gefährtinnen zu behandeln, ohne die Hilfe eines Arztes beanspruchen zu müssen. In einigen dieser Schriften finden sich ausführlichere Anleitungen zur Geburtshilfe als im lateinischen Schrifttum. In dem Werk *An English Trotula* werden beispielsweise sechzehn mögliche Komplikationen und Kindslagen erwähnt, so etwa ein zu großer Kopf in Vorderhauptslage, der nicht durch den Geburtskanal geht, Beginn der Austreibung, bevor der Muttermund vollständig erweitert ist, Querlage, Steißlage usw. Neben Anweisungen zur Drehung des Kindes in die richtige Lage und zum Einölen von Vagina und Muttermund enthält das Buch Rezepte für in Kräuterextrakte getränkte Umschläge, für Kräuterdampfbäder für den Unterleib sowie den Hinweis für die Hebamme, den Muttermund zu dehnen, wenn der Kopf des Kindes zu groß sei. Als Anhaltspunkt dafür, daß der Fötus *in utero* gestorben sei, werden aufgezählt: fehlende Bewegung im Uterus, eingefallene Augen, Gefühllosigkeit in den Lippen und im ganzen Gesicht. Zur Austreibung des toten Fötus empfehlen die Autoren die Einleitung von Dämpfen oder Flüssigkeiten in den Uterus, Kräuterbäder und den einen oder anderen Heiltrank. War keines dieser Mittel wirksam, so mußte die Hebamme den toten Fötus – ganz oder zerstückelt – unter Zuhilfenahme eines Spiegels mit einem Haken aus dem Uterus ziehen. Wenn die Mutter starb und der Fötus noch am Leben war, mußte die Hebamme Bauch und Gebärmutter mit einem Rasiermesser aufschneiden und das lebendige Kind herausholen – so lautete die Anweisung im medizinischen Schrifttum wie auch in den Dekreten der Synoden. In einem Handbuch für Priester heißt es, man solle die Hebammen darauf hinweisen, diese Operation sei unbedingt erforderlich, um das Leben des Kindes zu retten. Sollten sie selbst nicht genügend Mut besitzen, um die Operation durchzuführen, so empfehle es sich, einen Mann zu Hilfe zu holen, damit das Kind nicht durch ihr Verschulden sterbe.[9]

Wenn die Wehen spontan einsetzten, wußte die Hebamme, was zu tun war, doch sobald eine Komplikation auftrat, standen ihr nur wenig Mittel zu Gebote. Manchmal gelang es ihr, das Kind in die normale Geburtslage zu bringen, aber sie ging dabei das Risiko ein, daß das Kind in eine noch ungünstigere Lage geriet, die Plazenta sich von der Gebärmutterwand ablöste oder Druck auf die Nabelschnur ausgeübt wurde, was zum Tod des Kindes führen konnte. Im Falle eines manuellen Eingriffs waren die Blutungsgefahr und das Infektionsrisiko für die Mutter sehr hoch, vor allem, wenn ein Haken benutzt wurde, um das tote Kind herauszuholen. Der Kaiserschnitt wurde offenbar nur dann durchgeführt, wenn die Mutter bei der Entbindung starb. Schmerzlindernde oder -stillende Mittel waren kaum vorhanden.[10] Viele Säuglinge starben bei der Geburt, viele Mütter im Kindbett – so etwa 20 Prozent aller verheirateten Frauen, die in den Jahren 1424, 1425 und 1430 in Florenz starben. In englischen Herzogsfamilien starben zwischen 1330 und 1479 etwa 36 Prozent der Knaben und 29 Prozent der Mädchen vor der Vollendung des fünften Lebensjahres.[11] Es ist nicht belegt, wie viele Frauen bei der Entbindung oder unmittelbar danach starben, doch die Zahl der Todesfälle war zweifellos groß. Da die Säuglingssterblichkeit im Mittelalter aller Wahrscheinlichkeit nach nicht geringer – wenn nicht sogar höher – war als im 16. bis 18. Jahrhundert, können die genaueren demographischen Daten aus späteren Zeiten als Richtmaß für die Berechnung der Säuglings- und Müttersterblichkeit im Mittelalter dienen. Man schätzt, daß in England etwa 25 von 1000 Frauen im Kindbett und 200 bis 300 Kinder bis zum 5. Lebensjahr starben. Aus einer Studie von Lebrun geht hervor, daß im 18. Jahrhundert in Frankreich 280 von 1000 Kindern vor Vollendung des ersten Lebensjahrs starben und nur 574 von 1000 Kindern fünf Jahre alt wurden. Bei Hungersnöten oder Pest lag die Sterblichkeitsziffer noch höher. Eine weitere Studie über einige englische Pfarrbezirke im 16. Jahrhundert kommt zu dem Ergebnis, daß etwa 50–60 Prozent aller Säuglinge, die kein Jahr alt wurden, im ersten Monat und etwa 30 Prozent bei der Geburt starben.[12]

In Anbetracht der hohen Sterblichkeitsziffer und der begrenzten medizinischen Mittel verwundert es nicht, daß gebärende Frauen, Hebammen, Ehemänner und Verwandte Gott um Hilfe baten. Sie beteten oder legten das Gelübde ab, zum Schrein einer oder eines Heiligen zu pilgern und der Kirche, in der diese begraben waren, Opfergaben darzubringen. Auch der Glaube an die Wirksamkeit von Zaubermitteln und Beschwörungsformeln war weit verbreitet. Besorgte Schwangere pilgerten oft vor der Niederkunft zum Schrein eines Schutzheiligen oder ließen sich mit geweihtem Öl salben. Besonders groß war das Risiko einer Schwangerschaft für Frauen, die an Mißbildungen der Wirbelsäule, Wassersucht oder Blutarmut litten.[13] Eines der Gebete, die gewöhnlich am Bett einer Frau, die in den Wehen lag, dreimal gesprochen wurden, war der Anfang des Athanasischen Glaubensbekenntnisses (»quicumque vult«). Beliebt war auch die Beschwörungsformel: »O Kind, ob lebend oder tot, komm heraus, denn Christus ruft dich ans Licht.«[14] Bei Frauen aus dem Hochadel sprach der Priester manchmal während der Wehen ein besonderes Gebet für ihr Wohlergehen.[15] Besonders beliebte Talismane waren Geburtsgürtel und Edelsteine. Geburtsgürtel wurden schon in vorchristlicher Zeit verwendet, beispielsweise in England seit den Druiden. Einige wurden innerhalb einer Familie von einer Generation auf die andere vererbt, andere galten als Heiligenreliquien und wurden in Klöstern aufbewahrt. Juden, Mohammedaner und Christen waren zudem einhellig der Meinung, daß ein während der Wehen am Oberschenkel einer Frau befestigter Aetit den Fötus herauszieht.[16] Amulette und Beschwörungsformeln waren bei Katholiken wie Protestanten bis ins 19. Jahrhundert gang und gäbe. Erst im 19. Jahrhundert verschwand dieser Brauch in Westeuropa, als auf dem Gebiet der Hygiene und der Medizin einschneidende Reformen eingeleitet wurden (die Geburtshilfe wurde Bestandteil der medizinischen Ausbildung an der Universität)[17]. Im Spätmittelalter wurden Hebammen oft angeklagt, den Tod eines Kindes verschuldet zu haben.[18] Nicht selten hielt man sie für Hexen, da man davon ausging, daß Kräuterkunde und Zauberei miteinander verwandt seien.[19]

Im Mittelalter wandten sich die Menschen an die Heiligen, um von Leiden geheilt zu werden, gegen die sie kein Mittel kannten. War eine lange Zeit unfruchtbare Frau plötzlich in anderen Umständen oder wurden Mutter und Kind bei der Geburt gerettet, so glaubte man an ein Wunder. Es gibt kaum einen Heiligen, der nicht einem kinderlosen Paar geholfen oder Mutter und Kind gerettet haben soll! Und es gab nicht nur besondere Gebete für Schwangere und ungeborene Kinder, sondern auch Beschwörungsformeln und Messen für unfruchtbare Frauen. Kinderlosigkeit war kein seltenes Phänomen. Aus einer Studie über die englischen Herzogsfamilien des 14.–15. Jahrhunderts geht hervor, daß etwa 16 Prozent der

Männer und 17 Prozent der Frauen, deren Ehe die Zeit der Fertilität überdauerte, keine Kinder hatten. In der arbeitenden Bevölkerung litten die Frauen häufig an zeitweiliger Unfruchtbarkeit; infolge schlechter Ernährung oder schwerer Arbeit blieb die Regel oft aus.[20] Kinderlose Ehepaare[21], Hebammen, Schwangere und deren Familien legten das Gelübde ab, zu einem Schutzheiligen zu pilgern und ihm Opfergaben darzubringen, wenn die Frau schwanger würde oder Mutter und Kind gerettet würden. Einige kinderlose Ehepaare gelobten, ihr Kind ins Kloster zu schicken. Trotz gewisser Vorbehalte der Geistlichkeit gegenüber der Zeugung war bei der Heirat der Wunsch nach Kindern aus unterschiedlichen Motiven weit verbreitet. Die Adligen wollten einen Stammhalter, die wohlhabenden Stadtbewohner einen Erben für ihren Besitz und die Bauern zusätzliche Arbeitskräfte für ihren Hof. Nur so sind die Bemühungen um die Hilfe eines Arztes oder anderer Heilkundiger, das Sprechen von Beschwörungsformeln, die Verwendung von Amuletten und anderen Mitteln (einschließlich des Hostiendiebstahls zur Behandlung der Unfruchtbarkeit) sowie die Anrufung der Heiligen zu erklären. Der Schmerz über die Kinderlosigkeit war manchmal derart überwältigend, daß die Betroffenen oft Frauen wegen Hexerei anklagten, die ihrer Ansicht nach die Unfruchtbarkeit verursacht hatten. Auch in der Literatur wird oft geschildert, wie sich ein kinderloses Paar inständig ein Kind wünscht, betet und leidet und wie glücklich es dann ist, wenn ihm endlich ein Kind geboren wird.[22]

Während die Verfasser medizinischer Werke auch um die Zeugungsunfähigkeit der Männer wußten, hielten Theologie und Volksglaube die Unfruchtbarkeit in erster Linie für ein Versagen der Frau. Eine Frau, die weder ins Kloster ging noch Kinder zur Welt brachte, hatte in der Hauptaufgabe versagt, die die Natur ihr nach Gottes Willen zugewiesen hatte. Thomas von Aquin war davon überzeugt, daß eine Frau, der die durch die Erbsünde auferlegte Strafe des Alten Testaments »unter Schmerzen gebierst du Kinder« (Gen 3,16) erspart blieb, schlimmer unter dem Makel der Unfruchtbarkeit als andere Frauen an den Qualen der Geburt litt.[23]

In Hospitälern gebaren nur die Frauen, die während der Schwangerschaft verwitwet waren oder uneheliche Kinder bekamen. Einer armen Frau im Kindbett zu helfen, ihr zu essen zu geben, galt als Mildtätigkeit.[24] In einigen europäischen Ländern wurden vom 13.–15. Jahrhundert in den Spitälern Betten für die Niederkunft eingerichtet.[25] Die meisten Frauen bekamen jedoch ihre Kinder zu Hause, einige ohne Hebamme, nur mit Hilfe der weiblichen Verwandtschaft oder der Nachbarinnen. Vor allem in der Stadt waren bei der Geburt häufig Hebammen zugegen. Ein Heiliger soll am Haus einer Frau in Wehen vorbeigekommen sein und ihre Schreie gehört haben. Eilends soll er eine Hebamme geholt haben, die die Frau von einem gesunden Kind entband.[26] In allen Ländern Europas hatten Frauen aus dem Adel oder der wohlhabenden Mittelschicht bei der Geburt oft mehrere Hebammen um sich.[27] Der Verfasser eines Traktats zum Lob der Jungfräulichkeit meint sogar, Frauen müßten sich über »der alten Weiber unfeines Geschick« (gemeint sind die Hebammen) schämen, auf deren »unziemliche« Hilfe die Frau bei der Entbindung angewiesen sei.[28] Oft hielten sich die Väter bei der Entbindung in der Nähe auf und legten ein Gelübde ab, wenn die Lage aussichtslos war, wenn Mutter oder Kind oder beide dem Tod nahe waren. Ihrer tiefen Besorgnis über das Schicksal der beiden oder dem Kummer über ihren Tod gaben sie freien Lauf.[29] In ländlichen Gebieten lebten die Familien weit verstreut, und da, wo weder Hebammen noch Nachbarn in der Nähe waren, stand der Ehemann seiner Frau bei der Entbindung bei.[30]

Die Illustration eines englischen Manuskripts aus dem 15. Jahrhundert zeigt, wie eine Frau, die in Wehen liegt, an einem Seil zieht, das an einem Balken über dem Bett befestigt ist. Frauen gebaren auch auf dem sogenannten Gebärstuhl, den bereits der griechische Arzt Soranos von Ephesus im 2. Jahrhundert n. Chr. empfohlen hatte und dessen Öffnung weder zu groß noch zu klein sein sollte. Im 14. Jahrhundert bekam der Stuhl eine Lehne und Armstützen.[31] Die Heiligen wurden um Hilfe angefleht, wenn sich das Kind im Mutterleib nicht mehr bewegte und zu befürchten war, daß es tot sei.[32] Auch bei schweren und lang dauernden Geburten – genannt werden Zeiträume von 2, 3, 6, 7, 15 bis hin zu 25 Tagen[33] – wurden Fürbitten an die Heiligen gerichtet. Manchmal war die Frau von den Wehen so geschwächt, daß sie für die letzte Anstrengung nicht mehr genug Kraft hatte. Man war der Auffassung, daß Junggebä-

Wochenstube im Mittelalter

rende Schwierigkeiten wegen ihres jugendlichen Alters hätten und daß Geschlechtsverkehr in jungen Jahren Mißgeburten verursache und besondere Risiken für die junge Mutter mit sich bringe.[34] Bei den besonders gefährlichen Steißgeburten wurden die Heiligen ebenfalls um Hilfe angefleht. Wenn das Kind die Geburt überlebte oder »ins Leben zurückgerufen werden« konnte, galt dies als Wunder.[35] Ärzte wurden gewöhnlich erst dann herbeigeholt, wenn das

Kind im Mutterleib tot war oder die Mutter starb. Befand sich der Fötus in Querlage im Uterus und schaute nur ein Arm heraus, war der Körper aber nicht zu bewegen, so holte der Vater den Arzt, um das Kind durch chirurgischen Eingriff (*incisio*) zu retten, für den Fall, daß die Mutter sterbe. Es ist auch überliefert, daß einmal das Kind im Mutterleib gestorben war und der Arzt herbeigeholt wurde, um es »mit einem eisernen Instrument« herauszuholen. Daß dies schließlich ohne chirurgischen Eingriff gelang (nachdem man der Mutter eine Reliquie auf den Bauch gelegt hatte), galt als Wunder.[36] Die Mutter eines künftigen Heiligen starb bei der Entbindung; das Kind wurde von der Hebamme mit einem Schnitt aus dem Mutterleib geholt, da kein Chirurg verfügbar war.[37] Akademisch ausgebildete Ärzte (*medici, physici*) wurden nur sehr selten zu Hilfe geholt, zumeist nur bei Frauen aus dem Adel bei schwierigen Geburten.[38] Zweifellos verfügten sie nicht über größere Fachkenntnisse als die Hebammen und Chirurgen.

Es gab keine medizinischen Vorsorgeuntersuchungen während der Schwangerschaft. Viele Frauen erlitten Fehlgeburten, in der arbeitenden Bevölkerung häufig wegen schwerer Arbeit oder des Tragens schwerer Lasten. Nicht nur die Verfasser medizinischer Traktate befaßten sich mit den Vorsichtsmaßnahmen, die Schwangere ergreifen sollten, um einer Fehlgeburt vorzubeugen. Auch die Priester wurden dazu angehalten, die Frauen ihrer Gemeinde über das Risiko einer Fehlgeburt bei schwerer Arbeit und die Männer über die gefährlichen Folgen von Geschlechtsverkehr während der Schwangerschaft aufzuklären. In den Protokollen des Inquisitionstribunals von Pamiers ist von zwei Frauen die Rede – einer Adeligen und einer Bäuerin –, die sich um das Schicksal ihrer ungeborenen Kinder sorgen: die Adelige, als sie ihr Heim verläßt, um sich den Katharern anzuschließen, die Bauersfrau bei der Überfahrt über einen Fluß mit dem Boot. Alle fürchten sich vor dem Ertrinken, vor allem die Bauersfrau, denn sie war schwanger.[39] Frauen, die Fehlgeburten erlitten, flehten häufig Heilige an, sie bei der nächsten Schwangerschaft vor einer Fehlgeburt zu bewahren. Es wird auch von einer Frau berichtet, die fünf Fehl- oder Totgeburten erlitten hatte und dies als Strafe für eine Sünde betrachtete, die sie begangen hatte. Sie suchte geistigen Beistand bei einem Mann, der im Ruf der Heiligkeit stand, sich ihre Geschichte anhörte, ihr zu essen und zu trinken gab und ihr befahl, dem Priester ihre Sünde zu beichten. Als ihre Zeit kam, wurde sie von einem gesunden Jungen entbunden.[40] Realistisch und ergreifend werden die Fälle dargestellt, in denen das Überleben des Kindes als Wunder galt oder geschildert wird, wie es »ins Leben zurückgerufen wurde«. So wird zum Beispiel von einer Frau erzählt, die sechs Jahre lang immer nur totgeborene Kinder zur Welt brachte. Als sie nun wieder eine schwere Geburt durchstand, befürchteten die Hebammen, das Kind könne auch diesmal im Mutterleib sterben. Gebete wurden gesprochen und Gelübde abgelegt, da bewegte sich das Neugeborene, der winzige Brustkorb hob sich, der kleine Mund öffnete sich, der Säugling begann zu atmen und schrie nach einer halben Stunde wie alle Neugeborenen.[41]

Säuglingspflege

In der Antike und im Mittelalter empfahlen die Ärzte in ihren Schriften, man solle für das Neugeborene ähnliche Bedingungen schaffen wie im Mutterleib. In dem Arnald von Villanova zugeschriebenen Werk aus dem frühen 14. Jahrhundert *De regimine sanitatis* werden verschiedene Methoden der Säuglingspflege beschrieben und diejenigen für gut befunden, bei denen die Bedingungen in der Außenwelt denen im Mutterleib ähneln. Es heißt, in Gallien lege man das Neugeborene auf Stroh und reibe es sanft mit lauwarmem Stroh.[42] Es sei auch empfehlenswert, den in warme Baumwoll- oder Wolltücher gewickelten Säugling der Mutter in den Arm zu legen. Die Temperatur des Stoffes solle möglichst der im Mutterleib entsprechen, da jede plötzliche Veränderung für das neugeborene Kind schädlich sei.[43] Es wird empfohlen, das Kind unmittelbar nach der Geburt in lauwarmem Wasser zu baden, um den Schock abzumildern, den die kalte Luft bewirkt, und um das Kind zu reinigen. Schon Hippokrates und Galen waren der Auffassung, der Übergang vom Mutterleib in die Außenwelt solle ganz sanft vonstatten gehen, um eine Reizüberflutung zu vermeiden. Ihnen pflichteten im Mittelalter die meisten Autoren bei. Der erste

Schrei des Säuglings wurde als Schmerzensschrei gedeutet, es tue ihm weh, aus dem feuchten, warmen Mutterleib in die trockene, kalte Außenwelt zu kommen.[44] Interessanterweise ähneln diese Ansichten denen, die Frederick Leboyer in seinem Werk *Geburt ohne Gewalt*[45] vertritt. Er empfiehlt eine Reihe von Maßnahmen zum Schutz des Neugeborenen vor den allzu intensiven sinnlichen Reizen, die unmittelbar nach der Geburt auf das Kind einströmen, mit anderen Worten einen allmählichen Übergang von den Bedingungen, an die das Kind sich im Mutterleib gewöhnt hat, in die Außenwelt. Dementsprechend soll der Säugling weder starkem, blendendem Licht noch Lärm ausgesetzt werden noch mit kalten, harten Materialien wie Metallwaagen in Berührung kommen. Um den Schmerz zu lindern, den das jähe Eindringen der Luft in die Lungen verursacht, empfiehlt Leboyer einen allmählichen Übergang von der Atmung durch die Nabelschnur zur Lungenatmung. Wenn die Nabelschnur mit einer Verzögerung von ein paar Minuten durchtrennt wird, bekommt der Säugling in der Zwischenzeit auf zweierlei Weise Luft, wodurch der Übergang weniger abrupt ausfällt.[46] Eine Illustration aus dem Spätmittelalter zeigt, wie eine Hebamme einen Säugling, dessen Nabelschnur noch nicht durchtrennt ist, der Mutter auf den Bauch legt.[47]

Bartholomaeus Anglicus und Aldebrandin von Siena stellen nicht nur wie Leboyer fest, daß das Kind in einem halbdunklen Raum zur Welt kommen soll, sondern auch, daß es bis zum Alter von sieben Monaten grellem Licht nicht ausgesetzt werden darf. Sie erklären, wie man die Nabelschnur durchtrennt und mit einem nicht allzu rauhen Faden abbindet, bemerken, daß vier Fingerbreit der Nabelschnur übrigbleiben sollen, und beschreiben, daß die Schnittfläche mit Speichel, Schlangenasche, pulverisiertem Drachenblut und harmloserem Pulver wie Kreuzkümmel oder Myrrhe behandelt werden soll. Der Nabel soll dann mit einem in Olivenöl getränkten Baumwolltuch bandagiert werden. Bartholomaeus Anglicus empfiehlt, den Körper des Kindes mit Rosenwasser und Salz einzureiben, um die Haut zu reinigen. Francesco da Barberino mahnt, beim Einreiben das Salz nicht in Mund und Nase zu bringen. In dem Arnald von Villanova zugeschriebenen Werk heißt es, Salz schütze die Gliedmaßen vor Kälte und Hitze und die Haut vor

Infektionen. Da Salz jedoch »beißen« kann, empfehlen andere Quellen, Säuglinge mit Öl einzureiben. Bartholomaeus Anglicus empfiehlt, das Zahnfleisch der Säuglinge zur Beruhigung und zur Anregung des Appetits mit Honig einzureiben. Nach dem ersten Bad in lauwarmem Wasser soll das Kind regelmäßig gebadet und eingeölt werden, und zwar nicht nur zur Reinhaltung, sondern auch zum Schutz vor zu heißer oder zu kalter Luft. Nasenlöcher und Ohren sollen mit dem in Öl getauchten kleinen Finger des Säuglings gereinigt werden.[48]

Der Brauch der Barbaren, die Neugeborenen in kaltes Flußwasser zu tauchen, um ihre Widerstandsfähigkeit zu erproben und ihren Körper zu stählen, war im Mittelalter bereits ausgestorben. In den Heiligenviten wird einmal von einem Säugling berichtet, der an einem Wintertag in kaltes Wasser getaucht wird, und ein anderes Mal von einem Kind, dem Wasser und Wein über das Gesicht gegossen werden. Beide Male sollte damit nur festgestellt werden, ob das Kind tot war, wie es den Anschein hatte.[49]

Da die Beleuchtung im Mittelalter recht spärlich war, ist anzunehmen, daß die meisten Frauen in dunklen Räumen niederkamen. In den ersten Tagen kümmerte sich die Hebamme um den Säugling, manchmal nahm sie auch an der Taufe teil (die Mutter konnte bei dieser Zeremonie, die eine Woche nach der Geburt stattfand, meist nicht zugegen sein). Guibert von Nogent, der vermutlich im Jahre 1064 geboren wurde, erzählt in seiner Autobiographie von seiner schweren Geburt und von der Todesgefahr, in der seine Mutter und er schwebten. Er kam so schwach zur Welt, daß niemand daran glaubte, er werde überleben. Noch am Tag seiner Geburt wurde er zur Taufe getragen, bei der die Hebamme zugegen war.[50] Die Biographie des Petrus Damiani, der im 11. Jahrhundert als Bußprediger große Teile Europas durchzog und für die Erneuerung der Kirche warb, enthält eine der seltenen Beschreibungen der Säuglingspflege: Der Neugeborene wurde gebadet und eingeölt. Petrus Damiani stammte aus einer armen, kinderreichen Familie. Die Mutter, der mütterlichen Pflichten überdrüssig, fürchtete sich vor der Geburt eines weiteren Kindes. Als Petrus Damiani geboren wurde, warf ihr einer ihrer erwachsenen Söhne vor, es sei eine Schande, in der kleinen Behausung noch jemanden durchfüttern zu müssen, der eines Tages mit den anderen Kindern um die Erbschaft streiten werde. Die Mutter schrie vor Schmerz auf, versank in eine tiefe Depression und kümmerte sich nicht mehr um das Kind. Die Frau eines Priesters[51] rettete dem Säugling das Leben, als er vor Hunger und Kälte zu sterben drohte. Sie rieb das Kind mit Öl ein, salbte es und legte es auf ein Fell vor dem Feuer. Allmählich normalisierte sich der Kreislauf, der Körper wurde wieder warm und nahm Farbe an. Dann tadelte sie das Verhalten der Mutter als unnatürlich und unchristlich, wickelte das Kind und legte es der Mutter in den Arm, die es sogleich zu stillen begann. Die Vernachlässigung war offenbar eine Übertragung ihrer selbstmörderischen Absichten auf das Kind. Fortan kümmerte sie sich hingebungs- und liebevoll um ihren Sohn.[52] Daß es zumindest in der Stadt Brauch war, die Kinder unmittelbar nach der Geburt in warmem Wasser zu baden, belegt folgender Unfall: Eine Frau badete ihr Neugeborenes in zu heißem Wasser, so daß es starb. Durch die Fürbitte eines Heiligen wurde es wieder ins Leben zurückgerufen.[53] Auch italienische, französische und flandrische Illustrationen und Gemälde der Geburt Christi aus dem 14. und 15. Jahrhundert zeigen, wie Jesus in einem runden Becken gebadet wird.[54]

Sogar nach einer normalen Geburt bangte man bisweilen um das Leben des Kindes. Der Chevalier de la Tour Landry schrieb im Unterweisungsbuch für seine Töchter, man solle sich nicht zu sehr über die Geburt eines Säuglings freuen und auf keinen Fall ein großes Fest veranstalten. Dies könnte Gott mißfallen und zum Tod des Kindes führen.[55]

Söhne und Töchter

Wünschten sich Männer und Frauen eher einen Sohn als eine Tochter? Waren die Eltern enttäuscht, wenn ein Mädchen zur Welt kam? Wie schon in der Antike hatten die Verfasser medizinischer und didaktischer Werke im Mittelalter einen Katalog von Anhaltspunkten, um ›festzustellen‹, ob das Kind im Mutterleib männlichen oder weiblichen Geschlechts sei. Es gab allgemeine Ratschläge bezüglich der idealen Bedingungen (etwa die Konstellation der Sterne) für die Empfängnis eines gesunden Kindes mit edlen Eigenschaften[56] sowie Verhaltensregeln, um einen Jungen oder ein Mädchen zu zeugen. Der reine, frische Teint einer Schwangeren galt beispielsweise als Zeichen für einen männlichen Nachkommen. Vom Glauben an die männliche Überlegenheit zeugt die Vorstellung, daß männlicher Nachwuchs im Mutterleib rechts liegt und weiblicher links. Wenn die linke Brust größer war oder sich der Fötus auf der rechten Seite des Uterus stärker bewegte, galt dies als Zeichen dafür, daß das Kind männlichen Geschlechts war. Auch glaubte man, allzu leidenschaftlicher Geschlechtsverkehr könne zur Geburt eines mißgebildeten oder schwächlichen Jungen oder eines Mädchens führen. Dieser Glaube beruhte auf der von Aristoteles übernommenen Auffassung, daß ein weibliches Wesen ein unvollkommenes männliches sei.[57] Laut Aegidius Romanus war der Winter die beste Jahreszeit zur Zeugung von Knaben. Die Hebammen empfahlen Frauen, die sich Söhne wünschten, Fürbitten an die heilige Felicitas zu richten. In Unterweisungsbüchern ist davon die Rede, daß auch der Wunsch nach einer Tochter legitim sei. Offenbar nahm man aber an, daß nur eine Frau diesen Wunsch hegen könne. Wünschte sie sich eine Tochter, so sollte sie Hasenhoden trocknen, am Ende des Zyklus zu Pulver zerstoßen und in einem Trank einnehmen, bevor sie ins Bett ging »und dann mit ihrem Gefährten spielte«.[58] Wenn Prediger wie Bernardino von Siena Kinder ermahnten, ihre Eltern zu ehren, wie dies die Heilige Schrift lehrt, versprachen sie ihnen zur Belohnung zahlreichen Nachwuchs, vor allem Söhne, die eines Tages ihren Vätern ähneln würden. Bernardino tadelte aber auch Väter, die sich über die Geburt einer Tochter nicht freuten. Giovanni Morelli schreibt in seinen Memoiren, daß er über die Geburt seines ersten Kindes besonders glücklich war, weil es ein Sohn war.[59] In Albertis *Über das Hauswesen* (I Libri della Famiglia) beschreibt ein Mann, wie er und seine Frau sofort nach der Hochzeit um Söhne gebetet haben.[60] Wenn im Spätmittelalter in einer italienischen Stadt ein Mädchen geboren wurde, trösteten die Verwandten und Freunde die Eltern damit, daß das Mädchen sicher eine Schönheit würde und sie deshalb nicht verpflichtet seien, ihr eine große Mitgift mitzugeben, was sicher eine Belastung für sie wäre.[61] Ludwig XI. von Frankreich mußte bei der Geburt einer Tochter nicht nur getröstet werden; seine Höflinge hatten Angst, ihm die Nachricht zu überbringen. Einige Männer aus dem Geschlecht der Kapetinger ließen sich sogar von ihren Frauen scheiden, weil sie ihnen nur Töchter gebaren.[62] Wolfram von Eschenbach beschreibt die Freude von Parzivals Mutter über die Geburt eines Sohnes wie folgt: »Nachdem die Königin sich erholt und ihr Kindlein wieder zu sich genommen hatte, beschaute sie mit ihren Hofdamen sein Gliedlein zwischen den Beinen. Immer wieder wurde er geherzt und liebkost, da er so recht wie ein Mann gebaut war.«[63] Auch die Heiligen waren Frauen gewogen, die sich einen männlichen Nachkommen wünschten. Eine Frau soll einem Heiligen ihr Leid geklagt haben, ihr Mann empfinde nur Haß gegen sie. Darauf soll der Heilige ihr versprochen haben, sie werde einen hübschen Sohn bekommen, damit ihr Mann sie wieder liebe. Dies geschah dann auch.[64] Eine Spanierin, die den heiligen Dominikus und seinen Orden verehrte, flehte ihn um einen Sohn an und gelobte, er werde als Erwachsener dem Dominikanerorden beitreten. Als sie von den Hebammen hörte, daß sie eine Tochter geboren hatte, betete, klagte und weinte sie so lange, bis ein Wunder geschah – das Mädchen wurde ein Junge![65] Eine Frau, die mehrere Totgeburten hatte, betete hingegen zu einer Heiligen und gelobte, zu ihrem Schrein zu pilgern und ihr ein Opfer darzubringen, ob Mädchen oder Junge, das Kind sollte nur lebendig zur Welt kommen.[66] Eine Adelige, die nach vierzehn Tagen Wehen eine gesunde Tochter gebar, dankte dem Heiligen von ganzem Herzen.[67] Wenn ein Mädchen unmittelbar nach der Geburt in Todesgefahr schwebte, waren die Eltern oft ebenso betrübt wie bei einem Knaben und riefen die Heiligen an.[68] Im Spätmittelalter behaupteten einige Familienoberhäupter in Italien, Töchter brächten ihnen trotz der Belastung durch die Mitgift ebensoviel Freude wie Söhne; gemeinhin hieß es jedoch, daß Töchter im Unterschied zu Söhnen die Familie nicht zusammenhielten, sondern entzweiten.

In den wohlhabenden Florentiner und Londoner Kaufmannsfamilien war es im 15. Jahrhundert üblich, Zeit und Ort der Geburt eines jeden Kindes »in den Denkwürdigkeiten und geheimen Büchern des Hauses« festzuhalten. In Albertis Buch *Über das Hauswesen* wird zudem empfohlen, »daß diese Aufzeichnung unter den Kostbarkeiten aufbewahrt werde.«[69]

Der Brauch, Säuglinge wenige Tage nach der Geburt zu taufen, ist auf das negative Bild der Kindheit im Mittelalter zurückzuführen. Da das Kind als Frucht des Geschlechtsverkehrs der Eltern in Sünde geboren und mit der Erbsünde von Adam und Eva belastet ist, muß es unmittelbar nach der Geburt von der Sünde seiner Empfängnis und der Erbsünde gereinigt werden. Von der Sünde wird es durch die Taufe erlöst, die ihm Gnade und Vergebung gewährt und ihm die Aufnahme in die Gemeinde der Gläubigen ermöglicht.

Von dem Glauben ausgehend, daß der Mensch als Ebenbild Gottes fähig sei, sich über Sünde und Tod zu erheben, hielt der heilige Paulus die Taufe für ein Vorrecht der geistigen Führungsschicht. Wurde ein Erwachsener getauft, so wiederholte er symbolisch Tod und Auferstehung Christi, indem er ins Taufbecken hinabstieg, ganz ins Wasser eintauchte und danach wieder emporstieg. Dadurch erlangte er die mystische Rettung. Vom 4. Jahrhundert an wurde die Taufe jedoch mehr und mehr zum Akt der Absolution von der Erbsünde, obwohl man den Glauben an die geistige Wiedergeburt beibehielt. Vom 4. Jahrhundert an erfolgte diese Absolution unmittelbar nach der Geburt, d. h. es gab einen Übergang von der Erwachsenen- zur Kindstaufe.[70] Die Erbsünde, deren verhängnisvolle Auswirkung Augustinus betonte, machte die Säuglingstaufe erforderlich. Überdies war der Exorzismus Bestandteil des Rituals der Taufe. Die Taufe, die das jüdische Beschneidungsritual ersetzte, war die Besiegelung mit dem Heiligen Geist. Von dem Augenblick, in dem das Kind das Sakrament der Taufe empfangen hatte, wurde ihm sein Wille zurückgegeben und ihm die Freiheit eröffnet, Gutes zu tun. Die Taufe war die unerläßliche Voraussetzung des Seelenheils, auch wenn das Kind nach der Taufe nicht vor der Sünde gefeit war und die anderen Sakramente noch empfangen mußte. Der heilige Augustinus glaubte, ein ungetauftes Kind müsse im Höllenfeuer schmoren.[71] Dieser Standpunkt setzte sich aber nicht durch; seit dem 12. Jahrhundert nahm man an, daß ungetaufte Säuglinge zwar nicht ins Paradies kämen und des ewigen Segens in Gottes Heimstatt teilhaftig werden könnten, daß sie aber auch nicht Höllenqualen leiden müßten, wie die sündigen Erwachsenen. Da sie die Sünden nicht selbst begangen, sondern nur geerbt hätten, glaubte man, sie kämen nur in die Vorhölle. Geistliche mit starkem Sündenbewußtsein wie Guibert von Nogent glaubten noch zu Beginn des 12. Jahrhunderts, daß ein ungetauftes Kind nach seinem Tod Höllenqualen erleide.[72] Dante beschrieb die Vorhölle und ihre Bewohner in der *Göttlichen Komödie* wie folgt:

»Dort gab's nach allem, was wir drin erspähten,
Kein Klagen, aber Seufzer allzumal,
Die dort, die ewige Luft erzitternd, wehten.

Das kam von einem Schmerze ohne Qual,
Der dort die Scharen hat in Bann geschlagen
Der Kinder, Frauen, Männer ohne Zahl...

Daß sie nicht sündigten, daß ihr Verdienst
Nicht ausreicht, da sie keine Taufe kannten...«[73]

Die Eltern waren sicher nicht der Meinung, ihre Kinder seien elende Sünder. Es wurde aber allgemein angenommen, daß ein Säugling, der ungetauft stirbt, Gottes Gnade nicht findet. Gegen die Kindstaufe sprachen sich im Mittelalter nur ketzerische Sekten aus unter Berufung auf die Worte Jesu über die Unschuld der Kinder aus dem Evangelium. Die Kinder hätten die Sünde nicht mit in die Welt gebracht, sondern seien in eine Welt von Sündern hineingeboren worden. Nach der Auffassung anderer würden Kinder nicht wissen, warum sie gerettet werden sollten und würden daher weder um Gnade noch um die Wiedergeburt bitten noch würden sie verstehen, was bei der Taufe in ihrem Namen gelobt würde.[74] Die katholischen Theologen räumten zwar ein, daß ein Säugling weder Absicht noch Willen noch Glauben hat, glaubten aber trotzdem, daß die Taufe wichtig sei. Da das Kind durch Adam und seine Geburt ins Verderben gestürzt sei, könne ihm die Rettung durch Christus nur durch die Taufe zuteil werden.[75]

Die Taufzeremonie fand eine Woche nach der Geburt statt. Ursprünglich wurde der ganze Körper in Wasser getaucht, später ging man dazu über, den Säugling zu übergießen. Allerdings gab es noch im 13. Jahrhundert Geistliche, die dafür plädierten, den ganzen Körper einzutauchen, weil sie befürchteten, die Taufe sei nicht vollständig, wenn das Kind nur übergossen werde.[76] Bei allen Darstellungen der Taufe ist das Kind nackt – und das war eine offensichtliche Gefährdung der Gesundheit des wärmebedürftigen Neugeborenen. Überdies war das Taufwasser keineswegs immer sauber.[77] Neben theologischen Argumenten gegen die Kindstaufe führten die Katharer an, ein weiterer Beweis für ihre Schädlichkeit sei, daß die Kinder während der Zeremonie schreien. Sie berichteten von einem Neugeborenen, das unmittelbar nach der Taufe starb, weil es bei der Taufe in kaltes Wasser getaucht worden war.[78] Man legte dem Säugling etwas Salz in den Mund und rieb ihm Brust und Rücken mit Öl ein. Die Taufpaten (*compatres, commatres*) waren entweder Fremde oder Verwandte, den Eltern war die Patenschaft verwehrt. Nach der Taufe durch den Priester hielten die Taufpaten das Kind, antworteten statt seiner, sprachen in seinem Namen das Credo und das Vaterunser, trieben den Satan aus und gelobten, das Kind die Grundsätze des christlichen Glaubens zu lehren und es in diesem Geiste zu erziehen. Die Teufelsaustreibung zeugt von dem Glauben, daß sich das ungetaufte Kind in den Fängen Satans befindet. Die Kirche verbot den Priestern, die Taufe gegen Entgelt vorzunehmen[79], dennoch war dieser Brauch anerkannte Praxis und nicht leicht abzuschaffen. Auch in den Bußbüchern wird darauf hingewiesen, die Eltern sollen dem Priester geben, was er verlangt, »so wie man dem Hund einen Knochen hinwirft, damit er daran zu würgen hat«[80], wenn sie nicht ohne Geld bekommen, was ihnen zusteht. So wird beispielsweise in den *Acta Sanctorum* besonders hervorgehoben, daß der Erzbischof von Köln eine gute Tat vollbracht habe, indem er den Sohn eines armen Mannes getauft habe, der keinen Priester gefunden hatte, der seinen Sohn umsonst taufte. Besagter Erzbischof und späterer Heiliger besorgte dem Kind sogar ein weißes Taufkleid, wie dies bei der Zeremonie üblich war.[81] In wohlhabenden Kreisen war es Sitte, daß die Taufpaten und Verwandten der Mutter Geschenke schickten: Kuchen und Konfekt, Kerzen und Fackeln für die Feier, kostbare Stoffe und verschwenderisch verzierte Tabletts (*desco da parto*).[82] (In Satiren wird die Verpflichtung, die weibliche Verwandtschaft und die Freundinnen der Mutter zu bewirten, als finanzielle Last und Unannehmlichkeit für den Ehemann dargestellt.) In Montaillou tadelte im frühen 14. Jahrhundert ein Katharer die Bauern, die trotz ihres Glaubens nicht auf die Kindstaufe verzichten wollten und viel Geld für Tauffeiern ausgaben – ein Hinweis auf den religiösen Synkretismus der Bauern dieser Gegend, aber auch darauf, daß Geburt und Taufe ein Grund zum Feiern waren.[83]

Es war eine weitverbreitete Annahme, daß getaufte Kinder bessere Überlebenschancen hätten als ungetaufte und daß die Taufe sie von Krankheiten heilen würde. Man glaubte, ungetaufte Kinder seien anfälliger für Krankheiten, würden eher sterben und von Feen geraubt werden. Dem Volksglauben zufolge raubten die Feen neugeborene, ungetaufte, noch namenlose Kinder.[84] Zum Schutz der Neugeborenen machte man auch von Amuletten und Zauberformeln Gebrauch.

Wußte man bei einem Findelkind nicht, ob es schon getauft war, mußte der Priester die Taufe bedingt wiederholen; dabei sprach er nach dem üblichen Text die Worte: »Wenn du schon getauft bist, taufe ich dich nicht.«[85] In den Findelhäusern von Florenz wurde ein Kind dann getauft, wenn nichts über seine Herkunft bekannt war und es noch keine zwei Wochen alt war. Gewöhnlich hängte man einem Findelkind ein Säckchen Salz um den Hals als Zeichen dafür, daß es noch nicht getauft war.[86] Im Epos *Galeran* heißt es, dem verlassenen Mädchen wurde ein Säckchen mit Salz in die Wiege gelegt als Zeichen dafür, daß es noch nicht getauft war.[87] Gemäß den Dekreten der Synoden oblag es dem Priester, vor der Taufe zu klären, ob das Kind ehelich war; aber selbst wenn es unehelich geboren war, mußte er ihm das Sakrament der Taufe spenden.[88]

Für die Taufzeremonie gibt es auch literarische Zeugnisse. In dem Heldenepos *Raoul de Cambrai* werden drei Taufen geschildert: die Raouls, die des unehelich geborenen Bernier und die von Julien, Berniers Sohn. Raoul kommt wenige Monate nach dem Tod seines Vaters auf die Welt, daher ist die Stimmung bei der Taufe trotz der Freude der Mutter und der Ritter seines Vaters etwas gedämpft. Die Taufe ist deswegen aber nicht weniger feierlich. Zwei Barone tragen das Kind zur Taufe in die Kirche, die Mutter hat es in ein weißes Taufkleid aus kostbarem Stoff mit einer scharlachroten

Schärpe gekleidet. Raoul wird vom Bischof von Beauvais, dem Vetter seiner Mutter, auf den Namen seines Vaters getauft. Auch sein Onkel väterlicherseits ist zugegen. Berniers Taufe wird nur kurz erwähnt, da er ein uneheliches Kind ist und nicht nach dem Vater genannt wird. Berniers Sohn Julien hat einen vornehmen Taufpaten, den Herrn von St. Gilles, dessen Namen er erhält. Besonders hervorgehoben wird, daß seine Seele mit dem heiligen Geist besiegelt ist. Kurz nach der Taufe wird er von den Sarazenen gefangengenommen und von einem Krieger adoptiert, der ihn mit Liebe und Hingabe aufzieht. Später entwickelt sich Julien zum tapferen Krieger, der gegen die Christen ins Feld zieht und dabei zusammen mit seinem Adoptivvater gefangengenommen wird. Sein Vater, der sich im Lager der Christen befindet, erkennt ihn und läßt ihn frei. Julien bittet aber nicht um die Freilassung des Adoptivvaters, er gesteht, daß er ihn niemals geliebt hat und daß die Sarazenen sich feindselig gegen ihn gezeigt hätten, da er als Christ geboren sei. Durch die Taufe habe er sich als Fremder unter den Ungläubigen gefühlt, seine mit dem heiligen Geist besiegelte Seele habe ihn seinem Adoptivvater entfremdet, obwohl er nicht als Christ erzogen worden sei.[89]

Mit der Taufe ging auch die Namensgebung einher: Einige Kinder wurden auf den Namen des Vaters oder eines Großvaters, einige auf den eines Bruders oder einer Schwester, eines Onkels oder einer Tante, die kurz vor der Geburt des Täuflings gestorben waren, andere auf die Namen beliebter Heiliger oder ihrer Taufpaten getauft.[90]

Angesichts der hohen Säuglingssterblichkeit bei oder unmittelbar nach der Geburt rechneten die Geistlichen aber durchaus mit der Möglichkeit, daß das Kind vor der Taufe sterben könnte. Einen Grund für die frühzeitige Taufe sah Thomas von Aquin darin, daß die Neugeborenen »in Lebensgefahr sind und die Taufe die einzige Hilfe ist, die wir ihnen bieten können«.[91] Schwebte ein Neugeborenes in Lebensgefahr, so wurden Sonderbestimmungen wirksam. Die Taufe *in articulo mortis* (Nottaufe) konnte von jedermann vorgenommen werden – auch von Laien beiderlei Geschlechts. Es war die Christenpflicht eines jeden, der sich in der Nähe des sterbenden Kindes befand, es zu taufen.[92] Wenn das Kind lebend geboren wurde, aber äußerst geringe Überlebenschancen hatte, konnte der Vater oder ein männlicher Verwandter die Taufe spenden. Bestand während der Entbindung der Verdacht, das Kind sei totgeboren, dann durfte die Hebamme den Körperteil taufen, der zuerst zum Vorschein kam. In den Unterweisungsbüchern für Priester, die auf den Dekreten der Synoden beruhten, oblag es ausdrücklich dem Priester, die Hebammen seiner Gemeinde anzuweisen, dieser Pflicht nachzukommen und für Nottaufen sauberes Wasser bereitzustellen. Die Hebamme sollte den Körperteil mit Wasser besprengen, der aus dem Geburtskanal hervorragte, und dabei in jeder beliebigen Sprache den Satz sprechen: »Geschöpf Gottes, hiermit taufe ich dich auf den Namen des Vaters, des Sohnes und des Heiligen Geistes.« Selbst wenn sie die Worte nicht in der richtigen Reihenfolge sprach, galt die Taufe als vollzogen, denn ausschlaggebend war die richtige Absicht. Da der Kopf der Sitz des Bewußtseins ist, darf nach Thomas von Aquin ein Kind in Lebensgefahr getauft werden, wenn nur der Kopf sichtbar ist, aber auch dann, wenn nur ein Arm oder ein Bein zum Vorschein kommt.[93] Überlebte das Kind, so wurde es, sobald es kräftig genug war, zur Vollendung der Taufe in die Kirche gebracht; dort salbte der Priester das Kind mit geweihtem Öl und trieb den Satan aus, die Taufpaten antworteten im Namen des Kindes, schwörten dem Satan ab und gelobten, das Kind christlich zu erziehen.[94]

Es war ebenso wichtig, das Kind zu taufen, wie sein Leben zu retten. Starb die Mutter während der Entbindung, schnitt die Hebamme den Bauch auf, um das Kind herauszuholen und zu taufen: »Denn das ist eine Tat der Nächstenliebe.«[95] Besonders besorgt waren Eltern, die bereits ein Kind vor der Taufe verloren hatten, so ein Vater, dessen Kinder alle bei der Geburt vor der Taufe gestorben waren.[96] Die Heiligenviten berichten von Eltern, die die Hoffnung schon aufgegeben haben und in ihrer Not zu einem Heiligen beten. Sie wünschen sich nur noch, daß ihr Kind lebend zur Welt komme und sie genug Zeit haben, es zu taufen – »und laß es bloß getauft werden«.[97] Lebte das Kind nur ein paar Stunden oder Tage, so daß es in der Kirche oder in der Wochenstube getauft werden konnte, hielten sie dies für ein Wunder, da das Kind »dann sein Leben im Glück beendete«.[98] Selbst wenn unklar war, ob das Kind lebte, genügte es, wenn eine der anwesenden Frauen sagte, es atmet, um es in aller Eile zu taufen.[99] Man glaubte, daß getaufte Kinder, die keine Möglichkeit zu sündigen hatten, auf jeden Fall in den Himmel kämen. Bei Dante singen sie an einem eigenen Ort im Paradies:

»... Denn diese Geister all sind hier erschienen,
Eh ihnen wahre Freiheit zuerteilt.

Du kannst es wahrnehmen an ihren Mienen
Und an der Stimmen jugendlichem Stil,
Wenn du schaust gut und wenn du zuhörst ihnen.«[100]

Um Eltern über den Verlust ihrer Kinder hinwegzutrösten, betonten die Prediger des Mittelalters, Gott sei zu den Kindern barmherzig gewesen, indem er sie früh zu sich genommen habe.[101] Das unschuldige, verwaiste Kind, das ein schlimmes Schicksal erleidet, durch den Tod von seinen Leiden erlöst wird und in den Himmel kommt, um sich der ewigen Seligkeit zu erfreuen, war noch in der europäischen Literatur des 19. Jahrhunderts ein beliebtes Motiv. Wie in Gerhart Hauptmanns Stück *Hanneles Himmelfahrt* werden die Qualen des Kindes oft realistisch beschrieben und der Tod des Kindes und sein Weg ins Paradies voller Mitgefühl geschildert.[102]

Man ist zu Recht empört, wenn man erfährt, daß Frauen, die ihre Kinder kurz nach der Geburt umbrachten, sie vorher noch tauften. Sie taten es, weil die Gesellschaft es von ihnen erwartete. Bei der Entscheidung, ob die Kindsmörderin bestraft oder ihr vergeben werden sollte, spielte es eine gewichtige Rolle, ob das Kind getauft worden war oder nicht.[103] Ein Kind, das ohne Taufe starb, war nach den Lehren der Kirche eher unrein als bemitleidenswert. »Eine Frau, die bei der Niederkunft stirbt, soll nicht in der Kirche begraben werden, sondern im Friedhof, und zwar so, daß das Kind zuerst herausgenommen und außerhalb des Friedhofs begraben wird.«[104] In verschiedenen Kulturen – so zum Beispiel in China[105], zu biblischer Zeit in Israel sowie heute noch bei den äthiopischen Juden – war es Brauch, Frauen nach der Niederkunft zu isolieren, damit sie ihre Umgebung nicht befleckten. In der katholisch geprägten Gesellschaft des Mittelalters wurde die Mutter nach der Geburt nicht isoliert, sie mußte in die Kirche geführt werden.

Wenn sie zum ersten Mal nach der Niederkunft in die Kirche kam, sprach sie Dankgebete, empfing einen besonderen Segen, wurde »gereinigt« und wieder in den Schoß der Kirche aufgenommen.[106] Die Gebote und Verbote der Kirche, durch die Unterscheidungen zwischen Rein und Unrein getroffen wurden, sowie der Glaube an die ewige Verdammnis eines Kindes, das ungetauft starb, wurden allmählich auch vom einfachen Volk befolgt. Der Tod eines ungetauften Kindes bereitete den Eltern nicht nur Kummer, sondern erweckte in ihnen auch ein Gefühl der Angst, das im christlichen Glauben an das Schicksal ungetaufter Kinder, in archaischen Bräuchen und in vorchristlichen Vorstellungen begründet war.

Die Dekrete der Synoden zielten darauf ab, die Amtsausübung der Priester in die richtigen Bahnen zu lenken. In einer Klausel über die Pflicht des Priesters, jedes verstorbene Gemeindemitglied christlich zu beerdigen, werden ausdrücklich Frauen erwähnt, die während der Schwangerschaft oder bei der Geburt verstorben sind.[107] Dies legt die Vermutung nahe, daß die Gemeindepfarrer manchmal aus Übereifer die Vorschriften der Kirche mißachteten, denen zufolge Schwangeren und Gebärenden ein christliches Begräbnis nicht verweigert werden durfte. Aus den Fragen, die der Priester nach den *Decretorum Libri Viginti* des Burchard von Worms dem Beichtenden stellen soll, geht hervor, daß ungetaufte Kinder manchmal mit einem Pfahl im Herzen begraben wurden. Ein Neugeborenes, das vor seinem Tod noch getauft worden war, wurde mit einem Kelch voll Wein in der einen und einem Kelch mit einer Hostie in der anderen Hand begraben. Die Kirche verurteilte beide Bräuche; während man jedoch für das blutrünstige Begräbnis des ungetauften Kindes zwei Jahre Buße auferlegt bekam, mußte man für das Begräbnis eines getauften Kindes mit Wein und Hostie nur zehn Tage Buße tun.[108] Dieser Unterschied war wohlbegründet, denn beide Begräbnisarten waren mit verschiedenen Vorstellungen verbunden. Das getaufte Kind galt nicht als furchterregend. Es wurde – in Abwandlung eines alten heidnischen Brauchs – zusammen mit den Gegenständen begraben, die im Jenseits für sein geistiges Wohl sorgen sollten. Das ungetaufte Kind flößte den Lebenden hingegen Furcht ein, der Pfahl durchs Herz sollte es daran hindern, wiederzukehren und ihnen Leid zuzufügen. Die Furcht vor der

Wiederkehr der Toten und insbesondere vor der eines Menschen, der nie der Gemeinschaft der Lebenden angehört hat, ist uralt und auf der ganzen Welt verbreitet, aber die spezifische Angst, die die Ungetauften hervorriefen, war christlichen Ursprungs.[109]

Das Stillen

Das Stillen wird heutzutage von Ärzten wie Psychologen empfohlen. Die Muttermilch ist in ihrer Zusammensetzung (Aminosäuren) besser auf den Stoffwechsel des Säuglings abgestimmt als die Kuhmilch; obwohl letztere genausoviel Eisen enthält wie die Muttermilch, wird es nur zu einem geringeren Grad resorbiert. Nur die Muttermilch immunisiert das Kind gegen eine ganze Reihe von Krankheiten. Der innige Körper-Kontakt beim Stillen verstärkt die emotionale Bindung zwischen Mutter und Kind. Ärzte und Psychologen warnen andererseits auch vor moralischem Druck auf Mütter, die nicht stillen wollen, da dies Angst- und Schuldgefühle erzeugen kann, die das Stillen für Mutter wie Kind unangenehm machen. In solchen Fällen ist es besser, dem Kind die Flasche zu geben. Ein positiver Mutter-Kind-Kontakt, durch den das Kind erstmals Zuneigung faßt und Selbstvertrauen wie Vertrauen entwickelt, kann nämlich durchaus auch zustande kommen, wenn die Mutter ihm die Flasche gibt.[1]

Im Mittelalter und in der Neuzeit war die Amme eine Institution, bis zur Erfindung der Pasteurisation. Die Lebenserwartung eines mit Kuh-, Ziegen- oder Schafsmilch aufgezogenen Kindes war sehr gering, daher wird diese Art von Säuglingsnahrung in der zeitgenössischen medizinischen Literatur kaum erwähnt. Nur die Autoren didaktischer Werke warnten Mütter und Ammen davor, Säuglingen die Milch von Tieren zu geben. Wie einige Philosophen der Antike glaubten sie, daß die Milch die Persönlichkeit präge wie das Sperma und daß deshalb Kuh-, Schafs- oder Ziegenmilch die körperliche wie geistige Entwicklung des Kindes negativ beeinflussen könne. So schreibt Thomas Chobham in seinem Bußbuch, die Heiden hätten den Säuglingen die Milch wilder Tiere gegeben, um ihnen deren Wildheit einzuflößen.[2] Andere Autoren behaupteten, daß die Milch von Tieren nicht nur Krankheiten verursache, sondern auch das Kind tierisch dumpf werden lasse.[3] Obwohl diese Meinungen anerkannt waren und ein Säugling, der nicht gestillt wurde, nur geringe Überlebenschancen hatte,[4] wurden Säuglinge mit der Milch von Tieren ernährt, wenn es keine andere Möglichkeit gab. Allein die Tatsache, daß davor gewarnt wurde, verweist auf eine gängige Praxis. Innozenz III. beschuldigte Jüdinnen, sie verkauften die Milch von Tieren, die sie selbst ihren Kindern nicht geben wollten, an Christinnen.[5] Sieht man von der Schuldzuweisung ab, belegt der Verkauf, daß die Milch von Tieren als Säuglingsnahrung verwandt wurde. In den Findelhäusern wurden nur wenige Tage alte Säuglinge mit einem mit Milch verdünnten Brei gefüttert.[6] In der Lebensgeschichte des heiligen Gilbert heißt es, er habe einer unfruchtbaren Frau seinen Segen gegeben. Nachdem der Segen gewirkt und sie wohlbehalten entbunden hatte, erfreute sich der Heilige ihres Glücks und schickte ihr eine Kuh, damit das Kind zu trinken hatte.[7] Giorgio Vasari erzählt von einem zwei Monate alten Säugling, dessen Mutter bei der Pest starb und der nur mit Ziegenmilch ernährt wurde.[8] Mit Milch oder Wasser verdünnter Brei war in einigen Gegenden als Säuglingsnahrung üblich, so wurden in Südbayern im 15. Jahrhundert schon wenige Monate alte Kinder mit Brei gefüttert, während in den angrenzenden Gegenden das Stillen die Norm war.[9] Die Gefahr von Magenverstimmungen war in der Stadt zweifellos größer als in ländlichen Gebieten, wo frische Milch leichter besorgt werden konnte. Mit Hilfe eines besonderen Geräts wurde Säuglingen die Milch von Tieren eingeflößt: Man hobelte das Horn einer jungen Kuh glatt, bohrte an der Spitze ein kleines Loch und stülpte zwei Fingerlinge aus Pergament darüber, aus denen das Kind trank.[10] In den Epen taucht das Motiv der wundersamen Erscheinung einer Ziege, einer Hirschkuh oder eines Einhorns, wenn ein Säugling die Mutter verloren hat, immer wieder auf.[11] Die isländische Sage bietet in der Geschichte von Thorgisl eine andere Lösung desselben Problems. Die Mutter hält den Säugling im Arm, als sie ermordet wird. Obwohl sie bereits tot ist, saugt er weiter an ihrer Brust. Nach dem Begräbnis der Mutter starrt der Vater eine ganze Nacht lang das Kind an und beschließt, »seine Männlichkeit unter Beweis zu stellen«: er schneidet sich mit dem Messer eine Brustwarze ab, bis Blut hervorspritzt. Der Säugling beginnt zu saugen und allmählich fließt Milch aus der Wunde, so daß er sich satt trinken kann.[12] Die Geschichte zeugt nicht nur von der völligen Abhängigkeit des Säuglings von der Mutterbrust in einer Gegend, wo die Menschen als Jäger und Fischer weit verstreut lebten und keine Haustiere hatten, sondern auch von väterlicher Liebe und der Bereitschaft, für das Kind Opfer zu bringen. Möglicherweise beruht die Geschichte auch auf dem unter Medizinern damals weit verbreiteten Glauben, daß Milch und Blut verwandte Säfte sind. Danach verwandelt sich das Menstruationsblut, von dem der Fötus während der Schwangerschaft zehrt, nach der Geburt in Milch, um das Neugeborene zu ernähren. Durch die Adern kommt das Blut in die Brust und wird dort in Milch verwandelt. Das Blut zu reinigen, galt als Funktion der Brust.[13] Obwohl alle Schriftsteller behaupteten, daß Gott der Frau den Busen nur gegeben habe, um ihre Kinder zu ernähren,[14] wurden nicht alle Kinder von ihren Müttern gestillt. Einige wurden mit der Milch von Tieren ernährt, andere – zumindest in den oberen Gesellschaftsschichten – von Ammen gestillt.

Ammen

Ammen werden in vielen mittelalterlichen Quellen, in medizinischen und didaktischen Werken, in Predigten und Bußbüchern, in Chroniken, Heiligenviten und Memoiren, in königlichen Verordnungen über Maximallöhne, in Bevölkerungsstatistiken zum Zwecke der Steuererhebung, in der kirchlichen Gesetzgebung, die die Kontakte zwischen Juden und Christen möglichst zu unterbinden suchte, in Epen, höfischen Romanzen und in der satirischen Literatur erwähnt. All diese Quellen enthalten jedoch keine statistischen Angaben über die Zahl der Ammen oder der Säuglinge, die ihnen anvertraut wurden. Dagegen verfügt man über derartige Angaben aus dem 18. Jahrhundert. Damals gab es z. B. in Hamburg 4000–5000 Ammen bei einer Gesamtbevölkerung von

90000 Einwohnern. Noch genauer sind die Daten aus Paris für das letzte Viertel des 18. Jahrhunderts. Die Stadt hatte damals 800000 bis 900000 Einwohner. Jährlich wurden etwa 21000 Kinder geboren, 1000 wurden von ihren Müttern gestillt und 1000 von Ammen, die im Haus der Eltern des Kindes lebten. Die restlichen 19000 Säuglinge wurden auswärts Ammen anvertraut. 2000–3000 Ammen lebten in den Randbezirken von Paris, der Rest in Dörfern außerhalb des Stadtgebiets.[15] Ähnliche Statistiken über das Mittelalter liegen nicht vor, die einzige Ausnahme ist das spätmittelalterliche Florenz. Die Quellen enthalten jedoch durchaus Angaben über die Herkunft der Frauen, die Ammen hatten, und über die Bedingungen, unter denen die Kinder ihnen übergeben wurden.[16]

Die Prediger und die Verfasser medizinischer sowie weltlich didaktischer Werke und von Bußbüchern befürworteten wie die heutigen Ärzte und Psychologen das Stillen durch die Mutter aus physischen und emotionalen Gründen: »Die beste Milch für das Kind ist die seiner eigenen Mutter.«[17] Bartholomaeus Anglicus schreibt über die Mutter: »Sie empfing es in Lust, sie gebar es unter Schmerzen, sie liebt und liebkost es.« Weil sie es liebt, sei es am besten, wenn sie das Kind stille, und das Stillen verstärke die mütterlichen Gefühle.[18] In der bildenden Kunst des 14. und 15. Jahrhunderts wird insbesondere in Italien häufig die Gottesmutter beim Stillen des Jesuskindes dargestellt; sie ist das Idealbild aller Mütter. Gewarnt wird im allgemeinen vor der Milch kranker und geistig-moralisch verdorbener Ammen, sie gefährde das körperliche und geistige Wohlbefinden des Kindes, da mit der Milch Krankheiten und negative Charaktereigenschaften auf das Kind übergehen. Vincenz von Beauvais führt die Meinung der islamischen Gelehrten zum idealen Alter der Amme an, das zwischen fünfzehn und vierzig Jahren liegen soll, während die meisten Schriftsteller der Auffassung sind, sie solle nicht jünger als fünfundzwanzig und nicht älter als fünfunddreißig sein. Laut Vincenz von Beauvais soll die Amme das fremde Kind nicht sofort nach ihrer Niederkunft stillen, da die erste Milch nicht gut sei, aber auch nicht später als zwei Monate danach. Die Eltern sollen auf jeden Fall in Erfahrung bringen, ob die auserwählte Amme eine normale Geburt hinter sich hat oder ob sie zu Fehlgeburten neigt. Sie soll gesund und sauber sein, einen frischen

Teint und einen üppigen Busen haben. Während der Stillzeit darf sie keine scharf gewürzten oder sauren Speisen, wie Zwiebeln, Kohl oder Lauch, zu sich nehmen. Wenn die Milchproduktion abnimmt, soll sie dagegen einen Trank aus Hülsenfrüchten, Reismehl, Milch und Zucker mit ein paar Fenchelsamen einnehmen. Da Geschlechtsverkehr während der Stillzeit dazu führe, daß die Qualität und Quantität der Milch wegen des Wiedereinsetzens der Regel abnehme, sei es ratsam, daß sich die Amme während der Stillzeit jeglichen Geschlechtsverkehrs enthalte. Eine Empfängnis während der Stillzeit galt als höchst gefährlich für das zu stillende Kind, da bei einer Schwangerschaft das »gute« Blut der Frau Nahrung für den Fötus sei und dann nur das »schlechte« für die Milchproduktion übrigbleibe. Auch sollte die Amme jede Aufregung meiden, da dies zum Wiedereinsetzen der Menstruation führen könnte.[19] Weit verbreitet war überdies die Ansicht, daß die Amme vom Temperament her der Mutter ähneln solle, da man überzeugt war, sie übertrage durch die Milch ihren Charakter auf das Kind.[20] Auch glaubte man, daß eine Amme, die einen Sohn geboren habe, besser sei als eine, die eine Tochter zur Welt gebracht habe.[21]

Die in den ausführlichen Ratschlägen zur Auswahl der richtigen Amme zutage tretende ambivalente Haltung gegenüber dem Stillen durch die Mutter ist in didaktischen Werken, Predigten und Bußbüchern stärker ausgeprägt als in den medizinischen Traktaten. Letztere zitieren die antiken und islamischen Ärzte und wiederholen deren Ratschläge an Ammen direkt im Anschluß an das Lob der Mutterbrust. In Predigten und Bußbüchern werden Frauen getadelt, die sich weigern, ihre Kinder zu stillen, es wird aber auch die Beschäftigung von Ammen gebilligt. Thomas Chobham bezeichnete die Weigerung von Müttern, ihr Kind zu stillen, sogar als Mord. Nichtsdestoweniger beendete er seine Ausführungen mit den Worten: »Wenn die Frau die ganze Bürde wirklich nicht allein tragen kann, sollte sie ihr Kind zumindest dann stillen und baden, wenn sie dazu in der Lage ist, damit sie nicht wider die Natur handle, wie eine Frau, die sich nie dazu herabläßt, zu ihrem Kind zu gehen.«[22]

Stillen gilt als Symbol mütterlicher Fürsorge und eines engen Mutter-Kind-Kontakts. Dennoch kommt in der Literatur des Mittelalters auch die Amme vor. Über die mit Parzival schwangere Herzeloyde heißt es: »Dann riß sich die Herrscherin das Hemd von der Brust, unbekümmert, wer es sah. Sie faßte ihre zarten weißen Brüste und drückte sie mit echt weiblicher Regung an ihre roten Lippen. ›Du bist‹, sprach die wissende Frau, ›Gefäß für die Nahrung eines Kindes; es hat sie für sich bereitet, seit es sich in mir regte.‹ Ihre innigsten Wünsche sah sie erfüllt, nun diese Nahrung, die Milch ihrer Brüste, ihr Herz wie ein Dach überwölbte. Sie drückte sie heraus und sprach dabei: ›Treue hat dich entstehen lassen...‹« Nach Parzivals Geburt stillte sie ihn: »Voll Eifer ergriff sie ihre zartroten Male – ich meine ihre Brustspitzen – und schob sie ihm ins Mäulchen. Und die ihn in ihrem Schoß getragen hatte, war auch seine Amme: allen unweiblichen Wesens bar, nährte sie ihn selbst an ihren Brüsten... Sinnend sprach Herzeloyde: ›Die höchste Königin hat ihre Brüste Jesus gereicht, ...‹«[23] In diesen Passagen ist das Stillen zweifellos der vollendete Ausdruck mütterlicher Hingabe und die stillende Muttergottes das Vorbild. In der religiösen Literatur des Hochmittelalters stillen Nonnen und Mystikerinnen in ihren Visionen selbst das Jesuskind, und Mönche und Mystiker stellen sich vor, wie Christus ihnen die Brust reicht. Suger, Abt von St. Denis, beschrieb das Kloster, in das er als Kind geschickt wurde, als stillende Mutter.[24] Die Bemerkungen Wolframs von Eschenbach zeigen aber auch, daß in den oberen Gesellschaftsschichten das Stillen durch die Mutter keineswegs selbstverständlich war.

Eines der Symbole für Christus, der sich für die Menschheit geopfert hat, war die Pelikanmutter, die ihre Jungen mit dem eigenen Blut nährt.[25] Dieses Symbol erinnert an die Vorstellung aus dem Bereich der Medizin, derzufolge die Muttermilch gereinigtes Blut ist. Die stillende Mutter wurde auf diese Weise mit Christus und seinem Opfer in Verbindung gebracht. In Raymond Llulls *Blanquerna* ist der namengebende Held ein spätgeborenes Einzelkind. Sofort nach der Geburt bringen die Eltern, wohlhabende Städter, den Jungen dennoch zu einer »körperlich und moralisch gesunden« Amme.[26] Ist in einem Epos der künftige Held ein uneheliches Kind[27] oder mutterlos[28], so wird er ausnahmslos von einer Amme gestillt und aufgezogen. In der satirischen Literatur ist die Amme üblicherweise die Komplizin der gegen ihren Mann intrigierenden Ehefrau; sie beklagt sich, zuviel arbeiten zu müssen. Die Amme vertritt die Auffassung, sie müsse nach Belieben schlafen, ruhen, essen und trinken, um genügend Milch zu produzieren, ja sie solle sogar beschenkt werden.[29]

Amme war ein regelrechter Beruf. Aus einigen Quellen geht eindeutig hervor, daß Christinnen sich als Ammen verdingten (im Mittelalter waren auch Juden bereit, die Dienste christlicher Ammen in Anspruch zu nehmen), denn Bischöfe und Päpste, die Verordnungen erließen, um die Kontakte zwischen Juden und Christen möglichst zu unterbinden, sprachen immer wieder das Verbot aus, christliche Ammen zu halten.[30] Auch eine 1350 in Frankreich erlassene Verordnung, die Maximallöhne für verschiedene Arbeiten festlegt, verzeichnet den Beruf Amme.[31]

Die toskanischen Quellen aus dem Spätmittelalter – Chroniken, Tagebücher, Heiligenviten und Aufzeichnungen der Steuereinnehmer – geben Auskunft über die gesellschaftliche Stellung der Frauen, die die Dienste von Ammen in Anspruch nahmen, und über die Bedingungen, unter denen die Säuglinge den Ammen übergeben wurden. Im Mittelalter standen die Ammen zweifelsohne im Dienst des Adels und der oberen Ränge der Stadtbevölkerung. Nicht ganz so eindeutig ist es, ob sie im Mittelalter von der städtischen Mittelschicht ebensosehr in Anspruch genommen wurden wie in Frankreich und Deutschland im 18. und in der ersten Hälfte des 19. Jahrhunderts. Zu dieser Zeit wurden auch die Kinder aus Bäckers-, Metzgers- und Seidenweberfamilien, in denen die Frauen ihren Männern im Beruf zur Seite standen, Ammen anvertraut.

Die Bauersfrauen – die überwiegende Mehrheit der Bevölkerung Europas – stillten ihre Kinder selbst, mit Ausnahme derer, die bei wohlhabenden Leuten Ammen waren. Selbst die unehelich geborene Brune Pourcel aus dem Dorf Montaillou in den Pyrenäen gab nur sehr ungern dem Drängen ihrer Nachbarin nach, ihr Kind von einer Frau stillen zu lassen, die bei der Nachbarin zu Besuch war und zuviel Milch hatte, denn sie befürchtete, die Milch der fremden Frau könne ihrem Kind schaden. Sogar in der wohlhabenden Schafzüchterfamilie Pierre stillte die Mutter ihre Kinder. Die arme

Raymonde Arsen gab ihre uneheliche Tochter in die Obhut einer anderen Amme, als sie ihre Stelle wechselte. Natürlich fand man auch eine Amme, wenn die Mutter krank wurde oder starb.[32] In der im 12. Jahrhundert abgefaßten *Geschichte der Dänen* (Gesta Danorum) des Saxo Grammaticus schickt ein Krieger eine Bäuerin, die seine Wunden verbinden will, voller Verachtung fort mit den Worten, sie solle ihre Tochter stillen, das könne sie besser als einem Fremden die Wunden verbinden.[33] In England war es in der ersten Hälfte des 17. Jahrhunderts unter Bauern üblich, daß die Mutter ihr Kind stillte. Brachte eine Bäuerin ein uneheliches Kind zur Welt und stillte sie es nicht, so wurde sie besonders grausam bestraft, wenn es zur Anklage kam (wie diejenigen, die zuvor schon gesündigt oder die Unwahrheit über die Identität des Vaters gesagt hatten). Die Rechtfertigung für das harte Urteil lautete, sie habe »unmütterlich und wider die Natur die Milch zum Versiegen gebracht, weshalb sie ihr Kind nicht ernähren und aufziehen könne und es statt dessen von einer anderen Frau gestillt und großgezogen werden müsse«. In einem anderen Fall stellten die Richter fest, die Mutter habe auf unmütterliche und unnatürliche Weise den Ort der Geburt verlassen und das Kind unversorgt zurückgelassen.[34] Die Richter fällten strenge Urteile, da die Gemeinde für das Kind aufkommen mußte, wenn die Mutter es verließ. Die Illuminierung eines Manuskripts aus dem 14. Jahrhundert zeigt eine bäuerliche Szene: Eine stillende Frau steht vor dem Eingang ihres Hauses, neben ihr hält ihr Ehemann, ein Bauer, den anderen Zwilling.[35]

Auch die Frauen der arbeitenden Stadtbevölkerung stillten ihre Kinder, wiederum mit Ausnahme der Ammen. Den spätmittelalterlichen Statuten verschiedener dänischer Gilden zufolge durften stillende Mütter ihre Kinder zu den Zusammenkünften der Gilde mitbringen, ältere Kinder mußten dagegen zu Hause bleiben.[36] In den *Acta Sanctorum* kommen sowohl in den jeweiligen Abschnitten über die Kindheit des Heiligen als auch in denen über die von ihm gewirkten Wunder zahlreiche Ammen vor, alle in Diensten adeliger und wohlhabender Familien der Mittelschicht. Der einzige bekannte Fall, in dem eine Familie aus der Unterschicht die Dienste einer Amme beanspruchte, ist der Katharinas von Siena. Der Vater war Färber, seine Frau gebar fünfundzwanzig Kinder.[37] Andere

Frauen aus der gleichen sozialen Schicht, so die Frau eines *magister* (eines Handwerkers in einer Gilde oder eines Schreibkundigen), die Frau eines Schreibers in einem Kloster in Neapel oder eine Engländerin, die ein Dienstmädchen hatte, stillten ihre Kinder selbst.[38] In Florenz war es im 15. Jahrhundert weit verbreitet, die Kinder einer Amme außer Haus anzuvertrauen. Im 14. Jahrhundert war dies nur eine Gepflogenheit der Oberschicht, im 15. Jahrhundert mehr und mehr auch der Mittelschicht, also von Familien, in denen der Vater Notar, Handwerker, Kaufmann oder kleiner Landbesitzer war[39]; in den unteren Schichten war es dagegen weiterhin unüblich. Die Heiligenviten berichten, daß die Mütter künftiger Heiliger, die aus der Mittelschicht stammten, ihre Kinder selbst stillten.[40] Viele Frauen aus der arbeitenden Bevölkerung riefen Heilige an, wenn ihr Neugeborenes krank wurde oder ihm ein Unglück zustieß, wenn sie keine Milch mehr hatten oder der Säugling Schwierigkeiten beim Saugen hatte.[41] Eine arme Frau, die keine Milch mehr hatte, konnte keine Amme für ihr Kind finden. Ein Mann aus Bologna, der dem Dritten Orden der Franziskaner angehörte, fand eines Tages ein verlassenes Mädchen in der Toreinfahrt eines Hospitals. Das Kind brauchte Muttermilch, seine Frau war aber nicht mehr die jüngste und hatte schon lange keine Kinder mehr zur Welt gebracht. Aufgrund seiner Armut konnte das Ehepaar für das Kind, das sie zu sich nahmen, weder eine Amme finden noch eine Frau, die es aus christlicher Nächstenliebe gestillt hätte. Schließlich legte der Mann ein Gelübde ab, und ein Wunder geschah. Die Brüste seiner Frau füllten sich mit Milch, so daß sie das Kind stillen konnte. In einer anderen Heiligenvita fand ein Mädchen, das aufgrund seines jugendlichen Alters keine Milch hatte, keine Amme und rief deshalb einen Heiligen um Hilfe, der ein ähnliches Wunder an einer älteren Frau wirkte.[42]

Daß es bei Frauen aus dem Adel nicht üblich war, die eigenen Kinder zu stillen, kann daraus gefolgert werden, daß die zeitgenössischen Schriftsteller es für erwähnens- und lobenswert hielten, wenn eine Frau ihr Kind stillte.[43] Vom 12. Jahrhundert an gibt es genügend Zeugnisse dafür, daß adelige Familien in ganz Westeuropa die Dienste von Ammen beanspruchten.[44] Wie im 18. und 19. Jahrhundert in Frankreich so waren auch in Italien im Spätmittelalter die Löhne der im Haus wohnenden Ammen höher als die der Ammen, die die Kinder zu sich nahmen. Die Kinder von Königen wurden manchmal von Frauen aus dem niederen Adel gestillt, die im Unterschied zu anderen Ammen ihre Kinder in die königliche Residenz mitbrachten und sie zusammen mit den Prinzen stillten. Alexander Neckam gilt als Nährbruder König Richards I.; seine Mutter soll ihn in derselben Nacht geboren haben, in der der künftige König von England das Licht der Welt erblickte. Alexanders Mutter gab dem Prinzen die rechte Brust und ihrem Sohn die linke. Auch in der Literatur gibt es Beispiele dafür, daß die Ammen von Prinzen mit Rittern verheiratet waren.[45] Aus der Geschichte der Frau von Robert Curthouse, Herzog der Normandie und Sohn Wilhelm des Eroberers, erfahren wir, wie Frauen, die ihre Kinder nicht stillen wollten, ihre Milch zum Versiegen brachten. Der Historiker Wilhelm von Malmesbury schreibt, nach der Entbindung habe die Hebamme der Mutter die Brüste bandagiert, weil sie zuviel Milch hatte, danach wurde sie krank und starb.[46] Diese Methode, den Milchfluß zu stoppen, wird heutzutage noch vereinzelt angewandt.[47] Wohlhabende Städter beschäftigten manchmal Ammen zu Hause, so ein Goldschmied im 13. Jahrhundert in Toulouse. Thomas Becket, der Sohn eines Kaufmanns aus Rouen, der sich in London niederließ, hatte eine Amme, die im Hause seines Vaters lebte.[48] In Florenz, Genua und Katalonien wurden Frauen vom Land und aus der Stadt sowie Sklavinnen als Ammen engagiert. Sklavinnen konnten von ihrem Besitzer gemietet werden, wenn dessen Frau sie gerade nicht als Amme brauchte. Auch Findel- und Waisenhäuser in Italien beschäftigten meist Sklavinnen. Wenn die Kinder von Sklavinnen nicht sofort nach der Geburt starben, wurden sie von ihren Müttern fast ausnahmslos auf Befehl ihrer Herren in Findelhäuser gegeben.[49]

Andere Eltern gaben ihre Kinder in die Obhut von Ammen außer Haus. Je näher die Amme beim Elternhaus wohnte, um so höher war ihr Lohn. Ammen aus ländlichen Gegenden, die Kinder bei sich aufnahmen, bekamen die niedrigsten Löhne, manchmal nur die Hälfte dessen, was eine im Haus der Herrschaft wohnende Amme verdiente. Viele Kinder wurden unmittelbar nach der Geburt zu einer Amme gegeben, so zum Beispiel die fünfzehn Kinder des Florentiner Kaufmanns Antonio Rustici. Die Kinder des Notars von Siena, Christophano Guidini, kamen zwei bis vier Wochen in den Genuß der Mutterbrust und wurden erst danach weggegeben.[50] Es war üblich, daß Frauen, die Kinder zu sich nahmen, gleichzeitig ihr eigenes und das fremde Kind stillten. In der Verserzählung *Die Esche* (Le Fresne) der Marie de France findet der Türschließer des Klosters ein verlassenes Mädchen in den Zweigen der Esche, bringt es zu seiner Tochter, die selbst ein kleines Kind hat, und von nun an stillt sie beide.[51] Im frühen 15. Jahrhundert war die Nachfrage nach Ammen in Nord- und Mittelitalien größer als der Nachschub, und oft versuchten die Väter, schon vor der Geburt ihrer Kinder einen Vertrag mit einer Amme, ihrem Mann oder einem Vermittler abzuschließen. Ein Ehemann und Vater schildert einem Junggesellen in Albertis Buch *Über das Hauswesen* die Verantwortung und die Leiden der Kindererziehung, unter anderem die Schwierigkeit, zur rechten Zeit eine gute Amme zu finden. Der Junggeselle äußert sich ausführlich über die Vorzüge des Stillens durch die Mutter. Er erklärt, wenn er heirate, werde er keine Amme einstellen, es sei denn, seine Frau sei krank oder habe keine Milch mehr; er werde sie gewiß nicht von ihren Mutterpflichten befreien, um ihr mehr Muße zu lassen. Die Mutter erziehe ihr Kind natürlich mit größerer Hingabe, Sorgfalt, Ausdauer und Liebe als eine fremde Frau, die es um des Geldes willen tue. Mit der Fürsorge für das Kind wachse auch die Mutterliebe.[52] Christine de Pisan, die Tochter einer italienischen Mittelschichtfamilie, schreibt in ihrem *Buch der drei Tugenden* (Livre des trois vertus), ihre Mutter habe sie so geliebt, daß sie sie selbst gestillt habe.[53] Daraus kann man schließen, daß das Stillen in der städtischen Mittelschicht Norditaliens, in der Christine de Pisan ihre frühe Kindheit verbrachte (oder vielleicht auch beim Adel in Paris, wo sie das Buch schrieb) ein Zeichen besonderer Zuneigung war.

Die Informationen über Ammen in anderen europäischen Ländern über Italien hinaus sind spärlich; dafür, daß es sie aber auch in England im 13. Jahrhundert gab, spricht die Tatsache, daß Thomas Chobham gegen das Stillen durch Ammen polemisierte. Es gibt nicht nur Belege aus englischen Adelshäusern[54], sondern auch aus Haushalten der wohlhabenden Mittelschicht. Margery Kempe, die spätere Mystikerin, war im 14. Jahrhundert in Bishop's Lynn mit einem wohlhabenden Kaufmann verheiratet und hatte vierzehn Kinder. Dessenungeachtet eröffnete sie eine Brauerei und kaufte sogar eine Mühle, um dort Weizen mahlen zu lassen. Sie sagte, sie habe das getan, weil sie genug freie Zeit zur Verfügung hatte und es nicht hätte ertragen können, wenn eine andere Frau in der Stadt sich eleganter gekleidet hätte als sie. Hätte sie ihre eigenen Kinder gestillt, so wäre ihr bestimmt nicht genug Zeit für andere Aktivitäten übriggeblieben.[55] Giraldus Cambrensis zufolge beanspruchten auch die Frauen und Konkubinen englischer Pfarrer Ende des 12. Jahrhunderts die Dienste von Ammen. Er erwähnt dies im Zusammenhang mit seiner Schelte der Priester, die gegen das Zölibat verstoßen und deren elende Häuser »vollgestopft seien mit Kleinkindern, Wiegen, Hebammen und Kindermädchen.«[56] Bereits in der weltlichen Gesetzgebung des 12. Jahrhunderts wird erwähnt, daß Kinder von Leuten, denen sie zum Stillen oder zur Erziehung anvertraut worden waren, im Bett erdrückt wurden.[57] Dementsprechend warnen die Synoden des 13. Jahrhunderts Mütter und Ammen davor, Kleinkinder mit ins Bett zu nehmen, da man sie so leicht erdrücken könne.[58] Die Urkunden des herrschaftlichen Haushalts von Havering aus dem Jahr 1401 enthalten die Forderung eines Färbers gegenüber einem Bürger von Romford, einer dem Herrenhaus nahegelegenen Kleinstadt, 22 Pence für die Kosten der Beerdigung des Sohns des Bürgers zu bezahlen, der von der Frau des Färbers gestillt worden war. Die Aufzeichnungen des betreffenden Pfarrbezirks aus der zweiten Hälfte des 16. Jahrhunderts dokumentieren eindeutig, daß es Frauen gab, die Säuglinge zum Stillen mit nach Hause nahmen, und zwar vorwiegend Kinder von Londoner Bürgern.[59]

Im 14. Jahrhundert gab es in Paris berufsmäßige Vermittler zwischen Dienstboten, Ammen und deren Arbeitgebern. In der Verordnung von 1350, in der die Maximallöhne für französische Dienstboten festgelegt sind, war der Lohn eines Zimmermädchens mit 30 Sous pro Jahr, der einer Amme im Elternhaus des Kindes mit 50 Sous und der einer Amme, die das Kind bei sich in Pflege hatte, mit 100 Sous pro Jahr angegeben.[60] Dies könnte ein Beleg dafür sein, daß der Brauch, Kinder außerhalb des Elternhauses zu

Ammen in Pflege zu geben, im 14. Jahrhundert in Frankreich noch nicht sehr weit verbreitet war, denn die Ammen, die im Haus der Eltern des Kindes lebten, verdienten im Spätmittelalter in der Toskana und im 17. und 18. Jahrhundert in Frankreich wesentlich mehr. Warum erhielten sie laut Angaben der Verordnung von 1350 nur die Hälfte des Lohns einer Amme, die das Kind zu sich nach Hause nahm? Diese Verordnung stammt aus der Zeit nach der Schwarzen Pest des Jahres 1348, die die Bevölkerung stark dezimiert hatte. Bauern konnten damals herrenlos gewordenes Land bebauen, und in den Städten war die Nachfrage nach Arbeitskräften groß, dadurch besserte sich vorübergehend die Lage dieser Schichten. Und wenn nicht dringend ein zusätzliches Einkommen gebraucht wurde, war möglicherweise das Angebot an Ammen geringer und der Preis folglich höher. Es gibt auch außerhalb Italiens Belege dafür, daß angesehene Familien aus der Stadt ihre Kinder der Obhut von Ammen in nahegelegenen Dörfern anvertrauten. In Konrad von Megenbergs Schrift aus der Mitte des 14. Jahrhunderts ist sowohl von Ammen, die im Haus der Eltern des Kindes lebten, die Rede als auch von Ammen, die Kinder zu sich nach Hause in Pflege nahmen.[61]

Kinder, die von einer Amme im Elternhaus betreut wurden, waren privilegiert, denn sie stillte nur ein Kind und wurde gut ernährt. Ein Befürworter der Jungfräulichkeit, der auf die Gefahren der Geburt und die Probleme der Kindererziehung hinwies, schreibt: »Selbst wenn du reich bist und eine Amme hast, mußt du als Mutter alles überwachen, was sie tut.«[62] Die Amme im Haushalt der Eltern des Kindes lebte von ihrem Mann getrennt und wurde daher gewöhnlich in der Stillzeit nicht schwanger, die Aussichten, daß sie das Kind zwei Jahre lang stillen werde, waren daher gut. Die Beziehung zwischen der Mutter und dem von der Amme gestillten Kind hing von verschiedenen Faktoren ab. Bekannt sind auch Fälle, in denen Kinder sich weigerten, an der Brust der Amme zu saugen – übrigens ein Motiv, das in vielen Heiligenviten wiederkehrt. So soll sich beispielsweise Katharina von Vadstena gesträubt haben, sich von ihrer Amme stillen zu lassen, da die Frau eine Sünderin war. Das konnte aber auch damit zusammenhängen, daß »die Komplexion der Amme der des Säuglings entgegengesetzt«[63] war, wie Thomas Chobham vermutete. Katharinas Amme wurde daraufhin entlassen und das Mädchen von der eigenen Mutter gestillt, bis eine andere Amme gefunden war.[64] Bei einer Zwillingsgeburt stillten sowohl die Mutter als auch die Amme die Neugeborenen.

Ein von 1483 datierter Holzschnitt aus Straßburg stellt eine Mutter dar, die ein Kind stillt, während der andere Zwilling in der Wiege liegt und im Bett daneben zwei Ammen liegen.[65] Wenn über die Kanonisierung künftiger Heiliger verhandelt wurde, erschienen Mutter und Amme vor der zuständigen Kommission und erzählten von Kinderkrankheiten, gemeinsamen Gebeten und Gelübden.[66] Als das Schloß der Familie des Thomas von Aquin vom Blitz getroffen wurde, eilte seine Mutter in den Raum, in dem er neben der Amme schlief, um nachzusehen, ob ihm etwas zugestoßen war. Eine Chronik aus der zweiten Hälfte des 12. Jahrhunderts berichtet von einem Kind aus adligem Haus, das eine Amme hatte, dessen Wiege aber in der Nacht neben dem Bett der Mutter stand.[67] Erikson zufolge kommt es in der ersten Phase der Kindheit bis zum Alter von fünfzehn Monaten darauf an, das Urvertrauen zu stiften, die Grundlage für das Gefühl der Ich-Identität und für das Selbstvertrauen zu schaffen. Dabei können Kinder Bindungen zu mehreren Personen eingehen. Die Mutterrolle kann von mehreren Personen übernommen werden, ohne daß das Kind darunter leiden muß, vorausgesetzt die Bindungen sind gut und stabil. So konnte es durchaus eine Arbeitsteilung zwischen Mutter und Amme geben. Wie eng die Bindung war, hing von der Persönlichkeit von Mutter und Amme ab sowie von der Gemütsart des Säuglings. Oft entwickelte sich ein ausgesprochen guter Kontakt zwischen ihnen. So kann man in einer Heiligenvita lesen, einer Amme sei es gelungen, eine angeborene Behinderung am Arm eines Säuglings eine Zeitlang vor der Mutter zu verbergen, um ihr keinen Kummer zu bereiten.[68] Wie leicht oder schwer das Kind die Trennung von der Amme verkraftete, hing ab von den Bedingungen, unter denen es aufwuchs, von der Art und Weise, wie es nach der Entwöhnung behandelt wurde sowie von seiner Empfindlichkeit. Nach der Entwöhnung blieben einige Ammen noch als Kindermädchen im Haushalt. Oft ist in den Quellen davon die Rede, daß drei- oder fünfjährige Kinder oder sogar Erwachsene eine *nutrix* haben.[69] Da *nutrix* sowohl Amme als auch Kindermädchen bedeutet, läßt sich nicht feststellen, ob diese zuvor schon die Amme war.[70]

Im medizinischen und didaktischen Schrifttum wird empfohlen, mit der Amme schon einige Monate vor der Geburt des eigenen Kindes einen Vertrag zu schließen. Was geschah mit ihrem eigenen Kind, wenn sie schon kurz nach dessen Geburt den fremden Schützling zu stillen begann? Soweit bekannt, wurde das Kind nicht von Nachbarinnen oder weiblichen Verwandten gestillt, wie dies in einigen außereuropäischen Gesellschaften üblich ist. Margaret Mead berichtet von Bräuchen der Manus in Neuguinea und der Bewohner von Samoa: Kommt eine stillende Mutter zu einer Frau, die gerade niedergekommen ist, so stillt sie während ihres Besuchs das Kind ihrer Gastgeberin. Hat die Mutter keine Milch mehr, dann stillt eine weibliche Verwandte das Kind. Stattet die Mutter ihrer Familie einen Besuch ab und erlaubt ihr der Mann nicht, das Kind mitzunehmen, so wird es in ihrer Abwesenheit von einer Verwandten aus der Familie des Mannes gestillt.[71] In Palästina war es Brauch, daß zwei Mütter, die etwa zur gleichen Zeit gebaren, ihre Kinder gemeinsam stillten. So entstand eine besondere Beziehung zwischen den beiden Familien, und wenn die Kinder größer wurden, betrachteten sie sich als Adoptivbrüder.[72] Solche Bräuche waren in Mitteleuropa fremd. Verließ eine Mutter ihr Neugeborenes und wurde es von einer Frau gestillt gegen einen Lohn, der niedriger war als der, den die Mutter im Haus ihres Arbeitgebers bekam, so wurde das Kind bestimmt nicht gut versorgt. Kam es in ein Findelhaus, war es noch ärmer dran, denn es hatte nur sehr geringe Überlebenschancen.

Die Kinder, die auswärts in Pflege gegeben wurden, waren der Amme auf Gedeih und Verderb ausgeliefert. Allein die Tatsache, daß die Autoren didaktischer Schriften den Eltern den Rat gaben, ihre Kinder regelmäßig zu besuchen und sich um den Gesundheitszustand der Amme zu kümmern, verweist darauf, daß sich nicht alle Eltern diese Mühe machten.[73] Manche Eltern hielten den Kontakt mit der Amme und dem Kind mehr oder weniger regelmäßig aufrecht, andere besuchten sie nur selten[74] und ließen die Amme durch Boten überwachen, wieder andere sahen das Kind während der ganzen Stillzeit nicht. Am meisten vernachlässigt wurden uneheliche Kinder, Kinder, deren Mutter gestorben war, und Kinder, deren Mütter nach dem Tod des Ehemanns in ihr Elternhaus zurückkehrten. Giovanni Morelli beschreibt in seinem Tagebuch das Schicksal seines Vaters namens Pagolo, der 1355 geboren und sofort nach der Geburt in die Obhut einer Amme gegeben wurde. Seine Mutter starb kurz danach, und der Vater, der schon erwachsene Kinder hatte, interessierte sich nicht für ihn, ließ ihn bei der Amme, bis er zehn oder zwölf war, und besuchte ihn kein einziges Mal. Die Amme war eine strenge Frau, die ihn gnadenlos schlug.[75] Wenn Ammen, die mit ihren Ehemännern zusammenlebten, schwanger wurden, wurde das ihnen anvertraute Kind zu einer anderen Amme gegeben.

So kamen manche Kinder von einer Amme zur anderen. Im Jahre 1385 bekam die Familie Guidini in Siena Zwillinge. Zwei Wochen lang stillte die Mutter den einen Jungen, der andere wurde zu einer Amme in Pflege gegeben, dort blieb er zwei Monate, bis diese schwanger wurde. Dann kam er wieder nach Hause, elf Tage später wurde er zur nächsten Amme gebracht. Dort blieb er sechzehn Monate, bis auch sie schwanger wurde. Sein Zwillingsbruder wurde fünf Wochen lang von seiner Mutter gestillt, danach wurde er nacheinander zu drei Ammen in Pflege gegeben, die ihn sechs, neun bzw. drei Monate behielten. Zwei Ammen wurden schwanger, während sie ihn stillten.[76] Unter diesen Bedingungen war es natürlich fast ausgeschlossen, daß das Kind durch den engen Kontakt mit einer Person Urvertrauen und Selbstvertrauen entwikkelte.[77] Selbst wenn ein Kind bei einer Amme blieb, wußte man nicht, wie sie es behandeln, wieviel Einfühlungsvermögen sie aufbringen, wieviel Milch und Aufmerksamkeit sie dem Schützling und wieviel ihrem eigenen Kind zukommen lassen würde. Bekannt sind aber auch Fälle, in denen eine Amme für ihren Schützling hingebungs- und liebevoll sorgte. Der später heiliggesprochene Ambrosius von Siena, von Geburt an behindert, wurde mit Hingebung und Liebe von einer Amme aus der Umgebung betreut.[78] Dies war aber eher die Ausnahme, denn nicht mütterliche Gefühle, sondern Gelderwerb war der Beweggrund dafür, daß Ammen Kinder in Pflege nahmen. Der Mann der Amme war an dem zusätzlichen Einkommen interessiert (das Kind wurde mit seiner Einwilligung, wenn nicht auf sein Betreiben hin in Pflege genommen). Andererseits mußte er, um die Einkommensquelle seiner Frau zu erhalten, auf Geschlechtsverkehr mit ihr verzichten, damit sie nicht wegen erneuter Schwangerschaft das Stillen abbrechen mußte, was für ihn durchaus ein Ärgernis sein konnte.[79] John Bowlby und eine ganze Reihe von Psychologen vertreten die Auffassung, daß ein Kind nicht wiedergutzumachenden Schaden erleidet, wenn es in seinen ersten Lebensjahren – bis zum Alter von zweieinhalb – ohne herzliche Zuneigung auskommen muß, denn seine Fähigkeit, normale persönliche Beziehungen einzugehen, verkümmere.[80] Andere Psychologen argumentieren dagegen: Kinder, die ihre ersten Lebensjahre in Heimen, ohne jede Wärme und stabile Bindung, verbrachten, später adoptiert wurden und in den Adoptivfamilien herzliche Zuneigung erfuhren, wiesen kein besonders abweichendes Sozialverhalten auf. Für ihre Entwicklung war ausschlaggebend, wie sie nach dem Heimaufenthalt behandelt wurden.[81] Abgesehen von der emotionalen Entwicklung waren die Überlebenschancen der Kinder, die bei Ammen in Pflege waren, geringer als die derjenigen, die im Elternhaus blieben. Aus Gardens Studie über Kinder, die Ende des 18. Jahrhunderts in Lyon ihre ersten Lebensjahre bei Ammen verbrachten,[82] sowie aus anderen Studien über den gleichen Zeitraum in Paris und Rouen im 18. Jahrhundert geht hervor, daß ihre Sterblichkeitsziffer sehr hoch war.[83] In der Toskana war sie im Spätmittelalter besonders hoch bei Säuglingen, die vom Florentiner Findelhaus zu Ammen in Pflege gegeben wurden, sowie bei unehelichen Kindern, die von Privatpersonen zum Stillen außer Haus gegeben wurden.[84] Wie viele Säuglinge ermordet wurden oder infolge Verwahrlosung starben und wie viele eines natürlichen Todes, läßt sich nicht feststellen. Manchmal kam das Findelhaus seiner Zahlungsverpflichtung gegenüber den Ammen nicht nach, und viele Kinder starben keines natürlichen Todes. Den ehelich geborenen Kindern wohlhabender Familien, deren Ammen strenger überwacht und besser entlohnt wurden, erging es besser.[85] Wurde die Amme schwanger oder krank, so wurde ihr das Kind weggenommen. Die Ammen fürchteten sich davor, den Eltern die Nachricht übermitteln zu müssen, daß das Kind gestorben sei. Eine Amme rief die Mutter des ihr anvertrauten Kindes herbei, als der drei Monate alte Säugling ihre Brust und jede andere flüssige Nahrung verweigerte und fünf Tage lang hohes Fieber hatte.[86] Im 15. Jahrhundert ließ eine Amme in Venedig der Mutter die Nachricht zukommen, daß in ihrem Haushalt eine Seuche ausgebrochen sei. Die Mutter holte sofort das Kind ab und fand eine andere Amme, die sie bei sich unterbrachte.[87] Als einmal ein Mädchen krank und dem Tode nahe war, brachte die Amme es zu den Eltern zurück, legte es der Mutter in den Arm und floh.[88] Es ist auf jeden Fall belegt, daß die Säuglingssterblichkeit höher lag, wenn die Kinder außer Haus in Pflege waren und gestillt wurden.[89] Dennoch vertrauten viele Eltern im Spätmittelalter in der Toskana und in anderen Gegenden ihre Kinder der Obhut von Ammen an, da die Löhne niedrig waren und die Mutter von der Bürde und Verantwortung befreit war.

Die Überlebenschancen der Kinder von Ammen, die fremde Kinder in ihrem Haushalt betreuten, waren besser als die der Kinder, deren Mütter sich in einem fremden Haushalt als Amme verdingten. Stillte die Amme das in Pflege genommene Kind wirklich zwei Jahre lang, konnte sie ihr eigenes Kind nicht ebensolange stillen. Margherita Datini, die für ihre weibliche Verwandtschaft viele Ammen besorgte, schreibt in einem Brief, man könne Ammen, die selbst kleine Kinder haben, nicht trauen, denn: »Nie werde ich glauben, daß sie, wenn sie ein eigenes Kind von einem Jahr haben, diesem nicht etwas von ihrer Milch abgeben.« Deutlicher läßt sich kaum sagen, welch hohen Preis die Amme im Rahmen dieses Systems zu zahlen hatte.[90] Florentiner Väter verhehlten denn auch nicht ihre Vorliebe für Ammen, deren Kinder gestorben oder ins Findelhaus geschickt worden waren.

Warum ließen Mütter ihre Kinder von fremden Frauen stillen? Kein Prediger oder Verfasser einer didaktischen Schrift, der das Stillen durch die Mutter befürwortete, warf diesen Frauen vor, sie würden ihre Kinder nicht stillen, weil sie das Stillen für abstoßend, langweilig oder tierisch empfanden, wie dies im 18. Jahrhundert der Fall war.[91] Die wenigen Frauen, die im Mittelalter ihren Abscheu vor dem Stillen schriftlich äußerten, waren unverheiratet, auch äußerten sie diese Meinung im Rahmen ihrer grundsätzlichen Vorbehalte gegenüber Ehe und Zeugung.[92] Als objektive Stillhindernisse galten Krankheit, Brustdrüsenentzündung, Flach- oder Hohlwarzen. Getadelt wurde hingegen die mangelhafte Bereitschaft zu stillen, die als Nichterfüllung der Mutterpflichten und als unnatürliches Verhalten angesehen wurde.[93] Es gab bestimmt auch Frauen, die nicht stillen konnten, weil sie keine Milch hatten oder nach der Geburt erkrankten, sei es daß die Brustdrüsen sich entzündeten, die Brust wund war oder Wucherungen auftraten.[94] Auch postpartale Depressionen konnten – wie die Geschichte des Petrus Damiani zeigt – dazu führen, daß eine Frau sich weigerte, ihr Kind zu stillen. Starb die Mutter bei der Niederkunft, so war unter allen Umständen eine Amme vonnöten. Diese Faktoren sind jedoch keine hinreichende Erklärung dafür, warum es in den oberen Schichten üblich war, Ammen zum Stillen in Anspruch zu nehmen. Und da dies im Mittelalter der Fall war (die einzigen Beispiele aus der Unterschicht sind uneheliche Mütter, die ihre Kinder aus Scham und wirtschaftlicher Not nicht stillten), dürften wirtschaftliche Erwägungen keine Rolle gespielt haben, wie im 18. Jahrhundert bei Kaufleuten und Handwerkern, die auf die Arbeitskraft der Frau nicht verzichten wollten. Wohl aber gab es im Spätmittelalter in der Toskana Haushaltsvorstände, die die Kosten für die Amme als drückend empfanden (oder dies zumindest behaupteten) und den Erlaß eines Teils ihrer Steuern beantragten, da sie mit ständigen Ausgaben für Ammen belastet seien.[95]

Einer der Hauptgründe für die Beschäftigung von Ammen waren die häufigen Schwangerschaften. Es war nicht üblich, sich während der Stillzeit des Geschlechtsverkehrs zu enthalten, und kaum jemand verwandte Verhütungsmittel. Bei stillenden Frauen waren die Zeiträume zwischen den Schwangerschaften länger als bei denen, die ihre Kinder nicht stillten (möglicherweise eine Erklärung dafür, daß einige Frauen ihre Kinder anderthalb Jahre lang stillten), doch war das Stillen keinesfalls ein sicheres Mittel, nicht schwanger zu werden.[96] Geschlechtsverkehr während der Stillzeit galt, wie gesagt, als schädlich, da er zum Wiedereinsetzen der Regel führe und damit die Milch schlechter oder weniger werde oder ganz ausbleibe. Eine Schwangerschaft während der Stillzeit hielt man für besonders gefährlich, weil man glaubte, daß der Fötus dann vom guten Blut genährt werde und für den Säugling nur das schlechte übrigbleibe. Diese Theorie war natürlich falsch; eine an Proteinen, Vitaminen und Mineralien reiche Ernährung ist während Schwangerschaft und Stillzeit angebracht. Aber selbst die Reichen verfügten damals nicht über genügend Nahrungsmittel, die all diese Nährstoffe enthielten.[97] Da man auch wußte, daß eine Frau in der Stillzeit nicht ganz unfruchtbar ist und bei einer Empfängnis mit dem Stillen aufhören muß, verzichteten Frauen der oberen Schichten oft von vornherein oder kurz nach der Geburt auf das Stillen und vertrauten ihre Kinder Ammen an. Da sie nicht stillten, konnten sie sich nicht einmal dieser (nur zeitweilig wirksamen und äußerst unsicheren) Methode der Geburtenkontrolle bedienen, die den stillenden Frauen zur Verfügung stand. Infolgedessen gebaren einige nicht-stillende Frauen aus dem wohlhabenden Bürgertum und dem Adel zehn, siebzehn bis neunzehn Kinder. In Adelshäusern waren oft mehrere Ammen gleichzeitig beschäftigt, offenbar war der Altersunterschied zwischen den Kindern so gering, daß zwei Kinder gleichzeitig gestillt werden mußten.[98] Einige Frauen gaben ihre Kinder erst dann zu Ammen in Pflege, wenn sie selbst wieder schwanger wurden. Die Mutter Katharinas von Siena erzählte dem Biographen ihrer Tochter, daß Katharina das erste ihrer insgesamt fünfundzwanzig Kinder war, das sie bis zur Entwöhnung selbst stillte und daher besonders liebte. Wegen ihrer häufigen Schwangerschaften sei sie nicht in der Lage gewesen, Katharinas ältere Geschwister zu stillen; sie habe Katharina nur deshalb über ein Jahr lang stillen können, weil sie diesmal erst sehr spät wieder schwanger geworden sei.[99] In der Familie Guidini wurden nicht nur die 1385 geborenen Zwillinge der Obhut einer Amme anvertraut, sondern auch die anderen vier Kinder. Nur das siebte und letzte Kind – eine Tochter – wurde von der Mutter ein ganzes Jahr lang, bis es starb, gestillt, weil die Mutter in dieser Zeit nicht schwanger wurde.[100] In den *Acta Sanctorum* ist die Geschichte einer Frau wiedergegeben, die dreizehn Kinder gebar und keines selbst stillen konnte. Der Mann war zornig auf seine Frau und engagierte nur widerwillig eine Amme. Nach der Anrufung eines Heiligen geschah ein »Wunder«, die Mutter war in der Lage, das vierzehnte Kind selbst zu stillen. Dieses ›Wunder‹ dürfte damit zu erklären sein, daß sie während der Stillzeit nicht schwanger wurde und darum das Kind so lange stillen konnte.[101] Die Tatsache, daß im Mittelalter häufig der jüngste Sohn oder die jüngste Tochter von der Mutter gestillt wurde und nicht der Erstgeborene, bestärkt uns in der Ansicht, daß die häufigen Schwangerschaften im Mittelalter der Hauptgrund für den Einsatz von Ammen waren. Die Männer, die wegen der hohen Ausgaben für Ammen um Steuererlaß nachsuchten, erklärten denn auch, sie müßten deren Dienste in Anspruch nehmen, weil ihre Frau krank sei, keine Milch habe oder wieder schwanger sei.[102]

In allen Eheangelegenheiten war im Mittelalter die Kirche der Schiedsrichter. Um die häufigen Schwangerschaften zu vermeiden, die die Frauen vom Stillen ihrer Kinder abhielten, hätte die Kirche zwei Möglichkeiten gehabt: ein strenges Verbot ehelicher Beziehungen während der Stillzeit oder die Erlaubnis des *coitus interruptus*. Die Kirche zog keine der beiden Möglichkeiten in Betracht. Sie vertrat vielmehr den Standpunkt, die Ehe sei monogam, und die Erfüllung der ehelichen Pflicht (*debitum*) schütze vor Ehebruch und anderen Ausschweifungen.[103] Daher zog sie das in anderen Gesellschaften übliche Verbot des Geschlechtsverkehrs während der Stillzeit erst gar nicht in Betracht.[104] Außerdem galt Empfängnisverhütung als schwere Sünde und war strengstens verboten.[105] Jean-Louis Flandrin wies darauf hin, daß die Kirchenschriftsteller sich des Widerspruchs zwischen der Erfüllung der ehelichen Pflichten und dem Recht des Kindes auf Stillen durch die Mutter (oder mit anderen Worten: der Unvereinbarkeit zwischen ehelichen und Mutterpflichten) wohl bewußt waren. Das Wissen um diesen Widerspruch lag ihrer widersprüchlichen Haltung zugrunde: zum einen befürworteten sie das Stillen durch die Mutter, zum anderen erkannten sie die Funktion der Amme an. Da sie nicht eindeutig auf Enthaltsamkeit während der Stillzeit bestanden, wußten sie, daß die Frau wahrscheinlich wieder schwanger werden würde, und gestatteten daher, obwohl manchmal nur halbherzig, die Anstellung einer Amme. Dieser immanente Widerspruch wird bei Thomas Chobham besonders deutlich: »Wenn die Frau zart ist und sagt, daß sie so viel Mühsal nicht ertragen kann, war sie nicht genauso zart, als sie den Koitus und die Mühsal der Geburt ertrug?« Ein paar Zeilen später räumt er jedoch ein, daß zuweilen eine Amme vonnöten sein kann: »Wenn sie die ganze Bürde wirklich nicht allein tragen kann, soll sie ihr Kind zumindest dann stillen und baden, wenn sie dazu in der Lage ist, damit sie nicht wider die Natur handle, wie eine Frau, die sich nie dazu herabläßt, zu ihrem Kind zu gehen.«[106]

Die zweite Möglichkeit, die Empfängnisverhütung, war für die katholische Kirche kein Thema. Der Talmud gestattete der stillenden Mutter hingegen ausdrücklich den Gebrauch von empfängnisverhütenden Mitteln: »Drei Weiber dürfen den Geschlechtsakt mit Watte vollziehen, eine Minderjährige, eine Schwangere und eine Säugende. Eine Minderjährige, weil sie schwanger werden und sterben könnte; eine Schwangere, weil sie ihre Geburt zum Sandel (zur Mißgeburt) machen könnte; eine Säugende, weil sie ihr Kind entwöhnen und es sterben könnte.« (Nidda 45a) Er gestattete auch Männern den *coitus interruptus*, solange ihre Frauen stillten: »Während der ganzen vierundzwanzig Monate dresche man innen und streue außen – Worte R. Eliêzers.« (Jewamot 34b)[107]. Kein Kirchenschriftsteller gestattete dagegen die Empfängnisverhütung während der Stillzeit; einige rieten den Eheleuten, während der Stillzeit enthaltsam zu leben, angefangen von Papst Gregor dem Großen am Ende des 6. Jahrhunderts[108] über Ivo von Chartres im frühen 12. Jahrhundert[109] bis hin zu katholischen wie protestantischen Schriftstellern im 16. und 17. Jahrhundert.[110] Die klare Aufforderung, während des Stillens auf Geschlechtsverkehr zu verzichten, erging im Hoch- und Spätmittelalter nur an die Ammen.[111] Wurde in Florenz eine Amme schwanger, verheimlichte sie ihren Zustand und stillte sie noch einige Zeit weiter, so waren die Eltern sehr ägerlich darüber, daß ihr Kind mit der Milch einer Schwangeren gestillt wurde, die als ekelhaft und ungesund galt.

Ammen waren keine Erfindung des Mittelalters. Man kannte sie schon in Ägypten zur Zeit der Pharaonen (Ex 2,7), in Israel in biblischer Zeit (Gen 35,8; 2 Kön 11,2; 2 Chr 22,11), in Griechenland und Rom, bei den Angelsachsen und Wikingern und auf der Arabischen Halbinsel zu Lebzeiten Mohammeds. Über die Kinder der Germanen schreibt Tacitus: »Jedes nährt die eigene Mutter an ihrer Brust, keines wird Mägden oder Ammen überlassen.«[112] Aber es gibt keinen weiteren Beleg dafür. In allen Gesellschaften, in denen

Ammen beschäftigt wurden, geschah dies auch auf Wunsch des Ehemanns, selbst wenn die Gegner dieser Praxis im Mittelalter dafür allein die Frauen anprangerten (in einem einzigen Text wird auch der Ehemann getadelt[113]). Aus Klapisch-Zubers Studie über die Toskana geht hervor, daß dort der Vater des Kindes die Verhandlungen mit dem Ehemann der Amme führte und auch den Vertrag unterschrieb. Ihm oblag es auch, das Kind zu besuchen, die Amme zu überwachen, zu entscheiden, wann das Kind entwöhnt werden und wieder nach Hause gebracht werden soll. Die Abschaffung der Polygamie und des offiziellen Konkubinats durch die Kirche (ein Mann kann sich des Geschlechtsverkehrs mit seiner Frau leichter enthalten, wenn er eine zweite Frau oder offizielle Konkubine hat) sowie das absolute Verbot der Empfängnisverhütung führten eigentlich zu einer weiteren Verbreitung der Ammen im Mittelalter. Predigten zum Lobpreis des mütterlichen Stillens genügten nicht, um die Mütter davon abzuhalten, ihre Kinder Ammen anzuvertrauen. Der Kirche gelang es in der Tat, das Eherecht und die bis dahin in Israel, Rom, bei den Kelten und Germanen geltenden Verhaltensnormen der Familie zu ändern. Sie schaffte nicht nur die Polygamie und das offizielle Konkubinat ab, sondern auch die Adoption und führte an ihrer Stelle die geistige Patenschaft der Taufpaten ein. Die Kirche verbot die Scheidung und weitete das Verbot von Ehen zwischen Blutsverwandten aus bis auf Verwandtschaftsgrade, die in den genannten Gesellschaften kein Ehehindernis waren, mit dem Ziel, die Exogamie durchzusetzen und die Familienstruktur zu ändern. Was die Kirche zu diesen Änderungen veranlaßte, steht jedoch auf einem anderen Blatt.[114] Alle von ihr bewirkten Veränderungen verankerte sie im kanonischen Recht; Verstöße gegen das Eherecht wurden als Sünde gebrandmarkt. Der Kirche gelang es nicht, die Übertretung ihrer Normen zu unterbinden (vom außerehelichen Geschlechtsverkehr zeugen die vielen Bastarde, auch der *coitus interruptus* wurde praktiziert und das Inzestverbot nicht immer beachtet), sie versuchte aber unter Aufbietung aller ihr zu Verfügung stehenden Mittel, diese durchzusetzen.[115]

Die Frauen, die ihre Kinder Ammen anvertrauten, stammten aus der oberen Gesellschaftsschicht. Man weiß nicht, wie Bauersfrauen sich verhalten hätten, wenn die gesellschaftlichen Bedingungen es ihnen gestattet hätten, sich wie die Adeligen oder die Frauen wohlhabender Städter zu verhalten. Möglicherweise stillten die Bauersfrauen ihre Kinder so lange, weil sie wußten, daß das Stillen ein provisorisches Verhütungsmittel ist, das den Zeitraum zwischen den Schwangerschaften verlängert.[116] Tatsache ist, daß das Stillen durch die Mutter den Kindern jener sozialen Schichten vorenthalten wurde, die allmählich die Ehegesetze der Kirche verinnerlichten, während bei den Bauern, die sich diese Gesetze und die kirchlichen Normen für das Sexualverhalten großenteils nicht zu eigen machten, die Mütter ihre Kinder stillten.

Philippe Ariès und andere Historiker[117] haben die Behauptung aufgestellt, die Eltern hätten im Mittelalter einen emotionalen Abwehrmechanismus gegen allzu starke Bindungen an Säuglinge entwickelt, weil ihre Überlebenschancen sehr gering waren. Diese These ist jedoch sehr strittig. Wenn eine Mutter, die ihr Neugeborenes zu Ammen in Pflege gab, zu ihrem Kind keine besonders innige Bindung hatte, so war nicht ein emotionaler Abwehrmechanismus dafür ausschlaggebend, sondern vielmehr die Tatsache, daß sie mit ihrem Kind nicht vertraut war, da sie es nicht stillte. Mütterlichkeit ist kein fest geprägtes Verhaltensmuster; der Mutterinstinkt kann sich auf vielfältige Weise äußern, und zwar nicht nur wegen des individuellen Temperaments, sondern auch aufgrund der unterschiedlichen sozialen Strukturen, Verhaltensnormen und Werte der jeweiligen Gesellschaft.

Philipp von Novara schreibt, Gott habe den Kindern drei Arten von Erkenntnis und natürlicher Liebe zuteil werden lassen: zwei seien im Kind selbst angelegt, die dritte in denen, die es nähren. Das Kind liebt und erkennt die Frau, die es stillt – ob Mutter oder Amme. Zweitens erkennt es diejenigen, die mit ihm spielen, es streicheln und herumtragen. Drittens stiften Naturinstinkt, Mitgefühl und Vertrautheit aufgrund des Stillens die Liebe zu den Kindern. Laut Philipp von Novara würde kaum jemand die Last auf sich nehmen, quengelige, unsaubere, schreiende Ungetüme aufzuziehen, wenn er sie nicht liebte.[118]

Stillte eine Frau aus der Oberschicht ihr Kind nicht selbst oder ließ sie es bei einer Amme aufwachsen, so galt sie dennoch nicht als schlechte Mutter. Die meisten Frauen, die ihre Kinder Ammen anvertrauten, taten das nicht, weil sie ihre Kinder nicht liebten oder es ihnen an mütterlichen Gefühlen mangelte, sondern es eben in der Gesellschaft so üblich war. Ob es Mütter gab, die unter der Trennung von ihren Neugeborenen litten, läßt sich nicht in Erfahrung bringen.

Bis ins späte 19. Jahrhundert hielt sich beim Adel sowie in der Mittelschicht aller europäischen Länder, in Frankreich und Deutschland sogar bei Handwerkern und Bauern, der Brauch, Kinder der Obhut von Ammen anzuvertrauen. Im Mittelalter pflegten Frauen aus den beiden letztgenannten Ständen und aus der Mittelschicht die eigenen Kinder selbst zu stillen, so kamen viele Kinder, die in der Stadt lebten, in den Genuß der Mutterbrust. In ländlichen Gebieten wurden nur wenige Kinder in Findelhäusern abgesetzt, vorzeitig entwöhnt oder unzureichend gestillt, weil die Mutter auch ein fremdes Kind stillte.

Die erste Phase der Kindheit

Erst im 16. Jahrhundert wurden Bücher über Kinderheilkunde und -erziehung geschrieben. Einige dieser Werke beruhen auf den Schriften mittelalterlicher Gelehrter, die zwar keine speziellen Bücher über Kinderheilkunde verfaßt, die einschlägigen Probleme aber in Abhandlungen über Geburtshilfe behandelt hatten. In den Kapiteln über Kinderheilkunde und -erziehung stützten sie sich auf griechische, römische und islamische Quellen.[1] Auch didaktische und enzyklopädische Werke befaßten sich mit den Methoden der Säuglingspflege und Kindererziehung und beriefen sich auf antike Autoren, vor allem auf Aristoteles.

Muttermilch und feste Nahrung, Entwöhnung und Zahnen

Um das Stillen in den ersten Tagen zu erleichtern und den Saugreflex anzuregen, wurde Müttern und Ammen empfohlen, kurz vor dem Stillen mit der Hand Milch aus der Brust zu pressen und dem Kind ein paar Tropfen Muttermilch oder etwas Honig in den Mund zu geben, bevor es zu saugen anfängt. Ein anderer Rat zur Überwindung von Schwierigkeiten beim Stillen in den ersten Tagen bestand darin, geduldig den Mundwinkel des Kindes an die Brustwarze anzupassen.[2] Ständig wird vor minderwertiger Milch (von Ammen oder Tieren) gewarnt, die Magenschmerzen, Fieber, Krämpfe und wunde Stellen im Mund verursache.[3] Es wird empfohlen, Säuglingen keine Medikamente zu verabreichen; bei Säuglingserkrankungen solle die Amme die Medizin einnehmen.[4] Nicht selten wird in den Heiligenviten davon berichtet, daß Ärzte den besorgten Eltern kundtaten, sie hätten zwar eine ganze Reihe von Arzneien, es sei aber gefährlich, sie dem Kind einzugeben.[5]

Hinsichtlich der Stillzeiten war man sich darüber einig, daß dem Säugling die Brust gereicht werden sollte, wenn er danach verlangte, und nicht nach einem strengen Stundenplan. Das Stillen galt auch als die beste Methode, einen schreienden Säugling zu beruhigen.[6] »Gute« Mütter und »gute« Ammen befolgten diesen Rat. In der Verserzählung *Milun* der Marie de France ist die Hauptfigur ein uneheliches Kind, das von der Mutter sofort nach der Geburt mit einer Amme zur Tante nach Northumberland geschickt wird. Um der Amme Gelegenheit zu geben, das Kind zu stillen, wird tagsüber auf der Reise siebenmal angehalten.[7] Vielleicht wurde die Zahl sieben aber auch deshalb gewählt, weil sie als magisch galt. In einer Geschichte aus den *Acta Sanctorum* paßt sich die Mutter an den Rhythmus ihres Kindes an; es ist von einem Kind die Rede, das aus Eifersucht seinen neben sich in der Wiege schlafenden kleinen Bruder erdrosselte. Als die Mutter sich darüber wunderte, daß das Kind so lang schlief, ging sie zur Wiege und entdeckte, was geschehen war.[8] Dies deutet darauf hin, daß die Mutter nach einem bestimmten Rhythmus nach dem Rechten sah, auch wenn das Kind nicht schrie. Bekamen die Kinder jedesmal die Brust, wenn sie schrien, bestand die Gefahr, sie zu überfüttern. Psychologen sind heutzutage allerdings der Meinung, daß ein Kind, das nach dem eigenen Begehren gestillt wird, größere Chancen hat, im Erwachsenenalter ein gesundes Selbstvertrauen zu haben als ein Säugling, der streng nach Plan gestillt wird.

Bartholomaeus Anglicus betonte die Wichtigkeit der ersten sechs bis acht Monate. Auch für die moderne Psychologie gilt dieser Zeitraum als Markstein in der Entwicklung des Kindes, denn von da an beginnt das Kind, ein Ichgefühl zu entwickeln, emotionale Bindungen einzugehen und zu fremdeln. Es versucht ständig, mit der Mutter Blickkontakt aufzunehmen, fordert sie zum Spielen auf und sorgt für Interaktion.[9]

In der Literatur wird der künftige Held oft erst mit drei Jahren entwöhnt.[10] Die meisten medizinischen und didaktischen Werke empfehlen jedoch, die Kinder im Alter von zwei Jahren zu entwöhnen, sobald die Milchzähne da sind und sie somit alles essen können.[11] Konrad von Megenberg zufolge wurden Kinder in Deutschland üblicherweise ein Jahr gestillt, manchmal anderthalb, in seltenen Fällen bei armen Leuten zwei Jahre.[12] In der Toskana wurden im Spätmittelalter Kinder oft zwei Jahre lang von der Amme gestillt. Wurde diese schwanger, bevor das Kind zwei Jahre alt war, suchten die Eltern häufig nach einem Ersatz, um das Kind nicht vorzeitig entwöhnen zu müssen.[13] In Montpellier lag die durchschnittliche Stillzeit für Waisen und Findelkinder bei einem Jahr und neuneinhalb Monaten.[14] In den *Acta Sanctorum* werden Mütter aus verschiedenen Gegenden erwähnt, die ihre Kinder anderthalb bis zwei Jahre lang stillten.[15] Noch während der Stillzeit gaben sie den Säuglingen Wasser und Honigwasser, in nördlichen Ländern auch Bier zu trinken.[16] Im medizinischen Schrifttum wird vor Wein gewarnt, da Kinder ihn nicht vertragen und krank würden.[17] Einige Zeit vor der Entwöhnung wird beim Durchbrechen der ersten beiden Schneidezähne die Aufnahme fester Nahrung empfohlen.[18] Die Mutter oder Amme soll das Kind ganz allmählich entwöhnen und ihm am Anfang nur weiche, breiige oder vorgekaute Nahrung geben, beispielsweise in Honigwasser, reinem Wein, Rinder- oder Hühnerbrühe eingeweichtes Brot, Haferschleim oder Milch mit Honig. Das zu frühe Einnehmen fester Nahrung beeinträchtigt nämlich die Gesundheit des Kindes.[19] Bei der endgültigen Entwöhnung plädierten die Verfasser medizinischer Abhandlungen für unterschiedlich strenge Methoden. In dem Arnald von Villanova zugeschriebenen Werk heißt es, das Kind soll mit zwei Jahren entwöhnt werden, wenn es alle Milchzähne hat und daher alles essen kann. Wenn der Säugling schreit und nach der Mutterbrust verlangt, soll die Mutter oder Amme zur Entwöhnung ihre Brüste mit etwas unangenehm Bitterem einreiben, z. B. Senf oder Aloe. Francesco da Barberino ist weniger rigoros. Er empfiehlt zwar auch, die Brüste mit einer bitteren, unschädlichen Substanz einzureiben, rät aber, das Kind doch wieder zu stillen, wenn es weint und keine feste Nahrung zu sich nehmen will.

Aldebrandin von Siena plädiert dafür, das Kind wieder an die Brust zu legen, wenn es die feste Nahrung ausspuckt oder erbricht.[20] Welche Entwöhnungsmethode am weitesten verbreitet war, ist jedoch unbekannt. Zeitgenössische Illustrationen zeigen Mütter, die in aller Öffentlichkeit, ohne großartige Vorkehrungen zu treffen, ihre Kinder stillten.[21] Sowohl Eltern als auch Ammen legten großen Wert darauf, daß Kinder oft und reichlich gefüttert wurden, selbst wenn sie nur widerwillig aßen. Der Franziskaner Berthold von Regensburg, der im 13. Jahrhundert in ganz Deutschland predigte, schreibt, die Reichen würden ihre Kinder überfüttern, dadurch sei der Magen überlastet, die Verdauung erschwert, so brächten sie ihre Kinder früher ins Grab als die Armen. Überfluß an Nahrungsmitteln und übermäßige Fürsorge seien der Grund dieses Übels. Kaum habe die Schwester dem Kind Haferbrei gegeben, komme die Tante und tue das gleiche, ebenso die Amme, die das Kind füttere, selbst wenn es sich lautstark der Eßprozedur widersetze.[22] Diese Schilderung ist in eine Predigt gegen die Völlerei eingebaut und tendiert daher zur Übertreibung. Aber es gab genügend andere Stimmen, die vor Völlerei warnten, so zum Beispiel auch solche, die für Erwachsene zwei Mahlzeiten am Tag als ausreichend betrachteten, bei kleinen Kindern jedoch drei für angemessen hielten.[23] Nicht nur Geistliche wetterten gegen die Überfütterung von Kindern, sondern auch die Verfasser didaktischer Werke prangerten wohlhabende Eltern an, die ihrem Nachwuchs erlaubten, sich zwischen den Mahlzeiten mit Süßigkeiten, Obst und anderen Leckerbissen vollzustopfen.[24] Auch wurde die Ansicht vertreten, Kinder sollten je nach Temperament ernährt und nicht gezwungen werden, etwas zu essen, was nicht zu ihnen passe.[25] Es ist nicht verwunderlich, daß man in einer Gesellschaft, die in ständiger Furcht vor Hungersnöten lebte, in der volle Getreidespeicher ein Zeichen von Wohlstand waren und in der die Säuglingssterblichkeit sehr hoch war, glaubte, Kinder hätten bessere Überlebenschancen, wenn sie viel essen.

Einige gaben dem Stillen nicht nur den Vorzug, weil die Muttermilch die beste Säuglingsnahrung sei. Francesco Barbaro schreibt zu Beginn des 15. Jahrhunderts, die Frau trage den Busen höher als das Weibchen im Tierreich, damit sie ihr Kind beim Stillen besser hätscheln und streicheln könne.[26] In den Schriften des deutschen Mystikers Heinrich Suso findet sich eine Metapher, in der die innige Vereinigung des gläubigen Heinrich mit der »ewigen Weisheit« mit der Beziehung zwischen einer stillenden Mutter und ihrem Kind verglichen wird: »Ganz so erging es ihm hier, wie wenn eine ihr Kindlein nährende Mutter es mit den Armen umfangend auf dem Schoße stehen hat; so wie dies dann sich mit der Bewegung seines Köpfleins und seines kleinen Leibes zur liebkosenden Mutter emporstreckt und seine Freude mit einem Lächeln zeigt, so drängte sich sein Herz mitfühlend durchströmt gar oft zu der ewigen Weisheit lustvollen Gegenwart.«[27] Daß es üblich war, Säuglingen und kleinen Kindern durch Körperkontakt Zuneigung zu schenken, geht auch aus den Heiligenviten hervor. Dort wird geschildert, wie künftige Heilige als Kinder sich die Spuren der Küsse von Mutter, Amme und Tante abwischen und sich den Mund mit Wasser ausspülen.[28]

Gaben die Eltern ihren Söhnen besseres Essen als ihren Töchtern? In einigen medizinischen Abhandlungen und Unterweisungsbüchern wird behauptet, daß das weibliche Geschlecht weniger Nahrung braucht als das männliche, da es diesem biologisch unterlegen sei. Arnald von Villanova unterscheidet das männliche und weibliche Geschlecht nach den Körperkräften und behauptet, Jungen seien kräftiger, mutiger und vernünftiger als Mädchen.[29] Konrad von Megenburg und Paolo da Certaldo schreiben explizit, daß Mädchen biologisch unvollkommen und körperlich weniger aktiv seien als Jungen und daher weniger Nahrung brauchen. Paolo da Certaldo meint zwar an anderer Stelle, Eltern sollten ihre Kinder unabhängig vom Geschlecht ebenso lieben wie sich selbst, erteilt aber dennoch den Rat: »Ernähre deine Jungen gut. Wie du das Mädchen ernährst, darauf kommt es nicht sonderlich an, vorausgesetzt du erhältst es am Leben; laß es nicht zu dick werden.«[30] Hier ist von Kindern und nicht von Säuglingen die Rede, aber in der Literatur begegnet man auch oft der Ansicht, daß Jungen schon in der Stillzeit besser ernährt und später entwöhnt werden sollten als Mädchen.[31] Es ist belegt, daß geringfügig mehr Mädchen als Jungen Ammen anvertraut und daß Jungen besser ernährt wurden als Mädchen. Im Florentiner Zensus des Jahres 1472 sind sehr viel mehr männliche als weibliche Säuglinge verzeichnet. Diese zahlenmäßige Differenz erklärt sich wahrscheinlich daraus, daß die Mädchen weniger sorgfältig registriert wurden, nicht nur, weil sie als minderwertig galten, sondern auch weil mehr Mädchen als Jungen in die Obhut von Ammen außerhalb des Stadtgebiets gegeben wurden und dadurch gar nicht in den Listen auftauchten. Da Kinder, die sich in der Obhut auswärtiger Ammen befanden, schlechter ernährt wurden und da ihre Sterblichkeitsrate höher war als bei Säuglingen, die von der eigenen Mutter gestillt wurden, könnte es diese zahlenmäßige Differenz jedoch tatsächlich gegeben haben, auch wenn sie vielleicht geringer war als in den Aufzeichnungen.[32] Es gibt mehrere Beispiele dafür, daß in ein und derselben Familie Mädchen billigeren Ammen anvertraut und früher entwöhnt wurden als Jungen. Wurde die Amme eines Mädchens schwanger, so suchten die Eltern oft keinen Ersatz, sondern ließen es zur allmählichen Entwöhnung bei der Schwangeren. In einem solchen Fall wurde hingegen für Jungen im gleichen Alter meist eine neue Amme gesucht, um die Entwöhnung hinauszuschieben. Im Spätmittelalter war es in Florenz üblich, daß Mädchen anderthalb Monate früher als Jungen aus der Obhut der Amme entlassen wurden. Das bedeutete, daß die Übergangszeit zwischen dem Stillen und der Einnahme fester Nahrung kürzer war.[33] Auch die Tatsache, daß mehr Mädchen als Jungen – ehelich wie unehelich – ins Findelhaus gegeben wurden, könnte die zahlenmäßige Differenz im Zensus erklären. Aus Trexlers Studie geht zudem hervor, daß die Väter sich eher dafür verbürgten, die Söhne nach dem Findelhausaufenthalt wieder zu sich zu nehmen. Daher behielt die Leitung dieser Institutionen die Jungen im Haus und schickte die meisten Mädchen zu Ammen aufs Land. Die Überlebenschancen der Knaben, die in Findelhäusern aufwuchsen, waren besser als die der Mädchen in abgelegenen Dörfern.[34]

In den Heiligenviten wird oft berichtet, daß die Eltern die künftigen Heiligen ihren Geschwistern vorzogen, weil sie besonders liebenswürdige Kinder waren, die ihrer Mutter keinerlei Kummer bereiteten, oder weil kein Zweifel daran bestand, daß sie zu Großem ausersehen waren. Weniger nachsichtig war Salimbene von Parma mit seiner Mutter, die seine Schwestern bevorzugte. Als in Parma die Erde bebte und die Mutter fürchtete, ihr Haus könnte einstürzen, packte sie seine beiden Schwestern, suchte im Haus ihrer Eltern Schutz und ließ den kleinen Jungen im Stich. Sie gab vor, die Mädchen seien leichter gewesen und sie habe sie in ihren Armen halten können. Aus Salimbenes Perspektive hätte die Mutter sich mehr um ihn, den Jungen, kümmern sollen.[35] Da er damals noch ein Säugling war, ist die Entschuldigung der Mutter, seine Schwestern seien leichter zu tragen gewesen, kaum glaubwürdig.

Das gesamte medizinische Schrifttum befaßt sich mit dem Zahnen. Während die Zahnlosigkeit für Bartholomaeus Anglicus ein Charakteristikum der ersten Lebensjahre war, betrachteten andere das Milchgebiß als ein Zeichen für das Ende der *infantia* und bezeichneten die darauffolgende Phase als *dentium plantativa*. Um den Schmerzen bei der Zahnung abzuhelfen, wurden verschiedene Vorschläge gemacht, wie zum Beispiel das Zahnfleisch des Kindes mit gesalzenem Honig und Wurzelextrakten einzureiben, das Kind nur selten zu baden, oft auf den Arm zu nehmen und keine feste Nahrung einnehmen zu lassen, wenn die Eckzähne durchkommen. Da zahnende Kinder gern Daumen lutschen und dadurch Nackenschmerzen bekommen, empfahl man, ihnen den Nacken mit in Wasser gelöstem Rosenöl einzureiben und ihnen als Ersatz für den Daumen eine feuchte Lakritzenwurzel (*ireus*) zu geben.[36]

Baden und Wickeln

In allen Handbüchern wird empfohlen, Säuglinge mindestens einmal, wenn nicht zwei- bis dreimal am Tag zu baden, und zwar vor dem Stillen, da das Baden nach den Mahlzeiten schlecht für die Verdauung sei und zu Erbrechen führen könne. Beim Baden darf kein Wasser in die Ohren des Kindes kommen, das nach dem Bad eingeölt werden soll.[37] Während die Ärzte des Mittelalters die Auffassung vertraten, Säuglinge in lauwarmen oder heißem Wasser zu baden, war man im 18. Jahrhundert davon überzeugt, Säuglinge und Kleinkinder sollten bei jedem Wetter in kaltem Wasser gebadet werden.[38] In *Milun*, einer Verserzählung der Marie de France, stillt die Amme den Säugling siebenmal am Tag und badet ihn ebensooft. In dem Lai *Die Esche* (Le Fresne) bringt der Türschließer des Klosters den Säugling, den er gefunden hat, seiner Tochter zum

Das Kinderbad. Kupferstich von Israel v. Meckenem, um 1500

Stillen und heißt sie, vor dem Stillen heißes Wasser zu bereiten und das Kind zu baden.[39] Hier baden einfache Leute, der Torhüter und seine Tochter, das Kleinkind – ein Brauch, mit dem Marie de France wahrscheinlich aus ihrer adeligen Umgebung vertraut war. In Städten mit Badehäusern, etwa in der Toskana, Süditalien oder Paris, nahmen die Frauen zwar kleine Kinder, nicht aber Säuglinge mit ins Badehaus. In diesen Gegenden hatten einige wohlhabende Städter sogar private Badehäuser. Als die Mutter des Thomas von Aquin in Neapel ein Badehaus aufsuchte, ging die Amme mit und trug den Säugling auf dem Arm. Der Biograph findet dies erwähnenswert, weil sich der spätere Heilige bei dieser Gelegenheit schon als besonders fromm erwies. Die Amme konnte den kleinen Thomas nur mit Mühe ausziehen, weil er seine Faust zusammenballte und heftig schrie. Sie badete, rieb ihn trocken und zog ihn wieder an, alles mit geballter Faust. Als sie schließlich wieder zu Hause waren, zwang ihn seine Mutter, die Faust zu öffnen, und entdeckte, daß er ein Stück Papier mit einem Gebet an die Gottesmutter hielt.[40] Es ist anzunehmen, daß die Kinder aus den unteren Schichten in der Stadt wie auf dem Land, wenn überhaupt, selten gebadet wurden, was zur Folge hatte, daß Säuglinge oft wunde Stellen und Karbunkel hatten. Die zeitgenössischen Ärzte empfahlen, die Windeln zu wechseln, sobald sie schmutzig waren. Schrie der Säugling nach dem Stillen, rieten sie der Mutter oder Amme nachzusehen, ob die Windel naß oder schmutzig und dies der Grund für sein Schreien war.[41]

Daß die Windeln nicht oft genug gewechselt wurden, lag auch daran, daß die Säuglinge meist nicht nur eine Windel (lateinisch *panniculus*, italienisch *pezze*) anhatten, sondern der ganze Körper mit Bändern (*fasciae*) umwickelt war, so daß nur der Kopf hervorsah. Auf zeitgenössischen Illuminierungen sehen die Säuglinge wie kleine Mumien oder Larven aus.[42] Im medizinischen Schrifttum heißt es, die Wickelbänder sollten möglichst lauwarm und weder zu eng noch zu weit gewickelt sein, damit das Kind ohne Schwierigkeiten Wasser lassen könne.[43] In einem italienischen Karnevalslied rühmt sich eine Amme ihrer Fertigkeit, ein Kind im Nu wikkeln zu können. Alexandre-Bidon und Closson haben nachgewiesen, daß es im Mittelalter – im Gegensatz zur bisherigen Meinung – durchaus Arten des Wickelns gegeben hat, die nicht viel Zeit in Anspruch nahmen.[44] Dennoch war es in den unteren Schichten der Bevölkerung nicht üblich, den Säuglingen oft die Windeln zu wechseln. So ist im Bericht über ein Wunder, das ein Heiliger gewirkt hat, von einer Mutter die Rede, die Blutflecken auf den Windeln ihres Sohnes fand. Als sie ihn auszog, entdeckte sie, daß seine Beine vollkommen verkrüppelt waren und er Abszesse am ganzen Körper hatte.[45] Ein Mädchen, das von einem älteren Ehepaar am Tor des Hospitals von Bologna aufgelesen wurde, war voller Abszesse und wunder Stellen,[46] weil die Windeln zu selten gewechselt wurden oder die Wickelbänder zu eng gewickelt waren. Eine Hebamme, die im frühen 14. Jahrhundert in Barcelona vor Gericht als Zeugin aussagte, erzählte von einem Säugling, der an einer Infektion starb, weil seine Windeln verschmutzt waren.[47] Konrad von Megenberg stellt fest, daß arme Frauen, die nicht genug Stoff für Windeln haben, ihre Kinder nicht sauberhalten; und er fügt hinzu, den Kindern der Armen schade das nicht... (Bernhard von Gordons Ratschlag, die Mutter solle die erste Milch, die nicht so gut sei wie die reife, einem Mann niedriger Herkunft oder einem Findelkind geben, zeugt von einer ähnlichen Geisteshaltung.)[48] Wohlhabende wechselten ihren Kindern häufiger die Windeln. Agnes von Böhmen soll mit ihren Gliedmaßen ein Kreuz gebildet haben, wenn sie in die Wiege gelegt wurde,[49] ein Zeichen dafür, daß zumindest der Oberkörper von Wickelbändern frei war.

Im 16. und 17. Jahrhundert nahm man es mit der Sauberkeit bekanntlich nicht so genau. Man glaubte sogar, daß Baden schädlich sei und die Schmutzschicht auf dem Körper, insbesondere dem Schädel, Kinder vor allerlei Unbilden, auch vor dem bösen Blick, schütze. Damals wurden nicht nur die Kinder aus der Unterschicht fast nie gebadet, sondern auch die Königskinder (nachzulesen im Tagebuch des Arztes von Ludwig XIII.).[50] Im Mittelalter wurden hingegen Säuglinge und Kleinkinder aus der wohlhabenden Stadtbevölkerung, die die Empfehlungen der Ärzte kannte, häufiger gebadet als in späteren Jahrhunderten. Auch gab es damals wesentlich mehr städtische Badehäuser als im 16.–18. Jahrhundert. (Aus fanatischer Sorge um die Sexualmoral und aus Angst vor Geschlechtskrankheiten wurden sie im Zuge der Gegenreformation geschlossen.)

Der Brauch, Kinder einzuwickeln, war sicher weit verbreitet. (Eine Heilige sah in einer Vision sogar das Jesuskind ganz eingewickelt, »wie dies bei Neugeborenen üblich ist«.[51]) Der Körper war jedoch nicht immer ganz eingewickelt, mal ließ man die Hände, mal den ganzen Oberkörper, mal den Unterleib frei. Manchmal trugen Säuglinge auch Lätzchen.[52] Befürwortet wurden Übungen, die das Kind zur Bewegung der Gliedmaßen anregen sollten: So riet ein Arzt, die Amme solle einen Kieselstein oder einen kleinen Knochen vor den Augen des Kindes hin und her bewegen, damit es die Augen und den Kopf von einer Seite auf die andere bewege, sowie es leicht an Händen und Armen ziehen, vorsichtig ein Bein nach dem anderen hochheben, und das Kind kitzeln, um es zum Lachen zu bringen. So würde das Kind lernen, den ganzen Körper zu bewegen.[53] Wahrscheinlich war die Wickelmethode je nach Jahreszeit und von Gegend zu Gegend verschieden. Hinweise darauf, bis zu welchem Alter die Kinder gewickelt wurden, fehlen. Der mit einer Behinderung auf die Welt gekommene Ambrosius von Siena wurde gleich nach der Geburt der Obhut einer Amme außerhalb der Stadt anvertraut. Als er ein Jahr und ein paar Monate alt war, geschah ein Wunder. Die Amme ging mit dem Kind in die Kirche, da befreite es sich aus eigener Kraft an den Armen von den beengenden Wickelbändern. Daraufhin eilten die anwesenden Dominikanerbrüder herbei, um die Wickelbänder auch von den Beinen abzunehmen. Ambrosius streckte seine Gliedmaßen aus, und so stellte sich heraus, daß er vollkommen gesund und nicht mehr behindert war.[54] Im 17. Jahrhundert wurde in England zumindest die äußere Schicht von Wickelbändern zwischen dem ersten und dem dritten Monat nach der Geburt ganz entfernt. Danach trug das Kind einen sogenannten Mantel, der in Wirklichkeit ein Hemd war, wie schon bei den Kindern im Mittelalter üblich.[55] Möglicherweise wurde also schon im Mittelalter zumindest ein Teil des Körpers in diesem Alter nicht mehr eingewickelt.

Der Brauch, den ganzen Körper einzuwickeln, ist auch als vorsorgliche Maßnahme gegen Verletzungen bei Säuglingen ausgelegt worden.[56] In den Werken der zeitgenössischen Schriftsteller gibt es jedoch keine Hinweise auf eine solche Begründung. Die Wickelbänder waren auch kein Symbol der Zucht und Ordnung im moralischen Sinn, sie sollten Verdrehungen oder Verrenkungen der Gliedmaßen verhindern und ein harmonisches Wachstum fördern.[57] Unmittelbar nach der Geburt sollte das Wickeln das Geburtstrauma mildern und den Übergang aus dem warmen Mutterleib in die Kälte sanft gestalten. Zu Recht glaubte man, daß Säuglinge nach der Geburt Wärme brauchen, und das Wickeln war ein Mittel, sie vor Kälte zu schützen. Thomas Beckets Mutter soll, Roger von Pontigny zufolge, einmal geträumt haben, Thomas sei nackt und zittere vor Kälte. Als sie aufwachte, lief sie sofort zur Amme und tadelte sie wegen ihrer Nachlässigkeit. Die Amme antwortete, sie habe das Kind sorgfältig in Bänder eingewickelt, also vor der Kälte geschützt.[58] Berichtet wird auch von einer italienischen Mutter, die ihrer Wut freien Lauf ließ, als sie erfuhr, daß ihr kleiner Junge, den sie für eine Weile kinderlosen Freunden anvertraut hatte, zweimal genäßt hatte. Sie behauptete, dies sei nur geschehen, weil er nicht richtig zugedeckt war oder man ihm kein Tuch um den Bauch gebunden habe, wie sie es zu Hause zu tun pflegte.[59] In der *Geschichte der Grafen von Guînes* (Historia Comitum Ghisnensium) werden die Innenräume des Schlosses des Grafen zu Beginn des 13. Jahrhunderts beschrieben. Dort gab es einen kleinen Raum für die Säuglinge, zu dem der Schloßherr und die Schloßherrin von ihrem Schlafzimmer aus Zugang hatten, und der mit einem Ofen geheizt wurde, der ständig brannte.[60] Die Familien der unteren Schichten in der Stadt und auf dem Land lebten gewöhnlich gedrängt in einem Raum zusammen, in dem die Wiege neben dem Herd stand. So fror der Säugling nicht, die Nähe des Feuers barg jedoch Gefahren. Da der Wasserkessel meist an einer Kette über dem Herd hing, kam es nicht selten vor, daß das Kind sich mit kochendem Wasser verbrühte.[61] Die Heizmöglichkeiten waren im Mittelalter völlig unzulänglich.[62] So wundert es nicht, daß in der Literatur und in den Predigten des Mittelalters der Topos der guten Mutter auftaucht, die ihr Kind wärmt, dicht an sich hält und ihm die kalten Händchen mit warmem Stroh reibt.[63] Im Spätmittelalter hatten dann immer mehr Häuser Fensterscheiben, wodurch die Wärme gehalten wurde. Erst im 14. Jahrhundert kamen Kleidungsstücke mit Knöpfen und wollene Unterwäsche auf, die dazu beitrugen, die Körperwärme des Säuglings zu bewahren.[64]

Es steht außer Frage, daß das Wickeln Entzündungen und Wundsein verursachte, da das Kind oft lange in seinen Exkrementen lag. Zu festes Wickeln konnte überdies zu Hüftverrenkungen führen. Allerdings sind Psychologen der Ansicht, daß es dem Kind nicht schade, die Gliedmaßen in der ersten Lebensphase nicht frei bewegen zu können, und daß sowohl die Wärme und Festigkeit als auch die Beschränkung der Bewegungsfreiheit beruhigend auf das Kind wirke.[65]

Formbar wie Wachs

Man nahm an, daß die Gliedmaßen der Säuglinge sehr biegsam und mit großer Schonung zu behandeln seien. Hierüber äußert sich der Familienvater in Albertis *Über das Hauswesen*: »Und ich für meine Person möchte die ganz Kleinen nicht einmal angreifen noch zulassen, daß sie von den Vätern, wie ich es manchmal sehe, herumgewirbelt werden. Die Toren! Wie wenig bedenken sie, mit was für unendlicher Gefahr die Kindlein in den rauhen Händen der Väter schweben, was für eine winzige Ursache die zarten Knochen verrenken oder verstauchen kann. Kaum daß man sie ohne die größte Vorsicht anfassen und auf den Arm nehmen kann, daß man ihnen kein Glied verdreht oder ausrenkt; wie man manchmal Leute sieht, die dadurch zu Krüppeln geworden sind.«[66] Wegen seiner Zartheit und Biegsamkeit verglichen einige Schriftsteller den Körper des Säuglings mit weichem Wachs. Bei Arnald von Villanova heißt es, körperliche Schwächen könnten am besten nach dem Baden korrigiert werden. Sollte ein Oberschenkel kürzer sein als der andere, so empfehle es sich, ihn häufig zu strecken.[67] Auch Bartholomaeus Anglicus schreibt, der Säugling lasse sich wie Wachs formen, und es sei Aufgabe der Amme, seine Gliedmaßen richtig zu formen, damit es kein Krüppel werde. Francesco da Barberino zufolge ist fast alles formbar: eine zu platte Nase lasse sich ebenso korrigieren wie eine zu große, ein kurzes Gesicht ebenso wie ein breites; das gleiche gelte auch für die Wimpern und Lippen. Schielt das Kind auf beiden Augen, soll es so hingelegt werden, daß das Licht aus der entgegengesetzten Richtung kommt; blickt es dann in diese Richtung, so wird es allmählich aufhören zu schielen. Wenn das Kind nur auf einem Auge schielt, soll das gesunde Auge abgedeckt und mit dem schielenden die gleiche Prozedur vollführt werden. Wenn die Zähne schief stehen, sollen sie vorsichtig in die richtige Stellung gerückt werden. Nach Maßgabe Francescos da Barberino soll all dies nicht gewaltsam, sondern sanft und geduldig getan werden.[68] Fehlstellungen werden heute bereits einige Wochen nach der Geburt behandelt, Sehschwächen oder Schielen ebenfalls so früh wie möglich.

Schlafen in der Wiege oder im Bett der Eltern

In allen Gesellschaftsschichten war es üblich, daß Säuglinge in der Wiege schliefen. Vom 11. Jahrhundert[69] an sind Wiegen auf Illuminierungen dargestellt, auch werden sie in den *Acta Sanctorum* und in der schönen Literatur häufig erwähnt. Oft wird die Erzählung der frühen Kindheit mit den Worten »als er noch ein Säugling in der Wiege war« eingeleitet.[70] Wenn ein Säugling im Spätmittelalter in Italien zu einer Amme in Pflege kam, wurde er mit einer Wiege ausgestattet.[71] Wohlhabende Eltern befestigten ein Seil an der Wiege, an dem man ziehen konnte, um das Kind zu wiegen.[72] Bereits in der Antike gab es Wiegen, wenn auch nur unbewegliche, gewiegt wurde der Säugling nur in den Armen.[73] In den *Gesta Romanorum* wird eine Wiege mit vier Beinen beschrieben, bei der das Kind mit einer Art Riemen festgeschnallt war, damit es nicht auf den Boden fallen konnte, wenn sie umfiel. Auch auf Illuminierungen sind Wiegen mit Gurten dargestellt.[74] Bei armen Leuten dienten Körbe oder Zuber als Wiege.[75] In der Wiege waren Säuglinge besser geschützt als im elterlichen Bett, wo sie Gefahr liefen, erdrückt zu werden. Trotz der Warnungen von Ärzten, Predigern und Beichtvätern nahmen Mütter oder Ammen sie dennoch mit ins Bett. Dem Psychologen deMause zufolge soll dies Ausdruck der Sehnsucht der erwachsenen Frau nach mütterlicher Zuneigung sein, die, in Umkehrung der Situation, den Säugling als ihre eigene »Sicherheitsdecke« betrachtet.[76] Das ist aber keine einleuchtende Erklärung für das Mittelalter. Vermutlich wurden Säuglinge aus praktischen Erwägungen mit ins Bett genommen: Die Amme oder die Mutter konnten dem Kind die Brust geben, ohne aufstehen und in den kalten Raum hinausgehen zu müssen. Arme Leute nahmen ihre Kinder sicher auch mit ins Bett, um sie zu wärmen. Petrus Abaelardus schreibt in seiner *Ethik* über ein armes Weib, das einen Säugling und nicht genug Kleidung hat, daß es für das Kind in der Wiege und für sie selbst reichen könnte. Aus Mitleid mit dem Kind nimmt sie es zu sich ins Bett, um es mit ihren eigenen Lumpen zu wärmen, erdrückt es aber dabei.[77] Bernhard von Gordon warnt die Ammen davor, Kinder mit ins Bett zu nehmen, weil es später schwerfallen würde, ihnen dies abzugewöhnen.[78] Die Kinder genossen die

Wärme und Nähe, wenn sie im Bett der Amme oder der Eltern schliefen, einige zahlten aber mit dem Leben.[79]

Das Schreien

Entgegen den Anweisungen der Ärzte legten Eltern oft ihre Kinder zu sich ins Bett, um sie zu beruhigen. Die Ärzte waren der Auffassung, daß Säuglinge nicht zu lange schreien sollten[80], und machten verschiedene Vorschläge, um sie zu beruhigen. Wenn sie nach dem Baden oder Essen nicht einschlafen und schreien würden, sollten die Mutter oder Amme nachsehen, ob die Windel schmutzig sei oder ob die äußeren Wickelbänder zu fest gewickelt seien. Sie sollten zärtliche Wiegenlieder singen, die Wiege sanft schaukeln oder das Kind auf den Arm nehmen.[81] Allzu langes Schreien könne vor allem bei Jungen einen Leistenbruch verursachen.[82] Francesco da Barberino rät, die Säuglinge von Zeit zu Zeit umzudrehen, sie vom Bauch auf den Rücken zu legen und umgekehrt.[83] Auch Prediger ermahnten die Mütter, schreiende Säuglinge frisch zu wickeln oder zu stillen oder sie mit Wiegenliedern in den Schlaf zu wiegen.[84] In einer Heiligenvita ist von der Taubheit einer Frau die Rede, die nicht einmal mehr das Schreien ihres Sohnes hören konnte, worauf eine Mutter sonst sofort reagiert.[85] Gerade das Schreien in der Nacht wird von kinderfeindlichen Autoren als besonders schwere Prüfung geschildert.[86] In einigen Heiligenviten werden künftige Heilige als Kinder dargestellt, die ständig lächeln und nie weinen und sich dadurch von den anderen Kindern unterscheiden, die an den Nerven ihrer Mütter zerren.[87] Heiler rieten, die Kinder mit Amuletten, beruhigenden Getränken und Beschwörungsformeln zum Schlafen zu bringen.[88] Möglicherweise wurde Kindern auch Wein zur Beruhigung eingeflößt. Wenn alle anderen Mittel versagten, nahmen Mütter ihre schreienden Säuglinge zum Schrein eines Heiligen und baten ihn um Fürbitte.[89] Aus den *Decretorum Libri Viginti* des Burchard von Worms geht hervor, daß zu Beginn des 11. Jahrhunderts schreiende Säuglinge manchmal in ein Erdloch gesteckt wurden, damit sie zu schreien aufhörten. Eltern, die sich dieses Vergehens schuldig machten, mußten fünf Tage Buße tun.[90]

Der Glaube, schreiende Säuglinge seien vom Teufel und seinen Dämonen besessen, zeugt von der feindseligen Haltung widerspenstigen Kindern gegenüber.[91] Die Mutter Guiberts von Nogent nahm ein Waisenkind bei sich auf, das tagsüber abwechselnd schlief und spielte, nachts hingegen andauernd schrie. Damit raubte es der Pflegemutter den Schlaf und brachte die Ammen und Dienstmädchen zur Raserei, denn all ihre Bemühungen, es zu beruhigen, erwiesen sich als fruchtlos. Guibert von Nogent, der überall den Teufel am Werk sah, erklärte sich das Schreien so: »Das Kind ist böse, nicht von sich aus, sondern durch seinen inneren Aufwiegler.«[92] Da Guiberts Mutter das Kind aufgenommen hatte, um für eine Sünde ihres verstorbenen Ehemannes – er hatte ein uneheliches Kind gezeugt, das ungetauft gestorben war und Guibert zufolge in der Hölle schmorte[93] – Buße zu tun, glaubte Guibert, daß der Teufel mit dem Schreien des Kindes die Bemühungen seiner Mutter, die Leiden ihres Mannes im Jenseits zu lindern, vereiteln wollte. Die Hauptsünde eines Säuglings, der als »böse geboren und schwer erziehbar« geschildert wird, bestand darin, daß er ständig schrie und seine Mutter nachts am Schlafen hinderte. Infolgedessen haßte sie ihr Kind so sehr, daß sie es verfluchte.[94] Andere hielten ein andauernd schreiendes Kind für einen ›Wechselbalg‹ – sie glaubten, Feen hätten ihn anstelle des gestohlenen Kindes untergeschoben, es sei nicht nur von Dämonen besessen, sondern sogar das Kind von Dämonen.[95] Einige Säuglinge schrien aber auch, weil sie von den Eltern mißhandelt wurden.

Sitzen, Gehen und Sprechen

Davon ausgehend, daß Kinder sich verschieden schnell entwikkeln, zwang man sie weder zum Sitzen, Stehen noch Gehen, bevor sie selbst den Drang dazu verspürten.[96] Was das Sitzen anbelangt, so wurden die Eltern ermahnt, dafür zu sorgen, daß der Sitz nicht zu hart sei und keine vorspringenden Ecken und Kanten habe. In einem Testament aus der ersten Hälfte des 15. Jahrhunderts wird auf einen Kindersitz Bezug genommen. Ein Mann vermachte seinem Patenkind »einen Hocker mit gedrechselten Beinen für ein

Kind und einen Hocker mit gedrechselten Beinen für das Mannesalter«.[97] Der Familienvater in Albertis Buch *Über das Hauswesen* meint: »Für Kinder, die in zartem Alter so schwach sind, daß sie sich kaum aufrecht halten, empfiehlt es sich mehr, viel zu liegen und zu schlafen; denn würden sie zuviel aufrecht stehen und sich anstrengen, so würden sie ganz von Kräften kommen«.[98] Michele Savonarola aus Padua schilderte Mitte des 15. Jahrhunderts in einer Schrift für Ammen ausführlich, wie man Kindern das Gehen beibringen soll. »Wenn das Kind zu gehen anfängt, soll man daneben eine Bank stellen. Es sollte immer vor der Amme stehen und nicht an der Hand geführt werden, weil dies bei einer ungeschickten Bewegung zu Verrenkungen führen kann. Die Bank oder der Holzklotz soll möglichst rund sein, so daß das Kind die Amme immer sehen kann, dadurch geht es zuversichtlicher, und sie kann es von Zeit zu Zeit ermutigen.« Sobald es sich mehr zutraut, kann man es in eine Art Stuhl mit Rädern an den Beinen stellen. Wenn es schon sicherer geht, »soll man es in die Nähe einer Wand stellen, und dann nicht allzu weit von ihm eine Schachtel, eine Tasche oder einen Apfel werfen, um es so zum Gehen zu ermutigen.«[99] Auf zeitgenössischen Illuminierungen erscheint diese Laufvorrichtung vom 13. Jahrhundert an, allerdings nur selten – ein Zeichen dafür, daß sie nur bei wohlhabenden Familien üblich war. Erst wenn die Kleinkinder gehen konnten, wurden ihnen Schuhe angezogen.[100] Die Ammen werden ermahnt, dafür zu sorgen, daß Kinder die ersten Schritte auf einer glatten, ebenen Fläche machen.[101] Auf den Illuminierungen erkennt man auch, daß die Kleinen gepolsterte Mützen trugen, damit sie sich beim Hinfallen nicht weh taten.

Die meisten Autoren medizinischen Schrifttums sahen einen Zusammenhang zwischen den Milchzähnen und dem Sprechen, sie glaubten, daß Kinder sprechen könnten, sobald das Milchgebiß komplett sei, also etwa mit zwei Jahren. Die zeitgenössischen Gelehrten waren der Ansicht, daß Kinder die Sprache nicht systematisch, sondern einfach durch Nachahmung lernen, indem man sie zum Sprechen ermutige, sie lobe, wenn sie Wörter richtig aussprechen, ihnen Gegenstände zeige, die sie haben möchten, und ihnen sage, sie könnten sie haben, wenn sie das Wort, das man ihnen vorsagt, wiederholen. Zuerst sollten Kinder leicht auszusprechende

Eine Mutter bringt ihrem Kind das Laufen bei. Holzschnitt um 1520

Wörter wie »Papa« oder »Mama« lernen. Treten beim Spracherwerb Schwierigkeiten auf, hat Francesco da Barberino einen Rat zur Hand: Die Amme soll ein Kind, das schon sprechen kann und dessen Stimme dem des ihr anvertrauten Kindes ähnelt, hinter einen großen Spiegel stellen, es soll auf Anweisung der Amme verschiedene Wörter sagen; das Kind vor dem Spiegel werde sie im Glauben, es sei seine eigene Stimme, wiederholen und so zu sprechen anfangen. Diese Empfehlung beruht wahrscheinlich auf der Beobachtung, daß Kinder gerne Selbstgespräche führen. Manchmal wurden aber auch törichte Ratschläge erteilt. So empfahlen einige Schriftsteller den Ammen oder Müttern, die Zunge mit Honig, Salz, Weihrauch und Lakritze einzureiben, um das Kind zum Sprechen zu bringen.[102]

Die Beziehungen zwischen Kindern und Erwachsenen

Die Erkenntnis, daß auch Kinder nicht vom Brot allein leben, liegt einer alten Geschichte zugrunde, die der Franziskaner Salimbene über Friedrich II. erzählt. Der Kaiser wollte in Erfahrung bringen, »welche Sprache und Art zu sprechen Kinder hätten, die aufwüchsen, ohne mit jemandem sprechen zu können. Und deshalb befahl er den Ammen und Pflegerinnen, diesen Kindern Milch zu geben, sie zu stillen, zu baden und trocken zu legen, jedoch keinesfalls sie zu liebkosen oder mit ihnen zu sprechen. Denn er wollte erfahren, ob sie die hebräische – als die älteste – Sprache sprächen oder Griechisch oder Latein oder Arabisch oder aber die Sprache ihrer leiblichen Eltern. Doch war alle Mühe vergebens, weil die Kinder oder Säuglinge ohne Ausnahme starben. Ohne Zuwendung und Berührungen, ohne Lächeln und Liebkosungen ihrer Ammen und Pflegerinnen vermochten sie nämlich nicht zu leben.«[103] Von der nachhaltigen Wirkung des Lächelns eines Kindes zeugt ein Vorfall, über den vor dem Inquisitionstribunal von Pamiers berichtet wurde. Ein Zeuge erzählte von einer Adeligen aus Chateauverdun, die im Begriff war, ihr Haus zu verlassen, um sich den Katharern anzuschließen. »Sie hatte einen Knaben in der Wiege und wollte ihn sehen, bevor sie wegging... da lachte der Knabe, und als sie am Hinausgehen war, wandte sie sich noch einmal um, und der Knabe lächelte wieder, und so geschah es mehrmals, so daß sie den Jungen nicht verlassen konnte; als sie das einsah, sagte sie zu ihrer Magd, sie solle ihn aus dem Raum tragen.« Die junge Frau wurde auf dem Scheiterhaufen verbrannt.[104]

Adelard von Bath beschrieb im 12. Jahrhundert die besondere Sensibilität kleiner Kinder für Töne: Eine angenehme, harmonische Stimme wirke beruhigend, eine unangenehm schrille irritiere sie. Das Wiegenlied tröste die junge Seele und lasse sie ihren Schmerz vergessen. Adelard gibt eine genaue Beschreibung eines kleinen Kindes, das noch nicht sprechen kann und dem Gitarrenspiel eines Musiklehrers und seiner Schüler aufmerksam zuhört. Das erregte Kind bewegt Finger und Hände im Rhythmus der Musik, und alles lacht herzlich.[105] In Albertis Buch *Über das Hauswesen* heißt es über die Reaktionen von Säuglingen auf Handbewegungen und Lieder: »Ich erinnere mich, von Ärzten gehört zu haben, daß die Kleinsten, wenn sie einen so mit den Händen fuchteln sehen, wenn sie darauf achten und dabei aufmerksam werden, zeigen, daß sie für die Leibesübungen und das Waffenhandwerk geschaffen sind. Wenn ihnen aber mehr die Reime und Lieder gefallen, mit denen man sie einzulullen und zur Ruhe zu bringen pflegt, so bedeutet das, daß sie für die Ruhe und Zurückgezogenheit der Bücher und der Wissenschaften geboren sind.«[106] Beschrieben werden auch die Reaktionen auf die ersten Worte von Kindern: »Schon beginnen sie sich zu äußern und mit Worten zum Teil ihre Wünsche kundzutun; das ganze Haus horcht darauf, die ganze Nachbarschaft erzählt es weiter und verfehlt nicht, unter Lust und Scherzen davon zu plaudern, zu verdolmetschen und zu preisen, was es getan und gesagt hat.«[107]

Manchmal war der Spracherwerb aber auch mit Schwierigkeiten verbunden. In den *Acta Sanctorum* wird von Eltern niederer Herkunft berichtet, die alles mögliche »unternahmen, um ihrem drei Jahre alten Sohn das Sprechen beizubringen, er sagte aber kein einziges Wort.«[108] Als sie sich nicht mehr zu helfen wußten, wandten sie sich an einen Heiligen. Kinder können bekanntlich in der Entwicklung zurückbleiben bzw. ein Trauma erleiden, das zu psychomotorischen Störungen und verzögerter Sprachentwicklung führen kann, wenn sie vernachlässigt werden oder die Bezugsperson häufig wechselt. Es ist durchaus möglich, daß einige der (vielen) Kinder, mit denen die Eltern auf Pilgerfahrt gingen, weil sie noch nicht sprechen konnten,[109] nicht von Geburt stumm oder taubstumm waren, sondern nicht sprechen gelernt hatten, weil sie von ihren Eltern vernachlässigt worden waren. Bernardino von Siena tadelte Mütter, die ihre Kinder der Obhut von Ammen anvertrauten: »Und wenn das Kind heimkommt, sagt ihr zu ihm: ›Ich weiß gar nicht, wem du ähnlich siehst, sicher keinem von uns!‹«[110]

Alles andere als ein Abbild der Erwachsenen

Philippe Ariès vertritt die Auffassung, die mittelalterliche Gesellschaft habe kein Verhältnis zur Kindheit und ihren Besonderheiten gehabt. Als Beleg für seine These führt Ariès unter anderem die Tatsache an, daß es in der bildenden Kunst bis zum 13. Jahrhundert keine Darstellung lebender Kinder gegeben habe. In Malerei und Skulptur seien sie, wenn überhaupt, nur als kleine Erwachsene dargestellt worden. Erst im Lauf des 13. Jahrhunderts habe man begonnen, kleine Kinder (vor allem das Jesuskind) in der

Kunst wirklichkeitstreu darzustellen. Ist dies ein stichhaltiger Beweis für die These, daß die Erwachsenen die Kinder nicht als solche wahrnahmen? Oder liegt der Grund dafür, daß die Kinder nicht kindgerecht dargestellt wurden, eher in der zeitbedingten ikonographischen Tradition? In der karolingischen, ottonischen und romanischen Kunst sind Kinder porträtiert, und die Darstellung zeugt durchaus davon, daß die Kindheit als besondere Entwicklungsphase bekannt war.[111] In der Gotik werden Kinder noch häufiger porträtiert. Schilderungen über das Großziehen von Kindern findet man auch in der schöngeistigen Literatur: Sie werden gebadet, an- und ausgezogen, von der Mutter, der Amme, manchmal auch von Hirschkühen oder Einhörnern gestillt, die wundersamerweise immer dann zur Stelle sind, wenn ein Säugling mutterseelenallein ist. Zur Beschreibung der Kinder verwenden die Dichter zumeist dieselben stereotypen Ausdrücke und Metaphern wie für die Frau: Säuglinge haben eine reine, weiße Haut und rosa Wangen, rosen- oder liliengleich. »Er war die Rose unter den Kindern«, sagt die Königin in *Lancelot del Lac* über ihren Sohn, den sie verlor.[112] Alle Personen, die sich um das Kind kümmern, lieben es abgöttisch und verwöhnen es.[113] Das schöne Kind erweicht mit seinem Lächeln sogar die Herzen derjenigen, die sich anschicken, es zu töten.[114]

Von der scharfen Beobachtungsgabe der zeitgenössischen Schriftsteller und ihren Vorstellungen vom Verhalten von Säuglingen und Kleinkindern zeugen zwei Szenen aus den Heiligenviten. Die erste Schilderung stammt aus dem 14. Jahrhundert. Es handelt sich, dem Hagiographen zufolge, um eine Vision, die die heilige Ida von Louvain hatte und ihrem Beichtvater mitteilte. Zusammen mit der heiligen Elisabeth war es ihr vergönnt, das Jesuskind in warmem Wasser zu baden: »Als das Jesuskind in der Badewanne saß, begann es zu spielen, wie dies die Art der Kinder ist. Es plantschte im Wasser herum, wie die Kinder es zu tun pflegen und spritzte alle umstehenden Personen naß. Als es das Wasser überall hinspritzen sah, begann es vor Freude laut zu schreien... und als das Bad zu Ende war, hob sie das Kind aus der Wanne, trocknete es ab und wickelte es in Wickelbänder. Sie nahm es auf den Schoß und begann nach Art der Mütter mit ihm zu spielen.«[115] Diese lebhafte

Badeszene kann eigentlich nur auf persönlichen Erfahrungen beruhen.

Auch der Biograph des heiligen Hugo von Lincoln (1140–1200) schildert mit großer Anschaulichkeit das Verhalten eines Kindes: »Ich selbst habe ein kleines Kind im Alter von sechs Monaten gesehen, das, als Bischof Hugo ihm mit heiligem Chrisam das Kreuzzeichen auf die Stirn machte, mit solchem Gestrampel seine Freude erkennen ließ, daß es damit die einzigartige Freude des im Mutterleib hüpfenden Täufers nachzuahmen schien (vgl. Luk 1,41)... Sodann breitete das Kind seine Ärmchen abwechselnd aus und führte sie wieder zusammen, als wolle es sie als Flügel benützen, und wakkelte mit dem Kopf hin und her; wie um anzuzeigen, daß es vor übergroßer Freude kaum an sich halten konnte. Schließlich nahm es die Hand des Bischofs zwischen seine Händchen und zog sie mit ganzer Kraft an seinen Mund, wo es sie mehr zu belecken als zu küssen begann, und dies für längere Zeit. Alle Anwesenden waren verwundert über das nie gesehene Schauspiel: Bischof und Kind versunken in der Freude über ihre jeweilige Gesellschaft... Auch als der Bischof dem Kind einen Apfel anbot, wies es ihn gelangweilt zurück; nur der Bischof war Gegenstand seines Interesses. Selbst die Hände der Amme, die es trug, stieß es verächtlich beiseite und hatte nur Augen für den Bischof, klatschte in die Hände und lächelte ihn unablässig an.»[116] Hätte eine solche Geschichte geschrieben werden können, wenn kleine Kinder in der Kultur des Mittelalters keinen eigenen Stellenwert gehabt hätten?

Welche Bedeutung die Eltern ihren Kindern beimaßen und wie stolz sie auf sie waren, zeigt ein französischer Brauch aus der Gegend von Sens aus der Zeit des Hundertjährigen Krieges. Am Vorabend des Johannistags pflegten die Eltern ihre Kinder in der Wiege inmitten grüner Zweige auf die Straße zu stellen und den umstehenden Leuten Kuchen anzubieten.[117] Üblicherweise trugen die Mütter auf Prozessionen oder Feiern ihre Kinder auf dem Arm oder am Rücken; so berichtet eine Bäuerin: »An einem Festtag stand ich auf dem Platz von Montaillou mit meiner Tochter auf dem Arm.«[118] Auf spätmittelalterlichen Illuminierungen werden die Säuglinge zumeist auf dem Arm oder auf dem Rücken in Ledersäkken oder Stofftüchern getragen, die mit einem breiten Band um den Hals befestigt sind. In wiegenartigen Gestellen nahmen die Bäuerinnen die Säuglinge auf dem Rücken mit zur Feldarbeit.[119] Es wird überliefert, daß Bernhard von Clairvaux einmal einen jungen Adligen aufsuchte, der sich seinem Orden anschließen wollte. Eine große Menschenmenge hatte sich versammelt, um ihn predigen zu hören, darunter auch die Mutter des Adligen. Sie saß Bernhard zu Füßen und hielt ihren drei Monate alten Säugling auf dem Arm.[120] In wohlhabenden Familien wurden Säuglinge oder Kleinkinder an Festtagen oder zu Familienfeiern oft von der Amme oder dem Dienstmädchen getragen.

Vom zweiten bis zum siebten Lebensjahr

Es ist nicht eindeutig feststellbar, ob sich die Ratschläge der medizinischen Handbücher auf Kinder von zwei, drei oder vier Jahren beziehen. Im allgemeinen sind die Ausführungen über den Zeitraum von der Geburt bis zum zweiten Lebensjahr eingehender als die über das Alter von zwei bis sieben, vermutlich weil dann die Kindersterblichkeit allmählich abnahm und die Körperpflege einfacher wurde. Es wird weiterhin empfohlen, die Kinder täglich oder mehrmals in der Woche zu baden sowie sie leichte Leibesübungen machen zu lassen, die die Verdauung anregen. Bis zum siebten Lebensjahr sollten Kinder jedoch nicht überanstrengt werden, da ihre Gliedmaßen noch schwach seien. Schweres Essen und Wein seien für kleine Kinder ungeeignet.[121]

Keine mittelalterliche Schrift geht auf die Sauberkeitserziehung ein. Vermutlich ging man davon aus, daß Kinder ohne spezielle Anweisung den Darm und die Blase zu kontrollieren lernen, indem sie die Erwachsenen nachahmen. Die größte Errungenschaft der Phase von fünfzehn Monaten bis zweieinhalb Jahren besteht laut Erikson in der Entwicklung des Gefühls der Ich-Identität, daher sollten bei der Erziehung Freiheit und Kontrolle sorgfältig abgestimmt werden. Die Sauberkeitserziehung ist ein Teil der notwendigen Anpassungsleistung, die die Gesellschaft fordert; im Prozeß der Gewöhnung muß jedoch sichergestellt werden, daß das Kind weder Vertrauen noch Selbstachtung verliert. Wie die Kinder im

Mittelalter zur Sauberkeit erzogen wurden, läßt sich nicht feststellen. Vom ersten Lebensjahr an trugen sie nur ein Hemd und keine Unterhose; um ihre Notdurft zu verrichten, mußten sie sich also nicht umständlich an- und ausziehen. Bekanntlich waren auch die Erwachsenen damals in solchen Dingen nicht so schamhaft wie heute.

Einige Ärzte gingen in ihren Schriften nur auf Ernährung, Körperpflege und Gymnastik ein. In Anlehnung an Aristoteles' Vorstellung von der Einheit von Körper und Seele wird in *De regimine sanitatis* darüber hinaus ein Zusammenhang zwischen der körperlichen und geistigen Entwicklung festgestellt: Seelische Störungen wirken auf die Körpersäfte ein, daher auch auf das Temperament und den ganzen Körper. Da Furcht und Schrecken Melancholie verursachen, soll man sich davor hüten, Kinder zu erzürnen oder traurig zu stimmen. Überschwengliche Fröhlichkeit ist aber auch nicht angebracht. In allem soll das rechte Maß gewahrt werden. Im allgemeinen wird eine sanfte Erziehung befürwortet, die dem Kind die Freiheit läßt, entsprechend seinen natürlichen Neigungen zu handeln.[122]

Francesco da Barberino rät den Ammen bzw. Kindermädchen eher zur Ablenkung denn zur Austragung von Gegensätzen. Einem kleinen Kind darf man nichts zeigen, was man ihm dann nicht geben kann; und wenn es doch zufällig seinen Blick darauf richtet, muß man es ablenken, indem man ihm eine Alternative bietet. Verlangt es nach einem ungefährlichen Gegenstand, so soll man ihn ihm geben. Verletzt es sich, soll die Amme beim Verbinden der Wunde so tun, als nehme sie Rache an dem Gegenstand, der die Verletzung verursacht hat, und das Kind mit kleinen Geschenken trösten. Sobald es etwas älter ist, soll man ihm gestatten, mit seinesgleichen in Hof und Garten zu spielen.[123] Konrad von Megenberg rät den Eltern, außer der Amme auch noch ein junges Kindermädchen zu beschäftigen, das mit ihm spielen soll, wenn die Amme anderen Beschäftigungen nachgeht.[124] Raymond Llull schreibt, bis zum Alter von sieben oder acht Jahren soll das Kind sich seiner Natur gemäß verhalten dürfen, mit Gleichaltrigen spielen und nicht zum Lernen gezwungen werden. Als Blanquerna, der Held von Llulls gleichnamigem Epos, alt genug war, durfte er denn auch im Freien mit Kinder seines Alters spielen, und erst mit acht Jahren begann er zu lernen.[125] Konrad von Megenberg betonte gleichfalls die Bedeutung des Spiels für die körperliche und geistige Entwicklung des Kindes, hielt Spiele im Freien für wichtig und bemerkte, ein Kind, das noch über einfache Dinge staunen könne, erfreue sich beim Spielen an Kleinigkeiten. Eine kluge Amme wisse jedoch, wann das Kind müde ist und ins Bett muß. Schreie es aus unerfindlichen Gründen und verweigere es Speise und Trank, so sei dies ein Zeichen dafür, daß es müde sei und ins Bett gehöre.[126] »Kinder sollen spielen dürfen, da die Natur es verlangt«[127], schrieb Philipp von Novara. Aegidius Romanus zufolge fördern Spiele den Wettbewerbsgeist. Er empfiehlt, Kindern Geschichten mit erzieherischer Botschaft zu erzählen, sich mit ihnen über große geschichtliche Ereignisse zu unterhalten und ihnen Lieder vorzusingen. Sowohl Aegidius als auch Aldebrandin von Siena betonten, daß man Kinder nicht traurig stimmen dürfe.[128] Wie ein zarter Schößling brauche ein Kind gute Wachstumsbedingungen, es könne manches nicht ertragen, was ein Erwachsener verkrafte. »Ein Windhauch kann einem Zweiglein mehr schaden als ein tiefer Einschnitt einem mächtigen Baumstamm«, heißt es in Albertis Buch *Über das Hauswesen.*[129] Die strenge Erziehung zu christlicher Moral und Gehorsam gegenüber den Eltern und der Obrigkeit sollte aber erst zu einem späteren Zeitpunkt beginnen. Daher ermahnten die Gemeindepfarrer die Eltern kleiner Kinder nur zur Einhaltung folgender Grundsätze: sie möchten ihre Kinder vor Unfällen bewahren, sie taufen lassen, sie die drei wichtigsten Gebete (Vaterunser, Gegrüßet seist du Maria und Credo) lehren und ihnen beibringen, sich morgens und abends zu bekreuzigen. In einigen didaktischen Werken heißt es darüber hinaus, man solle die Kinder die ersten beiden Gebote (die Liebe zu Gott und die Nächstenliebe) lehren.[130] Wurde in Predigten der Vorwurf erhoben, Eltern würden ihre Kinder nicht christlich erziehen und sie verwöhnen, bezog er sich fast ausnahmslos auf Kinder, die älter als sieben Jahre waren.

Die sanfte und freiheitliche Erziehung war in den Vorstellungen über die Entwicklung des Kindes und in der positiven wie negativen Einstellung zu Kindern begründet. Das kleine Kind galt als schwach, zart und verletzlich. Da es den Unterschied zwischen Gut

Kinderbeschäftigungen im Spätmittelalter
(»Trachtenbuch« des Veit Konrad Schwarz)

und Böse noch nicht kenne, sei es unschuldig und unfähig, eine Todsünde zu begehen. Für Konrad von Megenberg sind Kinder unter sieben Jahren nur mit einem Funken Verstand gesegnet. Aegidius Romanus schreibt, vor dem siebten Lebensjahr seien sie kaum in der Lage, ihren Verstand zu gebrauchen. Daher könne man sie weder Wissenschaft noch Moral lehren. Sie könnten nur die *ydeomata vulgaria*, die Volkssprache, und nicht die Gelehrtensprache Latein lernen. Er empfiehlt, sie taufen und die anderen Sakramente (gemeint ist wohl die Firmung) empfangen zu lassen und darauf zu achten, daß sie in guter körperlicher Verfassung sind. Diese Ausführungen bestätigen Levines Ansicht, wonach sich Eltern in Gesellschaften, in denen die Säuglings- und Kindersterblichkeit hoch ist, in den ersten Lebensjahren vor allem um das Überleben und körperliche Wohlbefinden des Kindes kümmern. Die soziale und kognitive Entwicklung werde erst später gefördert. Nach Aegidius Romanus soll der Erzieher für die *ordinatio appetitus*, die Ausgewogenheit der Neigungen, sorgen und das Kind in diesem Alter auch schon unterrichten. Erst vom vierzehnten Lebensjahr an sei der Verstand jedoch genügend entwickelt, so daß akademische Studien aufgenommen werden können.[131] Die Ansicht, daß kleine Kinder noch nicht Gut und Böse unterscheiden können und erst später dazu angeleitet werden sollen, vertritt auch Anselm von Canterbury, der sich besonders um die Erziehung der Jugendlichen verdient machte: »Er verglich das Jugendalter mit einem Stück Wachs, das man zum Eindrücken eines Siegels gerade richtig erwärmen muß. ›Denn wenn das Wachs‹, so sagte er, ›zu hart oder zu weich ist, dann gibt es nach Eindruck des Siegelstempels dessen Abbild niemals vollkommen wieder. Wenn es jedoch die rechte Mitte zwischen beiden Extremen einnimmt, wird das Siegelbild deutlich und vollständig erkennbar. Das gleiche ist es mit den Altersstufen des Menschen. Nimm einen Menschen, der von Kindheit an bis ins hohe Alter allein in die Eitelkeiten dieser Welt verstrickt ist, nur weltliche Dinge kennt und es damit genug sein läßt. Sprich mit ihm über geistliche Dinge, sprich zu ihm über die Feinheiten der Gotteserkenntnis, versuche ihm die Geheimnisse des Himmels auseinanderzusetzen, und du wirst sehen, daß er nichts von dem begreift, was du ihm zeigen willst. Kein Wunder: Das Wachs ist hart geworden; mit solchen Dingen hat er sich zeitlebens nicht beschäftigt und hat gelernt, anderen Pfaden zu folgen. *Betrachte dagegen einen Knaben, gering an Jahren und an Wissen, der Gut und Böse noch nicht unterscheiden kann und auch dich nicht versteht, wenn du mit ihm über solche Dinge sprechen willst: Das Wachs ist zweifelsohne zu weich, noch halb flüssig, und kann das Siegelbild auf keine Weise be-*

halten. Dazwischen steht der Jugendliche und der junge Mann, genau richtig zwischen Weichheit und Härte; wenn du diesen erziehst, kannst du ihn nach deinem Willen formen.«[132]

In einem Handbuch für Priester heißt es, ein Kind unter sieben sei unschuldig und frei von sündiger Begierde. Die Priester sollten ihre Gemeinde davon unterrichten, daß Jungen und Mädchen ab sieben Jahren nicht mehr im gleichen Bett schlafen dürfen, damit sie nicht die Begierde nach der »moralisch anrüchigen Tat« entwickeln. Außerdem sollen die Priester die Taufpaten davor warnen, ihre Patenkinder, solange sie noch sehr klein sind, zu sich ins Bett zu nehmen, da sie sie erdrücken könnten.[133] Sobald sie etwas größer waren, durften Kinder also durchaus mit Erwachsenen in einem Bett schlafen.

Kardinal Johannes Dominici vertrat im frühen 15. Jahrhundert die gegenteilige Ansicht: »Solange als möglich soll das Kind in der weitern Entwicklung vom dritten Jahr an keinen anderen Unterschied zwischen Mann und Weib kennen als den in der Kleidung und der Haartracht. Auch sollst du weit davon entfernt sein zu meinen, du dürftest das Kind dann noch weiter umarmen, küssen und ihm schön tun, bis es etwa das 25. Jahr überschritten hat. Denn angenommen, es habe bis zu fünf Jahren auch keinerlei sinnliche Gedanken oder Regungen, so gewöhnt es sich doch bei solcher Behandlung an solche Liebkosungen, durch die es später, weil das Schamgefühl nicht entwickelt ist, ohne Vorsicht leicht zum Falle kommt. Darum mußt du bei den Knaben nicht weniger darauf achten, daß sie ehrbar und überall bekleidet sind, als bei den Mädchen... Nach dem dritten Jahre darf der Knabe mit seinen Schwesterchen nicht mehr in demselben Bette oder auf demselben Kopfkissen schlafen, noch auch während des Tages viel mit ihnen spielen. Könnten die Knaben getrennt von den Mädchen erzogen werden, so würden sie besser heranwachsen, als es in der gemeinschaftlichen Erziehung geschieht. Nicht wenig wird es zur Bewahrung der Sittenreinheit beitragen, wenn du den Knaben anhältst, beim Schlafen angekleidet zu sein, wie die kleinen Kinder bis zu zwei Jahren. Wenigstens soll er sich angewöhnen, dann ein langes Hemd bis zu den Knien zu tragen. So viel als möglich bewahre ihn auch davor, daß er sich selbst teilweise entblößt sehe oder anrühre, noch auch den Vater oder die Mutter und noch viel weniger andere Personen.« Und weiterhin meinte er: »Versäume aus übertriebener Milde nicht, das Kind zu strafen, sobald es Gott beleidigt, in welchem Alter immer es sein mag.»[134] Wie Dominici warnt auch Jean Gerson in einer Predigt vor dem verderblichen Einfluß der Dienstboten beiderlei Geschlechts auf unschuldige, kleine Kinder.[135] Konrad von Megenberg hielt es durchaus für angebracht, Kinder unter sieben Jahren zu schlagen, wenn sie beim Lügen ertappt werden. Er tadelte die Eltern, die sich über die Flüche ihrer Kinder amüsierten, und jene, die den Mädchen beibrachten, die Genitalien zu stimulieren und auf diese Weise den Geschlechtstrieb weckten. Da das Kind nicht wisse, was es tue, liege die Sünde allein auf seiten der Erwachsenen.[136] Im Alltag führten die Kinder bis ins Alter von sieben Jahren ein ziemlich freies Leben, mit Ausnahme derer, die früh ins Kloster geschickt wurden. Nur wenige Einschränkungen wurden ihnen auferlegt, sie lebten im Kreise der Erwachsenen. In allen Schichten der Gesellschaft wuchsen Jungen und Mädchen bis zum siebten Lebensjahr gemeinsam auf, selbst im wohlhabenden Bürgertum und in den Schlössern des Adels.[137] Sie waren Teil einer Gesellschaft, in der die Menschen aller Schichten auf engem Raum in aller Offenheit miteinander lebten, die Privatsphäre war noch unbekannt. Selbst Herrschaft und Dienerschaft, deren Klassenunterschied in Kleidung und Anrede zum Ausdruck kam, lebten Tür an Tür. Auch in der Neuzeit haben die Pädagogen Erwägungen über die Möglichkeit eines verderblichen Einflusses der Dienstboten auf die Kinder angestellt. Philippe Ariès hat all dies lebendig geschildert, und er hat natürlich recht, wenn er behauptet, daß die Kinder mit den Erwachsenen lebten. Die Kleidung war nicht besonders sittsam, Jungen und Mädchen hatten Hemden an und kaum etwas darunter. (Sehr kleine Kinder trugen keine Unterwäsche, die etwas älteren eine Unterhose, die mit einem Band um den Bauch gebunden war und herausschaute, wenn das Hemd kurz war oder wenn es aus Bequemlichkeit beim Spielen hochgehoben wurde.[138]) Meist schliefen mehrere Familienmitglieder in einem Bett: Brüder mit Schwestern, Eltern mit Kind oder Onkel mit Neffen. Es wird berichtet, daß ein achtjähriger Junge nachts »von der Mutter sorgsam an ihre Seite gebettet« wurde.[139] Selbst ein Prediger wie Stephan von Bourbon hielt es für natürlich, daß drei Jungen in einem Bett schliefen. Jean-Louis Flandrin meint sogar, in den unteren Schichten sei »das gemeinsame Bett einer der bevorzugten Orte des Familienlebens« gewesen.[140] Erwachsene wie Kinder schliefen häufig nackt. Die Kinder kannten daher den Unterschied zwischen den Geschlechtern, und auch der Geschlechtsverkehr war ihnen nicht unbekannt. Sexuelle Regungen von Kindern wurden offenbar nicht unterdrückt, sonst hätten die Verfasser didaktischer Schriften dies nicht so häufig gerügt. Kurzum, die Sinnlichkeit der Erwachsenen war offenkundig, und die kindliche Sexualität wurde für unschuldig, vielleicht sogar amüsant befunden. Eltern verurteilten ihre Kinder nicht, wenn sie fluchten, sondern amüsierten sich vielmehr über ihren »Witz«. Konrad von Megenberg war nicht der einzige, der die Erwachsenen deswegen tadelte. Ein Prediger behauptet sogar, sobald ein Kind gehen und sprechen lernt, bringe ihm der Teufel unanständige Wörter und Flüche bei.[141] Es gilt als sicher, daß die Menschen sich nicht an die Gebote der Priester und an die Vorschriften der didaktischen Schriftsteller gehalten haben. Die Sexualmoral entsprach keineswegs den kirchlichen Normen, was nicht zuletzt an den strafrechtlich verfolgten Delikten abzulesen ist: In Venedig verhängte die Obrigkeit im 14. Jahrhundert sehr viel strengere Strafen für die Vergewaltigung minderjähriger Mädchen als für die erwachsener Frauen. Die Bußbücher forderten strenge Strafen für Geistliche oder Mönche, die Minderjährige verführten. Wer diese Sünde beging, durfte nie mehr mit einem Kind sprechen.[142]

Historische und literarische Quellen berichten über Spielzeuge, verschiedene Kinderspiele, Gruppenspiele im Freien, Spiele mit allerlei Gegenständen in der Natur und mit Gebrauchsgegenständen im Haus. Wurden Kinder durch ein Wunder von einer Krankheit oder einer Verletzung geheilt, so heißt es in den *Acta Sanctorum* meist, »und dann spielten sie mit den Kindern ihres Alters«, oder der Vater fand seine Tochter »kerngesund, lachend und spielend« vor.[143] Nur die künftigen Heiligen spielen nicht, sind so ernsthaft wie Greise und meiden die Gesellschaft von Gleichaltrigen.[144] Beim Spielen kam es zu Unfällen, wenn kleine Mädchen im Freien ohne Aufsicht spielten oder die älteren Geschwister ihre Aufsichtspflicht

Deutsches Tonspielzeug aus dem 13./14. Jahrhundert

vernachlässigten.[145] In *L'Epinette amoureuse* (Der Liebeskäfig) von Jean Froissart werden einundfünfzig Kinderspiele aufgelistet, überwiegend Gruppenspiele. Die meisten Spiele, vor allem die Gruppenspiele, sind für Jungen bestimmt, die älter als sieben sind und schon zur Schule gehen. Darüber hinaus wird auch zwischen Spielen für Kinder unter und über zwölf Jahren unterschieden. Einige Spiele sind aber auch für kleine Jungen und Mädchen geeignet. Aus Erde, Wasser, dünnen Holzscheiten und Stoff bauten sie Dämme, Boote, Mühlen und Öfen. Eine Muschel wurde zum Sieb, zwei Stöcke wurden zur Egge, ein Stock zum Steckenpferd, und mit zwei Holzklötzen ließ sich schon ein Zweikampf veranstalten.[146] Ein englischer Prediger erzählt, wie ein Kind mit Gebrauchsgegenständen zu Hause spielt: In seiner Vorstellung wird ein Stock zu einem weißen Pferd, Brotkrümel werden zu einem Boot geknetet, Holzspäne werden zu einem Schloß und ein weiterer Stock zu einem Schwert.[147] Viele der von Froissart beschriebenen Spiele enthalten mimetische Elemente, wie bei Kinderspielen seit jeher üblich. Ein künftiger Heiliger, der im Unterschied zu seinesgleichen als Kind im Sand spielte, baute schon als kleiner Junge Kirchen und Klöster, Altäre und Kruzifixe, während die anderen Kinder nur Häuser, Festungen, Pferde und Reiter im Sinn hatten. Ein anderer Heiliger kannte schon als Kind nur ein Spiel: er spielte das Meßzeremoniell nach, das ihm aus der Kirche vertraut war.[148] Giovanni Dominici leitet daraus ein pädagogisches Rezept ab: »Wenn die Kinder manchmal in der Kirche predigen gehört haben, können sie auch dies nachahmen. – Du selbst magst ihnen wie in einer Predigt allerlei Nützliches und Ergötzliches sagen und dann lasse sie auftreten, indem du mit deiner Familie unten sitzest, während sie von einer Erhöhung aus sprechen. Lache nicht dabei, sondern lobe und belohne sie, wenn sie den Prediger gut nachzuahmen wissen... Verbiete ihnen nicht ihre kleinen Spiele mit dem Ball und dergleichen. Wenn es im Hause oder anderswo unter deiner Aufsicht geschehn kann, so laß sie versuchen, wer am höchsten springen oder am besten laufen kann. Dabei kann als Bedingung aufgestellt werden, daß, wer verliert, soundsoviel Vaterunser oder Ave Maria bete oder vor dem Bild des Herrn irgendeine Ehrfurchtsbezeigung mache oder eine Zeitlang die Kapelle nicht betreten dürfe. Solange es noch angeht, mit ihnen ein Ball- oder Würfelspiel zu machen, stelle es so an, daß du im Spiel verlierst, und dann belehre sie durch dein Beispiel, wie jeder, der verliert, sich zum Altar begeben muß. Indem du ihnen dabei zeigst, daß ein jeder sich desto mehr Wohlgefallen beim Herrn erwirbt, je mehr Opfer er bringt, so werden sie beim Heranwachsen nicht mit Habsucht, sondern mit Ehrfurcht gegen Gott erfüllt werden.«[149] Die Erzieher der Kinderbruderschaften in Florenz Anfang des 15. Jahrhunderts wußten, wie gern Kinder Theater spielen. Sie lehrten sie nicht nur, die Gebote der christlichen Moral zu befolgen, ihre Eltern dazu zu ermahnen, zu beten und sich an Prozessionen zu beteiligen, sondern ließen sie auch Stücke mit pädagogisch-religiöser Botschaft spielen. An den Aufführungen nahmen auch kleinere Kinder, die noch nicht Mitglieder der Bruderschaften waren, teil.

Über einige im Mittelalter übliche Spiele wären heutige Mütter entsetzt. Ertrank beispielsweise ein Huhn im Brunnen, so holte die Mutter es heraus und gab den Kindern das tote Tier zum Spielen. (Einmal rief ein Kind bei dieser Gelegenheit einen Heiligen um

Hilfe an, der das Huhn prompt wieder lebendig machte.)[150] Ein künftiger Heiliger, ein Kind aus vornehmem Elternhaus, war bereits im Alter von fünf Jahren so großherzig, daß er die armen Kinder aus der Nachbarschaft zum Essen einlud und ihnen sein Spielzeug schenkte.[151] Im Mittelalter spielten die Kinder mit Rasseln, Stecken- und Schaukelpferden, Bauklötzen, Knochen, Bällen, Reifen, Puppen, Kreiseln, Wippen, kleinen Windmühlen, kleinen hölzernen Booten, Pfeifen, Vögeln aus Ton, winzigen Küchengeräten, Marionetten, Glasringen (von kleinen Mädchen auch als Schmuck getragen), Trommeln und Zimbeln. Ein Schnitzwerk aus dem 15. Jahrhundert zeigt eine Mutter, die ihrem Sohn beibringt, auf einem Gefährt zu fahren, das einem Fahrrad ähnelt. Konzentriert beobachtet sie ihn, und voller Güte hat sie ihre Hand auf seinen Kopf gelegt.[152] Auch im Mittelalter spielten die Kinder gern mit den Gegenständen der Erwachsenen. So wird von einem Kind berichtet, das mit dem Schmuck der Mutter spielen durfte, nachdem es sich die Hände gewaschen hatte.[153] Und daß sich nicht alle Spiele für jedes Alter eignen, war ebenfalls bekannt. Einmal ist von einem kleinen Kind die Rede, das ältere Kinder nachahmt, die ein Versteckspiel spielen. Das kleine Kind versteht das Spiel auf seine Weise; es hält sich die Hand vor die Augen und glaubt, so könne es von niemandem gesehen werden.[154]

Für die intellektuelle Entwicklung des Kindes und sein Sozialverhalten ist Spielen von großer Bedeutung. Erikson zufolge gehören zur dritten Phase von zweieinhalb bis sechs Jahren die Verbesserung der sprachlichen und motorischen Fähigkeiten, wachsende Wißbegierde sowie die Weiterentwicklung des Gefühls der Ich-Identität. Wichtigstes Ziel ist die Entwicklung von Eigeninitiative, die dadurch ermöglicht wird, daß das Kind sich frei bewegen und tatkräftig neue Erfahrungen machen kann. Dazu hatten die Kinder im Mittelalter Gelegenheit. Norbert Elias hat den Verhaltenskodex der mittelalterlichen Gesellschaft mit dem der Neuzeit verglichen. Im Unterschied zu heutigen Gepflogenheiten scheint die Gesellschaft im Mittelalter weniger strenge Regeln gekannt zu haben. Kinder und Erwachsene schliefen in einem Bett, man urinierte in aller Öffentlichkeit und spuckte ungeniert auf den Boden. Die Handbücher, aus denen erwachsene Adlige die gesellschaftlichen

Puppenschnitzer

Umgangsformen lernen sollten, enthalten elementarste Anweisungen: Man soll während des Essens nicht rülpsen, beim Essen den Mund nicht vollnehmen, gekautes Essen nicht auf die Platte zurücklegen, sich mit der Serviette weder die Augen auswischen noch die Nase putzen usw. Alles deutet darauf hin, daß man wohl keinen großen Wert darauf legte, Kindern gute Manieren beizubringen.[155]

Die Kinder, die eine schulische Erziehung genossen, wurden meist erst mit sieben Jahren eingeschult. Einige wurden jedoch ab dem fünften oder sechsten Lebensjahr zu Hause vom Vater oder von einem Hauslehrer unterrichtet,[156] allerdings sollten die Lehrer die Kinder nicht überfordern und nicht zwingen, jeden Tag stundenlang zu lernen, sowie den Unterricht leicht und abwechslungsreich gestalten. Petrus Damiani zählt eine Reihe von Spielen auf, die diesem Zweck dienten. Andere Zeitgenossen schlagen vor, kleine Preise auszusetzen, um die Schüler zu motivieren, es werden zum Beispiel Buchstaben aus Früchten oder Süßigkeiten geformt, die dem Kind gegeben werden, wenn es ihm gelingt, die Buchstaben zu entziffern. Giovanni Dominici empfiehlt, Kindern, die sich hervorgetan haben, kleine Geschenke zu geben, etwa neue Schuhe, ein Tintenfaß oder eine Schiefertafel.[157] Strenger ging man mit fünf- oder sechsjährigen Kindern um, die zu Hause unterrichtet wurden und für eine kirchliche Laufbahn oder das Klosterleben auserwählt waren. Für Guibert von Nogent begann der Schulunterricht im Haus seiner Mutter schon vor seinem fünften Geburtstag. Bei der Schilderung dieses Lebensabschnitts schreibt er in seiner Autobiographie, der Hauslehrer sei zwar sehr fromm und voller guter Absichten gewesen, habe aber nicht viel gewußt und keinerlei pädagogische Fähigkeiten besessen. Er liebte das Kind, aber »seine Liebe war grausam«. »Er erzog mich, seinen Zögling, so züchtig und hielt mich so gewissenschaft von allem Übermut, der diesen jungen Jahren innezuwohnen pflegt, fern, daß ich an gemeinsamen Spielen, überhaupt nicht teilnehmen und ohne seine Begleitung niemals aus dem Haus gehen durfte. ... Indessen ging nahezu täglich ein wüster Hagel von Schimpfworten und Schlägen über mich nieder; so zwang er mich zu lernen, was er nicht zu lehren verstand.«[158] Nur die Minderheit der Kinder lernte lesen und schreiben und erhielt eine regelrechte Ausbildung. Kinder, die für das Klosterleben bestimmt waren, besuchten vom fünften oder sechsten Lebensjahr an Dorfschulen. Sonst lernten nur sehr wenige Kinder in diesem Alter lesen, wie es von Giovanni Morelli und seinem Sohn überliefert ist.[159] Berichtet wird auch von einem fünfjährigen Jungen »von kleiner Statur und zart«, der mit älteren Kindern in einer Klasse war.[160]

Für den Phantasiereichtum und Übermut der Kinder hatte die mittelalterliche Gesellschaft volles Verständnis. In der höfischen Literatur gebärden sich die kleinen Helden oft ausgelassen und wild, ohne dafür bestraft zu werden.[161] Der Biograph der heiligen Katharina von Siena schrieb: »Kaum war sie entwöhnt, fing sie an, aus Brot zubereitete Gerichte zu essen und von allein zu gehen. Von da an gefiel sie allen, die sie sahen.« Verwandte und Nachbarn hörten ihr gern zu, wenn sie in ihrer reizenden, kindlichen Art sprach, und freuten sich über ihre Lebhaftigkeit. Ihre Mutter konnte sie nur mit Mühe im Haus halten, da Nachbarn und Verwandte sie ständig zu sich einluden. Als sie fünf Jahre alt war, lernte sie das Ave Maria, und wenn sie die Treppen hinauf- oder hinunterging, kniete sie auf jeder Stufe nieder und sagte einen Vers des Gebets auf.[162]

Von Verständnis für die kindliche Phantasie zeugt auch die folgende Geschichte des Franziskaners Thomas von Eccleston über den für England zuständigen Minister des Franziskanerordens, der oft bei dem adeligen Geoffrey Despenser zu Gast war. Bei jedem Besuch begrüßte ihn John, der kleine Sohn seines Gastgebers, sehr freundlich. Eines Tages war das Kind anwesend, als er in der Kapelle die Messe las. Als der Minister das nächste Mal zu Besuch kam, lief das Kind erschreckt weg. Später verriet er, er habe sich maßlos gefürchtet, da der Franziskaner auf dem Altar der Kapelle ein Kind verspeist und er Angst davor habe, gefressen zu werden.[163] Daß der kleine John sich die Hostie als kleines Kind vorstellte, ist nicht weiter verwunderlich, da in der zeitgenössischen religiösen Literatur und in vielen Werken der bildenden Kunst sich Christus in der Hostie als kleines Kind offenbarte. Die Originalität der Geschichte besteht vielmehr darin, daß das Kind Angst hatte, vom Priester gefressen zu werden.

Eadmer, der Biograph Anselms von Canterbury, schildert eine Vision des kleinen Anselm, der in den Bergen aufwuchs: »Er glaubte, der Himmel liege über den Bergen, Gott halte dort Hof, und man gelange dorthin, wenn man das Gebirge durchquere... Eines Nachts hatte er eine Vision, man hieß ihn, den Gipfel des Berges zu besteigen und sich an Gottes Hof zu begeben... Auf der

Ebene, die er durchquerte, um an den Fuß des Berges zu gelangen, sah er Frauen, Leibeigene des Königs, bei der Kornernte, aber sie arbeiteten unachtsam und nachlässig. Ihre Faulheit bekümmerte den Jungen, und er beschloß, dies ihrem Herrn, dem König, zu melden. Dann erklomm er den Berg und kam an den Königshof, wo Gott allein mit seinem Haushofmeister weilte. Anselm glaubte, es sei sonst niemand da, weil Herbst war und Gott all seine Leute zur Ernte geschickt hatte. Zuvorkommend und freundlich fragte ihn der Herr, wer er sei, wo er herkomme und was er wolle. Auf Anordnung Gottes brachte ihm der Haushofmeister feinstes Weißbrot, und er labte sich in Anwesenheit Gottes. Als er sich am nächsten Tag alles, was er gesehen hatte, nochmals vor Augen führte, glaubte er wie ein einfacher und unschuldiger Junge, er sei im Himmel gewesen und habe Gottes Brot gegessen, und er tat dies öffentlich kund vor anderen.«[164]

Wolfram von Eschenbach schildert einen Jungen, der seine Empfindungen nicht zu äußern vermag. »Kummer kannte er nicht, wäre nicht der Gesang der Vögel gewesen, dessen Süße ihm seltsam tief ins Herz drang, so daß sich seine kindliche Brust voll Sehnsucht weitete. Dann lief er bitterlich weinend zur Königin. Sie fragte: ›Wer hat dir etwas getan? Du warst doch nur draußen auf der Wiese.‹ Er konnte es jedoch nicht erklären, wie das bei Kindern häufig ist.«[165]

In der schriftlichen Überlieferung finden sich fast ausnahmslos Zeugnisse vom Verhalten kleiner Kinder, die in der Stadt lebten, dem Adel angehörten oder für die kirchliche Laufbahn oder das Kloster bestimmt waren, aber kaum Dokumente über das Leben kleiner Bauernkinder. Wahrscheinlich führten sie in dieser Entwicklungsphase ein ebenso freies Leben wie die Kinder der oberen Schichten, wenn auch ohne Leibesübungen und ohne das feine Essen der Kinder reicher Leute. (Aus einer Studie über die Ernährung der Bauern im Spätmittelalter geht hervor, daß die wohlhabenden Bauern Weizenbrot, Suppe, Haferbrei, Schweinefleisch und mancherorts auch Fisch aßen. Sie verzehrten mehr Gemüse und Milchprodukte und weniger Fleisch als die Adligen. Arme Bauern und Tagelöhner waren häufig unterernährt, weil es ihnen an Getreide mangelte. Fleisch und Bier gab es für sie nur an Festtagen.[166])

Wohlhabende Familien hatten gewöhnlich mehr Kinder als Familien mit mittlerem Einkommen, und letztere wiederum mehr als arme Leute. Die Reichen heirateten früher als die Armen, so daß die Zeit der Fertilität bei ersteren besser genutzt wurde als bei letzteren. Die Zeitspanne zwischen den Schwangerschaften war bei den Handwerkers- und Bauersfrauen außerdem länger, da sie die eigenen Kinder stillten. Die Kinder der Reichen hatten aufgrund der besseren Lebensbedingungen auch größere Chancen, das Säuglingsalter zu überleben.[167] Ein französischer Prediger aus dem 13. Jahrhundert schrieb, die Bauern seien stolz auf ihre Kinder, sobald sie heranwachsen, müssen sie jedoch bei der Feldarbeit mit anfassen und pflügen. Die Kinder aus der Adelsschicht wurden hingegen sehr streng gehalten und mußten mit den Dienstboten essen; ihre Väter waren erst stolz auf sie, wenn sie erwachsen waren.[168] Es läßt sich nicht ausmachen, ob der Prediger die Adligen oder die Bauern tadelt. Ein Schnitzwerk in der Magdalenenkirche in Vézelay zeigt eine barfüßige Bauersfrau, die liebevoll das Haar ihres kleinen Sohnes kämmt.[169] In einer Ballade tauschen Bauer und Bäuerin für einen Tag die Rollen, der Bauer übernimmt die Aufgabe, den kleinen Kindern die Tränen abzuwischen und sie zu trösten.[170]

Die Sakramente

Kirchenrechtslehrer und Theologen waren geteilter Meinung, in welchem Alter Kinder gefirmt werden sollten. Da die Gläubigen diesem Sakrament heilsame Kräfte beimaßen,[171] war vielen Eltern daran gelegen, ihre Kinder so früh wie möglich firmen zu lassen. Da aber nur der Bischof firmen durfte und die Bischöfe nicht regelmäßig jeden Ort der Diözese besuchten, wurden viele Kinder erst relativ spät gefirmt. Eadmer, der Biograph Anselms von Canterbury, erzählt, daß in der Gegend von St. Omer die Kinder schon seit Jahren nicht mehr die Gelegenheit gehabt hätten, dieses Sakrament zu empfangen. Als Bischof Anselm kam, strömte daher alt und jung in Scharen zusammen. Nach der Firmung kam im letzten Augenblick ein Mädchen und bat ihn, gefirmt zu werden. Seine Begleiter rieten ihm, ihrer Bitte nicht zu entsprechen, da sonst noch mehr Bittsteller kämen. Bischof Anselm folgte ihrem Rat, hatte anschließend aber tagelang Gewissensbisse.[172] Die Biographie des heiligen Hugo von Lincoln enthält die rührende Schilderung einer Firmung. Bischof Hugo reiste durch seine Diözese, allerorten versammelten sich die Menschen zum Empfang des Sakraments und brachten auch die kleinen Kinder (*parvuli*) mit, damit auch diese gefirmt würden. Obwohl der heilige Hugo schon alt und müde war, stieg er bei jedem Wetter vom Pferd und ließ die kleinen Kinder und ihre Taufpaten zu sich kommen, um ihnen das Sakrament zu spenden. Wagten es die Männer aus seinem Gefolge, ein Kind hart anzufassen, wurde er wütend und züchtigte sie bisweilen. Von einem anderen Bischof, der noch jugendlich und stark war, wird hingegen berichtet, daß er hoch zu Roß das heilige Öl auf die Kinder sprengte, die vor Angst schrien.[173] Starben Kinder vor Erreichen des siebten Lebensjahrs, hatten sie gewöhnlich weder das Sakrament der Beichte noch das der Kommunion empfangen. Im Untersuchungsbericht eines Leichenbeschauers ist von einem fünfjährigen Jungen die Rede, der durch eine umstürzende Wand ums Leben gekommen war. Es heißt: »Er hatte weder gebeichtet noch die Kommunion erhalten, da er erst fünf Jahre alt war.«[174]

Einschüchterung, Prügelstrafe und Kindsmißhandlungen

War es im Mittelalter üblich, kleine Kinder zu schlagen, obwohl die Gelehrten für einen sanften Umgang mit Säuglingen und kleinen Kindern plädierten? Manch ein Mordfall kam vor Gericht. Auch schwere Körperverletzung, ob mit oder ohne Todesfolge, wurde bestraft, sofern der Täter nicht geisteskrank war. Zweifelsohne fielen im Mittelalter kleine Kinder Gewalttaten zum Opfer. In den *Acta Sanctorum* wird von einem Vater berichtet, der seinen kleinen Sohn der Tante aus den Armen riß und ihn in seiner Wut erwürgte, nachdem er erfahren hatte, daß seine Frau ihn verlassen hatte.[175] In welchem Umfang Kinder Opfer von Gewalttaten wurden, läßt sich nicht feststellen. Die Zahl der heutzutage jährlich in den Vereinigten Staaten und Westeuropa registrierten Fälle von

Eltern weisen ihre ungezogenen Kinder zurecht. Holzschnitt aus der Ausgabe des »Freidank« von Sebastian Brant

Kindsmißhandlungen ist erschreckend hoch. Eltern, die ihre Kinder schlagen, sind fast ausnahmslos Psychoneurotiker oder weisen schwere Persönlichkeitsstörungen auf. Sie stammen nicht nur aus ärmlichen Verhältnissen, sondern auch aus der oberen Mittelschicht und Akademikerkreisen.[176] Von der Häufigkeit von Kindsmißhandlungen kann man jedoch nicht auf die Einstellung der Gesellschaft zu Kindern schließen. In der christlich geprägten Gesellschaft des Mittelalters war die Prügelstrafe eine gängige erzieherische Maßnahme in der zweiten Phase der Kindheit. Gewalt gegen Schwächere war keineswegs verpönt. Ehemänner durften ihre

Frauen schlagen (sofern sie es nicht im Übermaß taten), und dabei verletzten sie manchmal absichtlich oder unabsichtlich auch die Kinder.[177] Auch Trunkenbolde[178], moralische Eiferer sowie Männer und Frauen, die selbst in ihrer Kindheit mißhandelt worden waren, neigten zu Kindsmißhandlungen. Es ist inzwischen erwiesen, daß Kinder aufgrund bestimmter Merkmale für Mißhandlungen prädestiniert sind: Kränkliche oder behinderte Kinder, die besonderer Fürsorge bedürfen, nervöse oder emotional leicht verletzbare Kinder, die ohnehin schon hohe Anforderungen an die Eltern stellen.

Wenn Eltern und Kindermädchen in ihren Erzählungen auf Himmel, Hölle und Teufel rekurrierten, so handelte es sich nicht um disziplinarische Maßnahmen, sondern um die Vermittlung von Glaubenswahrheiten. Nur einige Gelehrte mißbilligen es, Kinder traurig zu stimmen oder zu erschrecken; im Alltagsleben war es durchaus üblich, Kinder einzuschüchtern, damit sie gehorchen. Wilhelm von Auvergne erörtert verschiedene Methoden, den Gläubigen vor der Hölle Angst zu machen, dabei vergleicht er seine didaktische Methode mit der von Müttern und Kindermädchen, die kleine Kinder mit furchtbaren Fratzen und angsterregenden Gestalten einschüchterten und ihnen drohten, sie würden von diesen Geschöpfen geholt und aufgefressen, wenn sie sich nicht ordentlich benähmen.[179] Man hatte aber auch Verständnis für ängstliche Kinder. So fürchtet sich im *Parzival* der kleine Lohengrin vor »Feirefiz, da der so merkwürdig schwarz und weiß gefleckt war«. Der Erzähler kommentiert dies mit den Worten: »Auch heute noch fürchten sich selbst gut veranlagte Kinder in ungewöhnlichen Situationen.«[180]

Teilnahme am Leben der Erwachsenen

Kleine Kinder unter sieben Jahren verbrachten die meiste Zeit bei den Erwachsenen. In Albertis Buch *Über das Hauswesen* heißt es: »Ein großes Anzeichen eines mutigen Herzens liegt bei einem Kinde vor, wenn es dir wach und bereitwillig antwortet, ungehemmt und dreist vor den Menschen erscheint, ohne Schüchternheit und tölpische Furcht. Darin ist die Gewohnheit eine große Hilfe. Darum wird es gut sein, nicht, wie manche Mütter es halten, die Kinder immer in der Kammer und auf dem Schoß zu haben, sondern sie unter die Leute zu bringen und daran zu gewöhnen, allen mit Ehrerbietung zu begegnen; sie niemals allein in weibischem Nichtstun hocken oder sich brütend unter die Frauen zurückziehen zu lassen.«[181] Prediger und Verfasser didaktischer Werke forderten die Eltern auf, ihre Kinder in die Kirche mitzunehmen.[182] Die Geistlichen beklagten sich denn auch über den Lärm, den die Kinder während der Messe machten, und vor allem darüber, daß sie die Predigt störten. Das von den französischen Synoden erlassene Verbot, Kindern ungeweihte Hostien zu geben, deutet darauf hin, daß pflichtvergessene Ministranten ihnen gelegentlich Oblaten schenkten.[183] An Prozessionen nahmen die Kinder zusammen mit den Erwachsenen teil.[184] Kinder, die in der Stadt lebten, besuchten vermutlich auch Theateraufführungen – lauter Hinweise darauf, daß die Sozialisation in der ersten Phase der Kindheit hauptsächlich im Familienkreis erfolgte, aber auch Kontakte zur Außenwelt mit einschloß.

Die Rollenverteilung zwischen Vater und Mutter

Kinder galten als Geschenk Gottes. Mann und Frau sollten sich die Verantwortung für die Kindererziehung teilen. In der volkstümlichen Literatur lieben manche Väter ihre Kinder so sehr, daß sie sich das Essen vom Mund absparen, um sie zu füttern,[185] so wie Muttertiere ihr Leben aufs Spiel setzen, um ihre Jungen zu verteidigen.[186] Beide Motive finden sich auch im didaktischen Schrifttum. Thomas von Aquin betont die Rolle des Vaters: »Beim Menschen wird für die Kindererziehung, die darin besteht, nicht nur den Körper, sondern mehr noch die Seele zu ernähren, in erster Linie der Mann gebraucht.«[187] Die Pflicht des Vaters, für seine Kinder zu sorgen, schloß auch die Sorgepflicht für uneheliche Kinder mit ein. Einige Kirchenrechtslehrer vertraten die Auffassung, Vater und Mutter sollten sich die Fürsorge für einen Bastard teilen, sie sei aber vor allem Aufgabe des Vaters. Mütter, die uneheliche Kinder gebaren, konnten sich an die kirchlichen Gerichte wenden, die den Vater nach Maßgabe seiner Mittel zu Unterhaltszahlungen verpflichteten.[188] Die Erziehung der Kinder war bis zum siebten Lebensjahr Aufgabe der Mutter, von da an oblag es dem Vater, die Söhne zu erziehen, und der Mutter die Töchter. Bernardino von Siena, der die Männer dazu ermahnte, gütig und mitfühlend zu ihren Frauen zu sein, beschrieb nicht nur, wie die Frau ihr Kind unter dem Herzen trägt und unter Schmerzen gebiert, sondern auch wie hart arbeitende, besorgte Mütter sich um ihre Kinder kümmern und für ihr leibliches Wohl sorgen, während der Vater frei wie ein Vogel lebt. Schon Paulus weist auf die Erzieherrolle des Vaters hin: »Ihr Väter, reizt eure Kinder nicht zum Zorn, sondern erzieht sie in der Zucht und Weisung des Herrn!« (Eph 6,4)

Weder in der schriftlichen Überlieferung noch in der Ikonographie ist die Aufgabenverteilung jedoch eindeutig festgelegt. Raymond Llull tadelt beispielsweise vornehme Damen, die ihre Kinder im Schulalter der Obhut von Dienstmädchen anvertrauen, statt sie selbst zu erziehen und zu unterrichten. Vincenz von Beauvais zufolge sollen die Mütter sowohl ihre Töchter als auch ihre Söhne zu einem christlichen Lebenswandel erziehen.[189] In der religiösen Literatur werden Christus und der heilige Paulus oft mit einer liebenden Mutter verglichen, die ihr Kind erzieht. In Albertis Buch *Über das Hauswesen* sorgt der Vater vor allem für den Unterhalt der Kinder: »Und ich glaube nicht, daß ein Vater so sehr von Geschäften in Anspruch genommen, so mit Sorgen beladen ist, daß ihm die Gegenwart seiner Kinder nicht höchst erfreulich wäre.« Es sei Aufgabe der Mutter, in der ersten Lebensphase für das Kind zu sorgen: »Ich bin der Meinung, daß dieses ganze zarte Alter eher der Muße der Frauen als der Tätigkeit der Männer gehört. Und ich für meine Person möchte die ganz Kleinen nicht einmal anfassen.«[190] Den Kirchenrechtslehrern zufolge sollten uneheliche Kinder bis zum Alter von drei Jahren bei der Mutter bleiben, selbst wenn der Vater sich bereit erklärte, den Bastard bei sich aufzunehmen.[191] In den ersten Lebensjahren war die Beziehung zum Vater von Schicht zu Schicht verschieden. In adligen und wohlhabenden bürgerlichen Familien waren die Väter oft lange Zeit abwesend. Die Handwerker und Bauern waren dagegen meist zu Hause und hatten daher zumindest theoretisch die Möglichkeit, sich auch um ihre Kinder zu kümmern. Die Praxis sah aber anders aus: In allen Schichten der Gesellschaft waren es im Mittelalter die Frauen, die die kleinen Kinder aufzogen – in den unteren Schichten die Mutter, in den oberen Schichten die Amme und das Kindermädchen. Die Frauen sangen den Kindern Lieder vor, erzählten ihnen Märchen, lehrten sie sprechen und beten. In der Literatur finden sich aber auch Beispiele von väterlicher Liebe, Hingabe und Opferbereitschaft für das Kind in Notfällen.[192] Giovanni Morelli rühmt seinen toten Sohn, der mit zehn Jahren vestorben war, er beschreibt, wie er seine Erziehung und Entwicklung verfolgte, mit welcher Befriedigung es ihn erfüllte, ihn seine ersten Worte sprechen zu hören, und wieviel Glück ihm durch die Liebe des Kindes zuteil wurde. Der heilige Aibert hätte als Junge alle Fasttage einhalten wollen, sein Vater fürchtete jedoch um seine Gesundheit und untersagte es ihm. Um den Vater nicht anlügen zu müssen, aß Aibert nur einen Bissen vom Apfel oder ein paar Brosamen, so daß er mit ›ja‹ antworten konnte, wenn der Vater ihn fragte, ob er etwas gegessen habe.[193] Ambrosius von Siena blätterte schon als kleiner Junge, noch bevor er lesen lernte, im Meßbuch seiner Mutter. Als sein Vater dies bemerkte, ließ er zwei Bücher für ihn kommen, eines mit Bildern der verschiedenen Stände und das andere mit Bildern von Geistlichen – der künftige Heilige bevorzugte, wie nicht anders zu erwarten, letzteres.[194] Andere Väter lehrten ihre Söhne lesen. Auf einer Illuminierung spielt Joseph zusammen mit dem Jesuskind mit dem Kreisel. Ein Schnitzwerk in der St. Gregors-Kapelle in Windsor zeigt einen Mann auf allen vieren mit einem kleinen Kind auf dem Rücken, ein zweiter Mann füttert ein kleines Kind, das dem dritten auf den Rücken geschnallt ist.[195] Diese Darstellungen von Vätern, die ihre Kinder füttern oder mit ihnen spielen, entsprechen nicht den Ansichten der didaktischen Schriftsteller, die den Vater in der ersten Phase der Kindheit ausschließlich in der Rolle des Ernährers sahen. Wurde ein kleines Kind krank, stieß ihm ein Unglück zu oder war es behindert, legte in manchen Fälen der Vater das Gelübde ab und brachte das Kind zu einem Heiligenschrein.

Die Auffassung der Vaterrolle im Mittelalter unterschied sich kaum von derjenigen der Neuzeit. Noch im 19. Jahrhundert herrschte allgemein die Ansicht vor, daß der Vater in den ersten Lebensjahren keine große Rolle spiele. Letztendlich wiesen auch Freud und seine Schüler dem leiblichen Vater (im Unterschied zum symbolischen Vater, der die Autorität, das Gesetz und die Außenwelt verkörpert) nur eine begrenzte Rolle zu. Die Freud-Schüler (Helene Deutsch, Winnicott und andere) machten die Mutter für alle emotionalen Störungen des Kindes verantwortlich, die in den ersten Kindheitsjahren ihren Ursprung haben. Desgleichen betrachteten die mittelalterlichen Geistlichen sowie großenteils auch die Väter die Mutter als alleinverantwortlich für das Wohlbefinden des Kindes.

Die mittelalterlichen Autoren schenkten der Mutter als der Person, die das Kind sprechen lehrt, und dem Einfluß der frühkindlichen Erziehung auf die emotionale Entwicklung nur wenig Beachtung. Erasmus von Rotterdam schrieb zu Beginn des 16. Jahrhunderts: »Man kann nicht genug betonen, daß die ersten Lebensjahre von größter Bedeutung für das spätere Leben des Kindes sind.« Ein solcher Gedanke wäre einem mittelalterlichen Autor nie in den Sinn gekommen. Kaum eine Biographie befaßt sich ausführlich mit den ersten Lebensjahren. Auch wird kaum je deutlich, daß die Mutter das erste Weltbild des Kindes formt. Nur selten ist vom Einfluß ihrer Erziehungsmethoden und ihrer Beziehung zum Kind auf dessen Persönlichkeitsentwicklung die Rede.[196] In der didaktischen Literatur ist die Mutter beinahe ausschließlich damit befaßt, das Kind zu stillen und gesund zu erhalten. Um das emotionale Wohlbefinden der Kinder kümmerte man sich nicht.

Im Kapitel *De patre* geht Bartholomaeus Anglicus nicht nur auf die Liebe des Vaters zu seinen Nachkommen und seine Rolle als Brotverdiener ein, sondern auch ausführlich auf die Rolle des Vaters als Erzieher. Im Kapitel über die Mutter befaßt er sich mit Schwangerschaft, Geburt und Stillen.[197] Ähnlich bestimmt auch Thomas von Aquin die Rolle der Mutter und des Vaters; beim Mann sei das rationale Element stärker entwickelt als bei der Frau, er besitze die nötige Autorität und Macht und solle sich um die Erziehung bzw. Bestrafung[198] der Söhne kümmern. Die Mutter trägt hingegen die volle Verantwortung für die Gesundheit und Sicherheit des kleinen Kindes. Den Bußbüchern ist zu entnehmen, daß die Mutter Buße tun muß, wenn ihrem Kind ein Unglück zustößt, wenn sie es beispielsweise neben den Herd stellt und jemand den Wasserkessel mit kochendheißem Wasser umstößt, so daß das Kind tödliche Verbrennungen erleidet.[199] Den Vorschriften einer dänischen Synode zufolge hat die Mutter den Tod des Kindes zu verantworten, wenn es im Bett eines Erwachsenen erstickt oder wenn es ertrinkt.[200] Wurde bei Erkrankungen das Kind in den Ofen gesteckt oder zur Fiebersenkung aufs Dach gelegt, wurde der Mutter eine Buße auferlegt.[201] Wenn die Kinder schwer erkrankten, beschuldigten oft die Väter ihre Frauen, sich zuwenig um sie gekümmert zu haben. Verunglückten Kinder in Abwesenheit des Vaters, hatten viele Mütter Angst vor den Zornesausbrüchen ihrer Ehemänner.[202]

In Zeiten der Not war es bei armen Leuten üblich, daß der Mann und die Kinder als erste etwas zu essen bekamen und danach erst die Frau. In den unteren Schichten litten wesentlich mehr Frauen als Männer wegen Mangelernährung an Knochenmißbildungen. Handwerks- und Bauersfrauen waren manchmal unfruchtbar, weil aufgrund des Hungers die Regel ausblieb. Auch heute noch ist es in Ländern der Dritten Welt gang und gäbe, daß Mütter sich zugunsten ihrer Kinder das Essen vom Mund absparen.[203]

Erst gegen Ende des Mittelalters wurde die Bedeutung visueller Mittel für die Entwicklung des menschlichen Geistes erkannt. In *Kardinal Dominicis Unterweisung über die Erziehung der Kinder* heißt es, Bilder dienten der »geistigen Förderung der Anfänger, die in der Bildung am tiefsten stehen.« An die Mutter gewandt erteilt Dominici folgende Ratschläge: »Sorge dafür, daß sich in deinem Hause Bilder von heiligen Knaben oder Jungfrauen befinden. An diesen soll sich dein Kind, ich möchte sagen, noch in den Windeln, erfreuen als an seinesgleichen, da es an diesen Bildern den Ausdruck seines eigenen Verlangens finden wird. Die ganze Darstellung soll daher dem kindlichen Alter entsprechend und angenehm sein. Was ich hier von den Bildern sage, gilt ebenso von den Statuen und Schnitzwerken. So wäre sehr passend das Bild der allerseligsten Jungfrau Maria mit dem Kinde auf dem Arme, das einen Vogel oder einen Apfel im Händchen hält. Gleichfalls gut wäre die Darstellung des Jesukindes an der Mutterbrust, oder wie es auf dem

Schoße der Mutter schläft; ferner wie Jesus voll Artigkeit und Gehorsam vor der Mutter steht,... Ebenso könnte das Kind gleichsam sich selber sehen im hl. Johannes, wie er als Kind in dem rauhen Kleide aus Kamelhaaren in die Wüste geht, dort mit den Vögeln spielt, mit dem Honigtau von den Blättern sich nährt und auf dem Erdboden schläft. Recht gut wäre es, wenn das Kind Jesus und den Täufer oder auch Jesus und den Evangelisten Johannes zusammen als Kinder gemalt sähe. Man könnte ihm Furcht und Abneigung vor den Waffen und den Soldaten einflößen, indem man ihm die Ermordung der unschuldigen Kinder zeigt... Diese und ähnliche Bilder würden den Kindern gleichsam mit der Muttermilch Liebe zur Tugend, Verlangen nach Christus, Haß gegen die Sünde, Verachtung der Eitelkeiten, Abscheu vor den traurigen, blutigen Feindschaften einflößen und sie dagegen durch die Anschauung der Heiligen anleiten, den Heiligsten der Heiligen zu betrachten.«[204] Hiermit wurde allmählich die Rolle der Mutter als erste Vermittlerin religiöser und kultureller Werte aufgewertet.

Der Idealvorstellung nach sollte der Vater die Erziehung des Sohnes übernehmen, sobald dieser das siebte Lebensjahr erreichte, und dadurch neben seiner Berufstätigkeit auch auf kulturellem und sozialem Gebiet tätig werden. Die Wirklichkeit sah aber anders aus, wie noch zu zeigen sein wird. In allen Schichten der Gesellschaft mußte die Mutter häufig diese Rolle übernehmen, entweder weil der Vater längere Zeit abwesend oder bereits tot war. Der Adel und teilweise auch die Städter vertrauten ihre Kinder oft sogar der Obhut fremder Leute an.

Die Taufpaten

Die Paten hatten die Aufgabe, die Kinder zur rechten Zeit die Grundsätze des christlichen Glaubens zu lehren. In der Literatur gibt es genügend Belege dafür, daß der Vater einen Freund bittet, die Patenschaft für seinen Sohn oder seine Tochter zu übernehmen.[205] War der Pate vornehmeren Geschlechts oder der Brotherr des Vaters, so wurde ihm oft über die Entwicklung des Kindes berichtet.[206] Die Gemeindepfarrer klärten die Paten über die Verpflichtung auf, das Kind im christlichen Glauben zu unterweisen und zu erziehen. Dieser Aufgabe nicht nachzukommen, galt als Sünde; der Beichtvater war verpflichtet, die Paten bei der Beichte zu fragen, ob sie ihre Pflichten erfüllten.[207]

Schriftsteller und Prediger betonten, die wichtigste Voraussetzung hierfür sei die Kenntnis der Glaubenslehren.[208] John Wycliffe tadelte Eltern, die es versäumten, ihre Kinder im christlichen Geist zu erziehen und diese Aufgabe den Paten überließen.[209] Zweifelsohne wurden durch die Beziehung zu Taufpaten neue Bande geknüpft oder schon vorhandene Beziehungen zu Freunden, Brotherrn oder Verwandten vertieft. Diese neuen Bande waren ein Ersatz für die schwindenden Bande der Blutsverwandtschaft, die durch die christlichen Ehegesetze an Bedeutung verloren.[210] Welcher Art die Bande zwischen den Paten und den Patenkindern in der frühen Kindheit waren, läßt sich kaum feststellen. Im Spätmittelalter in der Toskana war der Kontakt jedenfalls nicht gerade eng.[211] In England waren die Bande möglicherweise enger, da in einem Handbuch für Priester die Geistlichen dazu angehalten wurden, die Taufpaten ihrer Gemeinde davor zu warnen, mit ihren Patenkindern in einem Bett zu schlafen, um sie nicht zu erdrücken.[212] In Spanien legte eine Frau beim Besuch ihres behindert geborenen Patensohns gemeinsam mit der Mutter das Gelübde ab, eine Pilgerfahrt zu machen, wenn das Kind geheilt werden würde.[213] In ganz Europa war es üblich, daß die Taufpaten ihre Patenkinder beschenkten. Häufig bedachten sie diese auch in ihrem Testament. Starb im Bereich des Klosters Weingarten in Bayern im 11. Jahrhundert das Kind eines Leibeigenen, solange es sich noch in der Obhut des Vaters befand, fielen alle Geschenke, die es von seinen Eltern und Taufpaten bekommen hatte, an das Kloster.[214] In der Chronik über den Gründer des Geschlechts der Anjou wird eine Witwe von den Verwandten ihres verstorbenen Ehemannes zu Unrecht des Ehebruchs und Mordes beschuldigt. Der einzige Mensch, der sie gegen die falschen Anschuldigungen in Schutz nimmt, ist ihr sechzehnjähriger Patensohn. Nachdem ihre Unschuld durch ein Gottesurteil erwiesen ist – der Patensohn obsiegt im Zweikampf –, zieht sich die Frau in ein Kloster zurück und vermacht dem Patensohn ihren ganzen Besitz. Der junge Ritter war der Begründer der Anjou-Dynastie.[215] Auch in den Testamenten von Handwerkern und Bauern wurden die Patenkinder bedacht; sie erbten nur geringe Summen, etwa zwölf Pence. Es ist überliefert, daß in England die Patentochter und zugleich Nichte eines Erblassers einmal 41 Pfund geerbt haben soll.[217] Ein Patenkind, das bei seinem Paten in Dienst stand, bekam eine größere Summe als die anderen Erben.[218] Ein kinderloser Erblasser vererbte den Großteil seines Besitzes dem Patensohn. Da dieser noch minderjährig war, bestimmte er sogar einen Vormund.[219] In England vermachten Bauern im Mittelalter ihren Patenkindern entweder 4 Pence oder ein Schaf oder ein Scheffel Weizen.[220] Taufpaten waren verpflichtet, die Verantwortung für Waisenkinder zu übernehmen.[221] War der Pate eine angesehene Persönlichkeit, so stellte die Beziehung zu ihm die Möglichkeit sozialen Aufstiegs in Aussicht. Paten wurden oft auch um finanzielle Unterstützung gebeten. Es verwundert daher nicht, daß Eltern sich viele Paten für ihre Kinder wünschten, da dies zu ihrem eigenen und ihrer Kinder Vorteil war. Nach dem kanonischen Recht war jedoch nur eine bestimmte Anzahl von Paten gestattet.[222] Zu Anfang des 15. Jahrhunderts vermachte ein Mann in England in seinem Testament dreitausend Kindern je einen Penny für das letzte Geleit (vermutlich sollten die Kinder für ihn beten). Des weiteren verfügte er, daß dreihundert Arme drei Pence und eine warme Mahlzeit bekamen.[223]

Ein kleiner Junge als Geisel

Viele Darstellungen von Kindern in der mittelalterlichen Literatur erschöpfen sich in der stereotypen Wiederholung der Formel: ein hübsches, gutgekleidetes, höfliches Kind.[224] Die folgenden drei Beispiele unterscheiden sich wohltuend von den formelhaften Darstellungen.

Das erste Beispiel ist einem Unterweisungsbuch für in Klausur lebende Nonnen entnommen und datiert vom Beginn des 13. Jahrhunderts. Es ist ein Gleichnis für den Trost, den Gott dem Menschen spendet: Der Trost sei wie eine Mutter, die mit ihrem Kind Versteck spielt. Sie läuft weg und versteckt sich. Das Kind bleibt allein zurück, schaut sich um, ruft nach der Mutter und fängt zu weinen an. Da taucht die Mutter aus ihrem Versteck auf, läuft dem Kind mit offenen Armen entgegen, umarmt, küßt es, wischt ihm die Tränen ab, und alles ist wieder gut.[225]

Das zweite Beispiel bezieht sich auf William Marshal, der gegen Ende des 12. Jahrhunderts eine bedeutende Rolle in der englischen Geschichte spielte. In der Biographie wird von seiner Kindheit berichtet. Im Jahre 1152 griff König Stephan die Festung von Newbury an, deren Einwohner sich um den aufständischen Marschall John FitzGilbert, Williams Vater, geschart hatten. Der König drohte, die Bewohner zu hängen. Diese baten ihn um einen Waffenstillstand, um sich mit dem Marschall besprechen zu können. Der König war einverstanden. Als Marschall John davon erfuhr, bat er um Verlängerung des Waffenstillstands, um mit Kaiserin Matilda zu beraten. Der König stimmte auch diesmal zu, allerdings nur unter der Bedingung, daß er eine Geisel erhalte. Daraufhin gab ihm der Marschall seinen damals fünf- oder sechsjährigen Sohn William als Geisel. Unmittelbar danach begann der aufständische Marschall, die Festung auszubauen, und überließ mit diesem Verstoß gegen das Waffenstillstandsabkommen den Sohn seinem Schicksal. Der König war wütend und drohte, das Kind hinrichten zu lassen. Die Antwort des Vaters auf diese Drohung lautete, er habe noch »Hammer und Amboß, um sich einen schöneren Sohn zu schmieden«. Einige Historiker deuteten diesen Satz als Beleg für die mittelalterliche Gleichgültigkeit der Väter gegenüber ihren Kindern und waren überzeugt, daß der Vater wirklich willens war, seinen Sohn zu opfern. Für Georges Duby sind Marschall Johns Worte hingegen Teil der Schaukämpfe, die rivalisierende Feudalherren sich mit Worten und Droh- oder Einschüchterungsgebärden zu liefern pflegten. Aufschlußreich ist der Teil der Geschichte, in dem der Junge, der alles für ein spannendes Spiel hält, das Herz des Königs erobert. Als die Männer des Königs Vorbereitungen für seine Hinrichtung treffen, fragt der Junge den Soldaten, der ihn zum Galgen führen soll, ob er mit seiner Lanze spielen darf. Als die Soldaten vorgeben, sie würden ihn auf die Festung seines Vaters katapultieren, fragt er, was das für eine Schaukel sei. William spielt verschiedene Spiele mit dem König, hauptsächlich das »Ritter-

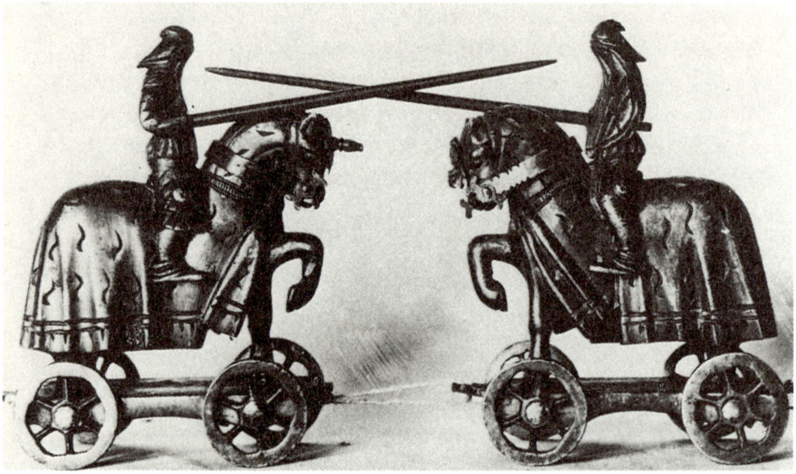

Turnierspielzeug aus Messingguß. Zwei Turnierreiter, Mühlau bei Innsbruck, um 1500

spiel«, bei dem die feindlichen Ritter (wofür Wegerichpflanzen auf der Erde im königlichen Zelt herhalten müssen) zu Boden gestreckt werden. Der König läßt das Kind gewinnen. Marschall FitzGilbert scheint seinen Sohn William, sein viertes Kind, nicht besonders geliebt zu haben, sonst hätte er ihn nicht ohne weiteres als Geisel hergegeben. Es war denn auch Williams Mutter, die einen Boten ins feindliche Lager schickte, um in Erfahrung zu bringen, wie es dem gefangenen Kind erging. Nach seiner Rückkehr soll sich William erkundigt haben, wie es seiner Mutter und seinen Schwestern, nicht aber wie es dem Vater ergangen sei.[226] (William Marschal war übrigens keine Ausnahme, es ist belegt, daß auch andere Kinder als Geisel genommen wurden, von Hinrichtungen wird allerdings nur in der Literatur berichtet.[227])

In einer Biographie Bernhards von Clairvaux wird ein Wunder geschildert, das der Heilige zu Lebzeiten wirkte: Eine Frau brachte ihren kleinen Sohn zu ihm, der Mißbildungen an einem Arm und einer Hand hatte. Der Heilige hatte Mitleid mit ihm, heilte ihn und forderte die Mutter auf, ihn zu rufen. »Und das Kind lief zu ihr und umarmte sie mit beiden Armen«.[228] Ebenso wie der Verfasser des Unterweisungsbuchs für Klosterfrauen war auch der Autor dieser Zeilen ein Geistlicher. Es läßt sich jedoch nicht nachweisen, ob diese drei Kinderdarstellungen auf eigenen Erinnerungen, auf der unerfüllten Sehnsucht nach menschlicher Wärme oder auf Beobachtungen des Umgangs von Müttern mit Kindern beruhen.

Kindsaussetzung, Kindsmord und Unfälle

Im Hoch- und Spätmittelalter wurden Kinder ausgesetzt und ermordet, und es gab Bräuche und Rituale, die auch ohne Tötungsabsicht fast immer tödlich endeten. Die Geburtenrate war dadurch beschränkt, daß nicht alle Mitglieder der Gesellschaft heirateten und Kinder bekamen und die Männer in allen Gesellschaftsschichten erst dann heirateten, wenn sie in der Lage waren, die finanziellen Mittel aufzubringen, um eine Familie standesgemäß zu ernähren. Die Kindersterblichkeit war in allen Schichten der Gesellschaft sehr groß. Wohlhabende Familien hatten mehr Kinder als arme. Laut Statistik hatten in der englischen Stadt Halesowen vor der Schwarzen Pest Bauern im Durchschnitt errechnet 2,8, wohlhabende Leute 5,1, Familien mit mittlerem Einkommen 2,9, arme Leute hingegen 1,8 Kinder. Ähnliche Zusammenhänge zwischen der wirtschaftlichen Lage der Familie und der Kinderzahl wurden auch auf anderen Landgütern in England sowie in Pistoia und Umgebung zu Beginn des 15. Jahrhunderts festgestellt.[1] Selbst wenn der Coitus interruptus praktiziert wurde, war Familienplanung nicht möglich,[2] und zwar nicht nur wegen der begrenzten Wirksamkeit dieser Methode, sondern auch, weil die Eltern nicht wissen konnten, wie viele ihrer Kinder überleben würden. Manch eine Familie blieb kinderlos oder verlor all ihre Kinder, während für andere arme, kinderreiche Familien die Geburt eines weiteren Kindes eine schwere Belastung war. Nicht wenige der ehelich wie unehelich geborenen Kinder waren unerwünscht. Der Zusammenhang zwischen Armut und Kindsaussetzung ist an den Chroniken unmittelbar abzulesen, denn in Jahren der Hungersnot wurden viele Säuglinge an den Toren von Kirchen und Klöstern ausgesetzt. In ihrer Not verkauften Eltern sogar ihre Kinder als Sklaven, und Mütter nötigten ihre Töchter zur Prostitution. In der Gesetzgebung Friedrichs II. für das Königreich Sizilien heißt es, wenn der Beweis erbracht werden könne, daß die Mutter aus Armut so gehandelt habe, dürfe der Richter nach seinem Gutdünken ein mildes Urteil sprechen.[3]

Kindsaussetzung

Von Kindsaussetzungen (*expositio*) künden nicht nur die Chroniken, sondern auch das kanonische Recht und die Beschlüsse der Synoden. Gemeindepfarrer wurden angehalten, diejenigen zu exkommunizieren, die sich einer solchen Tat schuldig machten. Die Priester hatten Anweisung, bei einem Findelkind die Taufe bedingt zu wiederholen.[4] Neben den Hospitälern, die anfangs Kranke, Krüppel, Waisen- und Findelkinder aufnahmen, wurden im Mittelalter eigens Einrichtungen für ausgesetzte Kinder, die Findelhäuser, gegründet. Arme Eltern verschenkten oder verkauften ihre Kinder an Adlige oder wohlhabende Bürger, die kinderlos waren und die sich entweder nach einem Kind sehnten oder einen Erben brauchten, um eine Erbschaft antreten zu können. In der weltlichen wie in der Kirchengesetzgebung war dies verboten.[5] Die höfische Literatur berichtet, daß Säuglinge ausgesetzt oder zu Verwandten gebracht wurden, wenn sie unehelich geboren oder Zwillinge waren. Man nahm an, daß Zwillinge nicht denselben Vater hätten, daß die Mütter mit verschiedenen Männern Geschlechtsverkehr gehabt und zweimal nacheinander empfangen hätten. So wird in dem Epos *Galeran* und in der Verserzählung *Die Esche* (Le Fresne) geschildert, wie eine um ihren guten Ruf besorgte Mutter von Zwillingen beschließt, eines der beiden Kinder auszusetzen. Bei Marie de France ist die Geburt von Zwillingen sogar die Strafe dafür, daß die Mutter einst eine fromme, keusche Frau verleumdet hatte, Zwillinge geboren zu haben.[6] Die berühmteste Geschichte einer Kindsaussetzung ist die des späteren Papstes Gregors des Großen; in ihr wird sowohl von einer unehelichen Geburt als auch von einem doppelten Inzest zwischen Bruder und Schwester sowie zwischen Sohn und Mutter berichtet.[7] Wie groß die Wahrscheinlichkeit war, daß ein Zwilling ausgesetzt wurde, läßt sich nicht feststellen. In der Verserzählung *Milun* der Marie de France hat der unehelich geborene Held mehr Glück, er wird nicht ausgesetzt, sondern zur Schwester seiner Mutter in Pflege gegeben.[8] In Wirklichkeit setzten aber auch reiche Leute ihre unehelichen Kinder in Findelhäusern aus. In Italien stammten die meisten unehelichen Kinder von Sklavinnen ab. Wenn die Väter nicht für sie sorgten, lieferten sie sie in Findelhäuser ab. Oft erkannten Adlige und wohlhabende Bürger jedoch ihre unehelichen Kinder an und sorgten für sie, selbst wenn die Mutter Sklavin war. Einige Herren gestatteten ihren Sklavinnen sogar, ihre Kinder aufzuziehen, auch wenn sie nicht die Erzeuger waren.[9]

Schon früh bemühte sich die Kirche, Waisen und ausgesetzte Kinder am Leben zu erhalten; für einige Geistliche war dieses Problem besonders besorgniserregend.[10] Vom 12. Jahrhundert an wurden Findelkinder in Spitälern aufgenommen und immer mehr Hospitäler und Leprosorien gegründet, zunächst nur von kirchlichen, später auch von weltlichen Institutionen. Das Spital San Gallo, im 13. Jahrhundert in Florenz eröffnet, nahm Kranke und Krüppel sowie Findelkinder auf; im Jahre 1316 wurde das Hospital La Scala gegründet und 1445 das eigens für Findelkinder bestimmte Innocenti-Hospital. Ähnliche Entwicklungen gab es auch in anderen Städten Europas. Ende des 12. Jahrhunderts eröffnete die Ordensgemeinschaft der Hospitäler vom Heiligen Geist unter der Leitung von Guy de Montpellier, der sich besonders um Waisen und Findelkinder kümmerte, in Rom das Heilig-Geist-Hospital (Santo Spirito). Unter der Leitung des Ordens entstanden Bruderschaften, die sich der Kindererziehung annahmen. Nach einiger Zeit wurde das Santo Spirito geschlossen und im 15. Jahrhundert als reines Findelhaus wieder eröffnet. Den Statuten mehrerer Spitäler in England und Frankreich zufolge war die Leitung des Hospitals für die Kinder verantwortlich, wenn die Frau im Kindbett gestorben war oder ihr Kind im Krankenhaus zurückgelassen hatte und der Vater nicht ausfindig zu machen war (wenn die Mutter den Namen des Vaters verriet und er dingfest gemacht werden konnte, zwang man ihn, für das Kind aufzukommen). Nach dem siebten Lebensjahr sorgte die Leitung des Hospitals auch dafür, daß das Kind zu einem Handwerker in die Lehre kam, damit es seinen Lebensunterhalt verdienen konnte.[11] Andere Hospitäler weigerten sich, für ausgesetzte Kinder zu sorgen, wie beispielsweise das von Troyes im 13. Jahrhundert. Den Kompilatoren der Statuten zufolge war die Anzahl der Findelkinder so groß, daß die Mittel des Hospitals nicht ausreichten, um sie aufzunehmen; in diesem Fall oblag die Fürsorge der Kirchengemeinde.[12] Manchmal übernahmen auch die städtischen Behörden die Verantwortung für ausgesetzte Säuglinge, so die Stadt Saint-Cyprien, die am Altar der Pfarrkirche ausgesetzte Säuglinge zu Ammen in Pflege gab. Im Spätmittelalter war dies auch in Montpellier der Fall.[13] Auch an manch einer Klosterpforte wurden Kinder ausgesetzt, man nahm sie auf und ließ sie von einer Amme aufziehen, später kamen sie in eine Pflegefamilie[14], zu gegebener Zeit kehrten sie zumeist als Mönche oder Dienstboten ins Kloster zurück. Manchmal nahmen kinderlose Ehepaare oder solche, die ihre Kinder verloren hatten, ein Kind armer Leute bei sich auf. In solchen Fällen gab es von vornherein eine Abmachung mit den Eltern, so daß das Neugeborene unmittelbar nach der Geburt übergeben wurde. In der Literatur kehrt häufig das Motiv wieder, daß ein ausgesetztes, verwaistes oder durch äußere Umstände von seinen Eltern getrenntes Kind von einem hochgestellten Ehepaar adoptiert wird.[15] Ob solche Geschichten die soziale Wirklichkeit widerspiegeln, ist allerdings zweifelhaft. Wurde das Kind einer Sklavin vom Vater anerkannt, war dies ein sozialer Aufstieg, da es dann kein Sklave mehr war. Guibert von Nogent schreibt, seine Mutter habe ein nur wenige Monate altes Waisenkind »bei sich aufgenommen«, um es großzuziehen.[16] Er schreibt nicht, daß sie es adoptiert hat, da die gesetzliche Adoption, die es gestattet, dem adoptierten Kind das Erbe zu vermachen, im Mittelalter unbekannt war. Diese Art von Adoption, die in allen Ländern des Mittelmeerraums und bei den Germanen üblich war, wurde bis zum 8. Jahrhundert n. Chr. praktiziert und erst im 19. Jahrhundert wieder eingeführt.[17] Kinderlose Ehepaare und solche, deren Kinder gestorben waren, standen daher vor einem Problem, wenn sie einen legalen Erben wollten. In Legenden von christlichen Eltern, die ein Findelkind aufnehmen, wird konsequent verschwiegen, daß sie es adoptiert haben. Aber auch in der Wirklichkeit gaben Ehepaare, die ein Kind kauften, um ein Erbe antreten zu können, vor, es sei ihr eigenes Kind. In einer Legende findet ein kinderloser Adliger, ein Freund des Königs, in einem hohlen Baumstamm einen Säugling. Zusammen mit seiner Frau versteckt er den Säugling; die Frau gibt vor, schwanger zu sein und erzählt später, sie habe einem Sohn das Leben geschenkt.[18] Obwohl es die Adoption de jure nicht gab, adoptierten viele Ehepaare Kinder und vermachten ihnen sogar ihren ganzen Besitz. In der Praxis geschah also durchaus, was die Kirche mit ihrem Verbot der Adoption verhindern wollte. Zu Beginn des 14. Jahrhunderts erbte ein Adoptivsohn den ganzen Besitz seines verstorbenen Adoptivvaters. Ein entfernter Verwandter des Verstorbenen (der Enkel seiner Tante) klagte vor Gericht gegen das Testament mit dem Argument, der Erbe sei nicht der wirkliche Sohn des Erblassers. Der Adoptivsohn vertrat dagegen die Auffassung, der Verstorbene habe ihn aufgezogen und als seinen Sohn anerkannt, daher sei er der rechtmäßige Erbe. Sein Rechtsanwalt zitierte sogar einen Präzedenzfall. Die Ehe eines gewissen Henry Berkeley sei kinderlos gewesen, dennoch habe er bei seinem Tod sechs Söhne hinterlassen, von denen der älteste vom Rat des Königs als Erbe anerkannt worden sei. Im englischen Recht gab es in der Tat Fälle, in denen die Adoption de facto anerkannt wurde.[19] Auch im spätmittelalterlichen Frankreich übergaben Väter nicht einfach ihre Kinder zur Erziehung an Verwandte, sondern ließen die Rechte und Pflichten der Adoptiveltern in Gegenwart eines Notars festlegen.[20] Was den Verlauf der Kindheit anbelangt, so war es für das Kind letztendlich unerheblich, ob es formell adoptiert oder ohne rechtliche Formalitäten großgezogen wurde. Kinder, die in einer Familie aufwuchsen, hatten es sicher besser als solche, die ihre Kindheit im Findelhaus verbrachten, denn letztere wurden vernachlässigt; das Fehlen von äußeren Reizen und Erfahrungen bedingt eine Verzögerung der Entwicklung und eine oft jahrelange Verunsicherung (Studien an Kindern, die im 20. Jahrhundert in Waisenhäusern aufwuchsen, belegen dies).[21] Überdies waren die Überlebenschancen der Findelkinder äußerst gering, vor allem wenn sie Ammen außer Haus anvertraut wurden, wie dies bei den meisten Mädchen aus dem Florentiner Findelhaus der Fall war.[22]

Im 16. Jahrhundert nahm die Zahl der Findelhäuser wegen der gestiegenen Nachfrage zu, denn infolge des demographischen und wirtschaftlichen Wachstums wurden mehr Kinder ausgesetzt. Von der Mitte des 16. bis zur Mitte des 17. Jahrhunderts wuchs die Bevölkerung stark an, gleichzeitig stiegen die Lebensmittelpreise, und die Reallöhne sanken (während im 15. Jahrhundert die Lebensmittelpreise relativ niedrig und die Löhne hoch waren). Familien aus den unteren Gesellschaftsschichten hatten es deshalb schwer, all ihre Kinder durchzufüttern. Daher erscheint es plausibel, daß die Zahl der Kindsaussetzungen zunahm. Für die mittelalterlichen Chronisten gab es einen eindeutigen Zusammenhang zwischen der wirtschaftlichen Not und der Aussetzung bzw. dem Verkauf von Kindern (das gleiche Phänomen gibt es heute noch in Ländern der Dritten Welt). Von der Gründung neuer Findelhäuser erhoffte man sich auch einen Rückgang der Kindsmorde. Es läßt sich aber nicht leugnen, daß dadurch mehr Kinder ausgesetzt wurden und auch relativ zahlungsfähige Eltern von dieser Institution Gebrauch machten.[23]

Die Reichen brachten meist nur ihre unehelichen Kinder in Findelhäusern unter, während arme Leute diese Unterkunft sowohl für eheliche als auch für uneheliche Kinder nutzten. Einige Ammen gaben auch ihre ehelich geborenen Kinder ins Findelhaus. Arme Leute entschlossen sich wohl manchmal nur unter Gewissensbissen dazu oder in dem Glauben, dem Kind bessere Chancen zu bieten. Sicher gab es auch Fälle, in denen das Durchfüttern eines weiteren Kindes beinahe den Hungertod für den Rest der Familie bedeutet hätte. Zweifellos hatten einige Eltern vor, ihre ausgesetzten Kinder später wieder zurückzuholen. Ansonsten hätten die Kirchengesetzgebung und die Bußbücher nicht darauf bestanden, daß eine Frau durch die Aussetzung alle Rechte verwirkt, ihr Kind also unwiderruflich dem Kloster gehört, das es aufgenommen hat.[24] Viele wohlhabende Leute, die ihre Kinder in Findelhäusern unterbrachten, versprachen, sie später wieder zu sich zu nehmen, und einige hielten ihr Versprechen. In der weltlichen Gesetzgebung war die Kindsaussetzung nicht verboten, dennoch scheinen städtische Behörden diese Handlung zuweilen bestraft zu haben.[25] Die Kirche verdammte Eltern, die ihre Kinder aussetzten, und bestrafte diese Sünde mit der Exkommunikation.[26]

Es sollte grundsätzlich zwischen dem Mord an Kindern und der Tötung Neugeborener unterschieden werden. Im Mittelalter wurden kleine Kinder hauptsächlich von geistesgestörten Eltern umgebracht, manchmal war der Tod aber auch die Folge schwerer Körperverletzungen ohne Tötungsabsicht. Vor einem weltlichen Gericht in England wurde eine Frau angeklagt, ihre zweijährige Tochter ermordet und ihren vierjährigen Sohn gezwungen zu haben, sich auf heiße Kohlen zu setzen. Es ist auch bekannt, daß eine Frau ihren zehnjährigen Sohn zu Tode prügelte. Dem Gerichtshof zufolge handelte sie in geistiger Umnachtung. Eine andere Mutter wollte einen Selbstmordversuch unternehmen, überlegte es sich dann aber anders und tötete ihre Kinder. Berichtet wird auch von einer Frau, die ihre Kinder mit der Axt tötete und sich anschließend erhängte.[27] Obwohl Mord an Kindern über einem Jahr von den Gerichten zumeist als Folge von Wahnsinn angesehen wurde (die Geschworenen wurden aufgefordert, den Nachweis zu erbringen, daß die Mutter geisteskrank war[28]), kann man nicht davon ausgehen, daß Kindsmord als schweres Verbrechen galt. Man hat nachzuweisen versucht,[29] daß die Gerichte das Argument der Verteidigung, der Mord sei in einem Anfall von Wahnsinn begangen worden, bei Kindsmord häufiger akzeptieren als in anderen Fällen.[30]

Die Tötung Neugeborener war hingegen nicht in allen Gesellschaften geächtet. Den Forschungsergebnissen von Anthropologen und Ethnologen zufolge gab es auf allen fünf Kontinenten Völker und Epochen, in denen Neugeborene getötet und/oder ausgesetzt wurden. So tötete etwa noch im 20. Jahrhundert ein Eskimostamm 59 Prozent aller weiblichen Neugeborenen, da es als unzumutbare Belastung galt, Mädchen großzuziehen, wenn sie nicht schon dem Sohn einer anderen Familie als Frau versprochen waren. Das bekannteste Beispiel aus der griechischen Geschichte sind die Spartaner, die ihre mißgebildeten oder behinderten Kinder aussetzten. Auch das Leben des Ödipus beginnt mit seiner Aussetzung.[31] Vor der Verbreitung des Christentums war es in Rom das Privileg des *pater familias* zu entscheiden, welche Kinder am Leben bleiben dürfen und welche getötet werden sollen. Das Christentum verbot hingegen ganz entschieden die Tötung Neugeborener, einschließlich behinderter und unehelicher Kinder. Nach Jean Gerson erlägen die Eltern einer der Versuchungen des Teufels, wenn sie ihre unehelichen Kinder töteten in der Annahme, sie würden damit auch ihre Sünde tilgen. Dieser Versuchung zu erliegen, sei nur eine weitere Sünde.[32] Aufgrund der Haltung der Kirche und des kanonischen Rechts wurde der Kindsmord in allen christlichen Ländern auch von der weltlichen Gesetzgebung mit Strafe belegt.[33] Es wurden jedoch auch weiterhin Neugeborene von ihren Eltern getötet. Sicher lassen sich nicht alle Mordfälle auf postpartale Depressionen oder andere psychische Störungen zurückführen, obwohl diese Faktoren bestimmt manchmal eine Rolle spielten.[34]

Die Ermordung Neugeborener ist den Verurteilungen dieser Tat in Handbüchern für Priester, Bußbüchern und Predigten zu entnehmen.[35] Um Kindsmorde zu verhindern, wurden Findelhäuser errichtet. Innozenz III. soll die Errichtung des Findelhauses Santo Spirito unterstützt haben, weil er gehört hatte, daß viele Frauen ihre Neugeborenen in den Tiber warfen. Ebenfalls um Verbrechen vorzubeugen, wurden in Florenz Findelhäuser ins Leben gerufen. Boccaccio berichtet voller Abscheu von Müttern, die ihre Säuglinge umbringen oder im Wald aussetzen, so daß sie wilden Tieren zum Opfer fallen.[36] Auf einer Miniatur ist die Mutter, die ihr Kind umbrachte, zum ewigen Höllenfeuer verdammt und muß schreckliche Qualen erleiden.[37] Es gibt aber auch handfestere Beweise für die Tötung Neugeborener: in Frankreich, Deutschland, Italien und vereinzelt auch in England wurden Frauen wegen dieses Delikts vor Gericht gestellt. Aus den Begnadigungsbriefen des Königs von Frankreich für Kindsmörderinnen im 14. und 15. Jahrhundert geht hervor, daß ausnahmslos uneheliche Kinder umgebracht wurden. Nicht wirtschaftliche Not, sondern Angst vor der Schande ließ die meisten Frauen das Verbrechen begehen. Junge Mädchen, Witwen und verheiratete Frauen machten sich dieses Vergehens schuldig und begründeten ihr Verbrechen mit »Angst und Scham«. Die Kinder wurden oft auf grausame Weise umgebracht. So zwang einmal ein Dorfpfarrer die Frau, die anderthalb Jahre mit ihm gelebt und ein Kind von ihm zur Welt gebracht hatte, das Neugeborene in eine Grube zu werfen, die er eigenhändig ausgehoben hatte. Verheiratete Frauen fürchteten sich zu Recht vor den gewalttätigen Reaktionen, zu denen sich ihre Ehemänner hinreißen ließen, wenn sie erfuhren, daß sie nicht der Erzeuger des Kindes waren. Einige junge Mädchen wußten nicht einmal, daß sie schwanger waren. Dann war die Geburt selbstverständlich ein Schock für sie. Straferlaß wurde gewährt, wenn die Kindsmörderinnen unter Eid aussagten, sie hätten bereits zwei bis drei Jahre Gefängnis verbüßt, sie hätten das Kind nur verbergen, nicht aber töten wollen, sie hätten auf Drängen anderer Menschen gehandelt (wie die Geliebte des Priesters), ihre Tat durch Fasten und Beten gebüßt oder sie nicht begangen, wenn ihre armen Eltern es sich hätten leisten können, sie zu verheiraten. In einem Fall wurde unter Eid erklärt, die Beklagte habe sechs kleine Kinder und schon zwei Jahre Gefängnis verbüßt; wenn sie hingerichtet würde, könne niemand für die Kinder sorgen.

Bereits im 13. Jahrhundert unterschied das Gesetz zwischen der ersten Straftat, die noch als Unfall angesehen werden konnte, und der zweiten, die die Täterin bereits zur Gewohnheitsverbrecherin stempelte. Zwar wurde diese Unterscheidung im 14. Jahrhundert wieder abgeschafft, das Gesetz unterschied jedoch weiterhin zwischen einem im Affekt begangenen Mord oder Totschlag infolge von Vernachlässigung und einem mit Vorbedacht begangenen Mord. Die Strafe für letzteren lautete auf Scheiterhaufen oder lebendig begraben, und in einigen Fällen wurden diese Urteile auch vollstreckt.[38]

Obwohl die Begnadigungsbriefe des französischen Königs und andere Gerichtsakten[39] in kaum einem Fall Hinweise darauf enthalten, daß die Frauen ihre Kinder aus wirtschaftlichen Gründen umbrachten, ist anzunehmen, daß die Armut oft der Grund für den Kindsmord war. Die Verfasser von Bußbüchern unterschieden zwischen einer Frau, die das Verbrechen aufgrund ihrer Armut beging, und einer Frau, die es tat, um »ihren Ehebruch zu verschleiern«. Hatte eine Frau so gehandelt, »weil sie wegen ihrer Armut nicht für den Unterhalt des Kindes aufkommen konnte«, so wurde ihr eine mildere Buße auferlegt.[40] Wie die Abtreibung galt auch die Tötung Neugeborener ausschließlich als Sünde und Verbrechen der Frau,[41] obwohl sie im Fall wirtschaftlicher Not höchstwahrscheinlich nicht ohne Zustimmung des Vaters des Kindes, wenn nicht gar auf sein Betreiben hin, handelte. Der Tatbestand des Mordes war daher in solchen Fällen nur schwer nachzuweisen. Die historischen Quellen zeigen deutlich, welchen Standpunkt die Gesetzgeber und die Richter dazu einnahmen, enthalten aber keine Hinweise auf die Haltung der Gemeinschaft zur Tötung Neugeborener. Es gab nachweislich Fälle, in denen Frauen, die Kindsmord begangen hatten, bei den Behörden angezeigt wurden;[42] ob die Gemeinschaft die Straftäter auch zuweilen deckte, ist hingegen unbekannt. Natürlich war es auch möglich, eine Frau oder ein Paar, die ihr Kind ermordet hatten, moralisch zu verurteilen und zu ächten – dazu bedurfte es nicht erst rechtlicher Maßnahmen. Beim Tod eines unehelichen Kindes war klar, daß die Tat von der Mutter begangen worden war. Sie war der tragische Abschluß einer Schwangerschaft, die sie monatelang aus Angst und Verzweiflung zu verheimlichen versucht hatte. Keine einzige Frau, die in den Begnadigungsbriefen erwähnt wird, hatte einen Mann an ihrer Seite, der sie unterstützte. Wenn ein Mann in die Geschichte verwickelt war, drängte er die Frau, das Neugeborene zu beseitigen, oder schlug sie schon während der Schwangerschaft, um eine Fehlgeburt zu verursachen (so im Falle einer Frau, die von ihrem Dienstherrn schwanger war und von ihrem Ehemann gnadenlos verprügelt wurde).

Manchmal starben kleine Kinder auch im Bett ihrer Eltern oder der Amme; zumeist erstickten sie, weil ein Erwachsener sich auf sie legte und sie keine Luft mehr bekamen. Geistliche und Mediziner warnten davor, Säuglinge mit ins Bett zu nehmen; daß sie ihre Warnungen so häufig wiederholten, zeugt davon, daß es immer wieder getan wurde.[43] Bis zum 15. Jahrhundert findet sich in den Gerichtsakten kein Urteil wegen Kindstod durch Ersticken im Bett eines Erwachsenen. Es war wahrscheinlich unmöglich nachzuweisen, daß der Tod des Kindes kein Unfall, sondern verdeckter Mord war. Daher wurden solche Fälle auch nicht vor einem weltlichen Gericht verhandelt.[44] Petrus Abaelardus, der den Fall einer armen Frau anführt, die ihr Kind mit ins Bett nimmt, um es mit ihren eigenen Lumpen zu wärmen, es dabei aber erdrückt, hält die Mutter für unschuldig. Zugleich rechtfertigt er aber auch die Bestrafung der

Unschuldigen: Wenn die Frau vor den Bischofsstuhl kommt, wird ihr eine schwere Strafe auferlegt, nicht weil sie sich schuldig gemacht hat, sondern damit sie und andere Frauen in Zukunft vorsichtiger werden und gegen solche Unfälle Vorsorge treffen.[45] Das kanonische Recht unterscheidet unter diesen Umständen zwischen Mord und Unfall.[46] Den Bußbüchern und Dekreten der Synoden zufolge war der Tod des Kindes auf Fahrlässigkeit, eine schwere Sünde, zurückzuführen, und wie im Falle eines mit Vorbedacht begangenen Mordes war allein der Bischof befugt, eine Buße aufzuerlegen und die Absolution zu erteilen. Die Gemeindepfarrer wurden angehalten, die Beichtenden nicht nur zu fragen, ob sie aus Fahrlässigkeit gesündigt hätten, sondern auch zu klären, ob grobe Fahrlässigkeit die Tragödie verursacht hätte;[47] sie mußten mit anderen Worten feststellen, ob ein verdeckter Mord vorlag, und dem Vertreter des zuständigen Bischofs Bericht erstatten. Im 15. Jahrhundert wurden Mütter und Väter, Ammen und deren Ehemänner vor den bischöflichen Gerichten von London und Canterbury angeklagt, kleine Kinder mit ins Bett genommen und dadurch ihren Tod verschuldet zu haben, im 16. Jahrhundert auch vor dem Gerichtshof von Fiesole (dieses Vorgehen stand im Einklang mit dem kanonischen Recht und im Gegensatz zu einem Beschluß der dänischen Synode, derzufolge in solchen Fällen allein die Mutter verantwortlich war und mit einer Buße belegt wurde). Der Vertreter des Bischofs mußte untersuchen, ob die Tat absichtlich oder unabsichtlich begangen worden war, erst nach der gerichtlichen Untersuchung wurde über Buße und/oder Straferlaß entschieden. Behaupteten die Angeklagten, der Tod sei ein Unfall gewesen, so wurde dies wohl oder übel akzeptiert, da es keine Möglichkeit gab, ihre Behauptung zu widerlegen. In Fiesole wurden die meisten Begnadigungen während der Bürgerkriege in den dreißiger Jahren des 16. Jahrhunderts ausgesprochen.[48] In den Inquisitionsakten von Jacques Fournier kann man die Geschichte einer Bäuerin aus Montaillou lesen, die tief bekümmert war, weil sie ihr Kind eines Morgens tot in ihrem Bett aufgefunden hatte.[49] Der Biograph des Bischofs Gunner von Viborn schreibt, dieser habe auf Mord schwere Strafen ausgesetzt. Hingegen ließ er gegenüber Müttern, die ihr Kind im Schlaf erdrückt hatten, Milde walten. Im Rahmen des Gesetzes behandelte er sie nachsichtig, da er die Auffassung vertrat, in solchen Fällen solle man barmherzig sein und die Mutter nicht noch mehr Tränen vergießen lassen, als sie ohnehin schon über den Tod des Kindes geweint habe.[50] Ammen hatten im allgemeinen keinen Grund, ihre Pflegekinder umzubringen, da deren Tod sie um ihr Einkommen brachte. In den Heiligenviten wird nur selten berichtet, daß Säuglinge im Bett der Eltern oder der Amme starben. Bei anderen Unfällen baten die Eltern zumeist einen Heiligen um Hilfe und gelobten eine Pilgerfahrt, wenn er ihr lebloses Kind wieder zum Leben erwecken würde. Nur in einem Fall ist in den Heiligenviten die Rede von einem Kind, das beinahe erdrückt (*pene oppressus*) wurde.[51] Bei der Beantwortung der Frage, ob die Zahl der Kindsmorde nach dem Mittelalter gestiegen oder gesunken sei oder ob nur die Todesfälle im Bett zunahmen, sind sich die Historiker uneinig. Felber, der dieses Phänomen in Deutschland untersucht hat, behauptet, die Zahl der Morde habe vom 15. Jahrhundert an zugenommen. Trexler meint dagegen, daß die strengere strafrechtliche Verfolgung von Kindsmorden und die zunehmenden Anklagen gegen Eltern und Ammen vor dem Bischofsstuhl wegen Erdrückens von Säuglingen nicht unbedingt ein Indiz für die steigende Rate der Morde oder Todesfälle im Bett sein müssen. Diese Zahlen deuten seines Erachtens vielmehr darauf hin, daß man sich des Problems bewußt und nicht länger gewillt war, solche Vorfälle zu dulden.[52] Jean-Louis Flandrin und andere Historiker vertreten die Auffassung, im 16. Jahrhundert habe die Zahl der unehelichen Kinder, die unmittelbar nach der Geburt starben, zugenommen. Vor dieser Zeit seien außereheliche Beziehungen mit unehelichem Nachwuchs nicht besonders streng verurteilt worden. Dies habe sich im Zuge der Reformation und der Gegenreformation jedoch geändert, so daß nur noch Könige und Adlige es wagten, ihre Bastarde großzuziehen. Mädchen, die uneheliche Kinder erwarteten, gingen in die Stadt, da sie sich nicht trauten, ihre Kinder zu Hause zur Welt zu bringen. Sobald sie in der Stadt waren, brachten sie sie um oder setzten sie aus. Die Säuglinge, die in den Findelhäusern ausgesetzt wurden, hatten geringere Überlebenschancen als uneheliche Kinder im Mittelalter, da diese meist von ihren Eltern aufgezogen wurden.[53] Schätzungen zufolge starben in den Findelhäusern von Paris und London im 17. und 18. Jahrhundert bestenfalls 33 Prozent und schlimmstenfalls 90 Prozent der Kinder im ersten Lebensjahr.[54]

Auch einige Praktiken, die Kinder gesund machen sollten, waren in Wirklichkeit lebensgefährlich. Burchard von Worms tadelt in seinem Bußbuch den Brauch der Eltern, ein Kind mit Fieber aufs Dach zu legen oder in den Ofen zu stecken, damit das Fieber sinke.[55] Frauen, die sich solcher Vergehen schuldig machten, wurde ein Jahr Buße auferlegt.

Der Glaube an Wechselbälger und die Maßnahmen, die Eltern treffen sollten, wenn sie ihr Kind für einen solchen hielten, sind eine relativ komplexe Angelegenheit, bei der noch vieles im dunkeln liegt. Der Glaube an Wechselbälger war bereits in vorchristlicher Zeit bei den Kelten, Germanen und Slawen weit verbreitet. Wie andere heidnische Bräuche lebte auch er in christlichem Gewand fort. Die Feen, die die Kinder austauschten, galten nunmehr als Dämonen oder Sendboten Satans. Und selbst Geistliche scheuten sich nicht, von Wechselbälgern zu sprechen. So charakterisierte Jakob von Vitry, einer der größten Prediger des 13. Jahrhunderts, in einer seiner Predigten mißbilligend gewisse Gläubige als *chamium* – ein Kind, das die Brust der Amme leersaugt, bis ihre Milch versiegt, aber weder wächst noch sich entwickelt, nur sein Bauch bläht sich und wird hart.[56] Schwächliche Konstitution, Anfälligkeit für Krankheiten und anhaltendes Schreien galten als weitere charakteristische Merkmale von Wechselbälgern. Damit die Feen den Wechselbalg mitnahmen und den Eltern das rechtmäßige Kind wiederbrachten, sollte das untergeschobene Kind gequält, mit kochendem Wasser übergossen und eingeschüchtert werden, indem man vorgab, es verbrennen zu wollen. Man konnte es auch an die Kreuzung dreier Straßen oder an die Mündung dreier Flüsse bringen und es dort aussetzen. Die Mutter schlich sich fort und kam erst zurück, wenn sie einen Schrei hörte – ein Zeichen dafür, daß das Kind ausgetauscht worden war. Darüber hinaus gab es noch andere Methoden, die fast ausnahmslos den Tod des Kindes zur Folge hatten. Fielen diese Praktiken in den Bereich der Sage und des Volksglaubens, der die ambivalente Haltung der Eltern gegenüber behinderten, zurückgebliebenen, kränklichen Säuglingen widerspiegelt, oder handelte es sich um einen echten Brauch?

Jean-Claude Schmitt konnte nachweisen, daß in der Diözese von Lyon im Wald von Sandrans im Departement Ain Mütter eine Zeremonie abhielten, um statt der Wechselbälger (d. h. der kränklichen und behinderten Kinder) ihre eigenen, gesunden Kinder zurückzuerhalten. Der Dominikaner und Inquisitor Stephan von Bourbon hat diesen Brauch und die Zeremonie detailliert geschildert, um die Gläubigen seiner Diözese vor Nachahmung zu warnen. Dem Brauch lag die Legende vom Windhund des Seigneurs von Villar zugrunde. Als der Herr mit seiner Frau und der Amme eines Tages ausging, blieb nur der Windhund im Schloß zurück und bewachte die Wiege mit dem Säugling. Da sah der Hund, wie sich eine Schlange der Wiege näherte, und zerbiß sie. Als die Amme und die Eltern nach Hause kamen, sahen sie zunächst nur die umgestürzte Wiege und die Blutspuren – der Windhund hatte sich im Kampf mit der Schlange verletzt. Sie glaubten, der Hund habe das Kind angefallen. Daraufhin tötete der Seigneur ihn auf der Stelle. Erst als er die zerbissene Schlange sah und feststellte, daß das Kind unversehrt war, wurde ihm klar, daß er ihn zu Unrecht getötet hatte. Der Windhund bekam den Namen Guinefort, und die Bauern aus der Umgegend betrachteten ihn alsbald als »Märtyrer« und »Schutzheiligen« für Kinderkrankheiten. Zu Beginn der Geschichte tadelt Stephan von Bourbon Frauen, die an Dämonen glauben und sie um Hilfe ersuchen. Statt ihre kranken Kinder unter alte Bäume oder neben Ameisenhaufen zu legen, sollten sie diese in die Kirche bringen und die Heiligen anrufen. Darüber hinaus rügt er Mütter, die ihre kranken und behinderten Kinder zum Grab des Hundes Guinefort bringen. Er behauptet, eine alte Frau aus einer nahegelegenen Kleinstadt habe sie in das finstere Ritual eingeweiht. Die Mütter begaben sich in den Wald, in dem Guinefort begraben war, brachten Salz als Opfergabe mit, hängten die Kleidung des Säuglings an die Bäume und schlugen Nägel in die Bäume ein. Dann reichten sie das nackte Kind zwischen zwei Baumstrünken durch. Neunmal warf die Mutter den Säugling der alten Frau auf der anderen Seite des Baumstumpfs zu. Dann beschworen sie die Feen, das kranke, schwächliche Kind zurückzunehmen und ihnen das eigene gesunde, kräftige Kind wiederzugeben. Anschließend legten die Kindsmörderinnen die nackten Säuglinge am Fuß des Baumstamms auf Stroh aus der Wiege, zündeten auf dem Baumstrunk zwei Kerzen an und gingen so weit weg, daß sie das Kind nicht mehr schreien hörten. Dann kamen sie wieder zurück und hoben das Kind auf. Lebte es noch, wurde es neunmal in kaltes Flußwasser getaucht; wenn es starb, galt dies als Zeichen dafür, daß die Dämonen sich weigerten, das Menschenkind zurückzubringen und ihre Brut zurückzunehmen. Nachdem ihm all dies zu Ohren gekommen war, ließ Stephan von Bourbon die Leiche des Hundes exhumieren, die umstehenden Bäume ausreißen und zusammen mit dem Kadaver verbrennen. Den Feudalherren der Gegend befahl er, einen Erlaß herauszugeben, wonach jeder, der es wagte, diesen Ort zu betreten, um das Ritual abzuhalten, all seine Besitztümer einbüßen solle. In seiner historischen und ethnographischen Studie erläutert Schmitt nicht nur die Bedeutung der einzelnen Bestandteile des Rituals aus sozialer, kultureller und psychologischer Sicht, sondern weist darüber hinaus nach, daß die Maßnahmen des Inquisitors weder den Glauben an die Heilkräfte von Guinefort noch die Fortführung des Rituals zu verhindern vermochten, das ohne Unterbrechung bis ins 19. Jahrhundert fortlebte. Bis zu diesem Zeitpunkt wurden kranke Kinder in den Wald gebracht, vor allem rachitische Kinder und solche, die mit drei oder vier Jahren noch nicht gehen konnten. Während die Mütter im Mittelalter die Feen um Austausch der Wechselbälger gegen ihre Kinder baten, riefen sie in der Neuzeit allerdings nur noch Guinefort um Heilung an.

Schmitt schreibt, Stephan von Bourbon habe die Mütter zwar Kindsmörderinnen geschimpft, sie aber nicht schwer bestraft, da er ihre Taten nicht als Ritualmord, sondern nur als Verstoß gegen das Verbot, sich mit Dämonen einzulassen, und als Gefährdung des Lebens der Kinder betrachtete. Selbst wenn das Kind den Flammen nicht zum Opfer fiel – wenn die Kerzen niederbrannten, entzündeten sie das Stroh – und auch nicht von einem Wolf in Stücke gerissen wurde, hatte es nur geringe Überlebenschancen, wenn es nackt im Wald zurückgelassen und in kaltes Flußwasser getaucht wurde. Der Glaube an Wechselbälger und das Ritual lassen die ambivalente Haltung der mittelalterlichen Gesellschaft erkennen. Einerseits sorgte man sich um die Rettung des Kindes, das zwar getauft worden war, das die Taufe aber nicht vor Krankheit oder Dämonen zu beschützen vermocht hatte. Der Glaube lieferte eine »Erklärung« für Krankheit oder Behinderung, und das Ritual war ein Mittel, die harte Wirklichkeit durch Austausch des Kindes zu bewältigen. Da man glaubte, es sei von Dämonen gezeugt, konnte man es aus der menschlichen Gesellschaft verbannen. Für die Mütter war das Ritual ein Mittel zur Wiederherstellung der körperlichen Unversehrtheit sowie zur Rettung der Seele des Kindes. Es war ein »rite de passage«, der über die Verbannung die Wiederaufnahme in die Gemeinschaft ermöglichen sollte. In Wirklichkeit führte das Ritual jedoch den Tod der schwächsten Kinder herbei, ohne bei der Mutter Schuldgefühle zu wecken. Psychoanalytisch gesehen befreite sich die Mutter durch Übertragung und Projektion von der Schuld. Es gibt aber auch Belege dafür, daß der Glaube an Wechselbälger nicht stärker war als die mütterlichen Gefühle. So soll laut Stephan von Bourbon eine Frau von ferne gesehen haben, wie sich ein Wolf dem nackten Säugling näherte, nachdem sie ihn im Wald ausgesetzt hatte. Obwohl das Kind, das fast vom Wolf (oder vom Teufel in Wolfsgestalt) gefressen worden wäre, in ihren Augen gar nicht ihr eigenes Kind, sondern ein Wechselbalg war und sein Tod ihr das nur von neuem bewiesen hätte, war die Mutter, als sie den Wolf sah, nicht in der Lage, sich entsprechend der »grausamen und fatalistischen Logik« des Rituals zu verhalten. Schmitt zufolge dürften der Glaube an Guinefort und das Ritual auch kaum einen Einfluß auf die demographische Entwicklung in dieser Gegend gehabt haben, da die Kinder, die in den Wald gebracht wurden, ohnehin dazu verurteilt waren, früh zu sterben.[58] Dies ist einer der wenigen Fälle, in denen wir die Details der Legende, den Ort und den Ablauf des Rituals kennen. Verschiedene Versionen der Guinefort-Legende waren auch in anderen Ländern in Umlauf. Gab es ähnliche Rituale mit dem gleichen Zweck auch anderswo? Wurden kranke Kinder auch andernorts an der Kreuzung dreier Straßen oder der Mündung dreier Flüsse ausgesetzt? Dieses Gebiet ist beinahe noch unerforscht.

Kindsmorde waren zwar eine gesellschaftliche Realität, aber auch Ausdruck einer ambivalenten Haltung Kindern gegenüber sowie unterdrückter Wünsche, die zur Projektion von Schuldgefühlen führten. Nicht zuletzt spiegelten diese mörderischen Phantasien auch die Furcht vor der Bestrafung durch einen grausamen Vater wider. Dies dokumentieren das Hexenwesen und die Ritualmordanklagen gegen Juden. In der Sage erdrosseln alte Frauen Kinder, bringen Mütter oder Väter ihre unehelichen Kinder um, und die Geister der ermordeten Kinder verfolgen ihre Mörder.[59] Das gegen Ende des 15. Jahrhunderts verfaßte Handbuch für Hexenjäger, *Der Hexenhammer* (Malleus Maleficarum), prägte das Bild der Hexe für Jahrhunderte. Darin heißt es, Hexen töteten Kinder und weihten sie den Dämonen.[60] Kindsmißhandlungsphantasien sind auch der Inhalt der Anklagen wegen Ritualmords, die von der Mitte des 12. Jahrhunderts an gegen die Juden erhoben wurden.[61] Man beschuldigte sie, Christenkinder ermordet zu haben, um mit dem Blut *matza* (ungesäuertes Brot) für das Passahfest zu backen. Es hieß, sie würden die Kinder nicht nur töten, sondern sie auch mißbrauchen. Ein Holzschnitt in der *Schedelschen Weltchronik* aus der zweiten Hälfte des 15. Jahrhunderts zeigt ein kleines Christenkind, das von neun Juden gefoltert wird, sie lassen es zur Ader und kastrieren es. Antisemitismus und Hexenwesen können als Projektion latenter, Schuldgefühle verursachender Wünsche oder auch als Übertragung des Bildes vom strengen, Strafen bis hin zur Kastration androhenden Vaters auf die Juden gedeutet werden.[62] Auf der Säule des *Kindlifresser-Brunnens* in Bern steht die Statue eines Juden, der sadistisch ein Kind verzehrt, um ihn herum stehen weitere Kinder, die bange warten, bis sie das gleiche Schicksal ereilt.[63]

Kinder, die unter gewalttätigen Erwachsenen zu leiden haben, kommen auch in Chaucers *Canterbury Tales* vor.[64] Am schaurigsten ist die Erzählung der Priorin. Sie handelt von einem siebenjährigen Jungen, der *Alma redemptoris*, »ein Gebet, das hilfreich sich in Todesnot erweist«, singend durch die Straßen des jüdischen Viertels zur Schule geht. Er wird von einem Juden ermordet und in die Senkgrube, wo die Hebräer den Kot entluden, geworfen. Als der Junge schon tot ist, singt er weiter, bis der Mönch, der ihn begräbt, das Korn entfernt, das die Muttergottes ihm auf die Zunge gelegt hatte. Die Juden, die um den Mord wissen, müssen für ihn bezahlen. »Sie werden erst geschleift von wilden Pferden, um dann nach dem Gesetz gehenkt zu werden.«[65] Dieser kleine ›Märtyrer‹ gilt als eines der frühesten Beispiele für das »rätselhafte Kind« in der europäischen Literatur.[66]

In der Geschichte des Grafen Ugolino in Dante Alighieris *Göttlicher Komödie* sterben die Kinder den Hungertod. Im 33. Gesang der Hölle erzählt Graf Ugolino, wie er von seinem Feind, Erzbischof Ruggieri degli Ubaldini, zusammen mit seinen vier Söhnen in Pisa in den Hungerturm geworfen wurde und wie die Knaben einer nach dem anderen Hungers starben. Im Mittelpunkt der Geschichte steht der Kummer des Vaters über den Tod seiner Kinder. Graf Ugolinos letzter Satz lautet: »Dann ward das Fasten stärker als der Schmerz.« Die traditionelle Interpretation besagt, der Hunger habe bewirkt, was der Kummer nicht vermochte, Ugolino starb also an Hunger und nicht an Kummer. Einige moderne Interpreten sind jedoch der Meinung, der Satz sei das implizite Eingeständnis dafür, daß er die Leichen seiner Söhne verzehrt habe. Dabei stützen sie sich vor allem auf folgende Verse:

> »›O Vater, viel geringer litten wir,
> Wenn du uns äßest, da wir ja erhalten
> Dies arme Fleisch von dir, so nimm es dir!‹«[67]

Jorge Luis Borges meint, Graf Ugolinos letzter Satz sei absichtlich vieldeutig formuliert. Dante wollte bei seinen Lesern einerseits den Verdacht nähren, Ugolino habe die Leichname seiner Söhne gegessen, andererseits sollten sie aber auch nicht ganz daran glauben: Die Strafe, die Ugolino in der Hölle auferlegt wird – er muß auf ewig am Schädel des Feindes nagen, der ihn eingekerkert hat –, verweist gleichfalls auf die Möglichkeit, daß er die Leichen seiner Söhne gegessen haben könnte.[68]

Antoine de La Sales Geschichte *Le Réconfort de Madame du Fresne* ist »eine Trostschrift für eine Dame, die ihr erstes Kind verloren hatte«. Sie gibt u. a. eine Episode aus dem Hundertjährigen Krieg wieder, in der am Ende ein dreizehnjähriger Junge, das einzige Kind seiner Eltern, hingerichtet wird. Das Kind des kommandierenden Seigneurs der Festung Brest wird den Engländern als Geisel übergeben. Der Seigneur du Chastel muß sich zwischen seiner Ehre und dem Leben seines Sohnes entscheiden und entscheidet sich für erstere. Die Mutter ist »sehr klug und weise«, sie hört auf zu klagen, um ihrem Mann eine Stütze zu sein. Bei anderen Darstellungen von Hinrichtungen wird die Grausamkeit der Szene meist über die Reaktionen der Erwachsenen deutlich. La Sale schildert hingegen die schreckliche Angst des verlassenen Kindes, das zum Galgen geführt wird. Erich Auerbach schreibt: »Alles ist darauf angelegt, den Gegensatz zwischen der Unschuld des Kindes und dem gräßlichen Vollzug, zwischen seinem bis dahin wohlbehüteten Leben und der plötzlich auf es hereinbrechenden erbarmungslosen Wirklichkeit anschaulich zu machen: das Mitleid der Wachen, die mit dem Jungen sich schon während seiner kurzen Geiselhaft angefreundet haben, sein kindlich fassungsloses, zweimal auf den Hörer einströmendes Jammergeschrei, das, immer dieselben Worte wiederholend, sich an alle anwesenden und abwesenden Beschützer anklammert, sein Sträuben gegen den Tod bis zum letzten Augenblick, trotz des tröstenden und die Beichte abnehmenden Mönchs, so daß von dem verzweifelten Sich-Anstemmen die gefesselten Füße bis auf die Knochen aufgescheuert sind; es wird dem Herrn du Chastel und dem Leser nichts erspart.« Nicht weniger grausam das Gebet des Vaters nach der Hinrichtung seines Sohnes: »Edler Herr Gott, Ihr habt ihn mir bis zum heutigen Tage geliehen, nehmt seine Seele auf und verzeiht ihm, daß er sich gegen den Tod gesträubt hat, und verzeiht auch mir, daß ich, um recht zu handeln, ihn in diese Lage gebracht habe.«[69]

In den *Canterbury Tales*, in der *Göttlichen Komödie* und in La Sales Geschichte ist das Kind unschuldiges Opfer – Opfer der Bosheit und Grausamkeit der Juden in der Erzählung der Priorin, des feindlichen Erzbischofs bzw. der Machtkämpfe und Torheiten des Vaters in der Geschichte des Grafen Ugolino und wiederum der Feinde des Vaters sowie des feudalen Ehrenkodex in *Le Réconfort de Madame du Fresne*. In Kuhns Studie über Kinder in der abendländischen Literatur finden sich viele Beispiele von Kindern, die von Erwachsenen ermordet werden oder durch andere Taten Erwachsener ihr Leben verlieren. Oft ist der Tod die Erlösung von schlimmen Qualen. Kuhn behauptet, die Erklärung für die vielen toten Kinder in der Literatur sei der perverse Reiz der Destruktion von Unschuld.[70] In einem mittelalterlichen Drama über die Opferung Isaaks bedauert Isaak, als er merkt, was ihn erwartet, daß seine

Mutter nicht bei ihm sei. Wenn sie da wäre, würde sie vor dem Vater niederknien und ihn bitten, seinen Sohn zu schonen.[71] In La Sales Geschichte ist die Mutter zugegen, als der Vater die Entscheidung fällt, sie bittet ihn aber nicht um das Leben des Kindes, denn sie will nicht selbst die schwere Wahl zwischen der Ehre ihres Gemahls und dem Leben des Sohnes treffen.

Im Unterschied zu den grausamen biblischen Geschichten und dem Opfer von Kindern für die Ehre der Väter bleibt das Kind in der folgenden Geschichte am Leben, weil dem heiligen Heinrich Suso die Frömmigkeit mehr gilt als die Ehre. Eine Frau, die in seinen Diensten steht und ein uneheliches Kind hat, verbreitet das Gerücht, Heinrich sei der Vater des Kindes. »Das drang ihm bis ins Innerste von Herz und Seele. Er ging umher in sich selbst versunken, von Jammer und Not umgeben; die Tage wurden ihm lang und die Nächte hart, und Schrecken weckte ihn aus kurzer Ruhe... Als der arme Leidende geraume Zeit geklagt hatte und ihm Leben und Gesundheit dahinschwand, kam die Frau zu ihm und sprach: »Ei guter Herr, was richtet Ihr Euch in so beklagenswerter Weise zugrunde? Fasset Mut! Ich will raten und helfen, wollt Ihr mir folgen, daß Euch nichts an Eurer Ehre geschieht: darum fasset Mut!‹ Er blickte auf und sprach: ›Ach, wie willst du das zuwege bringen?‹ – Sie antwortete: ›Ich will das Kind heimlich unter meinen Mantel nehmen und es des Nachts lebend begraben oder ihm mit einer Nadel ins Gehirn stechen, wovon es sterben muß; und ist das Kind weg, so hört die böse Nachrede allesamt auf, und Eure Ehre ist unangetastet.‹ Da rief der Bruder in heftiger Erregung: ›O du schlimme Mörderin mit deinem blutgierigen Sinn! Wolltest du das unschuldige Kind solcherart töten?... Nein, das wolle Gott nicht, daß solch ein Mord durch mich je geschehe. Siehe, das Schlimmste, das mir dabei geschehen kann, ist der Verlust meiner zeitlichen Ehre; und hinge eines ganzen Landes weltliche Ehre an mir, die wollte ich heute ganz dem werten Gott darbringen, ehe ich unschuldiges Blut so verderben ließe.‹ – Sie erwiderte: ›Es ist doch nicht Euer Kind, was macht Ihr Euch Gedanken darum?‹ und zog ein scharfes, spitzes Messer heraus und sprach: ›Laßt es mich nur einmal aus Euren Blicken wegtragen, so reiß ich ihm die Kehle ab oder steche ihm dieses Messer in sein kleines Herz; dann ist es bald tot, und Ihr habt

Ruhe.‹ Er sprach: ›Schweig, du böser Teufel!...‹ Sie antwortete voller Ungeduld: ›Wollt Ihr es nicht töten lassen, so laßt es doch eines Morgens heimlich in die Kirche tragen, damit ihm geschehe wie anderen armseligen Findelkindern; Ihr werdet aber große Kosten und Mühe haben, bis daß das Knäblein erzogen ist.‹ Er erwiderte: ›Ich vertraue dem gewaltigen Gott vom Himmel, der mich bisher allein beraten hat, der wird mir seinen Rat auch für dies Kind noch dazu geben.‹ Und er fügte hinzu: ›Geh und bring das Kind heimlich herbei, daß ich es sehe.‹ Als er das Kindlein auf den Schoß nahm und es ansah, lachte es ihn an. Da seufzte er von Grund seines Herzens und sprach: ›Sollte ich ein mich anlachendes hübsches Kindlein töten? Wahrlich nein! Lieber will ich alles leiden, was kommen wird.‹ Und er wandte sich zärtlich dem Kinde zu und sprach: ›Ach du hilfloses armes Kind, was bist du doch für eine armselige Waise. Denn dein eigener ungetreuer Vater hat dich verleugnet, deine grausame Mutter wollte dich preisgeben wie einen widerwärtigen, hinausgestoßenen Hund! Nun hat Gottes Fügung dich mir geschenkt, daß ich dein Vater sein soll und muß; und das will ich gern sein. Ich will dich von Gott annehmen und von niemandem anders.«[72]

In der Literatur trägt die Frömmigkeit jedoch nicht immer den Sieg davon. Die grauenerregende Geschichte von einer Mutter, die ihr kleines Kind umbringt, kocht und ißt, kehrt in der Literatur und der bildenden Kunst häufig wieder. Erstmals berichtet Flavius Josephus im *Jüdischen Krieg* von einer Frau namens Maria, die während der Belagerung Jerusalems durch die Römer ihren noch nicht entwöhnten Sohn tötete, briet und aß. Im 5. Jahrhundert wurde sie von Hegesippus, im 10. Jahrhundert im *Josippon* nacherzählt, weitere Darstellungen finden sich im geistlichen Schauspiel und in Mysterien, in einer französischen Verserzählung aus dem 12. Jahrhundert und in Boccaccios *Leben berühmter Männer und Frauen*. Das Gemälde *Hunger, Wahnsinn und Verbrechen* des Belgiers Antoine Joseph Wiertz (1806–1865) stellt eine Frau mit nacktem Oberkörper und zerzaustem Haar dar. Sie sitzt neben dem lodernden Herdfeuer und hält ein bluttriefendes Messer in der Hand, auf dem Schoß hat sie den Leichnam eines in Lumpen gehüllten Säuglings, aus dem Kessel über dem Feuer ragt ein Bein des Kindes hervor. Die grausame Geschichte war im europäischen Kollektivbewußtsein fest verankert. Dieser Geschichte der das eigene Kind verzehrenden Mutter scheint die mythische Angst vor einer übermächtigen Mutterfigur zugrunde zu liegen – die, die das Leben schenkt, kann es auch wieder nehmen. Im Kontext der christlichen Kultur war die ihr eigenes Kind verzehrende Maria von Asow das Gegenstück zur Muttergottes; ihre Grausamkeit kontrastierte mit der Mutterliebe Mariens. Die Vorstellung des Einswerdens mit Christus war der christlichen Kultur nicht fremd, da der Gläubige im Sakrament der Eucharistie mit Christus eins wird, indem er sein Fleisch und Blut verzehrt.[73] In Kunst und Literatur offenbart sich Christus den Gläubigen als Opfer im Sakrament der Eucharistie. Sündige Christen hatten die Vision von Christus als kleinem Kind, das wegen der Sünden der Menschen bluten muß und in Stücke gerissen wird. Prediger und didaktische Schriftsteller forderten die Gläubigen auf, in der Hostie, die der Priester zum Himmel hebt, das leibhaftige Opfer Christi »mit eigenen Augen zu sehen«, auf daß sie in ihrem Glauben bestärkt würden. Kinder seien in ihrer Unschuld und ihrem vollkommenen Glauben eher in der Lage, das Jesuskind zu sehen.[74]

Weitere in Religion, Mythos und Literatur der verschiedensten Kulturen allgemein verbreitete Motive sind das der Mutter oder des Vaters, die ihr Kind umbringen, oder das des Kindsopfers zugunsten der Gesellschaft mit Einwilligung der Eltern. Solche Beispiele begegnen uns im Alten Testament, in dem der israelische Richter Jephtha seine einzige Tochter Jahwe zum Opfer darbringt, in der griechischen Mythologie und im griechischen Drama (Kronos verschlingt alle seine Kinder, Medea tötet ihre Kinder, Agamemnon opfert seine Tochter Iphigenie, in den *Bacchae* reißt eine Mutter ihren Sohn in Stücke) bis hin zu den Mythen und Sagen primitiver Völker.[75] Es ist allerdings problematisch, Mythen als historische Quellen anzuführen, denn sie enthalten archetypische, universelle Elemente, die ihrer Natur nach ahistorisch sind. Es liegt in der Natur der Sache, daß Mythen und Sagen oft noch lange über die Zeit hinaus fortwirken, deren Normen sie widerspiegeln. Daher sind die Kindsmorde in den mittelalterlichen Quellen nicht unbedingt ein Indiz für die wirkliche Verbreitung dieses Phänomens.

Unfälle

Im medizinischen und didaktischen Schrifttum sowie in Bußbüchern ermahnten weltliche Autoren und Priester unentwegt die Eltern und Ammen, Unfällen bei kleinen Kindern vorzubeugen. Sie beteuern, es genüge nicht, ein kleines Kind einfach in die Wiege zu legen, man müsse auch dafür sorgen, daß die Wiege nicht umkippe und das Kind nicht aufs Gesicht falle. Man solle darauf achtgeben, daß das Kind nichts in den Mund nehme, bei Tag und Nacht beaufsichtigt und insbesondere vor Feuer und Wasser behütet werde.[76] Sobald das Kind zu krabbeln und zu gehen anfängt, soll die Amme – den Ratschlägen Francescos da Barberino zufolge – es vor Gruben, Brunnen, Flüssen, Feuer, Pferden, Hunden, giftigen Pflanzen, Schlangen, Messern und anderen scharfen Gegenständen schützen. Kleine Dinge, die es leicht in den Mund stecken und verschlucken kann, sollten nicht in greifbarer Nähe herumliegen. Auch solle man sich vor fahrenden Bettlern hüten, die Kinder stehlen, sie zu Krüppeln machen und dann zum Betteln schicken, sowie vor dem bösen Blick (*malocchio*) alter Frauen. In der Wiege soll das Kind vor Vögeln geschützt werden, die es mit dem Schnabel verletzen könnten. Im Krabbelalter soll man darauf achten, daß das Kind weder Erde noch Asche noch Kohle in den Mund nehme.[77] Konrad von Megenberg warnt die Amme vor dem reichlichen Genuß alkoholischer Getränke, da sie das Kind dann nicht mehr aufmerksam bewachen könne. Viele Kinder, deren Ammen tranken, erstickten in deren Bett, wurden von Haustieren angefallen oder fielen der Amme ins Feuer oder ins Wasser. Kleine Kinder sollten im Haus und im Hof spielen, dort liefen sie nicht Gefahr, in den Brunnen zu fallen und seien vor Tieren und den Raufereien älterer Knaben geschützt.[78] Kinder jeden Alters und jeder Gesellschaftsschicht erlitten die verschiedenartigsten Unfälle. Dies belegen die Untersuchungsberichte der amtlichen Leichenbeschauer, die festzustellen hatten, ob ein Unfall oder ein Verbrechen vorlag, und die Heiligenviten.

Säuglinge erstickten in der Wiege, weil sie unter der Bettdecke keine Luft mehr bekamen;[79] andere verletzten sich, wenn die Wiege umkippte, weil die Amme sie zu stark schaukelte,[80] oder weil man sie auf den Boden oder ins Feuer fallen ließ.[81] Manche Kleinkinder erlitten schwere Verbrennungen mit heißem Wasser (meist während die Mutter Wäsche wusch); andere fielen ins Feuer, weil sie beim Laufen stolperten oder, wie in einem Fall belegt, bei einem Streit zwischen den Dienstboten hineingestoßen wurden; viele verbrannten einfach, weil man sie unbeaufsichtigt im Elternhaus zurückließ und ein Feuer ausbrach.[82] Da die Häuser aus Holz waren, waren Hausbrände keine Seltenheit. Viele kleine Kinder verletzten sich bei Stürzen; sie fielen von hohen Stühlen, Bänken und Balkonen, aus Fenstern, Dachstuben, die Stiegen hinunter oder sogar vom Turm. Viele Stürze ereigneten sich in Abwesenheit der Erwachsenen. Oft waren die Erwachsenen (Mutter, Amme oder Dienstmädchen) in der Nähe, jedoch nicht achtsam genug.[83] Kleine Kinder nahmen unbedacht Gegenstände in den Mund, die ihnen dann im Hals steckenblieben, z. B. Ringe und Holzkügelchen aus Mutters Nähkorb. Ein Kind wäre beinahe an einer Fischgräte erstickt, ein fünfjähriger Junge in einem Strohballen, der auf ihn gefallen war.[84]. Es ist belegt, daß sich ein Kind beim Spielen (*ludens pueriliter*) mit einer Axt verletzte;[85] andere wurden von Hunden, Kaninchen oder Schweinen gebissen, von galoppierenden Pferden verletzt (wenn zum Beispiel der Reiter betrunken war), von den Hörnern von Rindern durchbohrt, oder die Kinder stürzten beim Versuch, aufs Pferd zu steigen oder zu reiten. Manchmal fielen Balken oder andere schwere Gegenstände auf sie;[86] wieder andere verirrten sich im Wald beim Beerensammeln oder auf weiter Flur beim Schafehüten, meist bemerkte die Begleitperson erst Stunden später, daß sie verschwunden waren,[87] einige Kinder wurden von Wölfen gerissen.[88] Sehr viele ertranken in Flüssen (während die Mutter Wäsche wusch, besonders gefährdet waren die Kinder von Müllern), Brunnen, Gruben, Teichen, Gräben, Fässern und Kesseln.[89] Statistisch gesehen sank die Zahl der Unfälle bei Kindern über vier Jahren und nochmals bei den über siebenjährigen. Ein Kind wurde vom Vater zum Pferdefüttern geschickt, rutschte auf einer Leiter aus, fiel hinunter und wurde unter einem Ballen Stroh begraben.[90] Ein anderes stürzte von einem Turm.[91] Ein Junge fiel vom Pferd, und ein Mädchen wurde von einem galoppierenden Pferd gestreift.[92] Die Tochter eines Adligen verirrte sich im dichten

Wald,[93] die Tochter von Tagelöhnern aus der Stadt verletzte sich erheblich beim Brotschneiden.[94] Die Kinder fügten sich aber auch bei Raufereien gegenseitig blaue Flecke und Wunden zu. Ein Junge beschädigte die Statuen am Tor des Hauses eines reichen Mannes, dessen Sohn griff in seiner Wut zu einem Stock und schlug den Jungen so, daß er ihn an der Wirbelsäule verletzte.[95] Kinder wurden oft auch von Freunden umgestoßen.[96] Häufig ertranken Kinder und Jugendliche, wenn sie im Fluß badeten oder sich im Winter aufs Eis begaben und einbrachen. Besonders schlimme Folgen drohten, wenn sie in der Strömung des Flusses auf ein Mühlrad zutrieben.[97]

Die Unfälle in den *Acta Sanctorum* haben selbstverständlich alle ein glückliches Ende. Sobald die Eltern sahen, was dem Kind widerfahren war, gelobten sie, den Schrein eines Heiligen aufzusuchen und Opfergaben darzubringen, damit ihr Sprößling wieder gesund würde. Sie opferten dem Heiligen Geld, Vieh und Kerzen, die entweder die Größe und Form der verletzten Gliedmaßen oder sonstigen Körperteile oder die doppelte oder dreifache Länge des Kindes hatten. Wohlhabende Bittsteller gelobten manchmal sogar, eine Nachbildung des betroffenen Körperteils oder des ganzen Körpers aus Silber zu spenden. Nur selten wandten sich die Eltern direkt an den Heiligen oder trugen das Kind sogleich zum Schrein (wenn der Wallfahrtsort in der Nähe des Unfallorts lag). Die Archivare der Kirche, in der der Heilige begraben war, hielten die mündlichen Aussagen der Augenzeugen der Wunder schriftlich fest, ebenso die Aussagen der Zeugen vor der Kommission, die die Heiligsprechung des Wundertäters erwog. Die Unfälle und die Genesung der Unfallopfer werden zumeist realistisch geschildert, auch wenn in den Heiligenlegenden alles immer ein glückliches Ende nimmt. In den Untersuchungsberichten der amtlichen Leichenbeschauer ist dies naturgemäß nicht der Fall; verzeichnet wird meistens, daß kleine Kinder in Gräben, Gruben oder Flüssen ertrunken oder den Flammen zum Opfer gefallen sind.[98] Beim Fällen eines Baumes im Wald wurde ein kleines Mädchen erschlagen. Die Behörden ließen den Holzfäller verhaften, da er, statt Hilfe zu holen, den Leichnam im Wald versteckt hatte.[99] Ein anderes kleines Mädchen wurde von einem Stein tödlich getroffen. Es kam zur Anklage, die Zeugen sagten jedoch aus, es sei ein Unfall gewesen.[100]

Manchmal wurden Kinder auch bei Raubüberfällen auf das Elternhaus getötet.[101] Francesco da Barberino riet den Ammen, die Kinder vor Bettlern zu behüten. In England raubte denn auch eine Bettlerin die Tochter eines Krämers, zog ihr die Kleider aus und zwang sie, mit ihr zu betteln.[102]

Einige Unfälle, bei denen Säuglinge oder Kleinkinder Verletzungen erlitten, waren auf grobe Fahrlässigkeit zurückzuführen (so ließ man etwa anderthalb- bis zweijährige Kinder unbeaufsichtigt zwischen Geräten, Baumaterial, Wassertrögen oder in einem Hof mit offener Grube herumlaufen). Ungeachtet der Ansichten von deMause und anderen galten solche Unfälle nur in den seltensten Fällen als Strafe Gottes für die Sünden der Eltern.[103] Prediger hielten den Tod unschuldiger Kinder, vor allem bei Seuchen, für eine Strafe, die die Eltern zu Recht treffe, da sie ihre Kinder zu Sündern erzogen hätten, wenn sie überlebt hätten. In solchen Predigten war der Tod jedoch als Strafe für die Allgemeinheit der Sünder gedacht und nicht für einzelne, besonders sündige Eltern.[104] Unfälle wurden nur dann als Strafe Gottes angesehen, wenn die Eltern einen Heiligen oder einen anderen Diener Gottes verunglimpft hatten. Ein Unfall wird als Strafe Gottes dafür dargestellt, daß der Vater sich oft mit den Bauern des nahegelegenen Klosters angelegt und dadurch die Mönche erzürnt hatte. (Der Verfasser dieses Berichts war selbst ein Mönch dieses Klosters. In diesem Fall wurde das Kind selbstverständlich nicht von einem Heiligen »wieder zum Leben erweckt«.)[105] In einem anderen Fall erkrankte ein Kind, da seine Mutter ihm verboten hatte, das Weihwasser zu trinken, das der Heilige ihm angeboten hatte, weil zuvor ein kranker Mann davon getrunken hatte.[106] Meistens heißt es jedoch, daß die Mutter, Amme oder das Dienstmädchen unvorsichtig (*minus tamen caute*)[107] gehandelt oder das Kind unbeaufsichtigt (*sine custodia*)[108] gelassen habe. Daraus geht eindeutig hervor, daß sich die Frauen nach Auffassung der Autoren einer Pflichtverletzung schuldig gemacht haben. In manchen Fällen wird dies nicht ausdrücklich erwähnt, ist aber der Beschreibung des Unfallhergangs zu entnehmen. So im Falle einer »mit vielen Kindern gesegneten« Frau, die ein kleines Kind mit dem älteren Bruder zum Spielen in den Obstgarten gehen ließ. Das kleine Kind war noch unsicher auf den Beinen und fiel in einen Brunnen.[109] In den Untersuchungsberichten der amtlichen Leichenbeschauer heißt es: »ein dreieinhalb Jahre alter Junge fiel in eine Grube und ertrank, als seine Mutter zu den Nachbarn gegangen war, um ein Glas Bier zu trinken.« Als ein Kind in einen Brunnen auf Gemeindeland fiel, wurden die Bewohner der Gemeinde aufgefordert, die Öffnung des Brunnens zu verschließen.[110] Eine Verordnung der Stadt York verfügte, daß Pferde am Zügel zur Tränke zu führen seien, weil sie eine große Gefahr für die auf der Straße spielenden Kinder seien.[111] Es wurden mit anderen Worten Maßnahmen zur Unfallverhütung getroffen. Bei Unfällen waren die Väter eher geneigt, die Mutter der Nachlässigkeit zu zeihen (oftmals nicht zu Unrecht), als im Tod ihrer Kinder eine Strafe Gottes für die eigenen Sünden zu sehen.[112] Fahrlässiges Verhalten ist aber kein Indiz dafür, daß Eltern im Mittelalter nicht an ihren Kindern hingen und nicht jede mögliche Anstrengung unternahmen, um ihre Kinder am Leben zu erhalten. Lange Zeit bestritten die Historiker, daß im Mittelalter Kindsmorde begangen worden seien; bestenfalls hielten sie diese für die Ausnahme von der Regel, da Kindsmord ein Verstoß gegen die christliche Moral war.[113] Als sie schließlich die Tatsache anerkannten und sich Aries' Ansicht anschlossen, daß kleine Kinder im Mittelalter nicht in ihrer Besonderheit gewürdigt wurden, machten sie eine Kehrtwendung um 180 Grad und betrachteten die Unfälle als Beleg für die Geringschätzung der Kinder, wenn nicht gar als verschleierten Mord. Auch diese Deutung trifft aber nicht den Kern der Sache. Die Tatsache, daß im Mittelalter Eltern nicht sorgfältig genug auf ihre Kinder aufpaßten, ist kein Beweis für die These, daß ihnen ihre Kinder gleichgültig waren. Würde man sich heute ausschließlich auf Unfalldaten von Kindern stützen, die in den Notaufnahmen der Krankenhäuser, den Polizei- oder Verkehrsunfallberichten zu finden sind, und sich daraus ein Bild über die Einstellung heutiger Eltern zu ihren Kindern machen, so ergäbe sich ein sehr einseitiges Bild von der Haltung unserer Gesellschaft zum Kind oder von der emotionalen Beziehung der Eltern zu ihren Kindern. Die *Acta Sanctorum* und die Untersuchungsberichte der amtlichen Leichenbeschauer verweisen auch auf eine ansehnliche Anzahl von Unfällen, die Erwachsenen zustießen. Sie verletzten sich an den Sporen des Pferdes, verhedderten sich in den Zügeln, verunglückten bei Übungen für Wettkämpfe, bei Turnieren oder bei der Jagd – soweit nur einige typische Unfälle aus Adelskreisen. Bauern und Handwerker verletzten sich zumeist bei Arbeitsunfällen; Raufereien und Schlägereien forderten Opfer; Erwachsene aus allen Schichten der Gesellschaft ertranken in Flüssen, Seen, im Meer oder gar in Teichen und Brunnen[114] – wie die Kinder. Die meisten konnten nicht schwimmen und begaben sich dennoch ins Wasser. Fatalistisch glaubten die meisten, Gott werde sie und ihre Kinder beschützen. So wird von einer Frau berichtet, die ein kleines Kind zu Hause hatte, aber unbedingt in die Stadt mußte »und niemanden hatte, der auf das Kind hätte aufpassen können, außer Gott und dem heiligen Dominik«. Als sie nach Hause kam und das Haus in Flammen stand, rief sie: »Heiliger Dominik, gib mir meinen Sohn wieder.«[115] Eine Mutter wurde vom öffentlichen Ausrufer dazu angehalten, ihrer Arbeitsverpflichtung (*bannum*) gegenüber dem Schloßherrn nachzukommen und für den Bau einer Mauer Sand und Steine zu schleppen. Mit Tränen in den Augen erzählte sie ihrer Arbeitsgefährtin, sie habe niemanden, dem sie ihre behinderte Tochter anvertrauen könne. Da sie ihr Kind verlassen mußte, vertraute sie es einem Heiligen an.[116] Aus B. A. Hanawalts Studie über die Untersuchungsberichte der amtlichen Leichenbeschauer geht hervor, daß sich die meisten Unfälle, bei denen Kinder verletzt wurden, in ländlichen Gebieten während der Erntezeit von Mai bis August ereigneten.[117] Margaret Mead berichtet, daß sich die Kinder in Neuguinea schon mit einem Jahr in allen möglichen Situationen an der Mutter festklammern können und frühzeitig über Gefahren aufgeklärt werden.[118] So können die Kinder dort schon mit drei Jahren auf Entdeckungsreisen gehen, ohne ständig in Lebensgefahr zu schweben. Ganz anders in Europa im Mittelalter, wo die Umwelt vielfältiger und komplexer war (und die Mittel zur Unfallverhütung sehr begrenzt). Allem Anschein nach ließ man sie früh in der Gegend herumlaufen, ohne ihnen Vorsicht einzuschärfen. Die Tatsache, daß die Eltern die Heiligen um Hilfe baten, wenn ihr Kind einen Unfall erlitt, zeugt jedoch davon, daß sie den Wunsch hegten, es solle genesen oder »wieder zum Leben erweckt werden«. In vielen Fällen schildern die Schriftsteller Furcht und Schrecken der Eltern, »der Kummer wühlte ihnen in den Eingeweiden, als sie das so schrecklich entstellte Gesicht des kleinen Mädchens sahen«,[119] oder die Mutter wehklagt und weint, während der Vater das Kind auf der Pilgerfahrt trägt.[120] Die Untersuchungsberichte der amtlichen Leichenbeschauer berücksichtigen selbstverständlich nur die Fakten und kaum je die Reaktionen der Eltern. Ein einziges Mal wird von einem Ehepaar berichtet, das aus einem Laden floh, in dem Feuer ausgebrochen war, und das Kind in der Wiege vergaß. Als der Mutter das Kind wieder einfiel, lief sie in das brennende Gebäude zurück, um es zu retten, erstickte jedoch im Rauch.[121] Verunglückte ein Kind, eilte sofort die ganze Nachbarschaft mit Ratschlägen – beispielsweise ein Gelübde abzulegen – zu Hilfe. Und alle Welt freute sich darüber, wenn das Kind »wieder zum Leben erweckt wurde«.[122] Einige Geistliche wußten, daß Mütter gelegentlich auch unachtsam sein können, dann aber schmerzlich um ihr Kind trauern, wenn es bei einem Unfall stirbt. So kann man in der Gesetzgebung des Erzbischofs von Dänemark aus dem frühen 13. Jahrhundert nachlesen: Wenn ein Kind infolge von Nachlässigkeit (*negligencia*) den Flammen zum Opfer fällt oder ertrinkt, »glauben wir«, daß ein Jahr Buße genügt, da »die Leiden der Mutter durch ihren Kummer ohnehin schon größer waren als ihre Schuld«.[123]

Krankheit, Verwaisung und Trauer

Für Philippe Ariès ist die Gleichgültigkeit der mittelalterlichen Gesellschaft kleinen Kindern gegenüber »eine direkte und unausweichliche Konsequenz der Demographie der Epoche«, mit anderen Worten, der hohen Säuglings- und Kindersterblichkeit. Seiner Ansicht nach waren die Überlebenschancen der Kinder so gering, daß die Eltern Abwehrmechanismen entwickelten: »Man konnte sich nicht zu sehr an etwas binden, das man als potentiellen Verlust betrachtete.« Und da sie keine enge Bindung hatten, ertrugen sie den Tod der Kleinen im allgemeinen mit Gleichmut.[1] Dem historischen Demographen Laslett zufolge nahm die Gesellschaft in früheren Zeiten den Tod als unausweichliche Gegebenheit hin, da die Lebenserwartung gering war und daher sehr viele Menschen ihre Eltern oder Ehepartner früh verloren. »Die Menschen hatten damals wahrscheinlich eine ganz andere Haltung zum Tod, zur Verwaistheit, zum Witwenstand und zum Leben mit Stiefeltern. Die vorindustrielle Gesellschaft war an Trauer und frühen Tod gewöhnt.«[2]

Krankheit

Im Mittelalter war es nicht nur üblich, sich bei Unfruchtbarkeit, einer schweren Geburt oder Unfällen in Bittgebeten an die Heiligen zu wenden, sondern auch wenn die Kinder krank, behindert oder verkrüppelt waren. R. Finucane hat die Wunder von neun besonders beliebten mittelalterlichen Heiligen untersucht. Von den 3000 Wundertaten der sieben englischen und zwei französischen

Heiligen waren 90 Prozent Wunderheilungen. Andere Studien zeigen, daß ein Drittel der Fälle, in denen Heilige bemüht wurden, Fürbitten um die Heilung von Kindern jeden Alters und Geschlechts waren.[3] Einige Heilige wurden sogar als Kinderheiler berühmt, man glaubte, Gott habe ihnen diese Gabe verliehen.[4] Wenn ein Kind plötzlich erkrankte oder einen Unfall erlitt, konnte es nur dann zum Grabmal eines Heiligen gebracht werden, wenn dieses in der Nähe war. In der Mehrzahl der Fälle gelobten die Eltern daher, die Pilgerfahrt anzutreten, sobald das Kind genesen sei.[5] War jemand im Besitz einer Reliquie, so legte er sie auf das erkrankte Körperteil des Kindes.[6] Behinderte und chronisch kranke Kinder nahm man mit auf Pilgerfahrt und verbrachte oft Tage oder Wochen am Grab des Heiligen. Es ist nicht immer möglich, heute noch festzustellen, an welchen Krankheiten die Kinder litten, denn manchmal heißt es nur, »Krankheit und großes Leid kamen über sie«, oder »sie litten an einer langwierigen Krankheit«.[7] Oft werden aber auch Symptome genannt, so daß sich folgende typische Kinderkrankheiten herauskristallisieren: hohes Fieber bei Grippe; Bronchial- und Lungenleiden; Keuchhusten; Masern; Pocken; Tuberkulose; Atembeschwerden, plötzliches Frösteln oder Zittern, Hautausschläge und Blattern, die den ganzen Körper bedeckten. Oft waren die Säuglinge vom Fieber beinahe ausgetrocknet, da sie weder an der Brust saugten noch eine andere Flüssigkeit tranken.[8] Erwähnt werden auch: Erkrankungen der Harnwege,[9] Magen- und Darminfektionen sowie Wurmerkrankungen,[10] Nierensteine,[11] Rheumatismus,[12] Geschwülste,[13] Anschwellen des Bauches oder des ganzen Körpers,[14] Leistenbrüche,[15] Geschwüre, Karbunkel und wunde Stellen, die nicht heilten,[16] Knochentuberkulose,[17] Epilepsie,[18] Geisteskrankheit[19] und sogar Zahnschmerzen.[20] Wurde das Kind wieder ganz gesund oder ging es ihm zeitweilig besser, hielten die Eltern das für ein Wunder. Wohlhabende Eltern holten zunächst verschiedene Ärzte ans Krankenbett und wandten sich an die Heiligen erst, wenn die ärztliche Kunst versagte.[21] Im medizinischen Schrifttum der Zeit werden viele Kinderkrankheiten beschrieben; den Ärzten fiel die Diagnose jedoch recht schwer, und selbst wenn diese stimmte, waren sie meist nicht in der Lage zu helfen. Eines der beliebtesten Heilmittel mittelalterlicher Ärzte war der Aderlaß, bei Säuglingen hielt man dieses drastische Mittel jedoch für zu gefährlich.[22] Bei Knochenbrüchen oder Geschwülsten waren die Ärzte hingegen oftmals überzeugt, den Patienten durch eine Operation heilen zu können. Die Mütter hatten jedoch große Angst vor chirurgischen Eingriffen und baten lieber die Heiligen um Hilfe.[23]

Die Pfarrer der Wallfahrtskirchen, in denen Heilige begraben waren, unternahmen alles in ihrer Macht Stehende, um die Wunder bekanntzumachen, die der Heilige gewirkt hatte. Sie schilderten die wundersame Heilung von Kindern in leuchtenden Farben, da solche Wunder bei den Gläubigen besonders beliebt waren und den Ruhm des Heiligen mehrten. Strenge Strafen drohte der Prediger Humbert von Romans im 13. Jahrhundert Frauen an, die zur Hexerei Zuflucht nahmen, u. a. in der Hoffnung, ihre kranken Kinder zu heilen.[24]

War ein Kind lebensgefährlich erkrankt, so wird der Kummer der Eltern entweder damit begründet, daß es ihr einziges Kind ist,[25] oder damit, daß sie bereits fünf Kinder verloren haben und nun auch noch die letzte überlebende Tochter daniederliegt,[26] oder damit, daß es das erstgeborene Kind und der Erbe ist.[27] Oft heißt es aber auch einfach, die Eltern litten Kummer und Schmerz, Vater oder Mutter liebten ihre Tochter oder ihren Sohn und seien furchtbar besorgt wegen der tödlichen Krankheit.[28] Besonders bewegend ist die Schilderung eines Vaters, der »ein berühmter Arzt war und eine kleine Tochter hatte, die er sehr liebte«: Mit Tränen in den Augen bat er den Heiligen um Hilfe.[29] Eine Mutter, deren Sohn einen Knochenbruch erlitten hatte und ans Bett gefesselt war, weigerte sich, ihn operieren zu lassen. Sie beteuerte, sie werde ihn lieber ihr Lebtag pflegen als sein Leben durch eine Operation gefährden.[30] Nicht alle Eltern pflegten ihre behinderten Kinder mit so viel Hingabe. In den *Acta Sanctorum* wird eine Frau erwähnt, deren Tochter jahrelang krank war und fast alles, was sie zu sich nahm, wieder erbrach. Die Mutter war es müde, für sie zu sorgen, und flehte einen Heiligen an, das Kind entweder gesund werden oder sterben zu lassen. Daraufhin starb das Kind – und dies galt als Wunder.[31]

Zum Schluß noch die Aussagen zweier Bäuerinnen aus Montaillou vor dem Bischofsstuhl des Inquisitors Jacques Fournier. Mengarde Buscailh hatte ein drei Monate altes, krankes Kind. Ein Bauer fragte sie, ob sie es durch das *consolamentum* am Totenbett zum Katharer machen wolle; dadurch könne es nach dem Tod ein Engel werden. Als die Mutter fragte, was nach der Zeremonie mit dem Säugling geschehe, antwortete der Bauer, sie dürfe ihn dann nicht mehr stillen und müsse ihn sterben lassen. (Nach dem *consolamentum* mußte dessen Empfänger, so wollten es die ›Vollkommenen‹ (*parfaits*) aus der Sekte der Katharer, vollkommen abstinent sein.) Die Frau antwortete, solange ihr Kind noch am Leben sei, werde sie ihm nicht die Milch entziehen.[32] Raymond und Sybille Pierre, beide Katharer, hatten eine Tochter namens Jacotte. Als das Mädchen noch kein Jahr alt war, wurde es todkrank. Auf Wunsch der Eltern erklärte sich der ›Vollkommene‹ Prades Tavernier bereit, dem Kind entgegen allen katharischen Regeln, die die Tröstung von Säuglingen verboten, das *consolamentum* zu erteilen. Danach durfte Jacotte nicht mehr gestillt werden. Der Vater verließ zusammen mit dem ›Vollkommenen‹ das Haus; die Mutter blieb bei dem Kind und konnte das ihr auferlegte Stillverbot nicht durchhalten, sie weigerte sich, ihre Tochter um ihres Seelenheils willen verhungern zu lassen, und gab ihr die Brust. Als der Ehemann und die Freunde des Ehepaares, gleichfalls Katharer, dies erfuhren, wurden sie zornig und machten der Frau schwere Vorwürfe. Sie selbst berichtete, ihr Mann habe sie und ihre Tochter schon lange nicht mehr geliebt. Das Mädchen verstarb im Alter von zwei Jahren.[33]

Behinderte Kinder

Nicht nur der Klerus lehnte es ab, behinderte Kinder umzubringen (obwohl einige Geistliche glaubten, behinderte Kinder seien die Frucht des Geschlechtsverkehrs an den von der Kirchengesetzgebung verbotenen Tagen),[34] auch die Ärzte, die ansonsten die Lehren des Hippokrates und Soranos von Ephesus übernahmen, stimmten an diesem Punkt nicht mit ihren antiken Lehrmeistern überein. Sie verloren in ihren Schriften kein Wort über die Tötung behinderter Kinder.[35] Ob Behinderte vielerorts unmittelbar nach der Geburt stillschweigend ausgesetzt oder getötet wurden, oder ob dies nur im Wald von Sandrans geschah, ist bislang nicht erforscht. Daß man ihnen ablehnend gegenüberstand und sie vernachlässigte, ist hingegen belegt. Wohlhabende Familien pflegten, sie der Obhut von Ammen außer Haus anzuvertrauen und sie später ins Kloster zu schicken. Als die Mutter des Ambrosius von Siena feststellte, daß ihr neugeborener Sohn ein körperliches Gebrechen hatte, erging sie sich zunächst in Selbstmitleid, fügte sich dann aber in ihr Schicksal und gab den Säugling zu einer Amme in Pflege.[36] Eine andere Frau, die ein behindertes Kind zur Welt brachte, fragte Gott: »Warum hast du es nicht vom Mutterleib direkt ins Grab genommen?«[37] Der spätere Heilige Gilbert von Sempringham war als Kind häßlich und mißgebildet, seine Eltern verurteilten ihn dazu, mit dem Gesinde zu essen, und selbst die Leute niederer Herkunft weigerten sich, mit ihm an einem Tisch zu essen. Sein Vater, ein furchtloser Ritter, schüchterte ihn so ein, daß er sich nichts merken konnte, solange er zu Hause lebte; daher galt er als einfältig.[38] Die Eltern einer künftigen Heiligen nahmen das blinde Mädchen im Alter von sechs Jahren mit auf Pilgerfahrt. Als all ihre Gebete und Gelübde das Kind nicht sehend machten, setzten sie es in der Klosterkirche aus.[39]

Die mittelalterliche Gesellschaft verhielt sich jedoch nicht nur feindselig Behinderten gegenüber. In den Heiligenviten werden sehr viele von Geburt an (*a nativitate*) behinderte Kinder von den Eltern großgezogen und auf Pilgerfahrten mitgenommen. Viele Kinder waren von Geburt an taub, stumm oder auf einem oder beiden Augen blind, andere verloren das Augenlicht infolge von Krankheiten (darunter sicher viele Augenleiden).[40] Manchmal pilgerten die Eltern zum Schrein der Heiligen mit Kindern, die wegen einer Lähmung Kopf, Arme oder Beine nicht bewegen konnten[41] oder eine Hasenscharte hatten.[42] Die Mißbildungen von Armen und Beinen wurden mit an Grausamkeit grenzender Deutlichkeit geschildert, um das Wunder der Heilung dann in um so hellerem Licht erstrahlen zu lassen,[43] ebenso die schweren Lähmungsfälle.[44] Ungeachtet ihrer sozialen Schicht nahmen die Eltern kranke Kinder mit auf Pilgerfahrt. So weiß man, daß ein Bauer mit seinem fünfjährigen, stummen Sohn auf Wallfahrt ging und die Kirche trotz seiner Armut reich beschenkte, nachdem das Kind geheilt war.[45]

Pilgerfahrten waren kostspielig und mühselig. Unter Bedingungen, die schon für gesunde Menschen eine Strapaze darstellten, war es besonders schwer, mit einem chronisch kranken oder behinderten Kind zu reisen. Und auch nach der Ankunft am Wallfahrtsort hatte manch eine Mutter große Mühe, ihr gelähmtes Kind durch die dichte Menschenmenge zum Schrein zu bringen.[46] Leichter war es, ein Gelübde abzulegen und die Pilgerfahrt auf die Zeit nach der Genesung des Kindes zu verschieben. Ein Gelübde zu brechen, galt als gefährlich, da man glaubte, die Heiligen seien allwissend und würden die Nichteinhaltung des Versprechens mit einer Strafe belegen.[47] Einige behinderte Kinder erreichten sogar das Erwachsenenalter. Sie waren meist ihr Leben lang auf ihre Eltern angewiesen und gingen von Zeit zu Zeit mit ihnen auf Pilgerfahrt.[48]

Andere Eltern standen ihren behinderten Kindern ablehnend gegenüber, so wie dies auch heute noch der Fall ist. Mütter, die trotz aller Mühe hingebungsvoll für ihre behinderten Kinder sorgen, richten ihre Aggressionen oft gegen sich selbst oder ihre Umwelt.[49]

Trauer

Die Kindersterblichkeit war sehr hoch, nicht nur unmittelbar nach der Geburt, sondern auch im ersten Lebensjahr. Den von der historischen Demographie ermittelten Daten zufolge starben im vorindustriellen Europa etwa 200 bis 300 von 1000 Säuglingen im ersten Lebensjahr und von den Überlebenden erreichten nur 500 das fünfte Lebensjahr. Von diesem Alter an nahm die Kindersterblichkeit allmählich ab, blieb jedoch bis zum zehnten Lebensjahr relativ hoch.[50] Bei Epidemien oder in Zeiten von Hungersnot und/oder Krieg stieg die Sterblichkeitsziffer natürlich weiter an.[51] Viele starben Hungers, andere waren aufgrund der Mangelernährung körperlich geschwächt und daher sehr anfällig.[52] Wie stark die Familien von der Kindersterblichkeit betroffen waren, zeigt das Beispiel des Florentiner Kaufmanns Gregorio Dati. Seine vier Ehefrauen gebaren ihm insgesamt sechsundzwanzig Kinder, und nur acht erreichten das Erwachsenenalter. Ein Kind starb bei der Geburt, eines im Alter von zwei Wochen, eines nach dem ersten Geburtstag, drei starben wenige Monate nach der Geburt, andere jeweils mit drei, vier, sechs, sieben und neun Jahren.[53] In der ersten Hälfte des 15. Jahrhunderts verlor ein Mann aus dem Limousin in Frankreich zehn seiner dreizehn Kinder. Das älteste Kind starb im Alter von vierzehn Jahren, die jüngsten starben wenige Tage nach der Geburt, sechs in Zeiten von Hungersnot und Pest.[54] Von der hohen Kindersterblichkeit blieben auch die Königshäuser nicht verschont. Von den zwölf Nachkommen Karls VI. und Isabellas von Bayern erreichten nur acht das Erwachsenenalter. (Ein Kind wurde tot geboren, ein Kind starb mit drei Monaten, eines mit zwei und eines mit neun Jahren.)

Im Mittelalter waren die Menschen von Kindheit an mit dem Tod vertraut. Da die meisten zu Hause starben, blieb den Kindern auch der Anblick von Leichen nicht erspart. In juristischen Dokumenten wurde der mögliche Tod der Vertragspartner von vornherein berücksichtigt, auch wenn es sich um Kinder handelte. Ein Vater, der fast alles seinem Sohn vermachte, verfügte in seinem Testament, daß im Falle des Todes seines Sohnes der Besitz unter die anderen drei Erben verteilt werden solle.[55] Im Heiratsvertrag, den William Marshal und Graf Baldwin von Bethune für ihre Kinder – einen zwölfjährigen Jungen und ein siebenjähriges Mädchen – abschlossen, wurde festgelegt: Stirbt der Junge, so wird das Mädchen mit seinem Bruder verheiratet; stirbt das Mädchen, Baldwins einzige Tochter, so bekommt Marshals Sohn die nächste Tochter, die Graf Baldwin geboren werde, zur Frau.[56] In Florenz richtete die Stadt einen Aussteuer- oder Mitgift-Fonds (*monte delle doti*) ein; die Väter zahlten gewisse Summen für ihre Töchter ein, die deren Ehemännern nach Ablauf der vereinbarten Fristen ausbezahlt wurden. Nach den Bestimmungen des Fonds fiel das angesparte Geld einschließlich der Zinsen an die Stadt Florenz, wenn das Mädchen starb. Im Jahre 1433 wurde dieser Passus geändert, um den Vätern einen Anreiz zum Sparen zu geben. Von diesem Zeitpunkt an bekam der Einzahler das angelegte Geld zurück, wenn das Mädchen vor dem vereinbarten Zahlungstermin starb.[57]

Man rechnete nicht nur mit dem Tod, sondern wußte auch um dessen Schrecken. Im *Totentanz der Frauen* »läßt Martial d'Auvergne das Mädchen ihrer Mutter zurufen: ›Paß mir gut auf meine

Puppe, meine Spielsachen und mein schönes Kleid auf!‹ «[58], bevor es vom Tod weggeschleppt wird. In Darstellungen des Jüngsten Tages steigen Männer, Frauen und Kinder aus ihren Gräbern empor. Auch gab es besondere Gebete für die Auferstehung kleiner Kinder von den Toten.[59] In einer Illuminierung des Gedichts *Der Renner* des Hugo von Trimberg, das sowohl von glücklich spielenden als auch von toten Kindern handelt, erscheint der Tod als Taufpate, er steht bereits neben dem Taufstein, um das Kind in Empfang zu nehmen.[60] Der Familienvater in Albertis Buch *Über das Hauswesen* meint, was die Freude an Kindern am meisten trübe, sei die Angst um deren Leben: »Erwäge, was es für eine Bitternis für den Vater sein muß, von Stunde zu Stunde gewärtig zu sein, einer solchen Freude beraubt zu werden.«[61] Der Verfasser der Abhandlung zum Lobpreis der Jungfräulichkeit zählt die ständige Furcht der Mutter, ihr hübsches Kind könne sterben, gleichfalls zu den Leiden der Mutter.[62]

Theologen und Prediger forderten die Eltern auf, Geburt und Tod ihrer Kinder mit Fassung zu tragen: »Der Herr gibt, und der Herr nimmt.« Sie hielten es für unchristlich, allzusehr um ein Kind zu trauern, und trösteten trauernde Eltern damit, daß der Tod ihrer Kinder eine Gnade Gottes sei. Trauerten die Hinterbliebenen allzusehr, so wurde ihnen vorgeworfen, sie ließen es an Glauben und Frömmigkeit mangeln. Selbst Prediger, die den Pesttod von Kindern zur Strafe für die Sünden der Eltern erklärten, fühlten sich bemüßigt hinzuzufügen, es sei keine Strafe Gottes für die Kinder, wenn sie von den Leiden im irdischen Jammertal erlöst würden. Auch Jean Gerson hielt den Tod von Kindern für die Folge menschlicher Sündhaftigkeit. Als *exemplum* führte er die Geschichte eines kinderlosen Ehepaares an, das nach Jahren des Gebets und der guten Taten endlich mit einem Sohn gesegnet wurde. Nach der Geburt des Kindes gaben die glücklichen Eltern ihr ganzes Vermögen für das Kind aus. Gott erzürnte aber, daß sie nicht mehr für die Kirche und die Armen spendeten, und nahm ihnen, was er ihnen geschenkt hatte.[63] Humbert von Romans schreibt über die ›Ungläubigen‹, die allzusehr trauern: »Sie sind sehr unglücklich, wenn ihnen liebe Menschen sterben. Und zwar deshalb, weil sie nicht glauben, daß es ein Leben nach dem Tod gibt. Ein gläubiger Mensch

Der Tod als Taufpate. Illustration der Handschrift des »Renner« des Hugo von Trimberg, um 1400

sollte sich nicht so verhalten.«[64] Während die Trauer für Humbert von Romans Ausdruck mangelnden Glaubens ans Jenseits ist, schreibt John Wyclif im 14. Jahrhundert, es sei eine Sünde, sich nicht in Gottes Willen zu fügen. Müttern, die um ihr totes Kind weinen, macht er schwere Vorwürfe: »Sieh an die Verrücktheit dieses dumpfen Klagens. Es ist eine große Gnade Gottes, ein Kind von dieser Welt zu nehmen.«[65] Seines Erachtens ist es für die Mutter tröstlich, daß ihr Kind ins Jenseits kommt, ohne sich mit Sünden beladen zu haben. Ein »gutes Weib« gab im 15. Jahrhundert der eigenen Tochter den Rat, sich geistig auf Schicksalsschläge vorzubereiten, dann werde sie eher in der Lage sein, den Tod ihrer Kinder hinzunehmen, ohne sich über Gottes Ratschluß zu empören.[66]

Der Dominikaner Thomas Cantimpranus (13. Jahrhundert) erzählt in der Abhandlung *Bonum Universale de Apibus*, die von Tugenden und Lastern handelt, folgende Anekdote aus dem Leben seiner Großmutter. Ihr erstgeborener Sohn war ein hübsches und begabtes Kind, dem man eine glänzende Zukunft vorhersagte. Als er starb, trauerte sie sehr um ihn und war untröstlich, bis sie eines Tages die Vision einer Gruppe von Jünglingen hatte, die fröhlich ihres Wegs kamen. Deren Anblick erinnerte sie an ihren Sohn, Tränen stiegen ihr in die Augen, weil sie ihn nicht in der fröhlichen Gruppe sah. Da erblickte sie ihn müden Schritts hinter der Gruppe hergehen. Voll des Kummers fragte sie: »Wie kommt es, mein Sohn, daß du allein gehst und hinter der Gruppe zurückbleibst?« Da schlug er seinen Mantel auf, zeigte ihr einen schweren Wasserkrug und sagte: »Sieh da, liebe Mutter, die Tränen, die du umsonst um mich vergossen hast, sind so schwer, daß ich hinter den anderen hinterherhinken muß! Daher sollst du dich mit deinen Tränen Gott zuwenden und dein frommes und andächtiges Herz in Gegenwart des Opfers des Leibes Christi ausschütten, mit Almosen für die Armen. Erst dann werde ich von der Last befreit sein, an der ich nun so schwer zu tragen habe.«[67]

Allzu großer Schmerz bereitet dem Verstorbenen noch im Jenseits Kummer. So auch im Volksmärchen vom Totenhemdchen, wo »das gestorbene Kind zu seiner Mutter kommt, um sie zu bitten, nicht länger zu weinen, damit sein Totenhemdchen trocknen kann.«[68] Auch in der schönen Literatur wird der Tod von Kindern als schmerzlicher und kaum verwindbarer Verlust dargestellt.[69]

In der Geschichte eines tödlichen Unfalls, der dem Sohn eines Adligen widerfuhr, welcher die Mönche im nahegelegenen Kloster erzürnt hatte, kommt das unschuldige Kind in den Himmel, der Vater ist jedoch sein Lebtag untröstlich.[70] In Albertis Buch *Über das Hauswesen* heißt es zum einen, man müsse sich in sein Schicksal fügen und dürfe nicht trauern, da Gott nur zu sich nehme, was er dem Menschen anvertraut habe, und barmherzig handle, indem er das Kind aus dem irdischen Jammertal zu sich nehme, bevor es zum Sünder werde. Zum anderen antwortet der Familienvater seinem Gesprächspartner: »Trotzdem halte mich nicht für einen Narren, obwohl ich in vieler Beziehung meinen Kindern gegenüber nicht frei von Angst bin, oder du mußt alle Väter für unverbesserliche Toren erklären, da man doch keinen findet, der sich nicht viele Sorgen macht und fürchtet, die zu verlieren, die ihm das Teuerste sind: wenn das jemand tadelt, so schilt er damit das Vatersein selbst.«[71]

Hätten die Eltern im Mittelalter den Tod ihrer Kinder mit dem Gleichmut hingenommen, den die Prediger von ihnen forderten, hätte sich wohl kaum ein Geistlicher bemüßigt gefühlt, sie zu trösten oder für ihre maßlose Trauer zu schelten. Die Heiligenviten und die Aussagen der Bauern von Montaillou vor dem Bischofsstuhl des Inquisitors Jacques Fournier spiegeln das gesamte Spektrum von Reaktionen auf den Tod eines Kindes wider: eine weinende und wehklagende Mutter rauft sich die Haare und schlägt sich an die Brust;[72] eine andere Mutter flieht nach dem Tod ihres Kleinen in den Wald und weigert sich, nach Hause zu gehen;[73] eine dritte lehnt es ab, die Leiche ihres kleinen Sohnes zum Begräbnis freizugeben;[74] ein Vater ist vor Kummer gelähmt.[75] Eine Mutter ist über den Tod eines Sohnes so betrübt, daß sie ihre Pflichten als Hausfrau und Mutter vernachlässigt. Monatelang wehklagt sie, will kein Wort des Trostes hören, weigert sich, in die Kirche zu gehen und ist nicht mehr in der Lage, für ihren noch lebenden Sohn zu sorgen. Erst als ein Heiliger für sie betet, wird sie von ihrer Traurigkeit (*tristitia*) erlöst, »und keinerlei Bitternis bleibt in ihr zurück«.[76] Manchmal zogen sich die Eltern nach dem Tod ihres einzigen Kindes in ein Kloster zurück.[77] Auch Schuldgefühle von Hinterbliebenen waren dem Mittelalter nicht fremd. In seinem Tagebuch schreibt Giovanni Morelli über den Tod seines ältesten Sohnes, der mit zehn Jahren starb. Zwei Wochen lang wich der Vater nicht von seiner Bettstatt. Nach dem Tod des Kindes klagte er sich an, zu streng und gebieterisch und mit den Leistungen des Kindes stets unzufrieden gewesen zu sein. Statt ihn mit väterlicher Güte zu behandeln, habe er ihn oft gescholten und geschlagen: »Du liebtest ihn, hast ihn aber nie glücklich gemacht. Nie hast du ihn geküßt, wenn er es wollte ... Jetzt hast du ihn verloren und wirst ihn in dieser Welt nie wiedersehen.[78] Auf dem Kapitell einer Säule in der Magdalenenkirche in Vézelay (erste Hälfte des 13. Jahrhunderts) ist ein Bauer dargestellt, der den Tod eines Säuglings betrauert und den heiligen Benedikt anfleht, ihn wieder zum Leben zu erwekken.[79] Katholiken wie Ungläubige hatten bestimmte Trauerrituale, Nachbarn und Verwandte kamen, um die Trauernden zu trösten. Eine katholische Frau, die ihren Sohn verloren hatte, wurde von ihren Verwandten damit getröstet, daß das Kind in aller Unschuld von der Welt genommen worden sei; die tröstenden Worte bewirkten aber nicht, daß sie aufhörte zu trauern.[80] Einer Katharerin, deren Tochter gestorben war, wurde versichert, Gott werde den Körper ihres nächsten Kindes mit der Seele des toten Kindes beseelen. Da die Tochter vor ihrem Tod in die Glaubensgemeinschaft der Katharer aufgenommen worden sei, werde ihre Seele sicher erlöst. Die Frau antwortete, sie sei zwar glücklich darüber, sie werde aber noch mehr um sie weinen, als sie schon Tränen vergossen habe.[81]

Der Tod eines Kindes war oft nicht nur ein emotionaler, sondern auch ein materieller Verlust. Adlige verloren den Stammhalter, wohlhabende Stadtbewohner den Erben, dem sie ihren Besitz vermachen wollten, und die Stütze ihres Alters (*baculum senectutis*). Ein Bauer aus Montaillou klagte, »ich habe durch den Tod meines Sohnes alles verloren. Nun habe ich niemanden mehr, der für mich arbeitet«. Der Tod des einzigen oder letzten Kindes war besonders schmerzvoll. Selbst Prediger wie Jean Gerson kannten die Angst der Eltern vor dem Verlust ihrer Kinder und den besonderen Kummer derer, die den einzigen Erben oder Stammhalter verloren hatten.[83]

Einige Eltern versuchten, sich den Anblick des Todes zu ersparen, indem sie ihr sterbendes Kind in die Obhut einer Amme, eines Dienstmädchens oder von Verwandten gaben.[84] Herodot zufolge herrschte bei den Persern folgende Sitte: »Vor seinem fünften Jahre kommt das Kind dem Vater gar nicht zu Gesicht; es empfängt bei den Frauen seine Nahrung. Das geschieht deshalb, damit der Vater sich nicht grämt, wenn das kleine Kind stirbt.« Herodot kommentiert lakonisch: »Diese Sitte findet meine Zustimmung.«[85] Eltern, die ihre Kinder sofort nach der Geburt Ammen anvertrauten, spürten im Todesfall den Verlust sicher weniger stark als Eltern, die mit dem Kind gelebt hatten. Dies ist offenbar auch die Erklärung für die Tatsache, daß Heloïse ihren Sohn in keinem einzigen ihrer Briefe an Abaelard erwähnt. Abaelard selbst schreibt in seiner Autobiographie *Historia calamitatum* nur, daß das Kind nach der Geburt seiner Schwester in Britannien anvertraut worden sei. Heloïse, die in ihren Briefen an Abaelard die ganze Geschichte ihrer von Schuld, Leidenschaft und Sehnsucht erfüllten Liebe wieder aufrollt, erwähnt das Kind mit keinem einzigen Wort. Nur in einem ihrer Briefe an Petrus Venerabilis ist von ihrem Sohn die Rede. Darin bittet sie den Adressaten des Briefes um eine Pfründe für den damals schon über Zwanzigjährigen.[86]

Einige Historiker behaupten, im Mittelalter seien die Menschen aufgrund der hohen Sterblichkeitsrate gegen den Tod abgestumpft gewesen und hätten in der allgemeinen Atmosphäre der Trauer den Kummer nicht so stark empfunden.[87] Diese Behauptung ist jedoch nicht stichhaltig, denn die große Zahl der Pesttoten hätte ebensogut die Todesangst steigern können.

Es ist auch fraglich, ob es für Eltern, deren Kinder an der Pest gestorben waren, ein Trost war, daß andere Eltern das gleiche Schicksal erlitten hatten. Der Tod war im Mittelalter zweifelsohne ein alltägliches und vertrautes Phänomen, und wegen der hohen Geburtenrate und der hohen Säuglingssterblichkeit waren die Eltern sicher nicht in der Lage, dem einzelnen Kind so viel Aufmerksamkeit zu schenken, wie dies heute der Fall ist. Daraus läßt sich jedoch nicht der Umkehrschluß ziehen, daß sie dem Tod ihrer Kinder teilnahmslos gegenüberstanden.

Waisenkinder und böse Stiefmütter

Der Psychoanalytiker Krupp hat die Verwaisung als Sonderfall der Trennungsangst untersucht und festgestellt, daß in früheren Zeiten Kinder auf dieses Phänomen anders reagierten als heute. In der vorindustriellen Zeit empfanden sie den Verlust von Vater und/oder Mutter weniger schmerzlich, da sie in der Kindheit weniger von ihnen abhängig waren und da ihnen nach der Adoleszenz bei der Erfüllung ihrer libidinösen Wünsche weniger Schranken auferlegt waren.[88] Wie verhielt es sich damit im Mittelalter?

Waisenkinder zählten im Mittelalter zu den beklagenswerten Menschen (*personae miserabiles*), sie standen unter dem Schutz der Kirche und später auch unter dem besonderen Schutz der weltlichen Herrscher. Die Kirche errichtete Waisenhäuser, die Geistlichen, die geistigen Ziehväter der Täuflinge, waren gehalten, die Waisenkinder im christlichen Geist zu erziehen, wenn auch die Taufpaten verstorben waren.[89] Könige und Feudalherren traten als Beschützer der Waisen auf. Auch die städtische Obrigkeit anerkannte eine besondere Verpflichtung gegenüber Waisenkindern. Die Gesetze zur Regelung von Erbschaften Minderjähriger und zur Vormundschaft waren in allen Ländern ein wichtiger Bestandteil der Gesetzbücher; sie sollten die Rechte und den Besitz der Waisenkinder ebenso wahren wie die Interessen der Feudalherren.[90]

Wurde ein Junge oder Mädchen früh Halbwaise oder Waise (*patre orbatus, matre orbatus*), so wird dies selbst in Biographien erwähnt, die der Kindheit nur wenige Zeilen widmen. Offenbar war dies ein bedeutsames Ereignis, ganz unabhängig davon, ob die Verwaisung verhängnisvolle materielle Folgen für das Kind hatte.

Der Biograph des Petrus Damiani hatte viel Mitgefühl mit dem Waisenkind, Mutter und Vater starben, als der Junge noch klein war. Petrus verbrachte seine Kindheit bei einem verheirateten Bruder, der ihn vernachlässigte und schlug. In Lumpen gekleidet, barfuß und halbverhungert mußte er die Schweine hüten. Im Alter von zwölf Jahren kam er zu einem anderen Bruder, der Geistlicher in Ravenna war. Dieser war so liebevoll wie ein Vater zu ihm, kümmerte sich persönlich um seine Erziehung, schickte ihn zur Schule und später auf die Universität. Als Petrus Damiani noch beim ersten Bruder lebte, fand er eines Tages eine Münze. Einen Augenblick lang erlag er der Versuchung, sich etwas Schönes dafür zu kaufen. Dann beschloß er jedoch, von dem Geld eine Seelenmesse für seinen Vater lesen zu lassen. Im Alter von achtundzwanzig Jahren wurde Petrus Benediktinermönch.[91] Seinem Bruder war er nicht nur dankbar, sondern er identifizierte sich auch mit ihm (er nahm sogar dessen Namen Damianus an).

Bei der Beichte wurde man gefragt: »Hast du Vater und Mutter geehrt? Hast du ihnen genug Fleisch gegeben und sie gekleidet? Hast du Gebete für ihren Seelenfrieden beten lassen?«[92] Häufig erschienen der tote Vater oder die tote Mutter ihren Kindern im Traum oder in Visionen.[93] Psychoanalytisch gesprochen ist der Glaube an ein Leben nach dem Tod eine Verleugnung der Endgültigkeit des Todes. Die erste namentlich bekannte deutschsprachige Dichterin, Ava, schrieb in einem ihrer geistlichen Gedichte, sie sei die Mutter von zwei Kindern, eines davon sei am Leben, das andere tot, und beide seien ihr teuer. Für Ava lebt das tote Kind im Jenseits weiter, sie bittet den Leser, für beide Kinder zu beten.[94] Wenn künftige Heilige eine wichtige Entscheidung treffen mußten, erschienen ihnen die Eltern im Traum.[95] Als Bernhard von Clairvaux unschlüssig war, ob er auf den Rat seines Bruders hören und eine akademische Laufbahn einschlagen sollte, erschien ihm die Mutter im Traum und erinnerte ihn an seine wahre Berufung.[96] Edmund von Abingdon, der sich dem Studium der Mathematik widmete, erschien die Mutter im Traum und hieß ihn, sich auf das Studium der Heiligen Dreifaltigkeit zu konzentrieren.[97] In der Biographie des Mystikers Heinrich Suso heißt es: »Sein eigener Vater, der ein gar weltliches Leben geführt hatte, erschien ihm nach seinem Tode und führte ihm mit leidvollem Gesicht seine schreckliche Strafe im Fegefeuer vor Augen und ließ ihn wissen, womit er alles dies verschuldet, und besonders, wie er ihm helfen solle. Das tat er denn auch. Und sein Vater zeigte sich ihm daraufhin wiederum und sagte ihm, daß er dank seiner Hilfe seiner Strafe ledig geworden sei. Seine fromme Mutter, mit deren Herz und Leib Gott während ihrer Lebenstage Wunder gewirkt hatte, zeigte sich ihm auch in einem Gesicht und ließ ihn den großen Lohn sehen, den sie von Gott empfangen hatte.«[98] Heinrich liebte im übrigen seine Mutter so sehr, daß er als Bruder Heinrich ihren Familiennamen, Suso, annahm. All diese Geschichten lassen sich auch als Folge einer starken Abwehr deuten. Anna Freud zufolge kann nämlich auch eine Verleugnung, die mit den herrschenden Verhaltensnormen einer bestimmten Kultur übereinstimmt, durchaus pathologisch sein.[99]

Ein Beispiel für die Reaktion eines Jugendlichen auf den Tod seiner Mutter findet sich in Eadmers Biographie des Anselm von Canterbury. Als kleines Kind äußerte er den Wunsch, in die Schule zu gehen. Seine Eltern vertrauten ihn einem Privatlehrer, einem Verwandten, an. Der Lehrer sperrte ihn den ganzen Tag im Haus ein, erlaubte ihm nicht, mit gleichaltrigen Kindern im Freien zu spielen, und zwang ihn, Tag und Nacht zu lernen. Das verkraftete der Junge nicht. Als er nach Hause zurückkehrte, war er sehr verwirrt. Er hielt sich von allen Menschen fern, weigerte sich, die Fragen seiner Mutter zu beantworten, und wollte ihr nicht einmal ins Gesicht sehen. Bald wurde der Mutter klar, daß es nur ein Mittel gab, damit ihr Sohn sich wieder normal verhielt: er mußte tun und lassen dürfen, was er wollte. Die Dienstboten bekamen Anweisung, ihn seinen Neigungen leben zu lassen und ihn nicht zu tadeln, wie immer er sich auch benähme. Anselm erholte sich allmählich, seine Stimmung wurde heiterer. Im Alter von siebzehn Jahren wollte Anselm ins Kloster gehen. Sein Vater verbot es ihm jedoch, und der Abt des Klosters wagte nicht, ihn gegen den väterlichen Willen aufzunehmen. Anselm betete zu Gott, er möge ihn erkranken lassen, damit er ins Kloster gehen dürfe. In der Tat wurde er krank, doch weder der Vater noch der Abt ließen sich von ihrer Meinung abbringen. Als der Junge wieder gesund war, »ließ seine brennende Sehnsucht nach dem Klosterleben allmählich nach... Nach und nach wandte er sich vom Studium, das früher seine Hauptbeschäftigung gewesen war, ab und begann, sich den Vergnügungen der Jugend zu widmen. Zunächst hielt ihn die Liebe und Verehrung für seine Mutter noch bis zu einem gewissen Grad davon ab, sich ganz auf diese Pfade zu begeben, doch sie starb, und danach hatte das Schiff seines Herzens seinen Anker verloren und trieb auf den Wogen des weltlichen Daseins dahin«.[100] Die Mutter starb offenbar zu einer Zeit, als Anselm eine Identitätskrise durchmachte, die sich durch den Tod der geliebten Mutter verschärfte.

Die Mutter des Guibert von Nogent zog sich ins Kloster zurück, als ihr Sohn zwölf oder dreizehn Jahre alt war. Der gläubige Guibert, dessen Vater kurz nach seiner Geburt gestorben war, fühlte sich bemüßigt, das Verhalten seiner Mutter zu rechtfertigen. Er schrieb, sie sei sich dessen bewußt gewesen, daß er durch ihren Schritt Vollwaise würde und er fortan die für ein Kind so notwendige, liebevolle Zuwendung der Mutter entbehren müsse. Sie selbst habe sehr darunter gelitten; aus Liebe zu Gott und um der Erlösung ihrer Seele willen sei ihr Herz gefühllos geworden.[101]

Auch der flämische Heilige Drogo war Vollwaise. Der Vater starb vor und die Mutter bei seiner Geburt. Als er das im Alter von zehn Jahren erfuhr, weinte er tagelang bitterlich und beschuldigte sich des Mordes.[102]

Im Mittelalter reagierten Kinder auf den Verlust eines Elternteils oder beider Eltern ähnlich wie heute. Die Bedingungen, unter denen Kinder nach dem Tod der Eltern aufwuchsen, spielten sicher eine wichtige Rolle: Wahrscheinlich war der Verlust leichter zu verschmerzen, wenn die Person, die die Rolle der verstorbenen Mutter übernahm, das Kind liebevoll umsorgte und zur festen Bezugsperson wurde. Das Alter des Kindes war dabei auch von Bedeutung. Nach Erikson erschwert der Verlust der Mutter oder des Vaters im Alter von zweieinhalb bis drei Jahren die Identifikation des Jungen oder Mädchens mit Männern bzw. Frauen und hemmt die Überwindung der ödipalen Phase. Wer in früher Kindheit das Objekt seiner Zuneigung verliert, neigt als Erwachsener zu Ängsten.[103]

Der Florentiner Giovanni Morelli schildert sein Schicksal als Halbwaise wie folgt: Als Dreijähriger verlor er den Vater, worunter er lange litt. Mehrere Jahre spielte ein Onkel die Vaterrolle, bis auch er starb. Giovanni hing sehr an seiner älteren Schwester, doch sie starb im Alter von zweiundzwanzig Jahren im Kindbett. Morellis Mutter heiratete wieder. Dies verzieh ihr der Sohn nie, obwohl er bei ihr und dem Stiefvater wohnen durfte. Als Erwachsener schrieb er: »Wie groß ist der Nutzen, den ein Kind von seinem Vater hat, wenn er noch am Leben ist, von seiner täglichen Unterweisung und seinen Ratschlägen. Es ist die Pflicht eines jeden Vaters, dafür zu sorgen, daß seine Frau nicht wieder heiratet und ihre Kinder verläßt, da die schlechteste Mutter besser für ihre Kinder ist als jedwede Fremde.« In der Toskana wurden viele Kinder beim Tod des Vaters auch von der Mutter getrennt. In der streng patriarchalischen Gesellschaft übte die Familie auf verwitwete Frauen starken Druck aus, ins Elternhaus zurückzukehren, die Mitgift mitzubringen und, wenn sie noch jung waren, wieder zu heiraten. Wenn eine »gehorsame« Tochter sich den Wünschen ihres Vaters beugte, mußte sie ihre Kinder der Familie ihres verstorbenen Mannes überlassen.[104]

Einige Halbwaisen wuchsen bei einer Stiefmutter oder einem Stiefvater auf, da die meisten Witwen wieder heirateten und der Nachwuchs aus erster Ehe nicht immer der Obhut der Familie des Vaters anvertraut wurde. (In England beerbten Kinder auch ihre Stiefmütter.[105] Im Volksmärchen und in den Heiligenviten ist die Stiefmutter meistens böse; die Stiefkinder behandelt sie häufig schlechter als die eigenen Kinder. Die Geschichten von der bösen Stiefmutter deutet die Psychoanalyse als Übertragung der unbewußten Feindseligkeit gegenüber der eigenen Mutter. Auch mit zunehmendem Alter läßt diese Reaktion nicht nach.[106] So ist in einer mittelalterlichen Volkssage das Stiefkind der bösen Stiefmutter älter als zwanzig Jahre.[107] In den isländischen Sagas behandeln Stiefmütter ihre Stiefkinder feindselig oder verlieben sich verbotenerweise in den Stiefsohn. Widersteht dieser den Verführungskünsten der Stiefmutter, rächt sie sich grausam an ihm.[108] In einer anderen Saga fällt ein Stiefsohn im Kampf und vermacht seiner Stiefmutter den ganzen Besitz. Als sie von seinem Tod erfährt, weint sie zum ersten Mal in ihrem Leben. Später drängt sie ihre eigenen Söhne, ihren Stiefbruder zu rächen, und führt den Stammesverband selbst an, um die Mörder zu vernichten.[109] In den *Acta Sanctorum* legt eine gute Stiefmutter ein Gelübde für ihren Stiefsohn ab.[110]

In den Predigten wird oft auf die Rivalitäten zwischen den Nachkommen aus erster und zweiter Ehe und die Feindschaft zwischen Stiefmutter und Stiefkindern hingewiesen.[111] Vielleicht kommen in volkstümlichen Erzählungen häufiger Stiefmütter als Stiefväter vor, weil Kinder häufiger von der zweiten Frau des Vaters als von Müttern, die wieder geheiratet hatten, erzogen wurden.[112] Es ist bekannt, daß Dante und Boccaccio sehr unter ihren Stiefmüttern litten. In den letztwilligen Verfügungen finden sich aber auch Beispiele dafür, daß sowohl eheliche als auch Stiefkinder von Müttern und Vätern mit gleichen Erbteilen bedacht wurden.[113]

Die Erziehung in der zweiten Phase der Kindheit

Faktoren der Persönlichkeitsbildung

Die mittelalterlichen Gelehrten glaubten an die Macht der Erziehung. In Anlehnung an Aristoteles war das neugeborene Kind für die Autoren medizinischer Abhandlungen eine *tabula rasa*[1], für die didaktischen Schriftsteller formbares Wachs. Dem christlichen Glauben zufolge kommt jedes Neugeborene mit der Erbsünde auf die Welt, wird jedoch durch die Taufe der Gnade und Vergebung Gottes teilhaftig. Durch die Erziehung vermag das Kind die erwünschten Charaktereigenschaften und Verhaltensmuster zu entwickeln. Es erwirbt mit anderen Worten zivilisatorische Fertigkeiten und kulturelle Werte, wird zur Kritik des Es und zur Bildung des Über-Ichs angeleitet und zu einem selbständigen Menschen erzogen, der in dem Stand, in den er hineingeboren wurde, für sich sorgen kann.

Die Gelehrten wußten auch um die Vererbung und um Unterschiede im Temperament, die sie mit den Bedingungen bei der Empfängnis erklärten. Einige Theologen stützten sich auf Aristoteles' physiologische Theorien und glaubten, bei der Zeugung des Fötus sei der männliche Part der aktive, der »Ursprung der Bewegung«. Der männliche Samen enthalte den Fötus *in potentia*, er sei die Form, für die von weiblicher Seite der Stoff bzw. Innenraum geschaffen werde. Dieser Theorie zufolge spielt die Frau eine passive Rolle.[2] Die meisten medizinischen Schriftsteller glaubten an die Existenz eines weiblichen Samens, den die Frau ejakuliere. Der Charakter des Kindes hänge davon ab, welche Substanz Vater und Mutter ihm mit ihren Samen mitgeben, wieviel des reinen, aus Herz und Hirn stammenden Bluts im jeweiligen Samen enthalten sei. Überwiege das Blut im Samen des Vaters, dann ähnele der Fötus ihm in seinen Charakterzügen; überwiege das Blut im Samen der Mutter, ähnele der Fötus ihr. Wenn das Blut in den Samen beider Eltern gleich kräftig ist, ähnele das Kind Vater und Mutter gleichermaßen.[3] Man wußte um die physische Ähnlichkeit zwischen Kindern und Eltern; in der satirischen Literatur werden nicht von ungefähr die Probleme einer Ehebrecherin geschildert, deren Neugeborenes ihrem Liebhaber ähnelt.[4]

Der Adel galt als Inbegriff edler Charakterzüge. Zwar könne sich jedermann zu einem edlen Charakter bilden, das Kind adliger Eltern sei jedoch von seiner Abstammung dazu veranlagt. Das Blut der Mutter sei dafür ebenso wichtig wie das des Vaters. Auch durch das Blut in ihrem Samen vererbe sie die *nobilitas*. »Edle Abstammung wappnet das Herz gegen Bosheit und Enttäuschung.«[5] Nicht von ungefähr begann die Biographie berühmter Adliger jeweils mit dem Stammbaum.[6] In den Heiligenviten findet sich entsprechend der Topos der *sancta radix*[7]: Der Sohn edler, frommer Eltern wird ein Heiliger, weil er edel veranlagt ist und seine Eltern ihn christlich erziehen. In der Höhenkamm-Literatur und in volkstümlichen Legenden findet sich das Motiv des Sohnes aus königlicher Familie, der fern der Heimat aufwächst, ohne zu wissen, daß er ein Königssohn ist. Das Kind entwickelt sich allmählich zum edlen Jüngling und hat bereits eine Ahnung von seiner edlen Geburt, bevor es die Wahrheit über seine Herkunft erfährt.[8] In der Erziehungsutopie des *Lancelot del Lac* paart sich die vornehme Geburt auf ideale Weise mit der ritterlichen Erziehung. Lancelot wächst auf, ohne zu wissen, daß er ein Königssohn ist. Er genießt eine hervorragende Ausbildung und wird der ideale Ritter, weil er ein Königssohn ist, obwohl er es noch nicht weiß.[9] Am unteren Ende der Hierarchie zeugen die Bettler Bastarde, die als Erwachsene selbst wieder betteln gehen.[10] Roger Bacon warnt vor den Folgen der Sündhaftigkeit, sie schwäche nicht nur die Seele, sondern auch den Körper, und diese Schwäche werde vom Vater auf den Sohn vererbt.[11]

Nach Auffassung der mittelalterlichen Gelehrten ist der Mensch aber nicht allein durch die Substanz der Eltern geprägt, sein Temperament beruht vielmehr auf der Zusammensetzung der Körpersäfte, deren quantitatives Verhältnis durch die Konstellation der Sterne bei der Empfängnis bestimmt sei. Nach dem Vorherrschen bestimmter Körpersäfte unterschied man vier Temperamenttypen: Beim Sanguiniker ist das rote Blut vorherrschend, beim Melancholiker die schwarze Galle, beim Choleriker die gelbe Galle, beim Phlegmatiker der weiße Schleim.[12] Das Temperament, so glaubten die zeitgenössischen Ärzte, äußere sich schon im Säuglingsalter und sei unabänderlich, durch körperliche oder geistige Gegenmittel lasse es sich bestenfalls mäßigen. Aus diesem Grund wurde im medizinischen Schrifttum empfohlen, melancholische oder phlegmatische Säuglinge mit Salz einzureiben, sanguinische und cholerische hingegen mit Öl. Auch sollte das Temperament der Amme zu dem des Säuglings passen.[13] Die Autoren warnten davor, sanguinischen oder cholerischen Kindern Wein zu verabreichen, da er ihrer Gesundheit schaden könnte, für Melancholiker und Phlegmatiker sei er dagegen empfehlenswert. In Arnald von Villanovas *De regimine sanitatis* heißt es außerdem, daß die Ernährung auf das Temperament der Kinder abgestimmt sein soll.[14] In Albertis Buch *Über das Hauswesen* wird die Auffassung vertreten, die Intensität der Triebe und Wünsche, die die Natur dem Menschen eingegeben habe, sei je nach Temperament verschieden. Der Sanguiniker sei für die Liebe empfänglicher als der Melancholiker, der Choleriker ärgere sich schnell. Der Phlegmatiker sei faul und passiv, der Melancholiker eher furchtsam und mißtrauisch und entwickle daher die Neigung zu Geiz und Gier.[15]

In der modernen Psychologie gelten Erbanlage und Umwelt als die wesentlichen Faktoren, die die Persönlichkeit prägen. Im Mittelalter vertraten einige Gelehrte den Standpunkt, die Erbanlage präge den Charakter, andere betonten hingegen den Einfluß der Umwelt. So bestimmt in der Lehre von den Körpersäften allein die Physiologie den Charakter eines Menschen, während die didaktischen Schriftsteller des Mittelalters die Bedeutung der Erziehung betonten. Hildegard von Bingen argumentiert streng deterministisch: »Ist das achtzehn Tage nach Neumond empfangene Kind ein Junge, wird es ein Dieb werden, und sein Drang zu stehlen wird so stark sein, daß er beim Stehlen ertappt wird. (...) Ist es ein Mädchen, wird es schlau sein wie ein Fuchs und nichts sagen, was es in seinem Herzen fühlt, wegen seiner schlimmen Gewohnheiten wird es durch sein Reden die Männer betrügen und ehrbaren Männern den Tod bringen. Es ist körperlich gesund, hat aber manchmal Anfälle von Wahnsinn und wird von sich aus lang leben.«[16] Hildegard von Bingen zufolge erinnert der Sanguiniker an den harmonischen Menschen vor Sündenfall und Erbsünde, die anderen drei Temperamenttypen stellen dagegen den Verlust an Harmonie und Vollendung dar und die Mühsal, die das Los des Menschen auf Erden ist. Philipp von Novara plädiert für den Glauben an die Gnade Gottes und die menschliche Willenskraft: man dürfe nicht sagen, ein Kind sei gut oder böse, da Gott es so geschaffen habe. Alles Gute und alle Gnaden kommen von Gott, der nicht will, daß ein Kind wie ein Reh oder eine Taube aufwächst, die ohne Sprache und ohne Verstand sind. Da Gott dem Kind Sprache und Verstand gegeben hat, kann es spätestens vom zehnten Lebensjahr an zwischen Gut und Böse unterscheiden und frei entscheiden, ob es das Gute oder das Böse tun will. Die Erziehung soll das Kind in die Lage versetzen, sich für das Gute zu entscheiden, da es »das Gute oft nur aus Angst vor Strafe tue«.[17] Giovanni Dominici argumentiert in seiner Erziehungslehre gegen »den Anschein, als würden die Kinder mit solchen natürlichen Anlagen geboren, die sich notwendig in ihrer Richtung entwickeln. Von demselben Vater und derselben Mutter stammten Kain und Abel, und doch war der eine geizig und mordlustig, der andere freigebig und mitleidig. In dem nämlichen Hause wuchsen Ismael und Isaak heran; ersterer war ein roher, letzterer ein sanftmütiger Mensch. Jakob und Esau entwickelten sich in *einem* Mutterschoße und wurden unter denselben Händen erzogen; nichtsdestoweniger liebte der eine das Leben im Hause, der andere die Jagd. Der eine hl. Jakob zählte unter seinen Söhnen einen unzüchtigen und einen überaus reinen.« Gegen den Glauben, daß die natürlichen Anlagen den Lebensweg bestimmen, hält Giovanni Dominici ein Plädoyer für die Erziehung: »Wir glauben, daß der menschliche Geist, der Verstand oder vielmehr der wohlgeordnete Wille mehr Gewalt hat über die menschlichen Sitten als alle Bewegungen der Himmelskörper, daß Gott alle Menschen in Wahrheit zu dem Ende erschafft, daß sie selig werden, ferner, daß allein von unserem persönlichen Willen jene verwerflichen Handlungen ihren Ursprung nehmen, durch die wir des ewigen Lebens verlustig gehen. Darum muß die Sorge der Eltern auf das ewige Heil ihrer Kinder gerichtet sein, und diese Forderung ist strenge Pflicht; wer sie unerfüllt läßt, wird wegen seiner Nachlässigkeit in der Verwaltung der größten Schätze, die Gott ihm geschenkt hat, bestraft werden.«[18] Alle didaktischen Schriftsteller lehnten einmütig den Determinismus ab. Einige Pädagogen wußten nicht nur um die individuellen Unterschiede zwischen den Kindern, sondern befürworteten darüber hinaus eine Erziehung, die sich an der Persönlichkeit des Kindes, an seinem Temperament, seinen Fähigkeiten und Vorlieben orientiert. In Albertis Buch *Über das Hauswesen* ist es Aufgabe des Vaters, die Berufswahl für seinen Sohn zu treffen. Dabei soll er sich nicht nur am sozialen Stand der Familie, an den Sitten, Bräuchen und Erwartungen des Landes und seinen eigenen Umständen und Möglichkeiten orientieren, sondern auch am Temperament und den Talenten des Kindes.[19] Bernhard von Gordon empfahl, bei Vollendung des 12. Lebensjahrs solle ein Junge den Weg einschlagen, den er anstrebe und zu dem er am meisten neige.[20] In der Terminologie der modernen Pädagogik könnte man sagen, daß die mittelalterlichen Gelehrten eine Mischung aus humanistischer Pädagogik (Vermittlung kultureller Werte) und utilitaristischer Pädagogik (Vorbereitung auf das Leben) vertraten. Im Spätmittelalter gab es dann auch schon Ansätze zu einer fortschrittlichen Pädagogik, der Erziehung zur Selbstverwirklichung (ein Beispiel aus Albertis Buch *Über das Hauswesen* wurde bereits genannt). Aegidius Romanus zufolge sind einige Kinder mit zwölf Jahren schon sehr kräftig, andere erst mit sechzehn. Ähnliche Unterschiede gebe es in der geistigen Entwicklung. Daher weigert er sich, ein genaues Alter anzugeben, von dem an ein Kind bestimmte Dinge können müsse. Es sei Aufgabe der Pädagogen zu bestimmen, wann welches Kind was lernen soll.[21]

In Wolfram von Eschenbachs *Parzival* zieht sich Herzeloyde in die Abgeschiedenheit der Natur, in den Wald von Soltane, zurück, um ihrem Sohn das Schicksal des Vaters zu ersparen, der als Ritter im Kampf gefallen war. Fern von der Welt der Ritter wächst Parzival heran – ein frühes literarisches Beispiel von »Antipädagogik«. Trotz der Bemühungen Herzeloydes, ihrem Sohn allen Kummer zu ersparen, wird Parzival melancholisch, als er die Vögel singen hört. Daraufhin befiehlt die Mutter den Männern in ihrem Gefolge,

Fallen aufzustellen und den Vögeln den Hals abzudrehen. So versucht sie, dem Jungen ein paradiesisches Idyll ohne Schmerz und Kummer zu erhalten. Es gelingt ihr aber nicht, ihn in der Abgeschiedenheit des Waldes zu halten. Eines Tages trifft Parzival auf eine Schar von Rittern und schließt sich ihnen an. Als er in die Welt hinauszieht, gibt ihm seine Mutter einen erbärmlichen Gaul, ein Narrenkleid und ein paar Ratschläge mit auf den Weg, die der Junge noch nicht begreift und durch deren wörtliche Befolgung er anderen Leid bringt.[22]

Erziehungsziele

Die moralische Erziehung aller Kinder – unabhängig davon, ob sie für ein kontemplatives oder für ein tätiges Leben bestimmt waren – beruhte auf der Religion. Oberstes Erziehungsziel war der christliche Mensch, die Moral war wichtiger als Wissen und berufliche Fertigkeiten.[23] Ein guter Christ mußte seine Pflichten als Gläubiger erfüllen (in die Kirche gehen, beten, die Sakramente empfangen und an Fasttagen fasten); er mußte sich an die Zehn Gebote halten; er durfte keine der sieben Todsünden begehen; Glaube, Liebe, Hoffnung, Nächstenliebe, Vernunft, Mäßigung und Seelenstärke[24] wurden von ihm gefordert; er durfte nicht fluchen, niemanden verleumden, sich nicht in Raufhändel und andere Streitigkeiten einlassen, mußte für die Kirche spenden, den Armen Almosen geben und sie begraben. All dies gehörte zu einem von Gottesfurcht und Liebe zu Gott bestimmten Leben, das den Weg vorzeichnete, um im Jenseits erlöst zu werden.

Mädchen und Jungen sollten zu Bescheidenheit und Keuschheit erzogen werden, bei Mädchen spielten diese Tugenden jedoch eine wesentlich größere Rolle. Großer Wert wurde darauf gelegt, die Mädchen Gehorsam zu lehren, da eine Frau dazu bestimmt war, ihr Leben lang gehorsam zu sein: in der Kindheit mußte sie den Eltern und Lehrern gehorchen, als Erwachsene dem Ehemann, und wenn sie den Schleier nahm, mußte sie die Regeln des Ordens befolgen.

Ein weiteres Erziehungsziel bestand darin, die herrschende Gesellschaftsordnung für gut und gerecht zu befinden, da diese Gottes

Willen entspreche und Teil der harmonischen Ordnung im Universum sei. Obwohl manchmal von einer Erziehung für »alle christlichen Kinder« die Rede ist, bestimmte die gesellschaftliche Stellung der Eltern die Art der Erziehung. In den Werken der didaktischen Schriftsteller spiegeln sich diese Standesunterschiede wider: Dort ist von guten Herren und guten Knechten, von schlechten Herren und schlechten Dienstboten die Rede. Dabei hat ein guter Herr selbstverständlich ganz andere Eigenschaften als ein guter Knecht.[25] In der didaktischen Literatur sowie in den Bußbüchern werden die Sünden der verschiedenen Stände und Berufe aufgezählt, so erfährt man, welches Verhalten in welchem Stand und Beruf für Männer oder Frauen als Norm angesehen wurde. Die didaktischen Werke sind meist so gegliedert, daß auf ein allgemeines Kapitel über die Kindererziehung in der zweiten Phase verschiedene Kapitel über die Erziehung künftiger Geistlicher und Mönche, Ritter, Kaufleute und Handwerker folgen.[26]

Ein Gebot legten die didaktischen Schriftsteller, Prediger und Verfasser von Bußbüchern der Gemeinde der Gläubigen ganz besonders ans Herz, das biblische Gebot »Ehre deinen Vater und deine Mutter«. (Im Neuen Testament heißt es: »Ihr Kinder, gehorcht euren Eltern, wie es vor dem Herrn recht ist. *Ehre deinen Vater und deine Mutter.* Das ist ein Hauptgebot, und ihm folgt die Verheißung: *damit es dir gut geht und du lange lebst auf der Erde.*« (Eph 6,1–3) Die Auslegungen dieses Gebots lassen die landläufigen Vorstellungen von der gesellschaftlichen Ordnung erkennen. So werden in dem Werk *Der Reiche und der Arme* (Dives et pauper) nicht nur ausgiebig das Alte und das Neue Testament zitiert (Lev 20,9; Dtn 21,18–21; Spr 13, 22, 28, 24, 30, 12; Mt 15,4–6). Es heißt auch, die Kinder sollen ihre Eltern ehren, weil sie ihnen das Leben verdanken. Der Mensch habe seinen Ursprung in Gott (daher das Erste Gebot) und in seinen Eltern. Die Eltern ehren, bedeute, ihnen respektvoll, demütig und gehorsam gegenüberzutreten und ihnen bei all dem zu helfen, wo sie Hilfe brauchen. Es heiße aber auch, sich moralisch zu verhalten, da sündhaftes Verhalten der Kinder die Eltern verletze und unehrerbietig sei. Der Autor von *Der Reiche und der Arme* zitiert die entsprechenden Bibelverse und fügt hinzu, daß die Pflicht, Vater und Mutter zu ehren, nicht mit dem Erwachsenenalter ende und die Kinder die Eltern im Alter unterstützen müssen. In der Bibel heiße es zwar: »Denn nicht die Kinder sollen für die Eltern sparen, sondern die Eltern für die Kinder.« (2 Kor 12,14) Es sei jedoch Pflicht der Kinder, ihre Eltern zu unterstützen, wenn sie alt und gebrechlich sind, so wie die Eltern für sie gesorgt haben, als sie klein waren. Zur Untermauerung wird die volkstümliche Geschichte vom Sohn angeführt, der seinen alten Vater im Winter aus dem Zimmer jagte und zum Schlafen in die zugige Eingangshalle verbannte. Der alte Mann litt unter der Kälte und bat seinen Enkel um eine Wolldecke. Der Vater weigerte sich, ihm eine Decke zu geben, und bot ihm statt dessen einen Sack an. Der Enkel sagte daraufhin zum Vater, er möge den Sack in zwei Teile zerschneiden – einen Teil für sich, wenn er alt sein werde, und einen Teil für den Großvater.[27] Andere Schriftsteller vertraten die Auffassung, daß die Eltern bei der Zeugung ihres Nachwuchses mit Gott verbunden seien, daher sei es die Pflicht der Kinder, sie zu ehren.[28] Die Liebe der Kinder zu den Eltern verdanke sich den natürlichen Banden zwischen ihnen und den Wohltaten, die sie von ihnen empfingen. Christus galt als das eine Vorbild (»der Herr über Himmel und Erde, der bescheiden und demütig war und seine Mutter und deren Mann Joseph sein Lebtag ehrte«[29]), Isaak war der andere vorbildliche Sohn. Die Predigten enthalten außerdem *exempla* aus der antiken Literatur und mittelalterlichen, volkstümlichen Erzählungen, so zum Beispiel die Geschichte der Tochter, die ihren Vater im Gefängnis besuchte und ihm die Brust gab, damit er nicht verhungere, oder die Geschichte des Sohnes, der den Vater bei sich versteckte, nachdem dieser aus Altersgründen seine Pflichten als Ritter nicht mehr erfüllen konnte und gemäß den Gesetzen des Königreichs in die Verbannung hätte gehen müssen. Analoge Beispiele aus dem Tierreich werden angeführt: Die Störche und die Raben ernähren ihre alten, kranken Eltern.[30] Im Neuen Testament heißt es allerdings auch: »Wer Vater oder Mutter mehr liebt als mich, ist meiner nicht würdig.« (Mt 10,37–38)[31] Der Autor von *Der Reiche und der Arme* legt den Vers dem Reichen in den Mund und läßt ihn damit die Aussage des Armen über die Pflicht, Vater und Mutter zu ehren, in Frage stellen. Der arme Mann antwortet, Christus habe diese Worte gesprochen, als es noch Götzendienst gab, sie bedeuteten nicht, daß der Mensch seine Eltern, sondern daß er deren Glauben und Lebensweise hassen solle. Man solle die Eltern lieben, wenn sie aber sündigen, solle man ihre Sünden hassen und sich darum bemühen, die Eltern auf den Pfad der Tugend zurückzubringen.[32]

Die Pflicht, die Eltern zu ehren, war nicht nur ein biblisches Gebot, die christliche Vorstellung von Gehorsam und Ergebenheit diente auch der Aufrechterhaltung der sozialen Ordnung. Der Gehorsam gegenüber den Eltern garantiere den Erhalt der hierarchischen Ordnung.[33] Chronisten, die den Sittenverfall beklagten, sahen in der Unehrerbietigkeit gegenüber den Eltern, dem Ungehorsam gegenüber der Obrigkeit und der Verletzung des feudalen Treueeids durch die Vasallen Zeichen für den Untergang.[34] Es gibt kaum einen Prediger oder didaktischen Schriftsteller, für den die Pflicht, die Eltern zu achten, und die Pflicht, den Priestern und der weltlichen Obrigkeit den gehörigen Respekt zu erweisen, nicht beinahe gleichwertig sind.[35] Der Familienvater hatte gleichermaßen dafür zu sorgen, daß seine Kinder am Sonntag in die Kirche gingen und daß die Dienstboten den Sonntagmorgen nicht beim Spiel in der Schenke verbrachten.[36]

Das Gebot, daß die Eltern ihre Kinder achten sollen, gibt es in der Bibel nicht. In seinem Buch *The End of Fear* läßt Denis Saurat den Dorfpfarrer in den Pyrenäen folgendes sagen: »Der liebe Gott mußte ein Gebot erlassen, daß die Kinder ihre Eltern lieben sollen, weil es sich nicht von selbst versteht, daß die Kinder ihre Eltern lieben. Der liebe Gott hat allerdings auch nicht das Gebot erlassen, daß Eltern ihre Kinder lieben sollen; dazu bedurfte es keines Gebots. Sie tun es von Natur aus; es ist ein Instinkt. Deswegen werden Eltern und Kinder nie vollends in Eintracht zusammen leben.«[37]

Richelieu zufolge ist die Liebe der Eltern zu ihren Kindern so natürlich, daß es keines ausdrücklichen Gebots bedarf.[38] Nach Ansicht der Medizinschule von Salerno lieben Eltern ihre Kinder mehr als umgekehrt, weil Kinder etwas von der Substanz (*substantia*) ihrer Eltern haben, nicht aber umgekehrt.[39] Im christlichen Verständnis ist die Nächstenliebe ein Opfer, der Liebende gibt, ohne auf eine Belohnung zu hoffen, so wie Christus sich für die Menschheit aufgeopfert hat. Philipp von Novara zufolge nimmt die Liebe derer, die die Kinder großziehen (Vater, Mutter und Großeltern) mit den Jahren zu, während die Liebe des Kindes zu seinen Ernährern mit der Zeit nachläßt. Doch sollten die Kinder denjenigen kein Leid zufügen, die sie aufgezogen haben.[40] Thomas von Aquin vertritt in seinem Kommentar zu den Briefen an die Korinther (2 Kor 12, 14) die Auffassung, die Eltern würden für ihre Kinder sparen, weil sie ihren Nachwuchs von Natur aus lieben.[41] Daher hielten es die Schriftsteller des Mittelalters für überflüssig, die Eltern eigens zu ermahnen, ihre Kinder zu lieben; sie stellten diese Liebe vielmehr in didaktischen Werken, Fabeln und volkstümlichen Geschichten dar. Ständig betonten sie jedoch die Pflicht der Eltern, ihre Kinder zu beschützen, sie zu unterstützen und ihnen eine christliche Erziehung zuteil werden zu lassen, denn Gott habe sie ihnen anvertraut, damit sie diese Aufgabe erfüllten. Verweist die Betonung, es sei Pflicht der Kinder, die Eltern im Alter zu unterstützen, darauf, daß im Mittelalter viele alte Leute vernachlässigt oder um ihren Besitz gebracht wurden? Diese Frage, die vornehmlich die *adolescentia* bzw. die *juventus* betrifft, kann nur am Rande gestreift werden. Es sei hier nur erwähnt, daß in Mittelengland im 13. und 14. Jahrhundert zahlreiche Bauern im Alter gegen Kost und Logis ihren Besitz an ihre Kinder übergaben, ohne einen formellen Vertrag abzuschließen. Verträge zwischen Eltern und Kindern wurden damals meist nur dann abgeschlossen, wenn der Besitz an Verwandte übergeben wurde oder besondere Schwierigkeiten auftraten.[42] In England übergaben auch Stadtbewohner zu Lebzeiten ihren Besitz oder ihr Geschäft an ihre Kinder.[43]

Die ersten Lehrer

Die zeitgenössischen Gelehrten rieten, mit der Erziehung der Kinder früh, d. h. am Beginn der zweiten Phase der Kindheit, zu beginnen, denn in dieser Zeit werde der Grundstein für die künftige Entwicklung gelegt: »Was Hänschen nicht lernt, lernt Hans nimmermehr.«[44] Zur Untermauerung dieser Maxime bedienten sie sich der verschiedensten Metaphern: Ein dünner Zweig läßt sich leicht biegen, sobald er dicker wird, bricht er, wenn man ihn biegt; frischer Ton und halbflüssiges Wachs lassen sich gut formen; ungewalktes Tuch nimmt die Farbe gut auf, ungesponnene Wolle noch besser; Ochs und Pferd lassen sich nur zähmen, solange sie noch jung sind; um einen Kranken zu heilen, soll man ihm frühzeitig die Medizin verabreichen, bevor die Krankheit in ihr akutes Stadium tritt.[45] Daneben zitierten die Autoren die Worte Jesu: »Laßt die Kinder zu mir kommen; hindert sie nicht daran! Denn Menschen wie ihnen gehört das Himmelreich.« (Mt 19,14) und erläuterten sie im Sinne von »Laßt die Kinder zu mir kommen, damit ich sie von Kindheit an erziehen kann.« Es hieß, Kinder seien so rein wie die Engel und wie diese von leidenschaftlichem Temperament. Die Engel hätten sich mit Feuereifer entschieden, die einen fürs Gute, die anderen fürs Böse. Auch Kinder würden schnell lernen, das Gute vom Bösen zu unterscheiden, darum solle man sie früh zum Guten anleiten. Kindern eine christliche Erziehung vorzuenthalten, sei gleichbedeutend damit, ihnen den Weg zu Christus zu versperren. Man soll sie lehren, Gottes Ruf zu folgen, und sie in ihrer Frömmigkeit und ihren Tugenden unterstützen.[46]

Je eher ein Kind in einem Beruf ausgebildet wird, um so geschickter wird es als Erwachsener sein, insbesondere die Ausbildung zum Priester und Ritter soll schon früh beginnen. Jeder Beruf soll gründlich erlernt werden, schreibt Philipp von Novara, da es ehrenvoll sei, Geschicklichkeit im Handwerk vorzuweisen, um welches Handwerk es sich auch handeln möge.[47] Raymond Llull, der ein Kapitel seines didaktischen Werks dem Handwerksstand widmet, betont darin (wie viele andere vor ihm) die Bedeutung der Arbeit, die für den Erhalt der gesellschaftlichen Ordnung entscheidend sei. Ohne die Arbeit der niederen Stände könnten weder Bürger noch Ritter, weder Fürsten noch Klerus leben. Auch wohlhabende Väter sollten ihre Söhne ein Handwerk erlernen lassen. Auf diese Weise werde das Kind fleißig arbeiten lernen, und falls das Vermögen einmal schwinden sollte, sei es in der Lage, für sich selbst zu sorgen.[48]

Wie in der ersten Phase der Kindheit waren Erziehung und Sozialisation auch in der zweiten Phase vor allem Aufgabe der Eltern, wobei nun aber auch Priester und Lehrer eine Rolle spielten. Der Priester hatte nicht nur die Aufgabe, die Eltern zur Erfüllung ihrer

Pflichten anzuhalten, sondern auch die, das Kind vorsichtig vor dem Bösen zu warnen und aufzufordern, zur Beichte zu gehen.[49] Der Lehrerberuf galt als sehr schwer wegen der besonderen Verantwortung des Lehrers, der den Kindern nicht nur Wissensgut zu vermitteln hatte, sondern sie auch die christliche Moral lehren mußte. So schreibt Thomas Chobham, daß ein Lehrer, der seine Pflicht nicht erfüllt, schlimmer sei als ein Dieb, denn letzterer stehle nur Geld, während der Lehrer dem Kind Wissen und Moral vorenthalte. Wenn der Schüler ein schlechter Mensch werde, sei der Lehrer dafür vor Gott verantwortlich.[50] Die meisten Äußerungen über die geistige Entwicklung und Erziehung des Kindes stammen von den didaktischen Schriftstellern, die sich auf die Stellungnahmen antiker Autoren zur Aufgabe des Lehrers stützen. Ihren Ausführungen zufolge ist der ideale Lehrer ein ehrlicher, moralischer Mensch, trotz seiner Bildung bescheiden und von klarem Verstand, der gut erklären und Widersprüche im Denken auflösen kann. Er darf sich nicht allein auf Buchwissen stützen, sondern er sollte sich auch gewählt ausdrücken können und von seiner Aufgabe begeistert sein.[51]

Die Eltern wurden ermahnt, ihre Kinder die Liebe zu Gott, Disziplin und christliche Moral zu lehren sowie die bösen Taten ihrer Kinder nicht als kindischen Unfug zu betrachten, über den man hinwegsehen könne. In zahlreichen *exempla* wird das verhängnisvolle Ende derer vorgeführt, die von ihren Eltern nicht richtig erzogen wurden. Besonders beliebt war die Geschichte eines jungen Mannes, der zum Verbrecher wurde und zur Strafe gehängt werden sollte. Auf dem Weg zum Galgen küßte er seinen Vater ein letztes Mal. Dabei biß er ihm fest in die Nase (in einigen Versionen biß er sie ihm ganz ab). Er sagte, sein Vater sei schuld an seinem Tod, da er ihn in seiner Kindheit nicht richtig erzogen hätte.[52] Die Prediger warnten insbesondere die Mütter davor, ihre Kinder zu verzärteln (Mütter seien viel zu nachsichtig ihren Kindern gegenüber, allein auf deren Wohlbefinden bedacht und weniger aufs Seelenheil). Und sie mißbilligten die Neigung der Eltern, ihren Kindern um jeden Preis ein Leben in materiellem Wohlstand bieten zu wollen, sowie deren Wunsch, sie möchten den Beruf des Rechtsanwalts oder Kaufmanns ergreifen (statt Theologie zu studieren).[53] Wohlhabende Eltern werden ermahnt, bei der Auswahl des Lehrers für ihre Söhne Sorgfalt walten zu lassen und seine Lehrmethoden genau zu verfolgen.

Erziehungsmethoden

Eltern und Lehrer sollten Vorbilder sein. Kinder sollten weder mit moralisch verdorbenen Menschen in Berührung kommen noch Bücher lesen, die böse Instinkte wachrufen könnten. Rügen und Drohungen mit der Peitsche waren übliche Erziehungsmethoden. Da Kinder dazu neigen, die Erwachsenen nachzuahmen, fragten sich die auf eine gute Erziehung bedachten Autoren zu Recht, wie denn zu verhindern sei, daß sie böse Worte und Taten lernen, wenn ihre Eltern fluchten, schlemmten, betrogen, sich mit ihren Nachbarn stritten und die Zehn Gebote nicht befolgten.[54] Da Kinder und Jugendliche die Gesellschaft Gleichaltriger lieben, müssen sie auch vor dem schlimmen Einfluß Gleichaltriger bewahrt werden. Kinder sollen weder Frauen und Männer nackt sehen noch unzüchtigen Handlungen beiwohnen, noch unsittliche Lieder und Verse (wie etwa Ovids Liebeskunst) hören. Sie sollen sich mit der ihrem Alter angemessenen Literatur und Musik befassen und in die Kirche gehen, um sich die Predigten für Kinder anzuhören.[55] Wohlhabenden Eltern wurde empfohlen, ihre Kinder spartanisch und – entsprechend der christlichen Weltanschauung – asketisch zu erziehen. Humbert von Romans zitiert die vorbildliche Mutter des Bernhard von Clairvaux, die ihren Sohn so streng erzog, als müßte sie ihn auf ein Einsiedlerleben in der Wüste vorbereiten.[56] Und Raymond Llull zufolge ist es die Natur selbst, die Mäßigkeit im Essen und Trinken sowie Bescheidenheit in der Kleidung fordert. Die Kinder der Armen seien klüger und schöner als die der Reichen, weil die anspruchsvolle Erziehung letzterer gepaart mit der Nachsicht der Eltern verhindere, daß die Natur ihnen all das zukommen lasse, was sie ihnen zu geben vermag.[57]

Hatte keine der erwähnten Methoden Erfolg, so wurde der widerspenstige Sohn geschlagen. Getreu der Maxime: »An jungen Bäumen, wenn sie gerade wachsen sollen, muß man immer etwas abhauen«, plädierten im Mittelalter fast alle Pädagogen für die maßvolle Prügelstrafe. Immer wieder wird der gleiche Lehrsatz variiert: »Wer das Kind nicht schlägt, wenn es nötig ist, ist wie jemand, der durch die Unterlassung einer bösen Tat noch schlimmeres Unheil anrichtet. Er ähnelt einem Arzt oder Chirurgen, der einen Patienten nicht operiert, weil er ihm Schmerzen ersparen oder ihm keinen Grund zur Beschwerde liefern will, dadurch aber seinen Tod verschuldet.« Lehrer oder Eltern, die das Kind nicht beizeiten züchtigen, werden dafür verantwortlich gemacht, wenn es auf Abwege gerät. Zugleich empfehlen die meisten Schriftsteller, ein Kind nicht allzuoft zu schlagen, da die Strafe dann nicht mehr wirke. Regelrechtes Verprügeln war verpönt, da »Stützen, wenn sie unachtsam um eine junge Pflanze aufgestellt werden, diese nicht stützen, sondern ersticken«, ebenso die Züchtigung im Zorn, da der Zorn als Todsünde galt.[58] Einige Kinder hielt man von Natur aus für besser als andere, sie brauchten nicht gezüchtigt zu werden, da die Strafe sie nur mit Furcht, Verzweiflung oder sogar Haß auf ihre Umwelt erfüllen würde.[59] Christine de Pisan unterscheidet sich in diesem Punkt nicht von ihren männlichen Schriftstellerkollegen; auch sie hält die Prügelstrafe, zumindest für Jungen, für unvermeidlich.[60] Dem Gesetz nach hatte der Vater das Recht, seine Kinder und Dienstboten zu »züchtigen«.[61] Auch die Zunftordnungen gestatteten dem Lehrherrn, seine Lehrlinge zu »züchtigen«.[62]

Nur vereinzelt wurden Stimmen gegen die Prügelstrafe laut. Die Humanisten Matteo Palmieri und Maffeo Vegio vertraten die Ansicht, Prügel seien widernatürlich, erzögen zur Kriecherei, erzeugten Empörung und Haß auf den Lehrer und ließen den Schüler am Ende vergessen, was er gelernt habe.[63] Bereits Ende des 11. Jahrhunderts hatte Anselm von Canterbury entschieden gegen die Prügelstrafe als Hauptdisziplinarmaßnahme im Kloster protestiert. Auf die Klagen des Abts, die Kinder würden sich um so schlechter betragen und um so ausgelassener werden, je mehr er sie schlage, antwortete Anselm mit einem Plädoyer für größere Toleranz; persönliches Vorbild, Mitgefühl, Liebe und Ermunterung seien vonnöten und die Züchtigung nur dann, wenn die anderen Mittel versagten. Das Kind brauche, wie ein Baum, einen gewissen Freiraum, um zu wachsen, sonst würden sowohl Baum als auch Kind verkümmern. Diejenigen, die als Kinder oft geschlagen und mit Drohungen erzogen wurden, würden haßerfüllte, mißtrauische, gewalttätige und gemeine Menschen werden; außerdem dürfe man einem Kind nicht weh tun, da es wie die Erwachsenen ein menschliches Wesen sei. »Sind sie keine menschlichen Wesen? Sind sie nicht aus Fleisch und Blut wie du? Würdest du so behandelt werden wollen, wie du sie behandelst?«[64] fragt Anselm. Thomas von Aquin vertritt dagegen die Auffassung, daß der Erwerb von Tugenden und Wissen notwendig mit Leiden verbunden ist. Daß ein Kind noch unvollkommen ist und sich erst allmählich körperlich und geistig entwickelt, sei natürlich, die Tränen und Leiden, die mit dem Prozeß des Erwachsenwerdens verbunden sind, seien hingegen die Frucht der Strafe Gottes für die Erbsünde.[65]

Es wird empfohlen, daß vom siebten Lebensjahr an der Vater den Sohn und die Mutter die Tochter erzieht. Manchmal wird die Mutter aber aufgefordert, für die christliche Erziehung der Söhne auch nach dem siebten Lebensjahr zu sorgen.[66] Ihre Hauptaufgabe bestand jedoch in der Erziehung der Töchter – in der Unterweisung im christlichen Glauben und in der Vorbereitung auf ihre Aufgabe als Hausfrau und Mutter.[67]

Die Mädchen brauchten nicht zur Zähigkeit erzogen zu werden wie die Jungen. Den Müttern der oberen Schichten wurde geraten, ihre Töchter mäßig essen und trinken und nicht allzusehr in Bädern schwelgen und sich mit Salben und Schminke herausputzen zu lassen.[68] Um die Mädchen zu tugendhaftem Verhalten, Gehorsam, Bescheidenheit und vor allem zur Keuschheit zu erziehen, wurden Eltern und Lehrerinnen zu strenger Aufsicht ermahnt, um schädliche Einflüsse von ihnen fernzuhalten. Es wird unentwegt betont, daß Mädchen aufgrund ihres schwach ausgeprägten Verstandes, ihres Leichtsinns und ihres Hangs zur Sünde leicht zu verführen sind und es daher besser für sie sei, möglichst nicht aus dem Haus zu gehen und sich nie ohne Aufsicht in Gesellschaft zu begeben. Ein Mädchen dürfe sich zwar mit seinen Brüdern unterhalten und sogar mit ihnen spielen, den Brüdern dürfe man aber keinesfalls gestatten, ihre Spielkameraden mit nach Hause zu bringen! Während Zurückhaltung bei Jungen nicht als Tugend galt, wurde sie von den Mädchen zur Bewahrung der Keuschheit gefordert. Extrem frauenfeindliche Autoren wie Philipp von Novara mißbilligten sogar, daß Mädchen lesen und schreiben lernten (nur bei Nonnen wurde eine Ausnahme gemacht), denn diese Fertigkeiten könnten sie zur Sünde verleiten, beispielsweise zum Briefwechsel mit einem Liebhaber. Daher legte Philipp von Novara sogar den Töchtern des Adels und reicher Familien dringend nahe, nur Weben und Spinnen als Heilmittel gegen den Müßiggang (der bekanntlich aller Laster Anfang ist) zu lernen und um die Arbeit anderer wertschätzen zu können. Durch diese Tätigkeiten würden die Töchter armer Leute instandgesetzt, sich zu gegebener Zeit ihren Lebensunterhalt zu verdienen.[69] Andere Schriftsteller hielten es für angebracht, die Mädchen zu Hause oder in der Schule vor allem in der christlichen Glaubenslehre unterrichten, Gebete auswendig lernen und ausgewählte Bibelstellen lesen zu lassen. Einige hielten es für ausreichend, wenn die Mädchen zu diesem Zweck nur lesen lernten.[70] Laut Vincenz von Beauvais kamen die Töchter des Adels nicht auf törichte und sündhafte Gedanken, wenn sie sich fürs Lesen und Schreiben interessierten.[71] Nur wenige Gelehrte plädierten für eine Ausbildung der Töchter von Kaufleuten und vor allem des höheren Adels, damit sie eines Tages in der Lage seien, den Landbesitz zu verwalten oder die Haushalts- und Geschäftsabrechnung zu machen. Darüber hinaus betonte man, daß eine gute Erziehung den Geist bilde und Trost und Freude spende.[72] Einen Lehrplan für Mädchen gab es aber nicht. Für Jungen wurde hingegen ein Lehrplan ausgearbeitet, der auch der Vorbereitung auf die Universität diente. Den Mädchen war der Zugang zu den Universitäten und kaufmännischen Schulen verwehrt, sie durften nur den Elementarunterricht besuchen.[73] Daß die Prügelstrafe vornehmlich Jungen auferlegt wurde, läßt sich auch damit erklären, daß die didaktischen Schriftsteller und Prediger Mädchen für zart und zerbrechlich und für weniger widerspenstig als Jungen hielten und daher die strenge Aufsicht als ausreichend erachteten, um die gewünschten Resultate zu erzielen. In der bildenden Kunst der Romanik und Gotik sind Stock und Peitsche jedenfalls die Wahrzeichen des Lehrerberufs.[74] Frauen spielten eine gewisse Rolle in der Volkskultur und hatten teilweise auch ihre eigene Kultur.[75] Daß die Mädchen aus Handwerkers- und Bauernfamilien nicht nur zur Ehefrau und Mutter, sondern auch zur Arbeit erzogen wurden, wird in der didaktischen Literatur nicht erwähnt.

Aus der Biographie des Anselm von Canterbury geht hervor, daß man sich durchaus dessen bewußt war, daß man an einen Siebenjährigen nicht die gleichen Anforderungen stellen kann wie an einen Vierzehnjährigen, und zwar sowohl in geistiger als auch in moralischer Hinsicht. So wie ein Säugling nicht mit fester Nahrung ernährt werden kann, so könne man von keinem Kind verlangen, daß es ausnahmslos gehorsam und neidlos sei und die andere Wange hinhalte, wenn es geschlagen werde.[76] Auch an die körperliche Leistungsfähigkeit eines kleinen Jungen könne man nicht so hohe Anforderungen stellen wie an einen Jugendlichen. Erst mit vierzehn Jahren könne ein Junge jedwede grobe Speise zu sich nehmen, anstrengende Leibesübungen machen und mit wenig Schlaf auskommen.[77]

Die Geistlichen waren sich nicht einig, ob Kinder vor dem vierzehnten bzw. zwölften Lebensjahr zur Beichte gehen sollten.[78] Die Gegner der Kinderbeichte vertraten die Auffassung, für jüngere Kinder sei das Sakrament der Beichte nicht von Nutzen, es zeuge daher von Mangel an Respekt vor dem Sakrament, wenn man es ihnen trotzdem spende. Auch könnten die Fragen des Beichtvaters die Kinder erst auf den Gedanken bringen, Sünden zu begehen, von denen sie keine Ahnung hatten. (Dasselbe Problem gab es auch in bezug auf Erwachsene. Beichtväter wurden häufig gewarnt, bei Sünden wider das sechste Gebot allzu direkte Fragen nach Einzelheiten zu stellen, damit sie die Gläubigen nicht Dinge lehrten, die ihnen bislang unbekannt waren.[79]) Jean Gerson war ein Befürworter der Kinderbeichte. Er empfahl, kindgemäße Fragen zu stellen, die die Heiligkeit des Sakraments nicht verletzten. Die Frage, welche Sünden ein Kind von acht oder zehn Jahren begehen könne, beantwortete er wie folgt: Gott wünsche nicht, daß durch ein Kind oder andere Böses getan werde; in Wahrheit lernten Kinder jedoch, Böses zu tun. Das Kind solle gefragt werden, ob es Haß oder Rache in seinem Herz trage, ob es in seinem Herzen gegen König, Lehrer, Vater oder Mutter rebelliere. Auch solle man es fragen, ob es faul war oder nur widerwillig aufgestanden und in die Kirche, zur Schule oder zur Arbeit gegangen ist; ob es gestohlen habe; ob es jemanden auf unkeusche Weise berührt oder sich habe berühren lassen um eines verbotenen Vergnügens willen. Der Priester dürfe das Kind nicht nach den Namen der Freunde fragen, mit denen es gesündigt habe, sondern solle ihm zu bedenken geben, wenn es sündige und die Sünde nicht beichte, könne ihm die Absolution nicht erteilt werden, daher sei es ratsam zu beichten, selbst wenn es sich schäme.[80] Gersons Anregungen zeugen von psychologischem Verständnis für Kinder. Es gab sicher kaum ein Kind, das nicht die eine oder andere der genannten Sünden begangen hatte.

Der Lehrplan sollte sich an der geistigen Entwicklung des Kindes orientieren und entsprechend gegliedert sein. Alle Schriftsteller waren sich einig, daß kleine Kinder nur einfache Dinge lernen können.[81] Der erste Unterricht wurde in der Volkssprache erteilt, Gegenstand waren die Zehn Gebote und einfache Gebete. Danach lernten die Schüler die lateinische Grammatik und später die beiden anderen Gegenstände des *trivium* – Rhetorik und Dialektik. Dieser Teil der *artes liberales* wurde sowohl in der Schule als auch an der Universität gelehrt. Sie waren die Vorbereitung auf das Studium der Medizin, Jurisprudenz und Theologie. In Philosophie durften die Schüler nicht vor dem vierzehnten Lebensjahr unterrichtet werden, da der Mensch erst in der dritten Lebensphase über einen »aufgeklärten Verstand« verfüge.[82] Der ideale Lehrplan des Raymond Llull für seinen Helden Blanquerna gestaltete sich folgendermaßen: Mit acht Jahren kam der Junge in die Schule. Zuerst lernte er seine Muttersprache, die wichtigsten Glaubenssätze, die Zehn Gebote, die Bedeutung der Sakramente, die sieben Sünden und die sieben Tugenden, danach die lateinische Grammatik, Dialektik und Rhetorik, und später einige Lehrsätze der Naturphilosophie und Medizin, um sich gesund zu halten. Zuletzt studierte er Theologie. Blanquerna war zwar das einzige Kind wohlhabender Eltern, dennoch wurde er nicht verwöhnt; sein Vater bestand darauf, daß er aß, was auf den Tisch kam. Er lernte, an Fasttagen zu fasten, regelmäßig zu beten und den Armen Almosen zu geben. Er wurde nicht nur nach dem Grundsatz erzogen, daß Gott sein Wohlgefallen an ihm haben möge, sondern auch dazu, »sich nicht gegen die Sitten und Gebräuche aufzulehnen, die sich für ein Kind aus gutem Elternhaus gehören, auf daß gute Bürger und Menschen edler Abstammung es immer im Gedächtnis behalten mögen«.[83]

Einige Schriftsteller plädierten dafür, die Anforderungen an das Kind allmählich zu steigern – sowohl die Zahl der Unterrichtsstunden als auch den Grad an Konzentration und Fleiß. Man dürfe ein kleines Kind nicht zwingen, gegen seinen Willen stundenlang im Klassenzimmer stillzusitzen. Verspielte Kinder sind nach allgemeiner Ansicht nur schwer zum Lernen zu bewegen. Dies ändert sich jedoch im Laufe der Entwicklung. Wenn sie älter werden, sind sie manchmal aus Wissensdurst sogar bereit, das Elternhaus zu verlassen und sich in weit entfernte Universitätsstädte zu begeben[84], schreibt ein Autor. Vom siebten Lebensjahr an wurde größter Wert auf Disziplin gelegt. Der Beginn der eigentlichen Erziehung war somit ein Wendepunkt, das Ende von Nachsicht und Zärtlichkeit. Selbst in der Biographie von Giovanni Boccaccio, dem in der Kindheit keinerlei Zärtlichkeit zuteil wurde, heißt es stereotyp: »Nachdem er von seinen Eltern in der ersten Phase seiner Kindheit verzärtelt worden war«, kam er in die Schule.[85] Bartholomaeus Anglicus zufolge züchtigen gerade Väter, die ihre Kinder besonders lieben, sie unnachsichtig und lassen sie in strenger Disziplin aufwachsen. Andere Autoren empfehlen, Kindern nicht zu viel Liebe entgegenzubringen und sie auch nicht in ihrem Beisein zu loben, damit sie nicht hochfahrend werden. Giovanni Dominici rät: »Belohne das Kind auch gern für gute Handlungen. Die Aussicht auf ein Paar neue Schuhe, ein neues Schreibzeug, eine neue Tafel oder andere Dinge, die es braucht und gern hat, wird seinen Eifer entflammen, es noch besser zu machen. Jede Mühe bringt das Verlangen nach Lohn mit sich, und Kinder lieben Geschenke und Anerkennung.«[86]

Die Eltern erzogen ihre Kinder sicher nicht immer mit der geforderten Strenge. Es ist sehr aufschlußreich, daß die Prediger und Schriftsteller nicht müde wurden, die Nachsicht der Eltern und ihr Übermaß an Zuneigung zu tadeln. Es gab auch Eltern, die die Strenge der Lehrer mißbilligten und ihre Kinder gegen sie verteidigten. Die Mutter des Anselm von Canterbury machte sich Vorwürfe, weil sie ihren Sohn einem so unnachsichtigen Menschen anvertraut hatte.[87] Die strenge Mutter des Guibert von Nogent war furchtbar erschrocken, als sie an den Händen und am Rücken ihres Sohnes die blauen Striemen sah, die der Lehrer ihm zugefügt hatte. Sie war bereit, das Gelübde ihres Mannes zu brechen: »Wenn das so ist, wirst du eben kein *clericus* und mußt keine Prügel über dich ergehen lassen, um Latein zu lernen.« Sie war zwar hocherfreut, als ihr Sohn ihr versicherte, er wolle trotzdem die kirchliche Laufbahn einschlagen, zuvor hatte sie ihn jedoch aufrichtig bemitleidet.[88] In Bristol verklagte ein Vater den Lehrer seines Sohnes und verlangte eine finanzielle Entschädigung, weil er den Jungen geschlagen hatte; ein ähnlicher Vorfall trug sich auch in London zu.[89] Auch die Eltern von Lehrlingen klagten vor Gericht gegen Lehrherren, sie hätten ihre Kinder geschlagen und mißhandelt.[90]

Der Kinderbischof

Das Narrenfest war eine mittelalterliche Volksbelustigung, die in der Karikierung kirchlicher Riten und Zeremonien bestand. Am 28. Dezember, dem Tag der Unschuldigen Kinder, wurde das »Narrenfest der Knaben« mit dem Bischofsspiel gefeiert, seit Beginn des 12. Jahrhunderts am Nikolaustag, dem Tag des Schutzpatrons der Schulkinder.[91] An diesem Tag wurde der Kinderbischof (*episcopus puerorum*) gewählt. Wie im Karneval wurden die oberen Ränge der Hierarchie auf die unteren verwiesen, das niedere Volk nahm deren Plätze ein, Verbotenes war erlaubt und umgekehrt. Die Scholaren äfften die Priester beim Gottesdienst nach. Sie tanzten, tranken, tafelten, verkleideten sich (manche sogar als Frauen), trugen Masken und brachten sogar Esel in die Kirche. Am Tag des Kinderbischofs wurde ein Scholar der Klosterschule zum Bischof gewählt. Er trug die bischöflichen Gewänder und Insignien (Mitra, Ring), und jedermann verneigte sich vor ihm. Er brachte Weihrauch dar, betete, segnete die Gemeinde, hielt eine Predigt und eine Prozession ab. Andere Schulkinder spielten an diesem Tag die Domherren, und die Domherren nahmen die Plätze der Chorknaben ein. Sie waren die Ministranten und trugen Meßbuch, Weihrauchfaß und Kerzen. Der Kinderbischof und seine Kameraden wurden mit Fackeln und Tanz gefeiert. Nach der Feier ritt der Kinderbischof in Begleitung einer Schar von Sängern und Dienern aus, um die Diözese zu besuchen und von den Gläubigen Spenden einzusammeln. Das Fest wurde in fast allen Ländern Mittel- und Westeuropas gefeiert – in England, Frankreich, Deutschland und Spanien. Vom Ende des 12. Jahrhunderts an kritisierten die kirchlichen Autoritäten mehr und mehr den übermütigen Mißbrauch, der bei diesem Fest getrieben wurde. »Selbst vor ungehörigen Tänzen in der Kirche scheute man nicht zurück, und in den meist folgenden Prozessionen fiel vollends jede Rücksicht«, vermerkt das *Lexikon für Theologie und Kirche* über die Narrenfeste.[92] Es wurden Schritte unternommen, um die Demütigung der Priester einzudämmen. Mancherorts beschloß man, den Kinderbischof nicht mehr allein von den Chorknaben wählen zu lassen, die Lehrer bestimmten die Kandidaten; oder der Junge, der schon am längsten Ministrant war, wurde Kinderbischof, vorausgesetzt, er war hübsch und hatte eine angenehme Stimme. Obwohl immer mehr Geistliche für die Abschaffung des *ludus episcopi puerorum* plädierten, wurde das Fest erst im 16. Jahrhundert abgeschafft.[93]

Anthropologen und Historiker haben verschiedene Auslegungen des Karnevals und ähnlicher Festlichkeiten geboten. Die einen vertreten die Ansicht, solche Feste hätten in einer streng hierarchisch gegliederten Gesellschaft die Funktion eines Sicherheitsventils, sie lenkten von den wirklichen sozialen und politischen Problemen ab. Die Unordnung ist in der Tat nur die Stiftung einer anderen Ordnung. Stephan von Bourbon schrieb über den römischen Karneval, in dessen Verlauf würden »alle sieben Sünden getötet«. Danach kehrten in Rom wieder Ruhe und Frieden ein.[94] Der Karneval wirkte als befreiender Akt, und der rituelle Protest, der in der zeitweiligen Umkehrung der Normen steckte, unterstrich deren Bedeutung und stärkte sie. Dem sowjetischen Strukturalisten Michail Bachtin zufolge wirkt der Karneval zu allen Zeiten und in allen Gesellschaften befreiend, zerstörerisch und erneuernd zugleich. In der feudalen Gesellschaft sei den Menschen im Karneval eine Art neuen Lebens geboten worden, getrennt von der politischen und gesellschaftlichen Hierarchie und der Hochkultur – sozusagen ein zweites Leben neben dem reglementierten Alltag. Natalie Zemon-Davis kam bei ihrer Untersuchung weltlicher Feste in Frankreich zu dem Ergebnis, daß sie der Erhaltung bestimmter Werte in der Gemeinschaft dienten und gleichzeitig die herrschende Gesellschaftsordnung einer Kritik unterzogen.[95]

In seinen Anfängen war das Fest des Kinderbischofs ernst und komisch zugleich. Es fand am 28. Dezember statt, dem Fest zu Ehren der Unschuldigen Kinder, die um Christi willen umgebracht worden waren.[96] Allmählich verlagerte sich der Akzent jedoch vom ernsten auf das komische Element. Im Bischofsspiel durften die Schüler die kirchlichen Zeremonien nachäffen, zugleich bediente man sich jedoch des Spiels zur Bekräftigung anerkannter Werte der Kindererziehung, was in der Predigt zum Ausdruck kam, die der Kinderbischof hielt. Sie wurde von einem erwachsenen Geistlichen verfaßt, der sich auf schriftliche Vorlagen stützen konnte. Überliefert sind einige englische Predigten aus dem 15. Jahrhundert.[97] Sie handeln von der Unschuld der Kinder, erzählen die Geschichte von der Ermordung der Unschuldigen Kinder, appellieren an die Gläubigen, sie sollten von ganzem Herzen glauben und unschuldig sein wie die Kinder, kritisieren Staatsmänner und hohe Würdenträger der Kirche und verurteilen die Brutalität der Lehrer. Vom Kinderbischof erwartete man aber auch Kritik am ausgelassenen Betragen der Schüler im Unterricht.

Nicht selten wird in den Predigten das schlechte Benehmen der Kinder auf die übermäßige Nachsicht der Eltern zurückgeführt. Aus Angst, die Liebe ihrer Kinder einzubüßen, erlaubten sie ihnen alles ohne Einschränkungen. Es wird aber auch hervorgehoben, daß die Lehrer die Kinder sofort schlugen, wenn sie eine falsche Note sangen oder einen Fehler im Englischen oder Lateinischen machten, nicht aber wenn sie logen, sich roh benahmen oder ihren religiösen Pflichten nicht nachkamen. Am Schluß forderte der Kinderbischof die Gläubigen auf, dafür zu beten, daß der Lehrer ihn nicht mehr schlage und daß sich alle Lehrer zum Henker scheren möchten.

Die Erziehung für Kirche und Kloster

Während die Söhne der Bauern, Handwerker und Kaufleute zumeist den Beruf des Vaters ergriffen, war dies bei Priestern nur dann der Fall, wenn uneheliche Söhne von Priestern selbst wieder Priester wurden.[1] Nur eine Minderheit entschied sich aus freien Stücken für ein Leben im Dienste Gottes, die meisten wurden von ihren Eltern dazu bestimmt. In adligen Familien wurden zumeist die jüngeren, nicht erbberechtigten Söhne und die meisten Töchter, für die kein Bräutigam vorgesehen war, zur Erziehung ins Kloster geschickt. Auch die wohlhabende Stadtbevölkerung sah die nicht heiratsfähigen Töchter für das Klosterleben und die Söhne für den Priesterberuf vor. Auch Waisenkinder, deren Eltern Adlige oder wohlhabende Bürger waren – in seltenen Fällen auch Waisenkinder geringerer Herkunft –, wurden zu Geistlichen erzogen oder von Verwandten bzw. vom Vormund ins Kloster geschickt. Die Vormunde von Juliana von Cornillon (1192–1258), die mit fünf Jahren Vollwaise wurde, schickten das Mädchen ins Augustinerkloster von Mont Cornillon bei Lüttich in der Überzeugung, ihr eine sorgenfreie Zukunft zu verschaffen.[2] Der Vater des späteren Bischofs von Gubbio, Umbald (gest. 1160), starb, als der Junge noch ein Säugling war, seine Verwandten beschlossen, den kleinen Jungen für den Priesterberuf vorzusehen, weil sie sich seines Erbes bemächtigen wollten.[3]

In adligen Familien war es bis zum 12. Jahrhundert Brauch, schwächliche, fürs Rittertum ungeeignete Knaben dem Mönchsleben zu verschreiben. Auch später noch, als dem Adel eine Reihe weiterer Berufe offenstand, wurden die schwächlichen, behinderten oder zurückgebliebenen Kinder ins Kloster geschickt. Die Äbte beklagten sich über diese Praxis, und auch die didaktischen Schriftsteller und Prediger rügten sie öffentlich,[4] allerdings ohne nachhaltige Wirkung. In den Heiligenviten werden viele behinderte, bucklige, schwerhörige und verkrüppelte Kinder ins Kloster geschickt.[5] Ordericus Vitalis berichtet über ein schwächliches, kränkliches Kind, das im Alter von fünf Jahren in sein Kloster kam und dort siebenundfünfzig Jahre alt wurde.[6] Ein Mädchen soll, den Aussagen der Eltern zufolge, im Kloster taub geworden sein.[7]

Auch die unehelichen Kinder von Adligen und wohlhabenden Bürgern wurden für die kirchliche Laufbahn bestimmt oder ins Kloster geschickt.[8] Bastarde wurden in den Klöstern auch ohne Dispens aufgenommen, das Klosterleben sollte sie vom »Makel ihrer Geburt« befreien. Um Geistlicher zu werden, bedurfte ein Bastard der Dispens. Für die niederen Weihen genügte die Dispens des Bischofs, für die höheren mußte der Papst sie erteilen, was jedoch ohne Schwierigkeiten möglich war.[9] Nur die Dominikaner hielten Bastarde für Menschen, die »zu unmoralischem Verhalten neigen« und dadurch das Klosterleben stören könnten.[10]

Männer zogen sich nach dem Tod ihrer Frau ins Kloster zurück und nahmen bisweilen einen ihrer Söhne mit, so handhabte es beispielsweise der Vater des damals achtjährigen Hugo von Lincoln.[11] Auch verwitwete Frauen gingen ins Kloster, nahmen ihre Kinder mit oder überließen sie Verwandten. Elisabeth von Thüringen war schon zu Lebzeiten ihres Gemahls berühmt für ihre Frömmigkeit, Askese und Mildtätigkeit gegenüber den Armen. Sie und ihr Gemahl, der Landgraf von Thüringen, gelobten schon vor der Geburt ihres dritten Kindes, es dem Klosterleben zu weihen. Die Tochter Gertrud kam denn auch mit zwei Jahren ins Kloster. Als Ludwig IV., Landgraf von Thüringen, zwei Wochen vor Gertruds Geburt den Kreuzfahrertod starb, mußte Elisabeth die Wartburg verlassen. Ein Jahr lang zog sie mit ihren Kindern umher und beendete ihre Wanderschaft erst, als ihr Mentor, der Ketzerverfolger Konrad von Marburg, sie dazu aufforderte. Im Jahre 1228 ließ sie in Marburg ein Hospital für die Armen erbauen; ihnen widmete sie sich bis zu ihrem frühen Tod. Im gleichen Jahr schickte sie ihre zweijährige Tochter zu den Prämonstratenserinnen in Altenberg. Daß sie ihre Kinder nicht bei sich behielt, deuteten die Hagiographen als

Zeichen ihres vollständigen Rückzugs aus der Welt und ihrer vollkommenen Hingabe an Gott und die Armen.[12]

Nur wenige Kinder aus den oberen Schichten kamen aufgrund eines elterlichen Gelübdes ins Kloster. In den Heiligenviten kehrt immer wieder der Topos des kinderlosen, frommen Ehepaars wieder, das gelobt, sein Kind Gott zu weihen, wenn er ihm eins schenkt.[13] Andere Eltern legten das Gelübde ab, ihren Sohn Mönch oder Priester werden zu lassen, nachdem die Mutter während der Schwangerschaft einen Traum oder eine Vision von der künftigen Größe ihres ungeborenen Sohnes gehabt hatte.[14] Solche Eltern »gewöhnten ihren Sohn daran, Gott zu dienen, wie einen zweiten Samuel von der Kindheit bis ins hohe Alter.«[15] Die Eltern von Ollegarius (der 1137 verstarb), katalanische Adlige, gelobten, ihren Sohn Gott zu weihen, wenn er das Königreich vor den Sarazenen bewahren würde.[16] König Bela von Ungarn und seine Frau, die Eltern der heiligen Margareta (1142–1270) legten ein ähnliches Gelübde ab, als sie um Schutz vor den einfallenden Tartaren beteten.[17] In der Biographie des Thomas Cantimpranus heißt es: Ein Einsiedler aus der Umgebung von Antiochia habe seinem Vater bei der Beichte vorhergesagt, er werde als Strafe für seine Sünden lange im Fegefeuer schmoren müssen, wenn er nicht einen seiner Söhne Priester werden lasse.

Die Klöster und höheren Ränge der kirchlichen Hierarchie waren im Hoch- und Spätmittelalter im wesentlichen eine Domäne des Adels. Theoretisch standen der Klerus und die Mönchsorden jedermann offen, Leibeigene mußten vor der Aufnahme ins Kloster allerdings die Freilassungsabgabe entrichten. Laut Philipp von Novara kann der Sohn armer Leute zum kirchlichen Würdenträger werden – und dadurch zum Vater und Lehrer desjenigen, der zuvor Herr über ihn und seine Familie gewesen ist.[18] In der Praxis gelangten jedoch nur wenige Jungen aus den unteren Schichten in die höheren Ränge der kirchlichen Hierarchie bzw. der Klöster. Noch weniger Mädchen aus Handwerkers- und Bauernfamilien wurden Nonnen (und zwar nicht nur Mägde oder Laienschwestern), weil sie nur dann ins Kloster aufgenommen wurden, wenn sie eine Mitgift mitbrachten. Diese Mitgift brauchte allerdings nicht so groß zu sein wie bei der Heirat. Handwerker- und Bauernfamilien waren jedoch meist nicht einmal in der Lage, kleine Summen aufzubringen. Bei der Aufnahme eines Jungen ins Kloster wurde zwar auch ein Geschenk erwartet, es war jedoch nicht immer Bedingung wie bei den Mädchen.[19] Die Benediktiner, insbesondere aber die Bettelorden, nahmen auch Jungen aus den unteren Schichten in ihre Klöster auf. Aber auch bei den Benediktinerinnen waren die Nonnen fast ausnahmslos vornehmer Herkunft.

Jungen aus den unteren Schichten empfingen zumeist nur die niederen Weihen, nur wenige wurden Priester. In England bezahlten im Hochmittelalter Leibeigene für ihre Söhne die Freilassungsabgabe, schickten sie zur Schule und eröffneten ihnen so die Möglichkeit, Priester zu werden.[20] Auch der Dorfpfarrer unterrichtete jeweils ein oder zwei begabte und fromme Söhne freier Bauern. Vom 13. Jahrhundert an wurde der Elementarunterricht in der Volkssprache abgehalten. Die Priester unterrichteten ihre Schüler zunächst im Lesen und Schreiben in der Volkssprache, vermittelten ihnen sodann oberflächliche Kenntnisse der lateinischen Grammatik und lehrten sie in dieser Sprache die Liturgie und Kirchenlieder. Dafür verrichteten die Schüler Dienste im Haus des Pfarrers und ministrierten beim Gottesdienst. In dem Anfang des 15. Jahrhundert datierten Testament des Pfarrers von Coutances in Frankreich heißt es: »Ich vermache G., den ich mehrere Jahre unterrichtet habe, Essen und Kleidung für die nächsten sieben Jahre und mein ›Katholikon‹ unter der Bedingung, daß er sein Studium fortsetzt und schließlich zum Priester ordiniert wird.»[21] Als vom 12. Jahrhundert an in den Städten immer mehr Schulen gegründet wurden, wuchsen auch die Chancen der Jungen ärmerer Stadtbewohner. Die meisten Schulen entbanden die Eltern minderbemittelter Schüler vom Schulgeld aufgrund eines Erlasses vom dritten (1179) und vierten Laterankonzil (1215). Es galt als mildtätig, Schulen zu errichten und arme Schüler zu unterstützen. Schon nach einer kurzen Studienzeit konnten die Jungen die niederen Weihen empfangen; nach längerem Studium konnten sie zum Priester ordiniert werden. Kinder aus den oberen Schichten, die für den Priesterberuf bestimmt waren, wurden von ihren Eltern nach einigen Jahren Schulunterricht in der Heimatstadt in die Domschule der Stadt geschickt, in der ein Onkel Bischof war. Bis zur Entstehung der Universitäten galten die Domschulen als höchste Ausbildungsstätte. Der Onkel kümmerte sich um die schulischen Fortschritte des Neffen.[22]

Die Ausbildung des Klerus

Der Elementarunterricht fand in der Lese- oder Singschule statt. Die Schüler besuchten ihn gewöhnlich vom siebten bis zehnten oder zwölften Lebensjahr; in der Singschule lernten sie Texte und Melodien von Kirchenliedern. In der Leseschule wurde weniger gesungen als in der Singschule, der Elementarunterricht war jedoch in beiden Schularten gleich. Im zwölften Jahrhundert wurde dieser noch auf lateinisch abgehalten; vom 13. Jahrhundert an lernten die Schüler zuerst in der Volkssprache lesen. Darüber hinaus wurden sie mit einfachen Rechenaufgaben vertraut gemacht. Durch Gebete, Kirchenlieder und Glaubenssätze erwarben sie auch oberflächliche Kenntnisse des gesprochenen Latein. Diejenigen, die nach dem Elementarunterricht weiter die Schule besuchten, gingen im Alter von zehn bzw. zwölf Jahren in eine höhere Schule, die Lateinschule. In der Lateinschule waren die Altersunterschiede innerhalb der einzelnen Klassen noch größer als im Elementarunterricht. Einige Schüler waren über zwölf, wenn sie in die höhere Schule kamen, andere waren erwachsen und standen schon im Dienst der Kirche. Ziel war es, sich fließend mündlich und schriftlich auf Latein auszudrücken und antike und christliche Text zu lesen und zu verstehen. Auch Rhetorik und Dialektik, die beiden anderen Gegenstände des *trivium*, gehörten zum Lehrstoff; manchmal erhielten die Schüler zumindest eine Einführung auch in Teile des *quadrivium*. Auf diese Weise wurde eine gewisse Übereinstimmung zwischen dem Lehrplan der Lateinschulen und der Propädeutik an den Universitäten erzielt, die vom 13. Jahrhundert an entstanden. Man erwartete, daß ein Schüler, der die Lateinschule absolviert hatte, die lateinische Sprache perfekt beherrschte, Bibelkenntnisse, die Kenntnis der Glaubenslehren und der christlichen Moral sowie gewisse Grundkenntnisse in Naturphilosophie und Recht hatte. Letztere erwarb der Schüler durch das Studium von

Enzyklopädien und juristischem Schrifttum. Normalerweise schlossen die Schüler die Lateinschule mit sechzehn Jahren ab, manche später, andere besuchten schon mit vierzehn die Universität. In der höheren Schule lernte man auch schreiben. Für Schüler, die als Kopisten ausgebildet werden sollten, endete das Studium der sonstigen Fächer meist früher als bei anderen Lateinschülern. Schreiben lernen galt nicht als integraler Bestandteil der Ausbildung, sondern als technische Fertigkeit, die Übung erfordert, denn schließlich schrieben die Schreiber mit einer Feder auf Pergament. Viele Gelehrte und Juristen diktierten ihre Texte, statt selbst zu schreiben.[23]

Die Elementarschulen waren Tagesschulen, nur wenige Lateinschulen waren Internate. Die Internatsschüler schliefen in Schlafsälen, lebten in Heimen, die an die Lehranstalt angeschlossen waren, oder im Haus des Lehrers. Schüler aus der Oberschicht wurden von ihrem Privatlehrer an den Studienort begleitet. Nur wenige Lateinschüler besuchten jedoch weit entfernte Schulen. Erst vom sechzehnten Lebensjahr an war es üblich, fern der Heimat zu studieren. Künftige Kleriker lebten im Kloster und besuchten, insbesondere bis ins 12. Jahrhundert, Klosterschulen, obwohl sie nicht fürs Klosterleben bestimmt waren. Im Spätmittelalter gründeten Klöster auf dem Lande Schulen, die von den Neffen und Nichten der Mönche und Nonnen sowie von den Kindern der Bauern, die zum Kloster gehörten, besucht wurden. Einige dieser Schüler wurden später auf eine höhere Schule in die Stadt geschickt und kamen danach wieder ins Kloster zurück.

Die Ausbildung zum Priester begann frühzeitig und dauerte mehrere Jahre. Im Alter von sieben Jahren konnten Jungen bereits die niederen Weihen empfangen und tonsuriert werden. Die meisten Schüler sangen während ihrer Schulzeit im Kirchenchor, im Dom, in der Pfarr- oder Klosterkirche oder in der Kapelle des Hospitals (dem nicht immer eine Schule angegliedert war, das aber meist mehrere Schüler in Kost nahm und unterstützte).[24] Sie beteten für das Seelenheil des Gründers der Kapelle und der Schule oder waren Ministranten. Durch den Abschluß der Lateinschule qualifizierten sie sich für eine der vier Funktionen, die der niedere Klerus innehatte, die *ordines minores:* Türhüter oder Hausmeister (*ostia-*

rius), Schriftleser (*lector*), Teufelsaustreiber (*exorcista*) und Meßgehilfe (*acolythus*). Wer länger studierte, konnte in der Kirchenverwaltung arbeiten und seine Ausbildung fortsetzen, während er schon berufstätig war. Wer Priester werden wollte, mußte noch länger studieren. Zwar waren viele Gemeindepfarrer, insbesondere in ländlichen Gegenden, nicht besonders gebildet, doch versuchten die kirchlichen Autoritäten stets, das Bildungsniveau des Klerus zu heben. Die Stellvertreter des Bischofs hielten Prüfungen ab, bevor sie das Amt des Türhüters oder Meßgehilfen vergaben. Die Kandidaten für das Amt des Gemeindepfarrers, der für die Seelsorge (*cura animarum*) zuständig war, wurden vom Bischof persönlich geprüft. Das Mindestalter für Subdiakone (den niedersten Rang unter den *ordines majores*) war achtzehn. Zum Priester konnte man frühestens mit fünfundzwanzig Jahren ordiniert werden (bis zum Wiener Konzil von 1311 war dies auch das Mindestalter für die Ernennung zum Diakon). Erst ab dreißig Jahren konnte man für ein Bischofsamt kandidieren. Die höheren kirchlichen Würdenträger setzten ihre Studien an der Universität fort und besuchten nach der Propädeutik in den *artes liberales* die Theologische oder Juristische Fakultät. Zweifellos gab es Ausnahmen von der Regel, d. h. kirchliche Würdenträger, die weder das vorgeschriebene Mindestalter erreicht noch die nötigen Qualifikationen vorzuweisen hatten. In der Regel hatten die hohen kirchlichen Würdenträger jedoch eine Zeitlang an der Universität studiert und sich auf ihre neue Aufgabe vorbereitet, die sie erst in der zweiten Phase der *adolescentia* übernahmen.

Der Schulunterricht erfolgte großenteils mündlich – es wurde viel vorgelesen und auswendig gelernt. Manchmal schrieben Kinder ihre ersten Buchstaben auf ein Stück Pergament, das auf eine Holztafel geklebt war, oder sie hatten Alphabettäfelchen. Ihre erste Lektüre waren Fibeln, Psalmen oder Gebetbücher aus der Kirche, der die Schule angegliedert war. So wurden sie beim Lesenlernen schon mit den Zeremonien beim Gottesdienst vertraut gemacht. Bis sie in der lateinischen Sprache unterrichtet wurden, lernten die Kinder lateinische Wörter und Sätze auswendig, ohne ihre Bedeutung zu verstehen. Der siebenjährige Junge aus der »Erzählung der Priorin« in Chaucers *Canterbury Tales*, der das Alphabet über die

Response, den kirchlichen Wechselgesang, gelernt hatte, und die Worte des *Alma Redemptoris* zu Ehren der Muttergottes nicht verstand, war sicher keine Ausnahme. Selbst der andere Junge, »der viel älter war als er, sagt: ›Dieses Lied ist dazu ausersehen/ Mit ihm die Heilige Jungfrau hold und hehr/ Zu grüßen und um Hilfe anzuflehen,/ Uns einst im Tode gütig beizustehen./ Ich lerne singen, kann dir nicht mehr sagen,/ Ich bin in der Grammatik schwach beschlagen.‹«[25] In den Singschulen der Klöster lernten die Kinder nicht nur Chorsingen, sondern auch Noten lesen und Orgel spielen. Die lateinischen Texte verstanden sie aber erst, wenn sie in die Lateinschule kamen. Auf dieser Schulstufe gab es verschiedene Bücher je nach Kenntnisstand (in einigen Schulen war es Vorschrift, die Lehrbücher am Pult anzuketten). Neben der maßgeblichen *Ars minor* des Donatus wurden Grammatik- und Übungsbücher verwandt, in denen in lateinischer Sprache von alltäglichen Begebenheiten die Rede war oder Bibelstellen zitiert waren, Abrisse der Naturphilosophie und juristische Lehrbücher. Von einem bestimmten Kenntnisstand an übersetzten die Schüler auch ins Lateinische, dichteten Verse und schrieben Briefe nach der Briefsteller-Tradition. Der Schulunterricht begann je nach Jahreszeit zwischen sechs und sieben Uhr morgens und dauerte bis fünf oder sechs Uhr nachmittags, mit einer Stunde Pause am Morgen und einer mittags. Gewöhnlich bestand die Schule nur aus einem Klassenzimmer, in dem die Schüler nach ihrem Kenntnisstand in Gruppen aufgeteilt waren. Sie wurden oft gezüchtigt; die Statuten verschiedener spätmittelalterlicher Schulen weisen nicht von ungefähr darauf hin, daß die Prügelstrafe nicht allzu häufig angewandt werden sollte. Den Kindern fiel es schwer, stundenlang auf harten Holzbänken zu sitzen und sich auf Gegenstände zu konzentrieren, die großenteils nicht für ihr Alter geeignet waren. Viele Lehrer beklagten sich, viele Schüler würden gleich zu Beginn des Unterrichts alles mögliche als Vorwand benutzen, um das Klassenzimmer zu verlassen. Andere Lehrer beschwerten sich über die Widerspenstigkeit ihrer Schüler. Ältere Schüler, die die Lehrer nicht in Schach zu halten vermochten, befanden sich oft im gleichen Klassenzimmer und auf demselben Schulhof wie die Kleinen. Der Beruf des Lehrers war – in der Elementarschule – nicht besonders angesehen. Die zahlreichen

Festtage waren ein gewisser Ausgleich für die Strenge des schulischen Alltags. Meistens verbrachten die Internatsschüler die freien Tage im Internat, nur in den Ferien, zu Weihnachten oder Ostern, durften sie nach Hause fahren. An einigen Festtagen fanden, wie an den Universitäten, Kolloquien verschiedener Lateinschulen sowie Wettbewerbe in lateinischer Grammatik, Dichtkunst, Rhetorik und Dialektik statt. Auch für weniger anspruchsvolle Vergnügungen war gesorgt. In London veranstalteten Schüler Hahnenkämpfe und schenkten die toten Tiere nach dem Kampf ihren Lehrern. Auch spielten sie vor der Stadt auf den Feldern Ballspiele gemeinsam mit den Lehrlingen der Londoner Gilden. Segelregatten und Schießwettbewerbe gehörten gleichfalls zum Programm.

Zum Schluß sei noch angemerkt, daß Lehrplan und Unterrichtsmethoden für künftige Kleriker sich – zumindest im Elementarunterricht – kaum von denen für andere Schüler unterschieden. Auch für Verwaltungsaufgaben waren Lateinkenntnisse erforderlich. Studenten setzten ihre Studien an den Universitäten fort, die Mittelpunkte der Gelehrsamkeit waren.[26]

Klöster

Bis zum 12. Jahrhundert war es üblich, Jungen und Mädchen, die fürs Klosterleben bestimmt waren, mit fünf bis sechs Jahren, in Ausnahmefällen schon früher, ins Kloster zu stecken. Man sprach dann von einem *oblatus*, weil die Eltern Gott gelobten, das Kind werde Mönch oder Nonne werden, sobald die Zeit gekommen sei. Dieser Brauch war keine Erfindung des Mittelalters; Benedictus von Nursia erwähnte ihn bereits im 6. Jahrhundert in seiner Mönchsregel. Bis ins 8. Jahrhundert hinein durften Jungen vom vierzehnten und Mädchen vom zwölften Geburtstag an entscheiden, ob sie ihr Leben Gott widmen wollten. Im 8. Jahrhundert wurde den Jugendlichen dieses Recht jedoch genommen; hatten die Eltern das Gelübde abgelegt, so ließ sich diese Verpflichtung nicht mehr rückgängig machen. Im Zeitalter der Karolinger zählte allein der Wille der Eltern, die Kinder brauchten gar nicht mehr selbst das Ordensgelübde abzulegen, sobald sie das Mindestalter dafür erreicht hatten.[27] Im 12. Jahrhundert wurde dieser Brauch in Frage gestellt, immer mehr Menschen hielten es für unzumutbar, einem Kind diese lebenslange Verpflichtung aufzubürden. Schließlich wurde auf dem 4. Laterankonzil (1215) die *oblatio* für unrechtmäßig erklärt. Von da an hatten die Jugendlichen das Recht, sich zu weigern, Mönch oder Nonne zu werden, und das Kloster zu verlassen.[28] In dieser Zeit entstanden der Zisterzienser- und der Kartäuser-Orden, die eine strengere Askese befürworteten, als die alten Benediktinerklöster sie übten. Sie betrachteten Kinder als Störung des klösterlichen Lebens und nahmen sie deshalb in ihren Klöstern nicht auf. In den Statuten der Zisterzienserklöster aus dem Jahre 1134 beträgt das Mindestalter für Novizen fünfzehn Jahre; im Jahre 1175 wurde es auf achtzehn erhöht.[29] Die alten Benediktinerklöster nahmen hingegen weiterhin Kinder auf. Das 4. Laterankonzil verbot, wie Knowles zutreffend feststellte, nur die formelle *oblatio*, die den Kindern jede freie Entscheidung nahm. Danach konnte man immer noch Kinder zur Erziehung ins Kloster geben und damit die moralische Verpflichtung eingehen, das Kind werde zu gegebener Zeit die Profeß ablegen. Von der zweiten Hälfte des 12. Jahrhunderts an wurden immer weniger junge Knaben ins Kloster geschickt, im 13. Jahrhundert sank die Zahl nochmals. Der Brauch war damit aber noch nicht vollständig abgeschafft. So kam Thomas von Aquin, der 1225 geboren wurde, im Alter von fünf Jahren nach Monte Cassino,[30] ein anderer Junge wurde mit kaum sieben Jahren zu Beginn des 13. Jahrhunderts in eine Benediktiner-Priorei in der Normandie aufgenommen.[31] Die meisten Jugendlichen, die sich für das Klosterleben entschieden, taten diesen Schritt vom 13. Jahrhundert an jedoch erst nach dem Schulbesuch[32] und legten die Profeß in der Regel nach dem Noviziat im Alter von sechzehn bis achtzehn Jahren ab. Nach dem Ordensgelübde setzten einige ihre Studien an Universitäten oder an den höheren Lehranstalten der Benediktiner oder Zisterzienser fort.

Die Bettelorden nahmen anfangs nur ungern Kinder auf.[33] Laut den Statuten des Franziskanerordens aus dem Jahr 1260 durften nur Jugendliche über achtzehn Jahren in den Orden aufgenommen werden. Das Mindestalter wurde jedoch schrittweise herabgesetzt: 1316 lag es bei vierzehn, 1341 bei dreizehn Jahren. In seltenen Fällen wurden sogar noch jüngere Kinder aufgenommen.[34] Viele Kritiker der Bettelorden im 13. und 14. Jahrhundert klagten sie der Verführung von Kindern an; sie behaupteten, die Bettelmönche würden den dreizehn- oder vierzehnjährigen Knaben, die sie zu sich gelockt hätten, nicht gestatten, von ihren Eltern besucht zu werden, damit diese sie nicht zur Rücknahme der Entscheidung überreden könnten.[35] Da die Bettelorden im allgemeinen und die Dominikaner im besonderen auch über ein ausgedehntes, wohlorganisiertes Erziehungswesen verfügten, konnten die Jungen, die sich ihnen anschlossen, die Schule besuchen, ohne Schulgeld zu bezahlen. Sie wurden zuerst nach dem Lehrplan der Lateinschule unterrichtet, dann lehrte man sie die restlichen *artes liberales* sowie Naturphilosophie und Theologie in einem Studienzentrum des Ordens. Danach konnten sie unter Umgehung der Propädeutik die Juristische oder Medizinische Fakultät besuchen.

Im 13. und 14. Jahrhundert kamen die meisten Mädchen, die fürs Klosterleben bestimmt wurden, schon im frühen Kindesalter ins Kloster. Dies ist sowohl für die Benediktiner- als auch für die Zisterzienserklöster sowie die Orden, die den Bettelmönchen entsprachen, belegt.[36] Im 13. Jahrhundert hielt Humbert von Romans ausdrücklich eine Predigt für kleine Mädchen (*puellae*), die von Nonnen erzogen werden, um Nonnen zu werden.[37] Im Spätmittelalter verboten die Bischöfe die Feier eines Festes, das dem des Kinderbischofs ähnelte, in dem ein kleines Mädchen die Äbtissin spielte.[38] Zu Zeiten der formellen *oblatio* argumentierten deren Befürworter, die Erziehung zum Klosterleben müsse möglichst früh beginnen, bevor das Kind schädlichen Einflüssen aus der Außenwelt ausgesetzt und von der Sünde befleckt werde. Einigen Mönchen und Nonnen, die erst als Erwachsene ins Kloster kamen, fiel es in der Tat schwer, den Anforderungen der Mönchsregel zu entsprechen. Man befürchtete, daß Mädchen ins Kloster eintreten würden, die das weltliche Leben bereits verdorben hatte. Auch gab es kaum ›weltliche‹ Schulen, zu denen Mädchen Zugang hatten. Kamen sie schon als Kinder ins Kloster, lernten sie hingegen alles, was sie wissen mußten, bevor sie den Schleier nahmen. Darüber hinaus glaubten die Eltern, ihre Töchter würden im Kloster vor sexuellen Beziehungen bewahrt. Nach der Abschaffung der formellen *oblatio* hatten Mädchen, die im Kindesalter ins Kloster gesteckt worden waren, mit zwölf Jahren das Recht, sich zu weigern, die Ordensgelübde abzulegen, obwohl der entsprechende Erlaß weniger eindeutig war als der für Jungen.[38] Es ist jedoch äußerst zweifelhaft, ob je ein Mädchen dieses im kanonischen Recht verbriefte Recht in Anspruch nehmen konnte. Dem Leben außerhalb der Klostermauern waren sie kaum gewachsen, überdies war ihre Mitgift bei ihrem Eintritt ans Kloster gefallen.

Die Mönche, die sich um die Vorbereitung der Kinder auf das Klosterleben kümmerten, stellten fest, daß man an Kinder nicht die gleichen Anforderungen stellen kann wie an einen erwachsenen Mönch oder einen jugendlichen Novizen. So entwickelten sie einen gesonderten Lehrplan zur Erziehung der Kinder, die die Ordensgelübde ablegen sollten, der von psychologischem Verständnis für das kindliche Gemüt zeugt.[40] Alle Gesellschaftsschichten strebten im Mittelalter an, die Kinder zu guten Christen zu erziehen. Die Mönche führten das allerchristlichste Leben – in Disziplin, Armut und Enthaltsamkeit. In keiner anderen Sphäre der Gesellschaft wurde daher größerer Druck auf die Kinder ausgeübt, ihre Triebe zu unterdrücken, und nirgendwoanders war zum Überleben so viel Konformismus verlangt. Mehrere Klauseln in den Statuten des Erzbischofs von Canterbury, Lanfranc (in der zweiten Hälfte des 11. Jahrhunderts für die Mönche von Christ Church in Canterbury verfaßt) betreffen die Anforderungen, die an Kinder im Kloster gestellt wurden.

Zum einen bildeten die Kinder eine eigene Gruppe innerhalb der Klostergemeinschaft, die ihre besonderen Regeln hatte. Sie hatten eigene Lehrer, eine eigene Schule und einen eigenen Kapitelsaal. Zum anderen waren sie durchaus in den Tagesablauf im Kloster integriert, der vom gemeinsamen Gebet und vom Singen von Kirchenliedern für das Seelenheil aller Lebenden und Toten geprägt war. Fünfmal am Tag wurden Stundengebete gehalten, wobei das erste Gebet um zwei Uhr morgens und das letzte um acht Uhr abends stattfand. Die Kinder nahmen täglich am Gottesdienst teil, an den Feiertagen auch an Prozessionen, unterstützten die Bedürftigen und verrichteten verschiedene andere Dienste. Bestimmte Zeiten waren für die Lektüre bestimmt. Keinen einzigen Augenblick waren die Kinder sich selbst überlassen. Sie beteten und sangen gemeinsam im Chor. Immer war der Lehrer anwesend: im Refektorium, im Kreuzgang, wo sie ihre Lektüre absolvierten, und auf dem Weg von einem Ort zum anderen. Er weckte die Kinder am Morgen und beaufsichtigte sie, wenn sie zu Bett gingen (am Abend, frühmorgens, wenn sie nach dem ersten Stundengebet wieder ins Bett gingen, und während der nachmittäglichen Ruhepause). Es war den Kindern untersagt, einander Zeichen zu geben und ohne Erlaubnis des Lehrers miteinander zu sprechen. Darüber hinaus wurden sie von Kantor, Prior und Abt beaufsichtigt. Sie wurden angehalten, den Mönchen respektvoll zu begegnen. Es war ihnen untersagt, Geschenke anzunehmen oder zu verteilen; dies war ein Vorrecht des Abtes, des Priors und der Lehrer. Niemand durfte die Kinder ansprechen und die Schule ohne Genehmigung des Abts oder Priors betreten. Hatte ein Kind ein Gebot nicht beachtet oder einem Verbot zuwidergehandelt, so wurde es in aller Öffentlichkeit geschlagen. Kinder mußten ebenso wie die Erwachsenen zur Beichte gehen. Sie mußten aber nicht so streng fasten wie die Erwachsenen und durften an Fasttagen das Fasten früher beenden. In den Pausen zwischen den Stundengebeten und Kirchenliedern durften sie sich auf die Bänke legen, während die Mönche fortwährend gerade sitzen mußten. Sie brauchten auch keine Leichen zu waschen und anzuziehen. Wenn sie zur Strafe nichts essen durften, wurden sie davon dispensiert, dem Abt das Essen zu servieren.[41]

In seinen Statuten setzt Lanfranc alte Traditionen fort. In den wesentlichen Punkten unterscheiden sie sich weder von den Statuten aus der Karolingerzeit noch von denen des Abts Ulrich von Cluny aus dem 11. Jahrhundert, noch von anderen monastischen Gewohnheiten aus dem frühen 11. Jahrhundert. Schon Benedikt von Nursia hatte in seiner Mönchsregel festgelegt, daß die Schwachen, Kinder mit inbegriffen, nicht so streng behandelt werden sollen wie gesunde, erwachsene Mönche. Von der Karolingerzeit an brauchten Kinder nicht mehr so lange im Gebet zu verharren wie die Erwachsenen, auch beim Essen genossen sie Vorteile. Besondere Rücksicht wurde auf Kinder unter sieben Jahren genommen. Nach der Ordensregel des Hildemar erwartete man erst von sechzehnjährigen Knaben, daß sie allen Verpflichtungen nachkamen, von diesem Alter an standen sie auch nicht mehr unter der Aufsicht des Lehrers.[42] Aus den Statuten des Ulrich von Cluny und des Klosters von Maillezais geht klarer als aus Lanfrancs Statuten hervor, daß man befürchtete, die Kinder könnten unkeusche Handlungen begehen oder von Erwachsenen sexuell mißbraucht werden. Lanfranc zufolge sollten die Kinder beim Sitzen einander weder mit den Händen noch mit der Kleidung berühren und morgens mit einem leichten Rutenschlag geweckt werden. Die »Consuetudines« Hildemars, Ulrichs von Cluny und des Klosters von Maillezais enthalten noch detailliertere Vorschriften: Im Schlafsaal soll die ganze Nacht das Licht brennen. Die Kinder werden angehalten, sich gegenseitig beim Lehrer zu denunzieren. Die diesbezüglichen Schlüsselwörter in den Klauseln lauten Überwachung (*custodia*) und Disziplin (*disciplina*). Der Kompilator der »Consuetudines« von Maillezais rühmt sich, selbst ein Prinz werde in seinem Palast nicht besser überwacht als ein Kind in ihrem Kloster.[43]

Die »Consuetudines« entwarfen ein Idealbild. Die Regeln wurden allerdings nicht immer streng gehandhabt. Die Klosterkinder wurden jedoch äußerst streng erzogen. Es gab Äbte, die die Kinder regelrecht verprügelten[44] und das »Privileg« der Prügelstrafe weidlich ausnutzten. Auch Hugo von Lincoln wurde als Kind im Kloster geschlagen.[45]

Äbte und Äbtissinnen sollten für die ihnen anvertrauten Jungen und Mädchen Vater- und Muttterersatz sein; die Gemeinschaft der Mönche oder Nonnen sollte die Funktion der Familie übernehmen. Ein Oblate in einem Benediktinerkloser eiferte dem Abt so sehr nach, daß man am Ende »den Vater im Sohn sah und den Lehrer im Schüler erkannte«.[46] Über Anselm von Canterbury heißt es, er habe für die jungen Novizen seines Klosters »mit väterlicher Güte« gesorgt.[47] Es ist allerdings fraglich, ob ein Abt oder eine Äbtissin, selbst wenn sie fürsorglich waren, im Rahmen der Mönchsregel ein vollwertiger Ersatz für die Eltern sein konnten. Den Heiligenviten zufolge durften kleine Mädchen im 13. und 14. Jahrhundert im Kloster spielen. Der Hagiograph der heiligen Margareta, der Tochter des Königs von Ungarn, die in einem Dominikanerinnen-Kloster aufwuchs, berichtet, sie habe nicht den Wunsch verspürt, mit den anderen Mädchen zu spielen, und statt dessen viel gebetet. Von Zeit zu Zeit habe sie zu ihren Kameradinnen gesagt, laßt das Spielen sein und kommt mit mir in die Kirche beten, denn: »Das ist unser Spiel.«[48] Katharina von Vadstena, die Tochter der heiligen Birgitta von Schweden, die später selbst heiliggesprochen wurde, wuchs gleichfalls im Kloster auf. Ihrem Biographen zufolge überredeten ihre Spielkameradinnen sie eines Tages zum Puppenspielen. In der darauffolgenden Nacht erschienen ihr Dämonen in Form von Puppen, zerrten sie aus dem Bett, stießen sie mit Füßen und schlugen sie. Eines Nachts hörte die Äbtissin das Mädchen schrecklich stöhnen. Als sie herbeieilte, lag sie ohnmächtig neben dem Bett auf dem Boden. Später erzählte Katharina, der Teufel habe sie in Gestalt eines Stieres verfolgt und mit den Hörnern gestoßen.[49] Ein weiteres Beispiel für die folgenschwere Einschüchterung kleiner Kinder findet sich in der Biographie des Zisterziensermönchs Adam von Locum. Eines Tages behaute er einen Stein, den er in der Nähe der Kirche gefunden hatte, die gerade renoviert wurde. Sein Lehrer, ein Mönch, hieß ihn unverzüglich den Stein weglegen, sonst würde er ihn exkommunizieren. Der Junge war so eingeschüchtert, daß er daraufhin erkrankte und glaubte, sterben zu müssen.[50]

Den »Consuetudines« des Hildemar zufolge durften die Lehrer den Kindern im Kloster nach ihrem Gutdünken erlauben, einmal pro Woche oder Monat eine Stunde zu spielen. In anderen monastischen Gewohnheiten wird ihnen etwas mehr Zeit zum Spielen konzediert.[51] Bei den Regularkanonikern, wo Hugo von Lincoln (1140–1200) aufwuchs, war Spielen verboten. Hugo berichtete von einem ausgezeichneten Lehrer, der ihn weder schlug noch einschüchterte: Er hat »meine Neigung zu Spiel und eitlem Zeitvertreib ... überwunden und mein Interesse auf nützliche Unternehmungen aller Art gelenkt. Wenn meine jungen Kameraden ihre Leibesübungen machten, sagte er leise und mit väterlicher Güte zu mir: ›Mein lieber Sohn, laß dich vom törichten und ziellosen Leichtsinn deiner Kameraden nicht anstecken.‹ Und fügte hinzu: ›Kleiner Hugo, ... ich erziehe dich für Christus, Spielen ist nichts für dich.‹« Da der Junge im Kloster nicht spielen durfte, pflegte er zu seinen engsten Freunden zu sagen: »Nie kostete ich die Freuden dieser Welt. Nie lernte ich spielen.« Eine gewisse Bitterkeit schwingt auch in seiner Schilderung der Umstände mit, unter denen er ins Kloster kam: »Mein Vater, im Herzen schon lange ein Regularkanoniker, trat nun (da seine Frau verstorben war) dem Orden bei, und da er es bedauerte, daß er nicht schon früher weltabgeschieden hatte leben können, überzeugte er mich, der ich keine Erfahrung hatte, leicht davon, sein Mitstreiter in Gottes Heer zu werden.«[52]

Ein Beispiel für die strenge Bestrafung einer »Sünde« findet sich in der Lebensbeschreibung der Juliana von Cornillon. Angeregt durch den heiligen Nikolaus, der schon als Säugling gefastet hatte, fastete sie einmal trotz des Verbots der Nonne, die »ihr Kindermädchen und ihre Lehrerin« war. Zur Strafe für ihren Ungehorsam mußte sie sich in den Schnee setzen. Nach einiger Zeit holte die Nonne das Mädchen und nahm es in die Kirche mit, damit es seine Sünde beichte. Der Hagiograph schreibt, das Mädchen habe reglos und stumm im Schnee gesessen, »in der Haltung einer Büßerin«.[53] Mit größerer Nachsicht wurde ein anderes Kind behandelt, das in einem Kloster unweit des Elternhauses lebte. Es lief oft nach Hause, um dort zu essen. Als der Abt, ein Onkel des Kindes, dies erfuhr, begnügte er sich mit einem Tadel.[54]

Fühlten Klosterkinder Zorn, Einsamkeit oder Angst in sich aufsteigen, so hatten sie keine erwachsene Vertrauensperson, der sie ihr Leid hätten klagen können und die Verständnis dafür gehabt hätte.[55] Wahrscheinlich trösteten sie sich damit, daß die anderen Kinder das gleiche Schicksal erlitten und daß es auch den Mönchen nicht viel besser erging, denn sie wurden gleichfalls streng überwacht und manchmal sogar im Kapitelsaal gezüchtigt. Und schließlich mußten auch sie nachts zum Gebet aufstehen und andere Mönche beim Abt denunzieren.

Wirtschaftliche und familiäre Erwägungen spielten bei der Entscheidung, Kinder dem religiösen Leben zu verschreiben, eine große Rolle. Dadurch verhinderten die Eltern die Aufsplitterung des Familienvermögens. Bei gleichmäßiger Aufteilung des Vermögens verringerte sich die Zahl der Erben, wenn einige Geschwister ins Kloster gingen. So konnte man der einen oder anderen Tochter eine größere Mitgift geben, wenn ihre Schwestern Nonnen wurden. Dadurch hatten die Mädchen, die zur Heirat bestimmt waren, bessere Chancen auf eine gute Partie. Selten wird in den Heiligenviten die sozio-ökonomische Realität berücksichtigt. Eine Ausnahme bildet das Leben der heiligen Luitgard, einer Kaufmannstochter, die in der ersten Hälfte des 13. Jahrhunderts in Tongern in Belgien lebte. Bei einem Handelsgeschäft verlor ihr Vater das Geld, das für ihre Mitgift bestimmt war. Daraufhin sagte ihre Mutter zu ihr: »Wenn du dich mit Christus vermählen willst, werde ich dich auf angemessene Weise ausstatten, so daß du in das Kloster deiner Wahl gehen kannst. Wenn du aber einen Sterblichen heiraten willst, bekommst du nur einen Hirten.« Mit zwölf Jahren ging Luitgard in ein Benediktinerinnen-Kloster. Im Unterschied zu den gängigen Topoi war diese Heilige in ihrer Kindheit nicht besonders fromm, sie liebte Spiele und hübsche Kleider;[56] ihre Bekehrung erfolgte erst nach dem Eintritt ins Klosters. Manchmal kamen auch mehrere Geschwister ins gleiche Kloster; bei Adligen war es gewöhnlich das Kloster, das ein Vorfahre gegründet hatte und das von der Familie durch Stiftungen unterhalten wurde.

Es galt nicht nur als schicklich und nützlich, Geistliche zu Verwandten zu haben. Der Glaube gab den Eltern auch die nötige Kraft, den schwerwiegenden Schritt der Trennung von ihrem Kind zu vollziehen. Nicht von ungefähr beriefen sie sich auf das Beispiel der Eltern des Samuel; sie spürten, daß es einer Kindsaussetzung gleichkam, selbst wenn es um Gottes willen geschah: »Es wurde von seinen Eltern nach deren eigenem Willen im Stich gelassen und von Gott aufgelesen«[57], schrieb ein Schriftsteller. Hildegard von Bingen (1098–1179), die als Achtjährige der Obhut einer einsiedlerisch lebenden Nonne anvertraut wurde und dann ins Kloster kam, diktierte ihrem Schreiber, ihre Eltern hätten sie »unter Seufzern« *(com suspirio)* dem Kloster geweiht.[58] Ein Vater, der seine Tochter bei den Klarissinnen unterbrachte, bereute nach einiger Zeit »aus Liebe und Sehnsucht« seine Entscheidung und nahm das Mädchen wieder zu sich.[59] Eltern, die ihr einziges Kind Gott weihten, brachten ein großes Opfer. Ordericus Vitalis, der mit neun Jahren in die Normandie ins Kloster St. Evroult kam, schrieb gegen Ende seines Lebens in einem Bittgebet an Gott: »Mein Vater versprach mir in Deinem Namen, daß ich, wenn ich Mönch werde, nach meinem

Tod die Freuden des Paradieses mit den Unschuldigen teilen werde.«[60] Vom 10. Jahrhundert an verlagerte sich der Schwerpunkt im Kloster allmählich vom Streben nach dem eigenen Seelenheil auf den Dienst an der Gemeinschaft der Gläubigen. Die Mönche beteten fortan gleichermaßen für ihre lebenden und verstorbenen Verwandten. Daher war es durchaus möglich, daß sich die Eltern von ihrem Opfer selbst etwas versprachen. Es war aber bestimmt auch Ausdruck eines gewissen geistigen Geltungsbedürfnisses, denn das Opfer des Sohnes durch den Vater ist, wie John Boswell feststellte, ein wichtiger Glaubensinhalt der christlichen Religion.[61]

Zeitigte die klösterliche Kindererziehung die erhofften Ergebnisse? Wurden die Kinder gute Mönche und Nonnen? Knowles zufolge sind die meisten bedeutenden Theologen und Mystiker des 11. und 12. Jahrhunderts im Kloster aufgewachsen. Sie wurden nicht nur ins System integriert, sondern internalisierten auch dessen religiöse Werte, einige bereits von Kindheit an.[62] Zum anderen künden die Quellen vorwiegend vom Leben der Männer und Frauen, die in der Kirche eine wichtige Rolle spielten oder einen bedeutenden Beitrag zur Hochkultur ihrer Epoche leisteten, und kaum vom Leben des gemeinen Mannes. In den Klöstern von St. Evroult und Jumièges wurden im 11. Jahrhundert die Mönche, die schon als Jungen ins Kloster gekommen waren, Kopisten, Vorleser, Vorsänger oder Gelehrte wie Ordericus Vitalis. Keiner von ihnen war mit Verwaltungsaufgaben betraut, die ihn mit der Außenwelt in Berührung gebracht hätten; nur einer der Mönche wurde Abt, wenn auch kein besonders erfolgreicher.[63] In den Visitationsberichten der Bischöfe über die Klöster in der Normandie im 13. Jahrhundert und in Mittelengland im Spätmittelalter[64] ist aber auch von zahlreichen Verstößen gegen die Mönchsregel die Rede, so auch vom zeitweiligen Verlassen des Klosters aus mehr oder weniger harmlosen Gründen. Da die Berichte aus einer Zeit stammen, in der die Mönche nicht mehr im frühen Kindesalter ins Kloster kamen, verweisen die Verfehlungen nicht unbedingt auf ein Versagen der zeitgenössischen Erziehungsmethoden der Klöster. Verfehlungen – bedingt durch menschliche Schwäche, politische und sozioökonomische Veränderungen sowie durch den Wandel des mönchischen Ideals und der Ziele der Kirchenführer – waren schon immer Teil der Geschichte aller Mönchsorden und führten zu Reformen sowie zur Gründung neuer Orden. Die Einübung mönchischer Verhaltensweisen scheint kein vollwertiger Ersatz für die wahre Berufung gewesen zu sein, die Erwachsene in sich fühlten, wenn sie ins Kloster gingen. Die Visitationsberichte der Nonnenklöster aus dem 13. Jahrhundert und dem Spätmittelalter zeugen eindeutig vom Versagen der Erziehung. Ohne innere Berufung war das Klosterleben nur langweilige Routine. Humbert von Romans wußte im 13. Jahrhundert von melancholischen Nonnen zu berichten, die die Ruhe der anderen störten und so reizbar wie Hunde waren, die zu lang an der Kette gelegen haben.[65]

Diejenigen, die sich freiwillig fürs Klosterleben entschieden, äußerten meistens zwischen zwölf und siebzehn Jahren den Wunsch, ins Kloster zu gehen, sich einem Bettelorden anzuschließen oder Eremit zu werden. Diese Altersstufe galt auch in späteren Zeiten als typisches Alter für die Bekehrung.[66] Nicht ohne Grund wurde das Mindestalter für die Aufnahme in einen Bettelorden auf dreizehn Jahre festgelegt. Für den Heranwachsenden, der eine Identitätskrise durchlebte, war das Kloster bisweilen ein Ort der Zuflucht vor den Anforderungen, die die Eltern an ihn stellten. In manchen Fällen war das Klosterleben der Persönlichkeit des Jugendlichen angemessener als das weltliche Leben. Andere wiederum fühlten sich nach dem Tod eines nahen Verwandten oder nach einem Kindheitstrauma in der klösterlichen Gemeinschaft am besten aufgehoben.[67] Wieder andere waren im Elternhaus besonders streng erzogen worden, hatten sich die religiösen Werte zu eigen gemacht und sich daher fürs Kloster entschieden.[68] In den Heiligenviten aus dem Hoch- und Spätmittelalter wird der Wunsch, ins Kloster zu gehen, häufig als Höhepunkt einer allmählichen seelischen Entwicklung dargestellt. Nur wenige Hagiographen schildern eine plötzliche Bekehrung.[69] Einige Heilige hatten zweifellos schon als Kinder eine Vorliebe für ein zurückgezogenes Leben. Hugo von Cluny, der älteste Sohn des Grafen Semur, sollte Ritter werden. Dazu verspürte er jedoch keine Neigung. Er verbrachte jede freie Minute mit Lesen, obwohl sein Vater und seine Kameraden dies für eine Beschäftigung hielten, die sich für einen Ritter nicht ziemte.[70] Giraldus Cambrensis erzählt in seiner Autobiographie von seinen Schwierigkeiten, sich an die Lebensweise und die in der Ausbildung zum Ritter an ihn gestellten Anforderungen zu gewöhnen, denn er habe von Anfang an eine Neigung zum klösterlichen Leben verspürt.[71] Hermann Joseph von Steinfeld entstammte einer armen Kölner Familie. Zu Hause fühlte er sich vernachlässigt. Während andere Kinder im Freien spielten, ging er zum Zwiegespräch mit der Muttergottes, dem Jesuskind und Johannes dem Täufer in die Kirche. Als er an einem kalten Wintertag barfuß in die Kirche kam, hörte er die Stimme der Muttergottes, die ihm sagte, unter einem nahegelegenen Stein werde er Geld finden, um sich Schuhe zu kaufen.[72] Die Eltern der heiligen Colette (1391–1447) starben, als sie siebzehn Jahre alt war. Vor seinem Tod vertraute der Vater, der Zimmermann in einem Kloster war, sie der Obhut des Abts des Klosters Corbie an. Colette, ein scheues, hübsches Mädchen von besonders kleinem Wuchs, verbrachte die meiste Zeit im Gebet versunken. Wenn ihre Freundinnen mit ihr ausgehen wollten, pflegte sie sich zu verstecken.[73] Für die Entscheidung, ins Kloster zu gehen oder den Priesterberuf zu ergreifen, spielte sicher auch eine Rolle, daß es in jeder Familie der Oberschicht Onkel und Brüder, Tanten und Schwestern gab, die Bischof, Pfarrer, Abt, Äbtissin, Mönch oder Nonne waren. Kinder und Jugendliche konnten sie sich zum Vorbild nehmen. In Adelskreisen war es meist der Geistliche, der in der Familienkapelle die Messe zelebrierte. Peter von Luxemburg, der Sohn eines bedeutenden Adelsgeschlechts, hatte drei Kleriker der niederen Weihegrade in seiner Familie. Sie zogen mit ihm zu seiner Tante, als er Vollwaise wurde. Dort wurde er vom Kapellan erzogen. Als er im Alter von acht oder zehn Jahren zur Ausbildung nach Paris geschickt wurde, begleiteten ihn die Kleriker.[74]

Wie reagierten Eltern, wenn ihr Sohn, den sie für eine weltliche Karriere vorgesehen hatten, Mönch werden wollte, oder wenn ihre Tochter den Wunsch äußerte, den Schleier zu nehmen, obwohl sie heiraten sollte? Die Reaktionen waren sehr verschieden. Einige Eltern respektierten den Wunsch des Sohnes (selbst wenn er der künftige Erbe war) oder der Tochter und gaben ihnen ihren Segen.[75] Andere versuchten, ihre Kinder moralisch zu erpressen. Sie erinnerten sie an all das, was sie von Kindheit an für sie getan hatten, und warfen ihnen vor, sie im Alter im Stich zu lassen. Schloß sich der Sohn einem weniger anerkannten Mönchsorden an, so fanden sie dies besonders beklagenswert. Giovanni Tossignano studierte Jura an der Universität Bologna und erwarb schon sehr früh den Titel eines Doktors der Jurisprudenz. Seine Eltern machten ihm Vorwürfe, weil er sich einem »armseligen Orden« anschloß.[76] Ähnlich reagierten auch andere Eltern aus dem Adel und aus wohlhabenden Bürgerkreisen, deren Kinder sich den Bettelorden kurz nach deren Gründung anschlossen. Das Motiv des Sohnes, der zum Kummer der Eltern Mönch wird, ist ein gängiger literarischer Topos. Als der Held von Raymond Llulls *Blanquerna* seinen Eltern mitteilt, daß er Einsiedler werden will, erinnern sie ihn an all das, was sie für ihn getan haben, und an seine Verpflichtungen ihnen gegenüber. Er bittet sie um Vergebung für den Schmerz, den er ihnen bereitet, bleibt aber bei seinem Entschluß. Weinend geben sie ihm daraufhin ihren Segen.[77] Nachdem Katharina von Siena (1335–1380) den Wunsch geäußert hatte, ins Kloster zu gehen, beschimpften ihre Eltern sie ständig, bürdeten ihr die schwerste Hausarbeit auf und verbannten sie sogar aus ihrem kleinen Zimmer, damit sie sich nirgends mehr zurückziehen konnte.[78] Zuvor hatten ihre Eltern sie besonders geliebt. Ein solcher Wandel in der Haltung der Eltern ihrem Kind gegenüber, sobald es sich ihnen widersetzt und ihre Pläne durchkreuzt, findet sich auch in anderen Heiligenviten.[79] Einige Eltern schreckten selbst vor gewaltsamen Maßnahmen nicht zurück, wenn es ihnen darum ging, ihre Kinder daran zu hindern, ins Kloster zu gehen oder sie wieder herauszuholen. Die Ähnlichkeit der geschilderten Reaktionen verweist vielleicht auf die Entstehung eines Topos, vor allem wenn die Kinder sich einem der neuen Bettelorden anschlossen, was den traditionellen Vorstellungen adliger Familien widersprach. Daufar (1027–1087), der spätere Papst Viktor III., war der einzige Sohn einer Adelsfamilie. Nach dem Tod seines Vaters – er war damals schon zwanzig Jahre alt – ging er in ein Benediktinerkloster. Seine Mutter besuchte ihn und bat ihn unter Tränen, nach Hause zurückzukehren. Seine Verwandten bildeten eine bewaffnete Reitertruppe, drangen ins Kloster ein, rissen ihm das Mönchsgewand vom Leib, nahmen ihn mit nach Hause und sperrten ihn dort ein.

Erst nach einem Jahr Haft erlaubten sie ihm, den von ihm gewählten Weg einzuschlagen.[80] Ähnliche Episoden finden sich in den Viten des Thomas von Aquin[81] (der Abt eines Benediktinerklosters werden durfte, nicht aber Dominikanerbruder), der Klara von Assisi und deren jüngerer Schwester Agnes[82]. Klara von Pisa stammte aus der vornehmen und einflußreichen Familie Gambacorta. Mit sieben Jahren wurde sie verlobt und mit zwölf verheiratet. Als ihr Gemahl starb, war sie fünfzehn Jahre alt. Sie weigerte sich entschieden, wieder zu heiraten, und trat in den Dominikanerorden ein.[83] Die Geschichte des Franz von Assisi, des Sohns eines reichen Kaufmanns, der zuerst Ritter wurde und sich dann den Armen widmete, ist wohlbekannt. Die Reaktion des Vaters, der ihn enterbte, ist menschlich verständlich, der Sohn bereitete ihm sehr viel Ärger, und die Liebe des Vaters verwandelte sich erst allmählich in Haß.[84] Dem kanonischen Recht zufolge konnten die Eltern ein minderjähriges Kind, das ohne ihre Zustimmung ins Kloster gegangen war, nach einem Jahr und einem Tag wieder nach Hause holen, das gleiche Recht hatten auch Erwachsene, die gegen ihren Willen ins Kloster gebracht worden waren.[85]

Kinder traten ins Kloster ein, weil sie dem Beispiel älterer Geschwister folgten. Brüder und Schwestern quälten aber auch gemeinsam mit den Eltern ihre widerspenstigen Geschwister. Über den Bruder des Franz von Assisi heißt es: »Wie der Vater verfolgte er Franz mit bösen Worten.«[86] Der bösen Schwester der Ida von Louvain erschien Jesus Christus im Traum und schlug sie.[87] Diese Geschichten zeugen auch von der Rivalität und vom Haß zwischen Geschwistern, sowie vom Bemühen, den Eltern zu gefallen. Diese Phänomene traten nicht nur dort auf, wo das Erbteil oder die Mitgift größer wurden, wenn die Geschwister ins Kloster gingen. Nicht alle jungen Frauen, die ins Kloster wollten, konnten dies gegen ihre Eltern durchsetzen. Einige wurden zur Heirat gezwungen und zogen sich erst zurück, wenn sie verwitweten.[88] Oft wurden sie nämlich trotz ihrer Abneigung gegenüber dem anderen Geschlecht verheiratet. Die Ursache dafür lag vermutlich in der Erziehung durch die Mutter, in den Ermahnungen der Priester und Beichtväter bzw. in der Lektüre religiöser Literatur. Die 1384 geborene Franziska von Rom konnte beispielsweise nicht ertragen, daß die Hand eines Mannes sie berührte, nicht einmal die ihres Vaters. Franziska wurde mit dreizehn verheiratet und erkrankte schwer nach der Hochzeit.[89]

Fromm-Reichmann zufolge wird in einer patriarchalischen Gesellschaft, in der der Vater der Haushaltsvorstand ist, die Mutter zur Vertrauten und Verbündeten der Kinder.[90] In den mittelalterlichen Quellen finden sich denn auch mehr Beispiele dafür, daß Mütter für Söhne, die gegen den Willen der Eltern das Mönchsleben anstrebten, Verständnis aufbrachten, als Väter, so die Mütter des Hugo von Cluny und des Franz von Assisi. Dies war aber nicht immer der Fall. In der Auseinandersetzung um die Heimholung des Thomas von Aquin war die Mutter die treibende Kraft, der Vater wird kaum erwähnt.[91] Bei Katharina von Siena war es vor allem die Mutter, die mit allen möglichen Mitteln versuchte, den Widerstand ihrer Tochter gegen die Heirat zu brechen, ihr Vater gab als erster seinen Widerstand auf und ließ sie ihren Weg gehen. Es mag durchaus auch Mütter gegeben haben, die mit ihren Kindern mitfühlten, aber zu schwach waren, um sich gegen ihren Mann und die Verwandtschaft durchzusetzen.

Die Pflicht, die Eltern zu ehren und ihnen zu gehorchen, war ein wichtiges christliches Gebot. Welche Haltung nahmen die Hagiographen, Prediger und didaktischen Schriftsteller zu den Heiligen ein, die gegen den Willen ihrer Eltern ins Kloster gingen? Die Sympathie der Hagiographen des Hoch- und Spätmittelalters gehörte natürlich den künftigen Heiligen. Ihre Kritik an den Eltern, die ihnen Schwierigkeiten machten, fällt gewöhnlich recht gemäßigt aus, manchmal versuchen sie sogar, ihr Verhalten zu rechtfertigen. So heißt es in einer Biographie des Thomas von Aquin nicht nur, seine Mutter habe wie eine Löwin gekämpft, um ihren Sohn den Dominikanern zu entreißen, sondern auch, die Dominikaner hätten ihre Absichten mißverstanden. Eigentlich habe sie nur ihren Sohn sehen und ihm ihren Segen geben wollen. Erst als ihr das verwehrt worden sei, habe sie den Kaiser um Hilfe gebeten.[92] Die Schriftsteller verzichten gewöhnlich auch auf Kritik an Eltern, die ihre Töchter zur Heirat zwangen. Ein junger Mann, der Benediktinermönch werden wollte, sich dann aber dem Willen seines Vaters beugte und Priester wurde, wird sogar gelobt, denn »Gehorsam gegenüber den Eltern ist ein göttliches Gebot«.[93] Nur in zwei Fällen werden die Eltern regelrecht verurteilt, in den Viten der Ida von Louvain und des Franz von Assisi.

Im Unterschied zu den Hagiographen stellten Prediger und didaktische Schriftsteller die Trennung von den Eltern, um Gott zu dienen, als Erfüllung eines göttlichen Gebots und als höchsten Ausdruck der Liebe zu Gott dar. Dabei beriefen sie sich auf die bereits erwähnten Verse des Neuen Testaments (Mt 10,37f. und Lk 14,26).[94] In einer Predigthilfe aus dem 13. Jahrhundert liest man die Geschichte eines Einsiedlers, der alle Briefe seiner Familie ungelesen verbrannte, da er sich durch seine Bekehrung von der Welt abgewandt hatte. In einer anderen Geschichte klopft die Mutter eines jungen Mannes, der Mönch geworden war, an die Klosterpforte und bittet den Abt um Erlaubnis, ihren Sohn sehen zu dürfen. Der Abt ruft den Sohn, der sich jedoch das Gesicht schwarz anmalt, damit seine Mutter ihn nicht erkenne. Als sie das schwarze Gesicht sieht, macht sie kehrt und verläßt das Kloster.[95] Zwei extreme Beispiele für die moralische Verurteilung der Eltern finden sich in dem Brief eines jungen Mönchs aus dem Kloster des Bernhard von Clairvaux an seine Eltern sowie in der Autobiographie des Salimbene. Der junge Mönch zitiert Mt 10,37f. und stellt die rhetorische Frage: »Was haben wir gemeinsam, was habe ich von euch empfangen außer Sünde und Elend? Nur meinen verderblichen Körper… Sünder, seid ihr nicht zufrieden damit, daß ihr durch eure Sünde einen Sünder zur Welt gebracht habt?«[96] Salimbene behauptet, sein Vater habe ihn mit einer Gruppe bewaffneter Soldaten verfolgt. Er habe mit Hilfe der gleichen Bibelverse dem Verlangen seines Vaters, der ihn davon abhalten wollte, Franziskaner zu werden, erfolgreich widerstanden. Seinen Vater schildert er eher als einen Dämon, der ihn in Versuchung führen will, denn als einen leidenden und enttäuschten Mann.[97]

Daß Menschen, die Gott dienen, besonders hoch angesehen sind, diente als Rechtfertigung dafür, kleine Kinder ins Kloster zu schikken. Jungen, die nicht in den Ritterstand eintreten konnten oder wollten – wenn es sich beispielsweise um den Erben oder einen jüngeren Sohn handelte, der zuerst mehreren Lehnsherren dienen mußte, bis er ein Lehen bekam –, hatten immer noch die Möglichkeit, Geistliche zu werden. Für junge Mädchen aus dem Adel war das Nonnenkloster, wo sie zur Schule gehen und ein tätiges Leben führen konnten, die einzige Alternative zur Heirat. Autoren didaktischer Werke und Juristen rechtfertigten die Entscheidung junger Männer, die sich gegen den Wunsch der Eltern für das Klosterleben entschieden. Die Überlegung, jungen Leuten die Freiheit zu lassen, sich gemäß ihrem Temperament, ihren Begabungen und emotionalen Bedürfnissen zu entscheiden, stand dabei nur selten im Mittelpunkt. Wer sich zu einem Leben im Dienst Gottes entschlossen hatte, war aber ganz eindeutig im Recht.[98] In *Der Reiche und der Arme* wird betont, ein junger Mann solle nur dann nicht Priester oder Mönch werden, wenn seine Eltern so arm seien, daß sie buchstäblich verhungern würden, wenn er nicht für sie aufkäme. Wenn die Eltern verarmten, nachdem er Priester geworden war, könne er sie von seiner Pfründe unterstützen. Wenn er Mönch werde, könne er sie von den Almosen ernähren, die das Kloster bekomme. Wenn er Bettelmönch werde, solle er milde Gaben für sie sammeln.[99]

Das Ideal des klösterlichen Lebens unterlag bedeutsamen Veränderungen, als im 13. Jahrhundert die Bettelorden gegründet wurden, die sich auch außerhalb der Klostermauern betätigten. Vom 12. Jahrhundert an hatten auch die nicht erbberechtigten Söhne aus dem Adel bessere Aussichten. In den Städten entstanden immer mehr Schulen und Universitäten. Die jungen Leute konnten unter einer Vielzahl von Berufen wählen, Juristen, Ärzte oder Beamte in den neu entstehenden, ausgedehnten Verwaltungsapparaten der Könige, Feudalherren und Städte werden. Auch die Kirche benötigte nach der Gregorianischen Reform gut ausgebildete Fachleute. Handel und Finanzwesen expandierten. Mit der Entstehung der Bruderschaften im Spätmittelalter gab es neue Betätigungsmöglichkeiten für fromme Laien.

Die Erziehung adliger Jungen und Mädchen

Den didaktischen Schriftstellern zufolge sollte die Mutter die Söhne bis zum siebten Lebensjahr großziehen. Viele Jungen, die eine Ausbildung zum Knappen erhielten, wurden tatsächlich im Alter von sieben bis neun Jahren von der Mutter getrennt. In Gottfried von Straßburgs *Tristan* wird der gleichnamige Held von seiner Adoptivmutter liebevoll großgezogen. Mit sieben Jahren muß er sie verlassen: »In seinen aufblühenden Jahren, da sein ganzes Glück erst beginnen, da er mit Freuden in den Frühling seines Lebens eintreten sollte, da war sein schönstes Leben schon vorüber. Als er mit Freuden aufzublühen begann, da befiel ihn der Rauhreif der Sorge, der häufig der Jugend Schaden zufügt, und ließ die Blüten seines Glücks verdorren.«[1] Entgegen dem Ratschlag der didaktischen Schriftsteller wurden Jungen, wenn sie von der Mutter getrennt wurden, nicht vom Vater erzogen und ausgebildet. Man schickte sie zu diesem Zweck an den Hof anderer Adliger: zu einem Onkel väterlicher- oder mütterlicherseits (der gewöhnlich höheren Standes war als der Vater), zu einem Freund des Vaters oder zu dessen Lehnsherrn. In der Literatur wie im Leben wurde nur im Hochadel der älteste Sohn zu Hause erzogen, gewöhnlich zusammen mit anderen Kindern und Jugendlichen, den Söhnen von Vasallen oder Freunden des Vaters.[2] Viele Adlige kümmerten sich um ihre unehelichen Söhne, zogen sie in ihrer Familie groß und schickten sie, genauso wie ihre ehelichen Söhne, zur Erziehung in ein anderes Adelshaus.[3]

Bis zum Beginn des 12. Jahrhunderts umfaßte die Ausbildung zum Ritter kaum Schulbildung. William Marshal, einer der bedeutendsten Adligen Englands, war Analphabet. Die Unterscheidung in ungebildete Laien (*laicus illiteratus*) und gebildete Kleriker (*clericus literatus*) traf den Sachverhalt. Vom 12. Jahrhundert an gab es zwar immer noch Adlige, die weder lesen noch schreiben lernten, aber auch schon Laien, die beides beherrschten. Viele Adlige, die ein weltliches Leben führten, begannen Latein zu lernen. Einige sprachen und schrieben es fließend und hatten somit Zugang zur Hochkultur ihrer Epoche. Als im 13. und 14. Jahrhundert der Elementarunterricht in der Volkssprache erteilt wurde, immer mehr Werke in der Volkssprache geschrieben wurden und die Zahl der Übersetzungen aus dem Lateinischen zunahm, konnte man auch schon eine gewisse Bildung erwerben, wenn man des Lateinischen nicht mächtig war. Im 12. Jahrhundert lernten die Kinder von der Mutter, dem Kindermädchen oder dem Lehrer (einige Jungen wurden mit drei Jahren Lehrern übergeben) das Gegrüßet seist du Maria, das Credo, das Vaterunser und Psalmen auf lateinisch sowie die grundlegenden Glaubenssätze. Wenn sie in das Schloß kamen, wo sie zum Ritter ausgebildet werden sollten, oblag ihre theoretische Schulbildung und religiöse Erziehung einem Geistlichen der niederen Weihegrade, einem Kapellan oder Mönch.[4] Sie spielte allerdings keine große Rolle. In der Hauptsache identifizierten sich die angehenden Ritter mit den Erwachsenen und ahmten sie nach. Durch ihr Vorbild und die Heldensagen lernten sie das Ethos des Rittertums kennen. Dadurch wurde ihre Integration in die Erwachsenengesellschaft gewährleistet. In der Literatur wird der künftige Ritter als ein Junge geschildert, der die Erwachsenen nachahmt, sich ihre Werte zu eigen macht und schon in der Kindheit ritterliche Eigenschaften entwickelt. Der Feudalherr, dem die Kinder zur Erziehung anvertraut wurden, hatte die Aufsicht über ihre Ausbildung zum Waffendienst und erfüllte in einem die Funktion des Lehrers und des Vaters. Um seine Gunst wetteiferten die Knaben untereinander.[5]

Nach seiner Ankunft am Hof des Feudalherrn wurde der sieben- bis zehnjährige Knabe Page. Im Spätmittelalter trugen die Pagen ein Hemd, ein eng anliegendes, geschnürtes oder mit Knöpfen versehenes Wams, ein Beinkleid, das ans Wams geschnürt war, um die Hüften einen Gürtel mit verzierter Schnalle (ein Zeichen der Männlichkeit) und darüber einen Umhang. Sie lernten früh reiten, bei ih-

Eine Szene aus dem mittelalterlichen Alltag: Ritter und Page in Kriegsrüstung (»Trachtenbuch« des Veit Konrad Schwarz)

ren ersten Reitversuchen wurden sie von einem erwachsenen Reiter mit aufs Pferd genommen, wie zeitgenössische Illuminierungen zeigen.[6] Ein dreijähriger Junge wird in einem *Chanson de geste* so charakterisiert, daß er »weder reiten noch lange Strecken gehen« kann.[7] Mit sieben Jahren konnten die meisten Jungen schon reiten.[8] Bis zum 12. Lebensjahr wurden sie aber noch nicht in allen Disziplinen des Rittertums unterwiesen.

Die ernsthafte Ausbildung zum Waffendienst begann mit zwölf Jahren (obwohl Aegidius Romanus und andere der Meinung waren, daß Jungen erst ab vierzehn das Ringen, Reiten und andere ritterliche Fertigkeiten erlernen sollten)[9]. Die Verantwortung dafür lag beim Feudalherrn, die Ausbildung fand jedoch unter der Leitung des *nutricius*, des Erziehers oder Lehrers, statt. Sie umfaßte gründlichen Reitunterricht – die Jungen mußten lernen, bewaffnet zu reiten –, das Zielen auf eine Zielscheibe, Fechten, Ringen[10] und Bogenschießen. Wenn die erwachsenen Ritter auf Jagd gingen – eine der Hauptbeschäftigungen in Friedenszeiten –, waren auch die Pagen dabei. In *Lancelot del Lac* lernt der gleichnamige Held Bogenschießen, zuerst jagt er nur kleine Vögel, später Wild. Einige Jungen lernten auch Federwild zähmen und es für die Jagd abzurichten. Die Ausbildung zum Waffendienst, die Wettkämpfe der Jungen und die Jagd waren nicht ungefährlich. Sie waren ein Grund für die geringe Lebenserwartung des männlichen Adels.[11] In der zweiten Hälfte des 11. Jahrhunderts wurden zwei Mitglieder der Familie Giroie während der Ausbildung zum Waffendienst getötet, einer wurde beim Ringen auf einen spitzen Felsen geworfen, der andere bei einem Speerwurf-Turnier verletzt. Richard, der Sohn Wilhelms des Eroberers, kam bei einem Jagdunfall ums Leben, bevor er zum Ritter geschlagen wurde. Im Jahre 1389 wurde der siebzehn Jahre alte Graf von Pembroke getötet, während er mit dem Speer für ein Turnier übte.[12]

Jungen schlossen ihre Ausbildung für den Waffendienst gewöhnlich mit fünfzehn Jahren, zu Beginn der *adolescentia*, ab, von da an galten sie als Erwachsene und wurden Knappen der Ritter. Die meisten wurden zwischen siebzehn und neunzehn Ritter, einige bereits mit fünfzehn und nahmen dann auch schon an Schlachten teil.

Die Ausbildung erfolgte in Gruppen, die Pagen bildeten eine Gruppe für sich im Schloß.[13] Sie waren in das Alltagsleben der Erwachsenen einbezogen, wuchsen im Pferdestall und in der Waffenkammer auf, in einer Welt, in der es nach Schweiß stank. Von früher Jugend an waren sie mit dem ritterlichen Ethos und der höfischen Kultur ebenso vertraut wie mit dem ungezwungenen Triebleben der Ritter. Das Lob und die Sanktionen der Gruppe, Stolz und Scham, spielten eine entscheidende Rolle in der Kindererziehung. Das ritterliche Ethos wurde durch die Einübung bestimmter Verhaltensnormen erworben; die Interaktion zwischen Kindern und Erwachsenen sowie in der Kindergruppe förderte das erwünschte Verhalten und sanktionierte das unerwünschte. Manchmal wurde eine Gruppe junger Männer an einem Festtag oder vor einer Schlacht von dem Feudalherrn, an dessen Hof sie aufgewachsen waren, gemeinsam zum Ritter geschlagen. Die Pagen pflegten gemeinsam zu spielen. In einer Sammlung von Gesetzestexten wird ein Spiel erwähnt, bei dem die Kinder im Kreis sitzen und ein Spieler einem anderen zuruft: »Steh auf!« Wenn der Mitspieler nicht sofort aufsteht, wird ihm etwas ins Gesicht geworfen.[14] Besonders beliebt waren Ballspiele,[15] mit oder ohne Schläger, einige ähnelten den heutigen Sportarten Tennis, Golf und Krocket; daneben wurden ein Rasen-Kugelspiel, Spiele mit einem Schlagholz, Federball, Diskuswerfen und ein Holzpflock-Spiel gespielt. Das »Ritter«-Spiel, das der kleine William Marshal mit dem König spielte, wurde bereits erwähnt. Der künftige Ritter lernte auch Schach und Tricktrack, eine Art Backgammon, spielen.

Nach Abschluß der Ausbildung blieben einige Jugendliche als Knappen oder Ritter unter der Aufsicht des Konnetabel oder des Marschalls am Hof des Feudalherren, der sie ausgebildet hatte. In Friedenszeiten hatten sie die Aufgabe, das Schloß zu verteidigen, und bildeten die Eskorte. In Kriegszeiten waren sie die Kerntruppe des Heeres.[16] Einige der ältesten Söhne, die den Großteil ihrer Ausbildung im Schloß des Vaters erhielten, traten mit fünfzehn in die Dienste von dessen Feudalherrn, manchmal sogar bevor sie zum Ritter geschlagen wurden. Andere gingen mit einem Ritter auf Reisen, kamen an verschiedene Höfe und dienten eine Zeitlang dem jeweiligen Feudalherrn. In dieser Zeit nahmen sie auch an Turnieren teil, der zweiten Hauptbeschäftigung eines Ritters in Friedenszeiten neben der Jagd. Bei den Turnieren konnten sie ihre Fertigkeiten und ihren Mut unter Beweis stellen. In der Literatur begeben sich viele junge Ritter auf Reisen, weil sie wissensdurstig sind und ihre Identität finden wollen. In Wirklichkeit begaben sich die meisten jüngeren Söhne aus adligem Hause nicht freiwillig auf Wanderschaft, sie mußten sich einen Feudalherren suchen, der sie in seine Dienste nahm, und eine Frau, die ein Lehen als Mitgift in die Ehe einbrachte.

Die Ausbildung zum Ritter begann schon in der Kindheit. Als Lancelots Lehrer dem Jungen Vorwürfe macht, weil er die ganze Jagdbeute und zwei Pferde gegen einen Windhund eingetauscht hat, sagt Lancelot trotzig wie ein kleines Kind dreimal hintereinander, daß er den Hund mehr liebt als die beiden Pferde.[17] In einer Verserzählung kann ein fünfzehnjähriger Knappe nur mit Mühe die schweren Waffen des Ritters tragen. Daraufhin nimmt der Ritter sie ihm ab und trägt sie selbst. Als sie sich der Stadt nähern, übergibt der Ritter dem Knappen die Waffen, um ihn nicht zu beschämen.[18] In *Raoul de Cambrai* nennt der Autor den jungen Helden manchmal *enfes*, Kind, weil er sich kindlich verhält. Die Erwachsenen nennen die jungen Männer oft noch »Kinder«, obwohl sie schon Ritter sind und bereits an Schlachten teilgenommen haben.[19] Die Schriftsteller sind sich nicht nur des Generationenkonflikts bewußt, sondern wissen auch um die Diskrepanz zwischen dem Waffendienst, den die Jugendlichen schon am Beginn der *adolescentia* leisteten, und ihrer emotionalen Entwicklung. Erst im Alter von einundzwanzig Jahren durften sie ein Lehen bekommen (zuvor brauchten sie einen Vormund, obwohl sie ab fünfzehn als volljährig galten).

Die künftigen Ritter erwarben ihre Fertigkeiten in der zweiten Phase der Kindheit. Erikson zufolge kommt es in dieser Phase auf die Entwicklung des Gefühls der Ich-Identität und den Erwerb von Fertigkeiten an. Durch ihre Teilnahme am Leben der Ritter, durch Geschichten und Lieder der fahrenden Sänger wurden sie mit den Heldentaten, den ritterlichen Tugenden (Zucht, kriegerische Tüchtigkeit, Treue zum Lehnsherrn), den christlichen Forderungen nach einwandfreiem Lebenswandel (Schutz der Schwachen), und dem höfischen Liebesideal vertraut gemacht. Der ideale Ritter war ein fähiger und mutiger Krieger, seinem Herrn treu ergeben und großherzig.[20] Im Verhalten zu seinen Waffenbrüdern und zum besiegten Feind ließ er sich von seinem ausgeprägten Ehrgefühl leiten. Dem kirchlichen Ideal zufolge war er gerecht und wahrhaftig, bescheiden und barmherzig und setzte sich für die Belange der Schwachen und Hilflosen ein. Darüber hinaus mußte er den christlichen Glauben verteidigen sowie allzeit bereit sein, gegen Ungläubige, Ketzer und andere Feinde ins Feld zu ziehen. Vor dem 12. Jahrhundert wurden besiegte Feinde geblendet und verstümmelt;

erst unter dem Einfluß der Kirche ging man dazu über, sie gefangenzunehmen und nach Zahlung eines Lösegelds freizulassen. Die Geistlichen brandmarkten die Turniere als Gemetzel und Selbstmord, als Verstoß gegen das christliche Ideal des Ritters. Die höfische Literatur propagierte das Ideal der höfischen Liebe, den Frauendienst, der die Frau zu einem für den Ritter unerreichbaren Ideal stilisiert. Er bildete die dritte Komponente des ritterlichen Ethos, das erotische Element. Da es sich bei der höfischen Liebe um ein außereheliches Liebeswerben handelte, widersprach sie den kirchlichen Normen. Der künftige Ritter sollte auch Schach spielen (ein Spiel, das auch Mädchen lernten), sich gewählt ausdrücken, singen, tanzen, ein Instrument spielen und sich in weiblicher Gesellschaft höflich und respektvoll verhalten können. Es ziemte sich für ihn, die Speisen aufzutragen, Wein einzuschenken und das Fleisch zu schneiden.[21] Kirchliche Autoren äußerten sich mißbilligend über das weltliche Milieu, in dem die künftigen Ritter aufwuchsen. Sie ermahnten Eltern und Lehrer, den Heranwachsenden moralisch einwandfreie Werke vorzulesen anstelle von Minneliedern und Ritterepen (die sie »unzüchtige Geschichten und Fabeln aus der vergänglichen Welt« nannten).[22] Die Erziehung förderte gewisse Tugenden und Verhaltensmuster: Mut, Draufgängertum, Ausdauer (die didaktischen Schriftsteller empfahlen, sich abzuhärten und an den Anblick von Leichen zu gewöhnen[23]), Stolz auf die adlige Herkunft und die eigene Familie sowie gewisse Verhaltensmuster in Gegenwart von adligen Frauen und Mädchen. Zweifellos überwog der weltliche Aspekt in der höfischen Ausbildung. Es war aber auch durchaus üblich, daß Ritter beteten, sich kasteiten oder auf dem Totenbett um Aufnahme in einen Orden baten. Dies zeugt von der Spannung zwischen den entgegengesetzten Polen des ritterlichen Ideals (oder, soziologisch gesprochen, vom Rollenkonflikt). Norbert Elias bemerkte, daß man im Mittelalter vor allem beim Adel gar nicht bestrebt war, die Kinder zu zügeln und zu bändigen. Er führte dies darauf zurück, daß es in der mittelalterlichen Gesellschaft noch kein Gewaltmonopol gab, die Gewalt vielmehr auf viele Feudalherren verteilt und in ihren Funktionen noch kaum differenziert war. Der Mangel an Konditionierung führte zur Bildung von Persönlichkeiten mit schwachem Über-Ich und labiler

Selbstbeschränkung, die zu emotionalen Ausbrüchen neigten und extremen Stimmungsschwankungen unterlagen. Die widersprüchlichen Elemente des ritterlichen Ideals prägten eine besondere Form dieser Fluktuationen – Widerspenstigkeit und schrankenlose Triebhaftigkeit auf der einen und religiöse Ekstase auf der anderen Seite.[24] Es entsprach dem Ideal eines didaktischen Schriftstellers, wenn der künftige Ritter nicht nur kräftig und tapfer, mutig und kühn war, sondern auch klug, maßvoll und gerecht,[25] wenn auch die Tugend der Mäßigung nicht besonders gefördert wurde.

Allmählich erscheint im Ritterepos die Figur des künftigen Ritters, der eine gewisse Bildung erwirbt. In zwei Versionen des *Tristan* lernt der gleichnamige Held lesen und schreiben sowie mehrere Fremdsprachen. Er erwirbt Kenntnisse in den *artes liberales* und den Gesetzen seines Landes und geht auf Reisen, um verschiedenen Feudalherren zu dienen, Fremdsprachen zu erlernen und fremde Länder mit ihren Sitten und Gebräuchen kennenzulernen.[26] In Wirklichkeit wurden künftige Ritter im 13. und 14. Jahrhundert nicht in den *artes liberales* unterwiesen, ihre Lateinkenntnisse waren äußerst beschränkt. Das heißt aber nicht, daß sie ungebildet waren. Ein Lehrer, Kapellan oder Geistlicher mit niederen Weihen erteilte ihnen Elementarunterricht entweder im Elternhaus oder in dem Adelshaus, wo sie aufwuchsen, oder in einer Privatschule für adlige Kinder, die in einem Schloß untergebracht war, oder in einer Domschule.[27] In der zweiten Hälfte des 13. Jahrhunderts wurde im Auftrag einer englischen Adligen ein Französisch-Lehrbuch verfaßt, das den Schülern, meist adligen Kindern, das Vokabellernen erleichtern sollte. Die Wortfelder orientierten sich an Gegenständen und Begebenheiten des Alltagslebens und waren gereimt.[28] Auf möglichst einfache Art und Weise sollten die Schüler lernen, sich französisch zu unterhalten. Zum Bibliotheksbestand der gebildeteren Adligen, die die militärische Laufbahn einschlugen, gehörten die Übersetzung von Vegetius' *Epitoma rei militaris*, eine Abhandlung über die Kriegskunst, Ritterepen, Fabelsammlungen, religiöse Literatur, Meßbücher, Heiligenviten und Geschichtsbücher, zuweilen auch juristische Abhandlungen sowie geographische, astronomische oder medizinische Werke. Die Werke antiker Schriftsteller waren nur in Übersetzungen bekannt.[29] Latein lernten die Adligen hauptsächlich für praktische Zwecke: Verträge, gesetzliche Regelungen und andere juristische Dokumente waren in lateinischer Sprache abgefaßt, daher waren Kenntnisse dieser Sprache nützlich, um Rechtsansprüche erheben, Verhandlungen führen oder ein Amt in der königlichen Verwaltung ausüben zu können (beispielsweise das des Geschworenen in englischen Gerichten).[30] Nur einige wenige bildeten da eine Ausnahme. Abaelard erzählt in seiner *Historia Calamitatum*, er habe studieren dürfen, obwohl er der älteste Sohn und nicht für den Klerus vorgesehen war. Sein Vater habe dafür gesorgt, daß jeder seiner Söhne eine Schulbildung erhielt. Abaelard gefiel das Studium so sehr, daß er sich, seiner eigenen Aussage zufolge, eines Tages entschied, den Hof des Kriegsgottes Mars zu verlassen und sich vor Minerva, der Göttin der Weisheit, zu verbeugen.[31] Im 13. und 14. Jahrhundert trafen auch andere Adlige die gleiche Entscheidung wie Abaelard. Im allgemeinen besuchten jedoch nur die jüngeren, nicht erbberechtigten adligen Nachkommen die Universität. Sie studierten an der Juristischen Fakultät (in England an besonderen Rechtsschulen) und wurden Juristen oder Amtsträger im Dienst der Krone und des Hochadels.

In einem 1380 geschriebenen Brief berichtete Bruder Edmund seinem Brotherrn Edmund Stonor vom Wohlergehen und den Fortschritten seines Sohnes, der eine private Vorschule besuchte, bei seinem Lehrer lebte und anfing, Latein zu lernen.[32] Jungen, die von ihren Lehrern in den *artes liberales* unterrichtet wurden, konnten an der Universität die Propädeutik überspringen und sogleich die Juristische Fakultät besuchen. Diese jungen Adligen mußten nicht wie die für den Ritterstand bestimmten Jungen schon mit sieben Jahren das Elternhaus verlassen. An ihren Studienort reisten sie oft in Begleitung eines Lehrers, der sie beaufsichtigte, ihnen beim Studium half und mit ihnen das Quartier teilte.[33]

Gelegentlich wird in den mittelalterlichen Quellen auch erläutert, warum adlige Kinder zur Erziehung in ein anderes Adelshaus geschickt wurden. In einem Sprichwort heißt es: »Es ist ein Kreuz, das Kind anderer Leute großzuziehen, denn es geht weg, wenn es erwachsen ist.«[34] John Bromyard kritisierte diesen Brauch, denn oft schämten sich die Kinder des niederen Adels ihrer Eltern und ihres Namens, wenn sie an den Hof des Königs oder in andere hochadlige Häuser kamen.[35] Die Kirche hielt es zwar für die Pflicht der Eltern, daß sie ihre Kinder erzogen, trat aber auch nicht vehement für die Abschaffung dieses Brauchs ein.[36] Nur selten äußerten sich Geistliche mißbilligend über diese Praxis. In Westafrika gibt es diesen Brauch noch heute: Kinder werden dort oft nicht von den eigenen Eltern, sondern von Verwandten, Stammeshäuptlingen oder englischen Familien erzogen.[37] Die Erziehung in einem Adelshaus höheren Standes diente im Mittelalter in erster Linie dazu, die Zukunft der Kinder zu sichern. So schreibt John Bromyard, die Kinder würden den Großen des Landes anvertraut »in der Hoffnung auf Beförderung zu einer Ehrenstelle«.[38] Der Sohn eines Vasallen am Hof des Feudalherren war zwar keine absolute Garantie für die Treue des Vasallen, aber doch ein Unterpfand dafür, daß dieser treue Dienste leistete. Insofern war es die stillschweigende Übereinkunft, daß der Sohn als eine Art Geisel fungierte. Der Austausch von Söhnen zwischen gleichrangigen Feudalherren führte ebenfalls zu einer Vertiefung der Beziehungen. Es mag sein, daß in Gegenden, wo das Erstgeburtsrecht herrschte, die jüngeren Söhne zur Erziehung fortgeschickt wurde, um zu verhindern, daß es zu Spannungen zwischen ihnen und dem ältesten Sohn und Erben kam. Es ist durchaus möglich, daß man auch davon überzeugt war, Fremde könnten Kinder in der zweiten Phase der Kindheit besser erziehen. Im 19. Jahrhundert litten Mütter der Oberschicht in England darunter, ihre kleinen Söhne in die Public Schools mit ihrer berüchtigten strengen Disziplin schicken zu müssen.[39] Sie hatten aber keine andere Wahl, wenn sie um das berufliche Fortkommen ihrer Kinder besorgt waren. Ähnliche Konflikte hatten vermutlich auch die Mütter im Mittelalter durchzustehen. In den Heiligenviten beten Mütter für ihre Söhne, wenn sie in die Schlacht ziehen (»sie konnte sie nicht davon abhalten«),[40] oder versuchen, sie davon abzuhalten, rohe Gewalt anzuwenden.[41] Die jüngeren Söhne hatten jedoch nur wenig Kontakt zu ihrer Mutter, wenn sie schon als Kinder das Elternhaus verließen. Der älteste Sohn hatte gewöhnlich eine sehr enge Beziehung zur Mutter, vor allem wenn sie früh Witwe wurde. Adlige Männer hatten gewöhnlich eine niedrige Lebenserwartung, viele Kinder verloren schon in früher Kindheit den Vater. Meistens war dann die Mutter der Vormund. Erbte der Sohn ein Lehen, das

Herrschaftsfunktionen einschloß, wurden diese von der Mutter ausgeübt, solange er noch minderjährig war. Sie verteidigte seine Rechte und wachte über seinen Besitz.[42]

Für viele Jungen, die bei einem Feudalherrn aufwuchsen, war dessen Gemahlin eine Art Mutterersatz. In *Raoul de Cambrai* empfindet Raouls Mutter starke Zuneigung zu Bernier, dem unehelichen Sohn ihres Gatten: »Ich habe ihn großgezogen, bis er ein Ritter wurde.«[43] Sie versuchte, ihren Sohn daran zu hindern, gegen die Angehörigen Berniers in den Krieg zu ziehen. Auch Bernier fühlte sich Raouls Mutter sehr verbunden und weigerte sich beispielsweise, gegen ihren Neffen zu kämpfen. Nicht selten begehren in der Literatur die jungen Knappen und Ritter die Gemahlin des Feudalherrn – was nach Georges Duby durchaus realistisch ist. Tristan steht in Diensten des Königs Marke und ist zugleich der Liebhaber seiner Frau.[44] In der Literatur gibt es viele vaterlose Helden – Raoul de Cambrai, Tristan, Parzival und Lancelot, um nur einige wenige zu nennen. Soziologisch gesehen ist dieses ständig wiederkehrende Motiv Ausdruck der bereits erwähnten niedrigen Lebenserwartung des Adels. Psychologisch betrachtet, spiegelt es die ödipale Situation wider: der Held ›tötet‹ seinen Vater und findet einen anderen Vater, den Onkel mütterlicherseits oder einen Übervater wie König Artus. Die jungen Männer begehren die Gemahlinnen dieser Ersatz-Väter.

Die Väter erzogen ihre Söhne oft mit übergroßer Strenge. Guibert von Nogents Vater starb, als der Junge acht Monate alt war. Später schrieb der Sohn, es sei für beide bestimmt das beste gewesen, daß Gott seinen Vater zu sich gerufen habe. Hätte das Schicksal ihn nicht ereilt, hätte er bestimmt das Gelübde gebrochen, seinen Sohn Gott zu weihen, das er abgelegt hatte, als seine Frau in den Wehen lag, und ihn gezwungen, den Waffendienst anzutreten.[45] Der früh verwaiste Knabe hatte ein autoritäres Vaterbild. In seiner Autobiographie schreibt Gilbert von Sempringham, der eine körperliche Behinderung hatte, er sei im Hause seines Vaters immer niedergeschlagen und beinahe völlig gelähmt gewesen. Auch Hugo von Cluny fürchtete seinen Vater, einen unerschrockenen Ritter. Jean Froissart erzählt, daß Gaston von Foix seinen einzigen ehelichen Sohn verdächtigte, ihn im Auftrag des Königs von Novara vergiftet haben zu wollen. Dieser hatte dem Jungen in der Tat Gift gegeben, ihm allerdings gesagt, wenn er das Pulver in Gastons Wein mische, würde sich sein Vater mit seiner Mutter wieder versöhnen, von der er getrennt lebte. Als Gaston sah, daß sein Sohn ein Säckchen Pulver um den Hals trug, wurde er mißtrauisch und mischte dem Windhund etwas Pulver ins Fressen, worauf der Hund tot umfiel. Der Vater wurde daraufhin furchtbar wütend, erinnerte den Sohn daran, daß er all die Jahre gekämpft habe, um sein Erbe zu mehren, und wollte ihn auf der Stelle umbringen. Durch eindringliches Zureden brachten ihn seine Gefährten von diesem Vorhaben ab. Gaston ließ seinen Sohn in den Kerker des Schloßturms werfen. Dort wurde der Junge schwermütig, weigerte sich, jede Speise anzurühren, und verlor jeden Lebenswillen. Diese Weigerung legte der Vater als Aufsässigkeit aus. In seiner zügellosen Wut stach er ihm mit einem Messer in die Kehle.[46] Bei aller Blutrünstigkeit hat diese Geschichte bestimmt einen gewissen realistischen Kern. Es fehlt aber auch nicht an Beispielen dafür, daß Söhne aus Adelshäusern auf die Hilfe ihrer Väter zählten. So beklagte sich Mitte des 15. Jahrhunderts der junge Graf von Rutland bei seinem Vater, sein Lehrer habe ihn geschlagen, weil er beim Lesen einen Fehler gemacht habe[47] – und rechnete fest mit seiner Unterstützung.

Von Neid und Feindseligkeiten unter Geschwistern ist auch in der volkstümlichen Literatur die Rede.[48] Sie waren nicht nur emotional begründet, sondern hatten einen sehr konkreten, materiellen Anlaß im Erstgeburtsrecht.

In *Lancelot del Lac* wird die utopische Erziehung des gleichnamigen Helden dargestellt. Eine Fee taucht mit dem kleinen Lancelot in einen tiefen See hinab, auf dessen Grund es nicht nur ein Schloß und einen Wald, sondern auch Knappen und Ritter gibt. Die Schilderung von Lancelots Erziehung entspricht der mittelalterlichen Realität, wie Auerbach bereits hervorgehoben hat, wird die Lebensweise des Adels in der höfischen Literatur realistisch dargestellt. Im Alter von drei Jahren wird Lancelot einem Lehrer anvertraut. Mit sieben beginnt er seine Ausbildung zum Ritter und lernt allmählich reiten, den Gebrauch der Waffen, jagen und Schach spielen. Er wächst in einer Gruppe gleichaltriger Vettern und älterer Jungen auf. Jeden Abend ißt er mit seiner Adoptivmutter, der Dame vom See, zu Abend, er trägt die Speisen auf und schenkt ihr Wein ein. Weder von religiöser Erziehung noch von Schulbildung ist die Rede. Von Kindheit an läßt er die Fähigkeiten und Tugenden eines Ritters erkennen: Er ist ein hervorragender Reiter, zeichnet sich in der Ausbildung zum Waffendienst und bei der Jagd aus sowie beim Schachspiel. Er ist mutig, großherzig und empört sich über jedwede Ungerechtigkeit. Im Alter von zehn Jahren tauscht er zwei Rösser gegen einen Windhund, was seinen Lehrer so wütend macht, daß er ihn und den Hund schlägt. Lancelot empört sich darüber und flieht in den Wald. Bei seiner Rückkehr gibt seine Adoptivmutter vor, verärgert zu sein. Insgeheim ist sie jedoch stolz auf seine Großherzigkeit, seinen ausgeprägten Gerechtigkeitssinn und sein Ehrgefühl. Sie entläßt den Lehrer; danach wird der Junge nur noch unregelmäßig von verschiedenen Erwachsenen unterwiesen.[49] Die enge Beziehung des Jungen zu seiner Adoptivmutter bis ins Mannesalter hinein stimmt nicht mit den Gepflogenheiten der mittelalterlichen Realität überein. Bis zum dritten Lebensjahr zieht sie ihn selbst groß; dann wird er zwar bis zu seinem achtzehnten Lebensjahr von einem Lehrer unterrichtet, sie ist jedoch immer an seiner Seite, verfolgt seine Fortschritte und greift in schwierigen Situationen ein (so auch, als er dem Lehrer trotzt). Als er achtzehn wird, läßt sie ihn unter Schmerzen ziehen, denn sie weiß, daß er an den Hof des Königs Artus muß, um sich als Ritter zu bewähren. Die ständige Nähe der Adoptivmutter führt das weibliche Element in die Erziehung ein. Äußerer Ausdruck dafür ist der Kranz roter Rosen, den der Junge jeden Morgen auf seinem Kopfkissen vorfindet. Nur an Freitagen und anderen Fasttagen bekommt er keinen Kranz – eine der wenigen Reminiszenzen an das Christentum. Lancelot wächst im Unterschied zu den wirklichen Anwärtern auf den Ritterstand in einer fröhlichen, freien und alles andere als rauhen Atmosphäre auf. Der heitere Aspekt des Ritterdaseins wird auch in anderen literarischen Werken dargestellt. Lancelots Erziehung entspricht den Empfehlungen der didaktischen Schriftsteller; bei aller mütterlichen Zuneigung wird er weder verzärtelt, noch wird ihm in allem sein Wille gelassen.

Im Alter von sieben Jahren schieden sich die Lebenswege der Söhne und Töchter adliger Herkunft. Die künftigen Ritter wurden von der Mutter sowie von ihren Schwestern getrennt. Sie mußten Abschied nehmen von der weiblichen Welt, in der sie bis dahin aufgewachsen waren. William Marshals Schwester weinte, als ihr Bruder das Elternhaus verließ, um sich in der Normandie ausbilden zu lassen.[50] Auch Mädchen wurden manchmal zur Erziehung in fremde Haushalte geschickt, es war aber nicht so weit verbreitet wie bei Jungen.[51] Zumeist waren es die Töchter des Hochadels, die schon im Kindesalter verlobt wurden und im Schloß ihres künftigen Gemahls aufwuchsen. So wurde die heilige Elisabeth von Thüringen im Alter von vier Jahren mit dem Landgrafen von Thüringen verlobt und noch im selben Jahr auf die Wartburg gebracht. Dort lebte sie bis zu ihrer Hochzeit mit vierzehn Jahren. Andere Mädchen wurden schon in früher Kindheit ins Kloster geschickt und lebten dort, bis sie verheiratet wurden.[52] Einige Mädchen wuchsen zu Hause auf und wurden von einem Lehrer (*magister*) oder einer Lehrerin (*magistra*), von einer Einsiedlerin oder in einer Privatschule für adlige Kinder unterrichtet (manchmal gemeinsam mit den Jungen, die nicht bzw. noch nicht am Hofe fremder Feudalherren erzogen wurden). Lebte die adlige Familie in der Stadt, konnten die Mädchen dort auch die Grundschule besuchen. Neben dem Lehrer hatten die Mädchen manchmal auch noch ein Kindermädchen.[53] Einige Mädchen aus dem niederen Adel wurden vom Pfarrer unterrichtet, so die Töchter von Beatrice Planissol, der Frau des Kastellans, die in den Aufzeichnungen des Inquisitionstribunals von Pamiers erwähnt wird.[54]

Mädchen wurden nicht auf einen Beruf oder ein Amt im Königreich oder Fürstentum vorbereitet, sondern auf ihre Rolle als Ehefrau. Sie lernten, sich schicklich zu verhalten und sich in ihren Mußestunden die Zeit zu vertreiben. Die Tatsache, daß es auch Frauen gab, die Lehen erbten, führte nicht zur Neubestimmung der Rolle der Frau in der Gesellschaft. Daß Mädchen eine Erziehung brauchen, um eine Funktion in der Gesellschaft zu erfüllen, wird kaum je erwähnt. Ein Autor schreibt, Prinzessinnen und andere hohe Adlige sollten lesen und schreiben lernen, damit sie zu gegebener Zeit in der Lage seien, ihre Regierungsfunktionen korrekt zu erfüllen. Im Mittelalter war es üblich, daß Frauen die Lehen verwalteten, die sie von ihren Eltern oder von ihrem verstorbenen Mann geerbt hatten oder die sie für ihre minderjährigen Söhne betreuten. Christine de Pisan wußte, welche Aufgaben die Frau eines Adligen an der Seite ihres Mannes bzw. in dessen Abwesenheit wahrnehmen mußte, und empfahl daher, junge Adlige in der Haushaltsführung sowie in den Gesetzen über Grund und Boden zu unterrichten. Diese Einstellung war aber nicht die Regel.[77] Andererseits sollten die Mädchen die Gebote des Christentums befolgen und nach den Tugenden streben, die einer Edelfrau ziemten. Es gab jedoch kein einheitliches Ideal der Edelfrau. In der didaktischen Literatur und den fingierten Genealogien (die die Adelsgeschlechter zum Ruhm ihrer Vorfahren in Auftrag gaben) war oft von Frömmigkeit, Gehorsam, Ergebenheit und Keuschheit die Rede. Letztere Tugend wurde vom Adel besonders geschätzt. Mädchen wurden ins Kloster geschickt, damit sie dort wohlbehütet waren. Im Schloß der Grafen von Guînes gab es in zwei getrennten Flügeln auf dem gleichen Stockwerk je einen Raum für die *adolescenti* und die *adolescentiae*. Die Jungen schliefen dort nur nach Belieben, die Mädchen immer, weil es sich für sie ziemte.[56] Großherzigkeit oder Großmut, die beim Ritter als Tugend galten, schickte sich für eine Edelfrau nur bedingt, auf gar keinen Fall aber, wenn es sich um körperliche Hingabe handelte.[57] Auch in der Dichtkunst werden Tugenden gerühmt. In der Verserzählung *Guigemar* der Marie de France ist die Heldin ein zartes Wesen, das für seine Liebe leidet und durch seine Bereitschaft, Mühsal und Schmerzen auf sich zu nehmen, den Geliebten erlöst.[58] In der Verserzählung *Die Esche* (Le Fresne) ist die gleichnamige Heldin nicht nur der Inbegriff von Anmut, Lieblichkeit und Herzensgüte, sondern auch geduldig und in ihr Schicksal ergeben. Als der von ihr geliebte Mann eine andere Adlige heiraten will (ihre eigene Schwester, was Fresne aber nicht weiß) hilft sie, ohne zu klagen, bei den Hochzeitsvorbereitungen mit. Im Epos ermuntern Frauen die Männer zum Kampf, obwohl ihnen der schmerzliche Verlust des Geliebten droht. Sie bestärken sie darin, ihrem Ehrgefühl zu folgen und ihm alles zu opfern. Diese Geschichten zeugen von ihrer Ergebenheit, allerdings nicht von der in den Genealogien und Heiligenviten so oft als weibliche Charaktereigenschaft gepriesenen Mäßigung. In der höfischen Literatur, vor allem in der provenzalischen Lyrik, in deren Mittelpunkt der

Frauendienst steht, ist es die Edelfrau, die dem Mann die Spielregeln vorgibt. Bevor sie sich für einen Ritter entscheidet, muß er sich als Krieger bewähren. Vergeblich sucht man hier nach den gepriesenen Tugenden des Gehorsams und der Selbstaufopferung der Frau, ja manchmal auch der Keuschheit.

Im 12. und 13. Jahrhundert unterschied sich die Ausbildung adliger Mädchen kaum von der künftiger Ritter. In Gottfried von Straßburgs *Tristan* wird Isolde zuerst von einem Geistlichen, dann von Tristan unterrichtet. Sie lernt lesen und schreiben, dichten, Fremdsprachen, gesellschaftliche Umgangsformen, ein Instrument spielen, singen und komponieren. Im wirklichen Leben lernten die Mädchen wahrscheinlich keine Fremdsprachen (nur in England lernten die Adligen Französisch), während sie in der Volkssprache lesen, manchmal sogar schreiben und rechnen lernten. In lateinischer Sprache lernten sie Bibelstellen auswendig, Auszüge aus den Heiligenviten, Gebete und Psalmen. Darüber hinaus wurden sie in Heilkunde, sozusagen in Erster Hilfe unterrichtet. Gelegentlich wird auch darauf verwiesen, daß Mädchen in die *artes liberales* eingeführt worden seien.[59] Trotz aller Vorbehalte der Autoren didaktischer Werke lasen Mädchen auch Verserzählungen und Epen. Eine wohlerzogene, junge Edelfrau konnte außerdem reiten, Falken züchten und abrichten, Schach und andere Gesellschaftsspiele spielen, Geschichten erzählen, rezitieren, Rätsel stellen und lösen, singen und tanzen sowie ein Saiteninstrument spielen. Die Mädchen lernten zweifellos auch sticken und weben sowie einen Haushalt führen, indem sie der Schloßherrin tätig zur Seite standen. Zweifellos lasen Mädchen und Frauen mehr als die künftigen Ritter sowohl Psalmen als auch Epen (nicht von ungefähr waren Edelfrauen Gönnerinnen von Schriftstellern und Dichtern).[61] Zum anderen klaffte vom 13. Jahrhundert an eine immer größere Lücke zwischen der Erziehung von Mädchen und Jungen, denn die Jungen, die nicht zum Ritter geschlagen wurden, sondern später Verwaltungsaufgaben übernehmen sollten, gingen in die Lateinschule oder wurden von einem Privatlehrer unterrichtet und besuchten später die Universität oder Rechtsschulen. Die Mädchen nahmen hingegen nur am Elementarunterricht teil. Nur sehr wenigen Mädchen – darunter

Kinderspiel in Adelskreisen. Holzschnitt von Hans Burgkmair d. Ä., um 1514

Heloïse und Marie de France – ließ man eine umfassende Erziehung angedeihen.

Kleine und große Mädchen spielten mit Reifen und Puppen. Jungen ahmten die Väter und Onkel nach, die kleinen Mädchen die feinen Damen. So bittet die kleine Obilot in *Parzival* den Ritter Gawan, ihr als Ritter zu dienen. Er gibt ihr das Versprechen, ihr zu gegebener Zeit mit dem Schwert zu dienen, fügt jedoch hinzu, erst in fünf Jahren könne er um ihre Hand anhalten. Als Obilot ihm nach

Sitte der edlen Damen ein Andenken mitgeben möchte, meldet sich ihre gleichaltrige Spielgefährtin zu Wort: »Sagt mir doch, Herrin, was Ihr ihm schenken wollt. Wir haben nur unsere Puppen. Wenn Ihr wollt, könnt Ihr ihm gern eine von meinen geben, sollte sie schöner sein als die Euren.« Obilot beschließt daraufhin, ihren Vater um Hilfe zu bitten. Auf halber Höhe des Burgbergs hebt er sie zu sich aufs Pferd, setzt sie vor sich auf den Sattel und umarmt sie. Er verspricht, ihren Wunsch zu erfüllen, und reitet mit ihr zu seiner Gemahlin. Vater und Mutter beschließen, ihr ein festliches Kleid schneidern zu lassen, damit sie dem auserwählten Ritter einen Ärmel des Kleides schenken kann.[61] In den Chroniken ist von den Beziehungen kleiner Mädchen zu ihren Eltern noch seltener die Rede als von der Eltern-Sohn-Beziehung. Angesichts dieser Quellenlage gewinnt man den Eindruck, daß der Vater in Adelskreisen kaum Kontakt zu seinen Töchtern hatte und sich erst gegen Ende der zweiten oder zu Beginn der dritten Phase der Kindheit um sie kümmerte, dann nämlich, wenn es galt, einen vermögenden Ehemann für sie zu suchen.

Die Erziehung der Töchter war weniger kostspielig als die der Söhne. Künftige Ritter brauchten ein Pferd und die nötige Ausrüstung; die Aufnahme in den Ritterstand fiel auch zu Lasten der Eltern. Wo das Erstgeburtsrecht herrschte, war es den Eltern nicht immer möglich, allen Söhnen, die sich nicht dem religiösen Leben verschrieben, etwas zu vererben. Hingegen bekam jede Tochter eine Mitgift, wenn sie heiratete. Hajnal zufolge ist »das westeuropäische Heiratsmuster« durch das relativ hohe Alter der Frauen bei der Hochzeit gekennzeichnet.[62] Im Mittelalter wurden die jungen Adligen in ganz Westeuropa jedoch schon sehr früh verheiratet, Mädchen manchmal schon vor dem 12. Geburtstag – nach kanonischem Recht war dies das Mindestalter für die Eheschließung. Andere heirateten mit zwölf oder dreizehn Jahren, das durchschnittliche Heiratsalter adliger Mädchen lag im Spätmittelalter bei siebzehn.[63] Im juristischen Sinn galt die Verheiratung eines Mädchens unter zwölf als Verlobung, die auf eigenen Wunsch für ungültig erklärt werden konnte, sobald es zwölf Jahre alt war. (Vom 12. Jahrhundert bedurfte es in der Regel der Einwilligung des Jungen und des Mädchens, damit die Ehe gültig war.) Mädchen wurden jedoch oft zur Zustimmung gedrängt.[64] Georges Duby vertritt die Auffassung, daß in einigen Fällen, in denen die Ehe angeblich wegen des bösen Blicks oder wegen Hexerei nicht vollzogen wurde, die Mädchen in Wirklichkeit zu jung und gegen ihren Willen verheiratet worden waren.[65] Auch die Söhne, vor allem wenn sie aus dem Hochadel stammten, heirateten sehr jung;[65] meistens waren sie nur geringfügig älter als die Mädchen. Vom 12. Jahrhundert an nahm der Altersunterschied zwischen Männern und Frauen weiter zu.[67] Während der Übergang von der ersten zur zweiten Phase der Kindheit bei Mädchen, die im Elternhaus blieben, weniger einschneidend ausfiel, war der von der zweiten zur dritten Phase äußerst schroff. Für die meisten Mädchen fiel der Beginn der *adolescentia* mit ihrer Verehelichung zusammen. Sie bekamen schon bald ihr erstes Kind (trotz der Warnungen der mittelalterlichen Gelehrten vor allzu früher Mutterschaft) und danach ohne große Abstände eins nach dem anderen, häufig mehr als zehn. Die Töchter aus adligem Haus wurden gewöhnlich verheiratet, bevor sie volljährig wurden. So kam kaum eine in den Genuß der Rechte, die mit der Volljährigkeit verbunden waren. Zweifellos gab es eine Diskrepanz zwischen ihrer emotionalen Entwicklung und den neuen Anforderungen, denen sie sich stellen mußten. Von einem Mädchen, das sehr jung geheiratet hatte, heißt es, daß es nach der Hochzeit noch mit Glasringen spielte »in der Art junger Mädchen«. Darüber wurde ihr Mann so zornig, daß er seine Frau verfluchte.[68] Der Verfasser der Annalen der Familie Guînes hat volles Verständnis für die kleine Gräfin Petronella, die mit dreizehn oder vierzehn Jahren nach der Hochzeit noch mit ihren Spielgefährtinnen tanzte, mit Puppen spielte und gern im Teich des Schloßhofs badete. Letzteres tat sie nicht aus Reinlichkeit, sondern weil ihr das Baden großes Vergnügen bereitete.[69] Der Dichter Arnaut Vidal de Castelnaudari bezeichnet eine kaum dreizehnjährige verheiratete Frau, die einen Sohn zur Welt bringt, als »infanta« – ein Zeichen dafür, daß er sich der Diskrepanz zwischen der emotionalen Entwicklung und den gesellschaftlichen Anforderungen bewußt war.[70]

Die Erziehung in der Stadt

In mehrfacher Hinsicht trug die Entwicklung der Städte zur Schaffung einer neuen Gesellschaft bei. Jeder Stand – Adel, wohlhabendes Bürgertum, Handwerker-Tagelöhner – hatte seine eigenen Erziehungsziele und pädagogischen Methoden. Alle Schichten nahmen an Volksfesten teil, besuchten Theateraufführungen und hörten den fahrenden Sängern und Predigern aufmerksam zu.

Nur die Kinder der Reichen wurden zu Hause von einem Privatlehrer unterrichtet. Diejenigen, die für das religiöse Leben vorgesehen waren, absolvierten die Grundschule im Kloster. Die meisten Kinder, denen man eine Schulbildung zuteil werden ließ, besuchten die Grund- oder Singschulen in den Städten. Raymond Llulls Blanquerna, der für den Kaufmannsberuf bestimmt war, hatte einen jungen Lehrer, einen Studenten, der ihn täglich in die Kirche und zur Singschule begleitete.[1] Im Laufe der Zeit gründeten auch die Städte Schulen, zunächst in Italien und Flandern, später auch in anderen Ländern. Einige Privatschulen standen unter der Leitung von Kopisten. Giovanni Villani zufolge besuchten in der zweiten Hälfte des 14. Jahrhunderts etwa 8000–10 000 Jungen und Mädchen die Florentiner Grundschulen und lernten dort lesen und schreiben.[2] Giovanni Dominici behauptete, durch diese Schulen würden Kinder, die von ihren Eltern streng erzogen worden waren, verdorben: »Wolltest du deinen Sohn in die öffentliche Schule schikken, so fürchte ich, daß er in *einem* Jahre die Frucht einer siebenjährigen Mühe verliert; denn dort kommt eine Menge zusammen, zügellos, böse, zum Schlimmen geneigt, feindselig oder schwierig gegen das Gute.«[3] Die Lehrpläne und Unterrichtsmethoden waren in allen Grundschulen sehr ähnlich. In den Schulen unter weltlicher Leitung wurden Jungen und Mädchen gemeinsam unterrichtet, in einigen unterrichteten sogar Lehrerinnen.[4] In allen europäischen Städten besuchten fast alle Kinder wohlhabender Bürger zumindest ein paar Jahre die Grundschule. Diejenigen, die einen kaufmännischen Beruf ergreifen wollten, besuchten anschließend die Handelsschule. Dort lernten sie rechnen, Buchführung, Geschäftskorrespondenz, manchmal auch Fremdsprachen und Geographie. Dieser Schulbesuch war aber meist von begrenzter Dauer. Ein Mitglied der Familie Valori blieb nur acht Monate auf dieser Schule und ging dann zu einem Bankier in die Lehre.[5] Auch der Geschäftsmann Gregorio Dati besuchte nur kurze Zeit eine Handelsschule. Nachdem er im Alter von dreizehn Jahren gut genug rechnen konnte, begann er im Geschäft eines Seidenhändlers zu arbeiten.[6] Petrarca wurde mit dreizehn Jahren »einem Kaufmann übergeben«, nachdem er die Rechenschule besucht hatte. Die Eltern hielten es offenbar für ausreichend, ihren Kindern nur den Unterricht zuteil werden zu lassen, den sie für ihren späteren Beruf brauchten. Kaufleute und Bankiers brachten ihren Lehrlingen während der Lehrzeit die wichtigsten Kenntnisse bei. In der Toskana war es nicht unbedingt erforderlich, die Handelsschule zu besuchen, um Buchhalter zu werden; die Jungen kamen mit zwölf Jahren in die Lehre und übten schon früh ihren Beruf aus.[7] Große Handelsunternehmen in London nahmen hingegen erst Jungen ab sechzehn in die Lehre.[8] Es kann sein, daß Jungen in der Toskana schon sehr früh in die Lehre kamen, weil die Eltern ihre Söhne schon mit zwölf Jahren für volljährig erklärten (obwohl man üblicherweise erst mit fünfundzwanzig volljährig wurde). Mit der Volljährigkeitserklärung war der Vater vor dem Gesetz aller Verantwortung für seinen Sohn ledig. Der Sohn bekam entweder eine Geldsumme oder ein kleines Vermögen in Sachwerten. Damit konnte er sich einer Kaufmannsgilde anschließen.[9] Die Schüler, die Arzt, Notar oder Anwalt werden wollten, gingen nach der Grundschule auf die Lateinschule, wo sie den gleichen Lehrplan hatten wie die künftigen Geistlichen. Die Lateinschule war die Vorbereitung auf die Universität.[10] Abgesehen davon, daß viele Kaufleute und Bankiers es begrüßten, wenn ihre Söhne in ihre Fußstapfen traten, war Bildung in der städtischen

Ansicht eines Schulzimmers

Gesellschaft hochgeschätzt. Einige Städte finanzierten Grund- und Lateinschulen; Adlige und wohlhabende Bürger setzten Stipendien für bedürftige Studenten aus. Der Beruf des Notars, Anwalts und Arztes war hochangesehen. Einige Eltern richteten sich bei der Berufswahl nach dem Talent und den Neigungen ihrer Söhne. Giovanni Boccaccio mußte jedoch gegen den eigenen Wunsch schon früh von der Schule abgehen (angeblich wegen der Habgier seines Vaters). Sechs Jahre lang ging er wider Willen zu einem Kaufmann in die Lehre. Da er als Kaufmann versagt hatte, wurde ihm das Jura-Studium aufgezwungen; erst nach weiteren heftigen Auseinandersetzungen durfte er sich der Literatur widmen.[11]

Die wohlhabenden Stadtbewohner schickten ihre unehelichen

Kinder entweder ins Findelhaus oder nahmen sie in ihre Familie auf. Starb der Vater, so übernahm in der Regel der Onkel die Vaterrolle.[12] Leon Battista Alberti war unehelich geboren. Der Vater erkannte ihn und seinen Bruder als seine Nachkommen an und zog sie auf. Als in Genua eine Seuche ausbrach, der die Mutter zum Opfer fiel, schickte er die beiden Jungen in Begleitung eines Lehrers nach Venedig. Leon Battista studierte zuerst in Padua unter Gasparino Barzizza und danach an der Universität Bologna. Als Kind hatte er seinen Vater offenbar besonders lieb. In einem Brief an den Vater in Genua schrieb der Lehrer, das Kind habe geweint und die ganze Nacht nicht einschlafen wollen aus Angst, auch der Vater könnte an der Seuche erkranken. Leon Battistas Lage verschlechterte sich nach dem Tod des Vaters und Onkels. Die Vettern übernahmen das Geschäft der Familie Battista und verhielten sich den unehelichen Vettern gegenüber nicht sehr großzügig. Leon Battista hielt dies für einen Mangel an Achtung der älteren Familienmitglieder vor den jüngeren.[13]

Bei Beginn der Lehrzeit verließen die Kinder oder Jugendlichen gewöhnlich ihr Elternhaus. Bankiers und Kaufleute hatten mehrere Lehrlinge, gewöhnlich gab es in einer Straße auch mehrere Geschäfte, in denen Lehrlinge ausgebildet wurden. In der Freizeit schlossen sie sich zu Gruppen zusammen und vertrieben sich gemeinsam die Zeit. In der Toskana veranstalteten sie Ringkämpfe und Pferderennen (*palio*), fochten und spielten sogar Instrumente. Ringen und Segeln waren in England beliebt. Überdies spielten alle leidenschaftlich gern Karten und Würfelspiele und gingen in die Schenke.

Die Dauer der Lehrzeit unterschied sich von Land zu Land; in Florenz dauerte sie drei bis fünf, in London manchmal sogar zehn Jahre.[14] In seinem Unterweisungsbuch riet Giovanni Morelli jungen achtzehnjährigen Männern, ihre Vaterstadt zu verlassen und ihre Laufbahn als Kaufmann in der Fremde zu beginnen. Dadurch würden sie im Handel Erfahrungen sammeln und die Sitten und Bräuche anderer Länder kennenlernen, was ihnen später von Nutzen sein könne. In Raymond Llulls *Blanquerna* ist der Vater des gleichnamigen Helden bereit, seinem Sohn bei Vollendung des achtzehnten Lebensjahrs sein Geschäft zu übergeben, nachdem er ihn einer Prüfung unterzogen hat. Manchmal traten junge Männer in fremden Städten als jüngere Teilhaber in das Handelsunternehmen von Verwandten ein. Gregorio Dati war nur zwei Jahre Lehrling. Mit fünfzehn Jahren ging er nach Avignon, um Kaufmann zu werden. Als Teilhaber wurde er jedoch erst mit dreiundzwanzig in ein Handelsunternehmen aufgenommen.[15]

Sobald Kinder oder Jugendliche die Lehrzeit antraten, war der Lehrherr für die Erziehung verantwortlich. Er bildete sie in ihrem künftigen Beruf aus, bestärkte sie in ihrem Standesbewußtsein und lehrte sie, daß wirtschaftlicher Erfolg im Handel mit Redlichkeit einhergehen sollte (in Wirklichkeit gab es natürlich nicht nur »gerechte Preise«, sondern auch Wucherpreise). Familienehre, Loyalität gegenüber der Stadt und ihren Einrichtungen sowie die Bereitschaft, verschiedene Ämter zu übernehmen, waren ebenso gefordert wie Frömmigkeit – sie schloß die Verehrung der Schutzheiligen der Stadt und der Zunft ein –, Mildtätigkeit und Wohlfahrt. Zur Förderung der städtischen Kultur wurden Maler, Dichter und Stadtschreiber unterstützt.

In der Toskana genossen Jungen, die ihre Lehre früh beendeten, ein großes Maß an Freiheit, besonders wenn sie geschäftlich erfolgreich waren. Erlitten sie Mißerfolge, waren sie häufig auf die Hilfe der Eltern angewiesen. Andere wurden erst mit fünfundzwanzig volljährig, was nicht immer gleichbedeutend war mit wirtschaftlicher Unabhängigkeit. In London gab es Väter, die ihren Söhnen zu Lebzeiten ihre Geschäfte übergaben, in Genua und Florenz waren die Väter hingegen bestrebt, die Geschäfte der Familie bis zu ihrem Tod zu führen.[16] Im 16. und 17. Jahrhundert wurde die gesetzliche Verfügungsgewalt des Vaters über Eigentum und Einkommen seiner Kinder in mehreren Ländern Europas (vor allem in Frankreich und England) ausgedehnt. In protestantischen Ländern konnten junge Leute nur heiraten, wenn sie die Zustimmung ihrer Eltern hatten. In katholischen Ländern war die Ehe auch ohne Zustimmung der Eltern rechtsgültig. Die Regierungen drangen aber vermehrt auf die Enterbung derer, die ohne Zustimmung der Eltern heirateten. Im Mittelalter verhielten sich die Väter, besonders in den italienischen Städten, im Einklang mit den Ermahnungen der didaktischen Schriftsteller meist autoritär ihren Söhnen gegenüber.

In der Familie Perruzzi verfluchte ein Vater seinen Sohn, der sich ihm widersetzt hatte. Sollte es ihm zu Lebzeiten nicht mehr gelingen, ihn zu bestrafen, so möge Gott nach seinem Tod dies an seiner Statt übernehmen.[17] Viele Jungen verloren schon früh ihre Väter und wurden von der Mutter aufgezogen. Herlihy, der sich vor allem mit der Stadt Florenz befaßt hat, vertritt die Auffassung, daß diese Jungen verzärtelt wurden und vielfach in allzu große Abhängigkeit gerieten. Die Mütter versuchten, ihre Söhne so lange wie möglich im Haus zu behalten – dies erklärt, warum sie später als andere heirateten.[18] Italienische Kaufleute heirateten in der Tat erst spät, manchmal erst nach der Rückkehr aus der Fremde. Viele Männer waren bei der Hochzeit schon über dreißig. Oft starben sie, als ihre Kinder noch klein waren. In London dauerte die Lehrzeit in großen Handelsunternehmen vom sechzehnten bis zum sechsundzwanzigsten Lebensjahr. So konnten die Lehrlinge erst heiraten, wenn sie etwa dreißig waren.[19] In anderen europäischen Städten heirateten die Männer früher.

Einige Töchter wohlhabender Bürger besuchten die gemischte Grundschule (Froissart erzählt, wie er mit den kleinen Mädchen in der Schule Nüsse, Äpfel und Birnen tauschte).[20] Andere wurden zur Erziehung ins Kloster geschickt und wieder andere von Privatlehrerinnen zu Hause unterrichtet. Die Frau von Francesco Datini nahm die uneheliche Tochter ihres Mannes bei sich auf, als sie sechs Jahre alt war. Sie zog sie liebevoll auf und war stolz auf sie. Das Mädchen bekam hübsche Kleider und Spielzeug und hatte sogar eine Privatlehrerin.[21] Töchter wohlhabender Bürger lernten in der Volkssprache lesen, seltener schreiben, rechnen, christliche Glaubenssätze, Gebete, moralisches Verhalten und gesellschaftliche Umgangsformen. Die höheren Schulen blieben ihnen verschlossen.[22] Spätestens mit zwölf oder dreizehn Jahren endete ihre Schulzeit. Mit Ausnahme derjenigen, die im Kloster erzogen wurden, verließen die meisten Mädchen aus dieser Schicht ihr Elternhaus erst, wenn sie heirateten. Nur selten wurden Töchter reicher Stadtbewohner bei Fremden erzogen. Katharina von Bologna (geb. 1413), die Tochter eines Juristen im Dienst des Herzogs von Ferrara, kam vermutlich zusammen mit ihrer Mutter im Alter von elf Jahren an den Hof als Gefährtin für die Tochter des Herzogs.[23]

Die Mädchen, die im Elternhaus aufwuchsen, wurden weder auf einen Beruf noch auf ein Amt vorbereitet. In der didaktischen Literatur ist bei den für Berufe und Ehrenämter geforderten Tugenden ausschließlich von Jungen die Rede. Wie die jungen Adligen sollten auch die Städterinnen zu frommen, bescheidenen und gehorsamen Frauen erzogen werden und sich auf ihre Rolle als Ehefrau und Mutter einstellen. Es empfahl sich, daß sie lesen und schreiben lernten, um mit ihren Ehemännern und Söhnen zu korrespondieren, wenn sie auf Reisen waren. Zu Hause wurden die Mädchen von der Mutter unterwiesen. Sie war dafür verantwortlich, daß sie einen mustergültigen Haushalt führten, weben, spinnen, sticken, nähen, backen, kochen und saubermachen lernten.

Die wohlhabenden Bürger ahmten den Lebensstil des Adels nach. Einem Unterweisungsbuch zufolge mußte die Städterin reiten und tanzen können, häusliche Spiele spielen, Rätsel stellen und lösen und Geschichten erzählen.[24] Gewöhnlich waren die Mädchen bei Spielen und Wettkämpfen nur Zuschauer (Froissart schildert sie auch als Zuschauer bei einem komischen Turnier, das Jungen unter sich veranstalteten).[25] Es gab aber auch volkstümliche Spiele, an denen sie selbst teilnahmen. In Padua versammelten sich die jungen Mädchen der Stadt in einer aus Holz und Pappe erbauten Festung. Die festlich gekleideten jungen Männer – sie trugen die Farben ihrer Städte – beschossen die Festung mit Blumen.[26] Auf dem Florentiner Maienfest, den *maggio fiorentino*, tummelte sich alt und jung. Bei dieser Gelegenheit sah Dante Beatrice zum ersten Mal.[27] Mädchen gingen gemeinsam spazieren, beteiligten sich an Gruppenspielen und liefen im Winter Schlittschuh.[28] In den italienischen Städten waren die Sitten strenger als in Nord- und Westeuropa. Dort durften Mädchen mit zwölf Jahren, wenn sie noch nicht verheiratet waren, nicht mehr allein aus dem Haus gehen.[29] Mütter zogen ihren Töchtern von klein auf schöne Kleider an und legten ihr Haar in Locken. Auch war es durchaus üblich, die Kinder zu umarmen und zu küssen. Bekannt ist nur der Fall einer künftigen Heiligen, die sich jede Berührung und Liebkosung, auch die des Vaters, verbat.[30]

Die Töchter aus bürgerlichem Hause kamen nicht in den Genuß einer langen Kindheit wie ihre Brüder. Zwischen Minderjährigen wurden allerdings seltener Ehen geschlossen als beim Adel. Kein Feudalherr drängte darauf, daß die Erbin eines Lehens sich früh vermählte; eine Ausnahme bildeten Halb- oder Vollwaisen, die von ihren Verwandten oder Vormunden früh in die Ehe getrieben wurden.[31] Dennoch heirateten die meisten Mädchen sehr jung. Insbesondere in Italien verheirateten begüterte Bürger ihre Töchter aus wirtschaftlichen, oft auch aus politischen Gründen. Für die jungen Städterinnen aus wohlhabenden Familien fiel der Beginn der dritten Phase des Lebens, der *adolescentia*, wie bei den Töchtern des Adels, zumeist mit der Heirat zusammen. Auch in dieser Schicht wurden jungen Mädchen Ehen aufgezwungen. Desgleichen waren die Eltern nicht immer gewillt, die Heirat aufzuschieben.[32] Das ideale Heiratsalter für Mädchen war im Spätmittelalter in der Toskana dreizehn, in Deutschland vierzehn. Das durchschnittliche Heiratsalter lag in europäischen Städten zwischen dem sechzehnten und dem siebzehnten Lebensjahr.[33] Die Väter unehelicher Töchter versuchten, sie zu verheiraten, konnten aber meist keine besonderen Ansprüche stellen.[34]

Wie ihren Leidensgenossinnen aus dem Adel bereitete der Wechsel von der behüteten Existenz im Elternhaus zum Zusammenleben mit einem zumeist älteren Mann auch den Töchtern reicher Bürger Schwierigkeiten. Früh bekamen sie Kinder, und obwohl ihre Mütter sie zumeist in Haushaltsführung unterwiesen hatten, fiel es ihnen am Anfang der Ehe schwer, diese Aufgabe zu erfüllen. In Albertis Buch *Über das Hauswesen* erzählt ein Mann, er habe seiner jungen Frau in den ersten Tagen ihrer Ehe beigebracht, wie ein Haushalt zu führen ist. Ihre Mutter habe sie nur nähen und spinnen, Keuschheit und Gehorsam gelehrt und gemeint, alles übrige werde der Mann ihr beibringen.[35]

Die Kinder von Handwerkern und kleinen Ladenbesitzern, die später bei ihren Eltern in die Lehre gingen oder in einer fremden Werkstatt ausgebildet wurden, besuchten oft ein oder zwei Jahre lang den Elementarunterricht. Manchmal verlängerte sich durch den Schulbesuch die Lehrzeit.[36] Es besuchten aber bei weitem nicht alle künftigen Handwerker und kleinen Ladenbesitzer die Schule. Wer ein Handwerk erlernte, sollte sich von klein auf an dessen Eigenheiten gewöhnen, der Fischer ans kalte Wasser, der Baumeister an die Arbeit im Freien auch im Winter und der Kaufmann an die häufigen Reisen.[37]

Françoise Michaud-Fréjaville hat in ihrer Studie über die Lehrverträge aus der Gegend von Orléans nachgewiesen, daß nicht alle künftigen Handwerker bei Fremden in die Lehre gingen.[38] Die Zünfte und Gilden räumten dem Handwerker das Recht ein, seine Söhne und Töchter, seine Frau und deren Kinder aus erster Ehe in seinem Beruf auszubilden. Sie wurden bei der von der Zunft festgelegten Zahl von Lehrlingen, die der Handwerker ausbilden durfte, nicht mitgezählt.[39] Halbwaisen, deren Mutter wieder geheiratet hatte, wurden oft zu Fremden in die Lehre geschickt. Es kam aber auch vor, daß der zweite Ehemann oder die Mutter selbst – wenn es sich um ein Mädchen handelte – das Kind ausbildeten. Dann unterschrieb der Vormund einen Lehrvertrag mit der Mutter und deren Ehemann. Bereitete ein älterer Bruder das Waisenkind auf den Beruf vor, dann wurde der Lehrvertrag mit ihm abgeschlossen.[40] Kinder, die ihr Handwerk bei den Eltern erlernten, sahen schon im frühesten Kindesalter ihren Eltern bei der Arbeit zu und gewannen eine gewisse Vorstellung von den Arbeitsgängen. Nach Ansicht einiger Psychologen haben Väter in Gesellschaften, in denen der Beruf von Generation zu Generation vererbt wird, weniger Angst vor der Konkurrenz durch ihre Söhne, als dies in der modernen westlichen Gesellschaft der Fall ist. Die Söhne sind bereit, das Gewerbe des Vaters weiterzuführen und dessen Lebensweise zu übernehmen, ohne um ihre eigene Identität ringen zu müssen.[41] Ein französischer Holzschnitt aus dem 15. Jahrhundert zeigt Joseph, der dem Jesuskind das Zimmern beibringt.[42]

Das Alter, in dem Kinder bzw. Jugendliche ihre Lehrzeit bei Fremden antraten, war sehr unterschiedlich. In einigen Fällen begann die Ausbildung mit sieben, in anderen erst mit zwanzig.[43] Die Lehrzeit war je nach Gewerbe unterschiedlich lang. Einige Tätigkeiten erforderten kürzere, andere längere Übung, um fachmännisches Geschick zu entwickeln. Entscheidend für die Dauer der Lehrzeit war es aber auch, wie viele Handwerker oder Gewerbetreibende die Zunft oder Gilde zulassen wollte und wieviel Geld die Eltern oder der Vormund für die Lehre bezahlten. Laut Etienne Boileaus *Livre des métiers* (Buch der Gewerbe) dauerte im 13. Jahrhundert in Paris die Lehrzeit eines Kochs zwei Jahre, die eines Silberschmieds zehn und die eines Handwerkers, der Rosenkränze aus Korallen herstellte, zwölf Jahre.[44] Bei ihrer Entscheidung über die Zulassung neuer Handwerker gingen die Zünfte zudem von der steigenden oder sinkenden Nachfrage nach ihren Produkten aus. Die sarazenische Teppichweberei war bestimmt ebenso schwer zu erlernen wie die Herstellung von Rosenkränzen aus Korallen. Trotzdem war die Lehrzeit für erstere kürzer als für letztere, sie betrug nur acht Jahre. In den Lehrverträgen des Mittelalters war die Lehrzeit außerdem um so kürzer, je mehr Lehrgeld die Eltern oder der Vormund bezahlten. Bei einer langen Lehrzeit konnte der Handwerker länger über die die billige Arbeitskraft des bereits gut ausgebildeten, jungen Mannes verfügen. Aus diesem Grund mußte der Lehrling, wenn er die Lehrzeit verkürzen wollte, den Lehrherrn dafür entschäden.[45] Die Zünfte legten die Mindestdauer der Lehrzeit fest. Bis zum Ende der ursprünglich vereinbarten Lehrzeit durfte der Handwerker, dem der Meister den Rest der Lehrzeit erlassen oder der sich freigekauft hatte, noch keine eigenen Lehrlinge ausbilden. In einigen Zünften durfte auch der Meister in dieser Zeit keinen neuen Lehrling annehmen.[46] In England und Frankreich scheint die Lehrzeit üblicherweise sieben bis acht Jahre betragen zu haben, so bei Handschuhmachern, Färbern, Kerzengießern, Silberschmieden, Metzgern, Stoff-, Pfeffer-, Holz- und Eisenhändlern.[47] In der Toskana waren bei Händlern, Bankiers und Handwerkern nur drei bis vier Jahre die Norm. Ein Junge wurde gewöhnlich im Alter von elf oder zwölf Jahren Lehrling.[48]

Lehrverträge schlossen die Eltern oder der Vormund mit dem Handwerker ab, sie richteten sich nach den Zunftordnungen. Jeder Lehrling mußte eine Gebühr an die Zunft entrichten, der Handwerker war dafür verantwortlich. Manchmal wurden diese Gelder für karitative Zwecke verwandt.[49] Die Zunft bestimmte auch die Zahl der Lehrlinge, die ein jeder Handwerker ausbilden durfte. In den meisten Gewerben waren es nicht mehr als drei, in vielen Zünften nur einer. Es war im Interesse der Zunft, die Zahl ihrer Handwerker beschränkt zu halten. In den Zunftordnungen war auch festgelegt, wer einen Lehrling auszubilden befugt war: er mußte ein erfahrener Handwerksmeister sein, der genug verdiente, um neben der eigenen Familie noch einen Lehrling unterhalten zu können, und er mußte ein anständiger, ehrbarer Bürger der Stadt sein. In einigen Zunftordnungen war festgelegt, daß der Lehrling der Sohn eines freien Mannes sein mußte.[59] Die Eltern hatten das Recht, sich über den Lehrherrn ihres Sohnes öffentlich zu beschweren und ihn vor Gericht zu verklagen. Überdies war es Aufgabe der Zunft, einem Lehrling eine neue Lehrstelle zu besorgen, wenn sein Lehrherr verstarb.[51] Einige Zünfte pflegten mittellose Waisenkinder von Zunftmitgliedern während der Ausbildung finanziell zu unterstützen; in anderen nahmen Handwerker Waisenkinder zu niedrigeren Tarifen als üblich oder unentgeltlich als Lehrlinge auf.[52] Zuweilen wachten die städtischen Behörden darüber, daß Waisenkinder eine Lehrstelle bekamen.[53]

Kinder bzw. Jugendliche verbrachten die ganze Lehrzeit bei einem einzigen Handwerker. Laut Zunftordnung war es den Handwerkern untersagt, Lehrlinge abzuwerben. Ein Handwerker konnte seinen Lehrling nur dann an einen anderen abtreten, wenn er selbst schwer erkrankte, sein Gewerbe aufgab, Bankrott machte oder auf eine Pilgerfahrt ging. Trotz dieses Verbots verleiteten die Handwerker oft fremde Lehrlinge, zu ihnen in die Lehre zu kommen.[54] Die Lehrverträge, die vor allem aus dem 14. und 15. Jahrhundert überliefert sind, und die Bestimmungen der Zünfte geben genauestens Auskunft darüber, wie der Handwerker seine Lehrlinge behandeln sollte und welche Anforderungen an die Jungen gestellt wurden. Der Handwerker sollte dem Lehrling Meister und Vater zugleich sein, ihn sein Gewerbe lehren, ihn erziehen, ihm Kost und Logis gewähren, für seine Kleidung und sein leibliches Wohlergehen sorgen. In einigen Lehrverträgen war jedoch festgelegt, daß es Aufgabe der Eltern oder des Vormunds war, die Arzneimittel und den Arzt zu bezahlen und den Lehrling zu pflegen, wenn er krank wurde. Zuweilen kamen die Eltern auch für die Kleidung auf.[55] Lehrlinge erhielten gewöhnlich nur ein Taschengeld und keinen Lohn. Wollte ein Handwerker einem Lehrling, der schon mehrere Jahre für ihn gearbeitet hatte, Lohn zahlen, mußte er die Zunft um Erlaubnis bitten, sonst wurde er verklagt.[56] In vielen Lehrverträgen findet sich die Klausel, daß der Handwerker den Lehrling standesgemäß behandeln soll, wie den Sohn eines ehrbaren Mannes. Der Status des Handwerkers als Meister und Vater gab ihm auch das Recht, den Lehrling gewisse Dienste im Haushalt verrichten zu lassen. Er durfte ihn Besorgungen erledigen lassen und ihn sogar »züchtigen«, wenn er es für angebracht hielt. Ein Zimmermann und Kunsttischler mußte sich in Paris vor Gericht verantworten, weil er seiner Frau gestattet hatte, seinen Lehrling zu schlagen. Die Richter klärten ihn darüber auf, daß nur er das Recht auf Züchtigung habe und es seiner Frau versagt sei.[57] Aus gutem Grund sorgten Eltern und Vormunde dafür, daß der Lehrherr sich im Lehrvertrag verpflichtete, den Lehrling »sachte« zu behandeln.[58] Der Lehrling schuldete seinem Lehrherrn (und dessen Frau) Gehorsam und Respekt und verpflichtete sich, seinen Beruf gewissenhaft zu erlernen und auch alle anderen Arbeiten, die ihm aufgetragen wurden, sorgfältig zu erledigen. Die didaktischen Schriftsteller ermahnten die Lehrlinge, auch das Beten nicht zu vergessen. Sie tadelten die faulen Lehrlinge, die nicht aus dem Bett aufsprangen, wenn der Meister sie frühmorgens weckte, trödelten, nörgelten und die Arbeit oft unterbrachen, um zu essen.[59]

Die meisten Handwerker und Ladenbesitzer hatten nur einen Lehrling. Er nahm am Familienleben teil und traf sich auf der Straße mit den anderen Lehrlingen. Alle halfen im Haushalt mit und wurden, vor allem im ersten Lehrjahr, »Brot und Wein« holen geschickt.[60] Allmählich erlernten sie ihr Gewerbe und hatten auch geschäftliche Aufträge außer Haus zu erledigen. Vor allem im Sommer war die Arbeitszeit lang; es gab aber auch viele arbeitsfreie Festtage. Die Handwerksmeister sollten ihren Lehrlingen Handwerkerstolz und tätige Nächstenliebe in der Zunftgemeinschaft beibringen. Während der Lehre wurden sowohl die Leistung als auch der Charakter des Lehrlings beurteilt. Eine Illustration aus der ersten Hälfte des 12. Jahrhunderts zeigt den Lehrling eines Illuminators beim Bemalen einer Pergamentrolle; der Junge ist ganz in seine Arbeit vertieft.[61]

Kleine Kinder waren auf die Gutherzigkeit und den guten Willen des Handwerkers und seiner Frau am meisten angewiesen. Wenn sie sich nicht wie ein Vater und eine Mutter um sie kümmerten, waren sie hilflos. Die Zünfte räumten den Eltern das Recht ein, sich über den Lehrherrn ihres Kindes zu beschweren. Wenn der Hand-

Schulszene. Gemälde von Ambrosius Holbein, um 1516

werker ein Mädchen oder einen Jungen grausam behandelte, wurde er von den Eltern verklagt. Wurde er schuldig gesprochen, gestattete das Gericht, daß der Lehrvertrag gelöst wurde und das Kind die Lehre bei einem anderen Handwerker machte. Manchmal wurde der Lehrherr sogar mit einer Geldstrafe belegt oder ins Gefängnis gesteckt. So schlug ein Silberschmied seinen Lehrling mit einem Schlüsselbund und verletzte ihn dabei am Kopf. Eine Näherin wurde beschuldigt, ihr Lehrmädchen mit der Peitsche geschlagen zu haben; eine andere wurde angeklagt, ihr Lehrmädchen grundlos mit der Nadel in den Finger gestochen zu haben.[62] In einem Fall schritten die Behörden zu spät ein. Ein Lehrmädchen wurde krank und starb. Laut Zeugenaussagen soll sie während der Krankheit erzählt haben, sie sei krank geworden, weil sie von ihrem Lehrherrn furchtbar geschlagen und mit Füßen getreten worden war.[63] Selbst wenn es nicht mißhandelt wurde, konnte ein Kind im Haus seines Lehrherrn unglücklich sein. In den Zunftordnungen war festgelegt, wie man mit Lehrlingen verfahren sollte, die ihrem Lehrherrn ausgerissen waren. Es wird nicht verschwiegen, daß die Lehrherren ihren Lehrlingen durchaus Anlaß boten wegzulaufen. Lief ein Lehrling dreimal weg, so war der Lehrherr nicht mehr verpflichtet, ihn wieder aufzunehmen. Die Zunft mußte jedoch klären, ob dieses Verhalten mit der schlechten Behandlung durch den Handwerker zusammenhing. Waren einem Meister mehrere Lehrlinge weggelaufen und stellte sich heraus, daß er seine Lehrlinge schlecht behandelt hatte, so bekam er einen öffentlichen Tadel von der Zunft.[64] Ein Pariser Proviantverkäufer schlug seinen jugendlichen Lehrling mit einem Stock, an dem Schlüssel angebracht waren. Der Lehrling kannte seine Rechte und führte Beschwerde gegen seinen Lehrherrn. Am Ende des Verfahrens nahm der Lehrling die offizielle Entschuldigung des Meisters an. Der Lehrling reiste nach Reims, um sich dort zu vergnügen, was der Lehrherr ihm zur Besänftigung ausdrücklich gestattete. Anschließend durfte der Lehrling zu einem anderen Meister in die Lehre gehen.[65]

Aber auch die Lehrlinge benahmen sich nicht immer tadellos. Ein paar Lehrlinge sollten Kerzenständer verkaufen. Nachdem sie ihren Auftrag erledigt hatten, gingen sie in die Schenke, tranken und verspielten das Geld, das sie eingenommen hatten. Um ihre Missetat zu vertuschen, verkauften sie weiterhin die Waren ihres Herrn, bedienten sich beim Verkauf aber falscher Gewichte, um zusätzlich das Geld einzunehmen, das sie verspielt hatten.[66] Konrad von Megenberg macht den *iuvenes mechanici* den Vorwurf, sie seien gerissene Halsabschneider, die an Fest- und Feiertagen den Leuten das Geld aus der Tasche ziehen, um es in der Schenke, im Bordell und beim Würfelspiel zu verjubeln.[67] In der »Erzählung des Kochs« in den *Canterbury Tales* ist der Lehrling eines Proviantverkäufers die Hauptfigur. Er findet sich des öfteren mit Jungen und Mädchen »zu Spiel und Tanz und Lustbarkeit«, die so ausarten, daß er bisweilen »unter Lärm« ins Gefängnis »nach Newgate gebracht« wird. Gegen Ende der Lehrzeit vermißt der Lehrherr Rechnungen und gibt daraufhin dem Lehrling fluchend den Laufpaß.[68] Der Lehrling eines Stoffhändlers in einem großen Handelshaus wurde wegen Unzucht mit einem Dienstmädchen in der Halle des Unternehmens von maskierten Männern nach allen Regeln der Kunst gezüchtigt.[69]

Nicht alle Missetaten kamen vor Gericht. Ausschließlich aufgrund von Gerichtsakten kann man andererseits auch kein angemessenes Bild vom Leben eines Lehrlings gewinnen. Von guten Beziehungen zwischen Lehrherrn und Lehrling, von Zuneigung und Treue zeugt die Tatsache, daß Handwerker ihre Lehrlinge oft in ihren Testamenten bedachten. Einige erließen ihrem Lehrling nicht nur einen Teil der Lehrzeit (hätten sie das nicht getan, hätte der Lehrling den Erben des Handwerkers eine Entschädigung zahlen müssen), sondern vermachten ihnen auch Teile ihres Vermögens: Mietzinseinnahmen, Werkzeug oder Geld, um das Schulgeld zu bezahlen.[70] Einige Handwerker verfügten sogar, daß Lehrlinge Testamentsvollstecker wurden.[71] Ein ehemaliger Lehrling fühlte sich schuldig, weil er in seiner Lehrzeit nachlässig gewesen war. Als Entschädigung dafür vermachte er seinem Lehrherrn eine Summe Geld.[72] Ein anderer vermachte dem Kartäuserorden einhundert Pfund, damit die Mönche für seinen ehemaligen Meister Seelenmessen lasen.[73]

War der Vater selbst nur ein kleiner Handwerker, so galt die Lehrzeit bei einem angesehenen Meister sicher nicht nur als Weg zu einer besseren Berufsausbildung, sondern auch als Mittel des Fortkommens. Kleine Handwerker, die nur wenige Werkzeuge, aber eine große Kinderschar hatten, konnten nicht alle Kinder angemessen ausbilden. Auch war man der Meinung, daß oft Fremde die Jugendlichen besser erziehen können als die Eltern. Paolo da Certaldo schrieb: »Wenn du einen Sohn hast, der deines Erachtens an seinem jetzigen Platz nicht guttut, übergib ihn sofort einem Kaufmann, der ihn in ein anderes Land schickt. Oder schicke ihn zu einem deiner besten Freunde... Das ist das einzige Mittel. Solange er bei dir bleibt, wird er sich nicht bessern.«[74]

Wenn in den mittelalterlichen Quellen von den Spielen der Kinder und Jugendlichen die Rede ist, ist es ungewiß, ob es sich um Schulkinder oder Lehrlinge handelt. Sport wurde in der Stadt ausschließlich von der Oberschicht getrieben, Lehrlinge waren aller Wahrscheinlichkeit nach davon ausgeschlossen. Jungen spielten oft in der Nähe von Flüssen und Seen, badeten und fischten.[75] Auch in den Straßen der Städte konnten sich Kinder damals ungehindert bewegen. Der Bischof von London exkommunizierte im Jahre 1385 Jungen, weil sie »frech, faul und nichtsnutzig, von böswilligen Menschen angestachelt, mehr Schaden anrichteten als Gutes zu tun«. Sie schossen mit Pfeilen und warfen mit Steinen nach den Tauben und Raben, die sich unter dem Dach der St. Paul's Cathedral eingenistet hatten, spielten am Kirchenportal Ball und richteten großen Schaden an den bunten Glasfenstern, Bildern und Statuen an.[76] Auch Tierquälerei war ein beliebtes, grausames Spiel. Anselm von Canterbury berichtet von einem Jungen, der einem Vogel eine Schnur ans Bein band und ihn ein Stück laufen ließ. Sobald der Vogel jedoch wegfliegen wollte, zog er an der Schnur.[77] Ein künftiger Heiliger, der zwar in Whitby in England geboren, aber skandinavischer Abstammung war und Tostig hieß, wurde wegen seines Namens von seinem Kameraden oft gehänselt.[78] Überliefert ist auch, daß einige Jungen einen alten, häßlichen und frommen Handwerker verspotteten.[79] Solche Kinderstreiche gehörten zum Alltag. In mittelalterlichen Darstellungen der Szene, wie Jesus in Jerusalem einreitet, ist er von Kindern umringt, die allerhand Streiche spielen, beispielsweise mißhandeln sie den Esel, auf dem er reitet.[80] Die Erwachsenen waren bekanntlich auch nicht gerade feinfühlig. Hinrichtungen fanden in aller Öffentlichkeit statt, die Zuschauer strömten in Scharen herbei und hatten daran ihr sadistisches Vergnügen. Es ist nicht ausgeschlossen, daß sich auch Kinder unter den Zuschauern befanden. Zu den harmloseren Vergnügungen für Kinder und Erwachsene zählten die Auftritte der Spaßmacher, der Bärenführer mit ihren Tanzbären und der fahrenden Sänger. Wenn die Bevölkerung einer Stadt, von religiösem Eifer beseelt, eine neue Kirche baute, so war dies ein Gemeinschaftswerk, an dem sich auch die Kinder beteiligten.[81]

Nicht nur die Kaufleute heirateten spät, sondern auch die städtische Mittelschicht. Lehrlinge durften während ihrer Lehrzeit nicht heiraten – mit nur wenigen Ausnahmen.[82] Auch die Gesellen konnten sich erst dann eine Frau nehmen, wenn sie in der Lage waren, einen Hausstand zu gründen. Die Söhne wohlhabender Bürger genossen vermutlich ihr langes Junggesellendasein; andere Männer blieben hingegen eher notgedrungen ledig.

In der städtischen Arbeiterschicht waren Mann und Frau eher gleichgestellt als in wohlhabenden Kreisen. Zwar galt auch hier der Mann als Autorität, doch hatte dies nicht zur Folge, daß Jungen anders erzogen wurden als Mädchen. Wie ihre Brüder lernten die meisten Mädchen ein Handwerk und begannen schon früh zu arbeiten, obwohl sie nicht in allen Gewerben eine Lehre machen durften. Weniger Mädchen besuchten die Schule; weniger Mädchen wurden von Handwerkern oder Handwerkerinnen ausgebildet – die meisten Mädchen erlernten ihr Handwerk im Elternhaus.

Es gibt Beispiele für Mädchen, denen eine Schulbildung zuteil wurde, beispielsweise das einer Handwerkerstochter, des Waisenkinds eines Londoner Kerzengießers, deren Vormund 1390 für fünf Jahre das Schuldgeld bezahlte, oder das der heiligen Colette, der Tochter eines Zimmermanns aus der nordfranzösischen Stadt Corbie.[83] Lehrverträge, in denen der Handwerker sich verpflichtete, ein Mädchen, das bei ihm in der Lehre war, in die Schule zu schikken, sind so gut wie nicht überliefert. Die Töchter angesehener und wohlhabender Handwerker besuchten die Schule entweder vor oder neben der Lehre. Von den 276 Lehrverträgen aus den Jahren 1380 bis 1450, die Françoise Michaud-Fréjaville in ihrer Studie über die Gegend um Orléans analysiert hat, betrafen 89,3 Prozent Jungen. Da Handwerker ihre eigenen Söhne und Töchter bei sich ausbilden durften, machten wahrscheinlich die meisten Mädchen, die ein Gewerbe erlernten, ihre Lehre im Elternhaus. Das Leben der Lehrmädchen[84] unterschied sich kaum von dem der Lehrjungen. Die heranwachsenden Mädchen hatten es nur schwerer, einem brutalen Meister die Stirn zu bieten. Nicht selten verklagten die Eltern von Lehrmädchen den Meister, wenn er ihre Tochter prügelte. Belegt ist, daß ein Lehrherr versuchte, ein Mädchen zur Prostitution zu zwingen. Eine Handwerkerin wurde angeklagt, sie habe ihrem Lehrmädchen pflichtwidrig nichts beigebracht. Dies sei ein Verstoß gegen den Lehrvertrag, unabhängig davon, ob es vom Mangel an Arbeit abhing oder die Pflichtverletzung aus Nachlässigkeit erfolgte.[85] Bei verwaisten Mädchen wurde ebenso wie bei Waisenknaben streng überwacht, ob sie eine Lehrstelle fanden.[86]

Im Mittelalter waren Frauen zwar in zahlreichen Berufen tätig, die Ausübung ihrer Tätigkeit war aber durch die Zünfte beschränkt. Einige Gewerbe waren ihnen ganz verschlossen. Manchmal erlernten Mädchen im Elternhaus ein Handwerk, das sie bei einem fremden Lehrherrn nicht hätten lernen dürfen. Mit solchen Beschränkungen sorgten die Zünfte dafür, daß die Zahl der Handwerker nicht überhandnahm. Die besonderen Beschränkungen für Frauen hingen jedoch vom Status und vom Bild der Frau in der mittelalterlichen Gesellschaft ab.

Mädchen, die ihr Gewerbe im Elternhaus erlernten, wurden etwas später als Töchter wohlhabender Bürger verheiratet, häufig mit einem Mann aus dem Gewerbe des Vaters. Für die verwaiste Tochter eines Zunftmitglieds sammelte die Zunft Spenden für die Mitgift; das gleiche geschah auch, wenn das Mitglied die Summe aus eigener Kraft nicht aufbringen konnte.[87] Dies galt im Mittelalter als eine Form von Mildtätigkeit.

Am wenigsten ist über die Kinder der untersten Schicht der Stadtbevölkerung, der gelernten und ungelernten Lohnarbeiter, bekannt. Wenn sie als Dienstboten in einem fremden Haushalt arbeiteten, erlernten sie kein Gewerbe, sondern verdienten lediglich ihren Lebensunterhalt. Dem Florentiner Catasto zufolge waren 41,5 Prozent der männlichen und 34,2 Prozent der weiblichen Dienstboten Kinder und Jugendliche im Alter von acht bis siebzehn Jahren. Unter den 137 Mädchen und 79 Jungen waren sowohl Waisen und Findelkinder als auch Kinder, die von ihren Eltern als Dienstboten verdingt wurden. Einige Mädchen arbeiteten einige Jahre, sparten für eine Mitgift und heirateten anschließend.[88] Andere blieben ihr Leben lang ledige Dienstboten. Auch in anderen europäischen Städten traten Dienstmädchen schon im Kindesalter ihren Dienst an.[89] Aus dem 15. Jahrhundert sind sechzehn Verträge überliefert, die in Barcelona Eltern oder Vormunde mit dem künftigen Dienstherrn abschlossen. In fünfzehn der sechzehn Verträge waren die Mädchen, die Dienerinnen wurden, noch keine dreizehn, zwei erst sechs Jahre alt.[90] In seinem Handbuch beklagt »der Hausvater von Paris« die Unerfahrenheit fünfzehnjähriger Dienstmädchen. Er unterweist seine junge Frau in der Auswahl der richtigen Dienerin. Vor den Frechen solle sie sich ebenso hüten wie vor den Schmeichlerinnen; wenn sie ein schüchternes und gehorsames Mädchen gefunden habe, solle sie es wie eine Tochter behandeln.[91] Die heilige Sibyllina von Pavia verdiente als Dienstmädchen ihren Lebensunterhalt, nachdem sie im Alter von zehn Jahren Waise geworden war. Zwei Jahre später war ihre Sehkraft schon so gemindert, daß sie nicht mehr arbeiten konnte. Sie fand Aufnahme im Dritten Orden der Dominikanerinnen.[92] Die heilige Zita von Lucca wurde mit zwölf Jahren Dienerin. Bis zu ihrem Tod diente sie immer im gleichen Haushalt. Sie wurde die Schutzheilige der Dienstmädchen.[93]

Die Erziehung der Bauernkinder

Die wenigen Bauernkinder, die überhaupt lesen und schreiben lernten, wurden entweder vom Dorfpfarrer unterrichtet oder besuchten im Kloster oder in der nahegelegenen Stadt die Grundschule. Sie empfingen meistens die niederen Weihen oder wurden Mönche.[1] Die einzigen Laien bäuerlicher Herkunft, die lesen und schreiben konnten, waren Kopisten bei Gericht oder andere Amtsträger. Wohlhabende Bürger und Landadlige lehnten ausdrücklich ab, daß den Söhnen von Leibeigenen eine Schulbildung zuteil wurde.[2] Bauernmädchen wurden grundsätzlich nicht unterrichtet. Für die Erziehung der Kinder des Bauernstandes waren die Eltern, die Dorfgemeinschaft und der Dorfpfarrer zuständig. Die Kinder sahen den Erwachsenen bei der Arbeit zu und mußten schon früh mithelfen. Aus der Art und Weise, wie die Bauern miteinander, mit Vertretern der Obrigkeit und Kaufleuten aus der Stadt umgingen, lernten sie, wie sie sich benehmen sollten. Ihnen wurden Geschichten erzählt, Volkslieder vorgesungen, sie gingen in die Kirche und nahmen an kirchlichen Feiern und Volksfesten teil. Manchmal kamen fahrende Sänger ins Dorf, häufiger in die nahegelegene Marktgemeinde. Volkstümliche Kultur, moralische Gebote und Verhaltensregeln, von denen abzuweichen als Schande galt, wurden ihnen mündlich und durch das praktische Vorbild der Erwachsenen vermittelt. Die Bauernkinder trafen einander weder in der Schule noch in der Lehre, sondern allein beim gemeinsamen Spiel. Die Bauern stellten an Kinder nicht die gleichen Anforderungen wie an Erwachsene. Ein Prediger schrieb: »Solange sie noch klein sind, putzen die Bauern ihre Söhne heraus und fertigen ihnen prächtige Hemden; wenn sie erwachsen sind, lassen sie sie den Acker pflügen.«[3]

Mit sieben Jahren machten die Bauernkinder schon Botengänge, brachten den Knechten das Essen aufs Feld, hüteten die Gänse, Schweine, Schafe oder die Kuh, die die Familie besaß. Wenn sie etwas älter waren, fütterten sie die Pferde, holten Wasser, jäteten Unkraut, räumten Steine aus dem Weg, ernteten Gemüse, trennten die Spreu vom Weizen, halfen beim Garbenbinden nach der Ernte und beim Säen, beim Dachdecken mit Stroh, trieben die Zugtiere an und führten sie am Geschirr. All diese Arbeiten lernten sie, indem sie unter der Anleitung der Erwachsenen arbeiteten. In den Heiligenviten ist von Kinderarbeit sowohl in den Biographien der wenigen Heiligen bäuerlicher Herkunft die Rede als auch im Zusammenhang mit Wundern, die zur »Wiederbelebung« oder Heilung von Kindern führten, die sich bei Unfällen verletzt hatten. Weitere Zeugnisse dafür sind die Untersuchungsberichte der amtlichen Leichenbeschauer in England. Die Opfer waren Kinder, die sich bei der Arbeit verletzt hatten, und Kleinkinder, die von ihren älteren Geschwistern nicht aufmerksam gehütet worden waren. Manchmal liest man, daß ein siebenjähriger Junge zum Viehhüten, ein achtjähriger Junge zum Gemüseernten oder ein zwölfeinhalbjähriges Mädchen auf einen Botengang geschickt worden sei, manchmal aber auch nur ein *puer* oder eine *puella*.[4] Berichtet wird auch von einem Jungen der von seiner Mutter zum Lämmerhüten geschickt wurde, während die Spielgefährten ins Spiel vertieft waren.[5] Aus Vasaris Feder stammt folgende Anekdote: Auf einer Reise von Florenz nach Vespignano sah Cimabue den damals zehn Jahre alten Giotto beim Schafehüten. Während die Schafe grasten, »zeichnete er eins von ihnen, indem er mit einem spitzen Stein Linien in einen Felsbrocken ritzte«.[6] In den *Acta Sanctorum* wird eine künftige Heilige, die mit sieben Jahren von ihrer Mutter beauftragt wurde, Schafe zu hüten, als noch zart und schwach charakterisiert.[7] Zwar wurden Kindern gewöhnlich nur Aufgaben zugewiesen, die ihrem Alter gemäß waren, aber es kam auch durchaus vor, daß sie überfordert wurden. Ein zehnjähriger Junge sollte für seinen Vater Holz holen, er stieg die Leiter zur Tenne hoch, lud sich eine Ladung Heu auf die Schultern, verlor das Gleichgewicht und fiel mit der Leiter und dem Heu zu Boden.[8] Ein zehnjähriges Mädchen, das zum Wasserholen geschickt wurde, tauchte das große Gefäß in das

Bäuerlicher Alltag. Aus dem Kalendarium Grimani. Brügge, Werkstatt des Simon Bening, um 1513/15

Wasserloch. Beim Versuch, das schwere Gefäß zu heben, fiel es selbst ins Wasserloch.[9] Es gab aber auch leichte und angenehme Arbeiten für Kinder, wie Beerensammeln, Torfholen, Brennholzsammeln und Fischen, in Küstengegenden auch Muschelnsammeln. Man weiß nicht, ob Bauernkinder Spielzeug hatten. Den Unfallberichten ist nur zu entnehmen, daß sie schwimmenden Federn nachjagten und die Gänse und Enten auf dem Bauernhof herumscheuchten. Heranwachsende Jungen spielten auch schon Schlachten und Bogenschießen, indem sie Stöcke zu Schwertern erklärten und sich aus Zweigen Pfeil und Bogen machten.[10]

In der frühen Kindheit hatten Jungen und Mädchen die gleichen Aufgaben. Nach und nach lernten die Mädchen jedoch spinnen, weben und kochen, während die Jungen pflügten, ernteten und mauerten. Es gehörte zu den weiblichen Pflichten, das Haus sauberzuhalten, zu kochen, Wasser zu holen, Feuer zu machen, das Korn zur Mühle zu bringen, Käse zuzubereiten, den Gemüsegarten in Ordnung zu halten und in manchen Gegenden auch Bier zu brauen.[11] Da die Frauen jedoch auch bei fast allen Arbeiten auf dem Feld mithalfen, gab es keine feste Aufgabenverteilung zwischen Jungen und Mädchen. Jeanne d'Arc erzählte vor Gericht, sie habe im Haushalt ihrer Eltern mitgearbeitet und sehr gut spinnen und nähen gelernt, darin hätte sie es mit jeder Frau aus Rouen aufnehmen können. Zwanzig Jahre später bestätigten die Dorfbewohner dies den Inquisitoren, als sie sich zur Wiederaufrollung des Falls nach Domrémy begaben. Sie fügten hinzu, sie sei von Zeit zu Zeit auch mit dem Vater zum Pflügen gegangen und habe am Fuß der Festung das Vieh auf die Weide geführt. Mit diesen Aussagen bestätigten sie, daß Jeanne d'Arc in ihrem Heimatdorf so gelebt hatte wie alle anderen Dorfmädchen.[12]

Sowohl Jungen als auch Mädchen hüteten Gänse, Lämmer, Schafe, eine Kuh oder ein Pferd. Den regelrechten Beruf des Schäfers ergriffen jedoch nur Jungen. Jean de Brie schildert im *Guten Schäfer* aus der zweiten Hälfte des 14. Jahrhunderts, wie er Schafhirte wurde. Mit sieben Jahren hütete er die Gänse und mußte zu deren Schutz die Elstern, Krähen und Raubvögel verjagen. Mit acht wurde er zum Schweinehüten geschickt. Diese »groben und unfolgsamen Tiere« machten ihm das Leben schwer, so daß ihm das Jahr, das er Schweinehirt war, nicht in guter Erinnerung blieb. Mit neun half er schon beim Pflügen mit und hätte wahrscheinlich nie mehr Vieh gehütet, wenn er nicht von einem Pferd verletzt worden wäre. Nach seiner Genesung mußte er zehn Kühe hüten. Dabei wurde er nochmals verletzt, so daß er sich fortan weigerte, Großvieh zu hüten, weil er Angst vor Kühen und Pferden hatte. Im Alter von elf Jahren mußte er achtzig »zarte und gute« Lämmer hüten, die niemandem etwas zuleide taten. Er versorgte sie hingebungsvoll, fütterte und schor sie, ließ sie, wenn nötig, zur Ader und vertrieb die Wölfe. Mit zwölf beherrschte er fast alles, was ein Schäfer wissen muß, er wußte nur noch nicht, was zu tun ist, wenn ein Mutterschaf ein Lamm wirft. Am Ende bestand seine Herde aus 120 Böcken und 200 Mutterschafen. Mit vierzehn war er ein ausgelernter Schäfer.[13] In der Gegend um Montaillou wurden die Jungen zu erfahrenen Schafhirten in die Lehre geschickt.

Ein weiterer Beleg dafür, daß man sich dessen bewußt war, daß Bauernkinder nicht die gleiche Arbeit wie Erwachsene verrichten können, sind die Vormundschaftsverträge (*custody agreements*) in England. Der Gutsherr wollte sicherstellen, daß das Land, das ein Minderjähriger geerbt hatte, richtig bebaut würde und auch alle Arbeiten für ihn erledigt würden. Aus diesem Grund übertrug er das Land und die Vormundschaft einem Erwachsenen, der diesen Pflichten nachkommen konnte. Wenn der Vater starb, übernahm die Mutter die Vormundschaft. Nur wenn sie selbst nicht in der Lage war, das Land zu bebauen bzw. die Aufsicht darüber zu führen und dem Gutsherrn die erforderlichen Dienste zu erbringen, wurde die Vormundschaft über Land und Kind einem ortsansässigen Bauern übertragen. Starb die Mutter als erste, übernahm der Vater diese Aufgabe; verlor das Kind beide Eltern (wie es oft bei großen Seuchen der Fall war), wurde ein Verwandter Vormund. Hatte das minderjährige Kind keine Verwandten, bestimmten entweder der Gutsherr oder die Dorfgemeinde einen geeigneten Vormund. Waisenkinder wurden häufig von Verwandten aufgenommen: von älteren Geschwistern, Großeltern, Onkeln oder Tanten.[14] Besonders schlimm erging es den Waisen, die weder Verwandte noch Land hatten. Sie waren auf die Barmherzigkeit der

Dorfgemeinde angewiesen. Ein besonders schreckliches Beispiel von Verwahrlosung findet sich in der Biographie des heiliggesprochenen Petrus von Murrone. Der spätere Papst Coelestin V. war Einsiedler in den Abruzzen. In einem nahegelegenen Dorf waren zwei Waisenkinder so vernachlässigt, daß sie Wolfskindern ähnelten. Die Mädchen konnten weder gehen noch reden. Barmherzige Frauen (*bonae mulieres*) baten den Heiligen um Hilfe. Daraufhin wirkte er das Wunder: sie konnten gehen und reden und wurden schließlich »hübsche und gute Frauen«.[15]

Die Erbrechte unehelicher Bauernkinder waren von Land zu Land verschieden. Die Väter kümmerten sich in unterschiedlichem Maße darum, daß ihre unehelichen Kinder einen Teil ihrer Habe bekamen. Das Leben der unehelichen Kinder von Bäuerinnen und Bauernmädchen unterschied sich kaum von dem der anderen Dorfkinder. Meist waren es die ärmsten Mädchen aus dem Dorf, die uneheliche Kinder zur Welt brachten. Einige zogen ihre Kinder selbst auf, andere heirateten einen armen Bauern.[16]

Die Bauern brauchten ihre Kinder als Arbeitskräfte auf dem eigenen Hof oder zur Erledigung der Arbeiten für den Grundherrn. Ein Bauer konnte ein Allod bekommen (im Hochmittelalter nur in wenigen Gegenden) oder Land vom Gutsherrn pachten. Hatte ein Bauer mehr Arbeitskräfte, so konnte er das zusätzliche Land auch bebauen. In der Gegend von Montaillou, einem armen Dorf in den Pyrenäen, hatten viele Bauern eine große Familie, Kinder galten als Segen.[17] Es gab auch Bauernfamilien, die nicht für alle Kinder genug Arbeit auf dem Hof hatten. Darum verdingten sich einige schon im frühen Kindesalter beim Gutsherrn, einem wohlhabenden Bauern oder in der Stadt, oder sie kamen zu einem Handwerker in die Lehre. Das galt auch für mittellose Waisenkinder. Nach einem 1388 in England erlassenen Statut mußten Jungen und Mädchen unter zwölf Jahren, die bereits als Fuhrleute arbeiteten oder in der Landwirtschaft tätig waren, diese Arbeit auch nach dem zwölften Lebensjahr weiter verrichten und durften »kein Gewerbe oder Handwerk erlernen«.[18] Sie verdingten sich also nicht nur vor dem zwölften Lebensjahr, sondern wurden von diesem Alter an auch schon zu den erwachsenen Arbeitskräften gezählt, für die das Statut Gültigkeit besaß. Diejenigen, die für einen Bauern im heimatlichen

Dorf oder für den Gutsherrn arbeiteten, lebten wahrscheinlich weiterhin im Elternhaus. Einige Kinder verdingten sich auch nur zeitweise und arbeiteten die restliche Zeit auf dem Hof ihrer Eltern,[19] andere nur für die Haupterntezeit.[20] In Deutschland wurden in Oberschwaben und Vorarlberg Kinder vom achten Lebensjahr an von Frühlingsanfang bis Herbstende zum Arbeiten auf Bauernhöfe geschickt, in denen Mangel an Arbeitskräften herrschte. Ihre Eltern nahmen sie auf die Ravensburger Messe mit und kamen dort mit einem Bauern überein.[21] Andere Kinder arbeiteten regelmäßig als Landarbeiter oder Dienstboten außerhalb des Dorfs.

Zu Beginn der dritten Phase des Lebens, mit vierzehn Jahren, waren Bauernkinder ausgelernte Feldarbeiter. Die Erziehung und Lebensweise von Jungen und Mädchen zwischen dem siebten und vierzehnten Lebensjahr unterschied sich kaum voneinander. Bauernmädchen wurden nicht nur zu guten Ehefrauen, Müttern und Hausfrauen erzogen, sondern auch zur Landarbeit. Die Bauersfrau erfüllte – zunächst an der Seite des Vaters und dann an der des Mannes – eine wichtige und lebensnotwendige Funktion. Witwen übernahmen nach dem Tod ihres Mannes auch dessen Aufgaben auf dem Hof.

Obwohl die Jungen mit vierzehn schon als ausgelernte Arbeitskräfte galten, waren sie nach dem Gewohnheitsrecht nicht überall schon als Erwachsene anerkannt. In manchen Gegenden wurden sie mit vierzehneinhalb oder fünfzehn mündig. Ein Waisenkind brauchte dann keinen Vormund mehr, es konnte das geerbte Land bebauen oder verkaufen. In anderen Gegenden wurden die Jungen erst mit zwanzig oder einundzwanzig für volljährig erklärt. Mädchen waren sehr früh mündig, auf einigen englischen Gütern schon mit dreizehneinhalb.[22] Volljährigkeit war aber auch im Bauernstand nicht gleichbedeutend mit wirtschaftlicher Unabhängigkeit. Wann ein Jungbauer dieses Ziel erreichte, hing von Struktur und finanzieller Lage der Bauernfamilie ab (wohlhabendere Bauern konnten ihren Söhnen zum Kauf von Land Geld geben oder ihnen einen Teil des Grund und Bodens der Familie zuteilen). Auch die demographischen Bedingungen (nach der Pest des Jahres 1348 war es leichter Land zu erwerben, weil es viel herrenloses Land gab), der Zeitpunkt des Todes der Eltern bzw. ihre Verfügung, den Besitz zu Lebzeiten den Kindern zu überschreiben, spielten dabei eine Rolle.

Die Bauerntöchter heirateten früher als die Bauernsöhne, ungeachtet dessen, ob sie Land erbten oder nur eine Mitgift bekamen. Aus den Urkunden von Halesowen geht hervor, daß die Bauernmädchen vor der Pest zwischen dem achtzehnten und dem zweiundzwanzigsten Lebensjahr heirateten.[23] Die Töchter reicher Väter, die eine Mitgift erhielten, heirateten früher als die Töchter armer Väter, die spät oder gar nicht heirateten.[24] Die meisten Mädchen, die sich in der Stadt als Dienstmädchen oder auf dem Land bei wohlhabenden Bauern oder einem Gutsherrn verdingten, waren Töchter armer Bauern. Einige arbeiteten nur ein paar Jahre, bis sie genug Geld für die Mitgift hatten und heiraten konnten.[25] Diese Mädchen brachten oft uneheliche Kinder zur Welt. Nach der Pest des Jahres 1348 ging die Zahl der unehelichen Kinder stark zurück. Angesichts der vielen herrenlosen Ländereien war es für die Überlebenden der Pest einfacher, einem Sohn Land zu geben, damit er eine Familie gründen konnte, oder der Tochter eine Mitgift.[26] In Halesowen heirateten auch die Männer früh, häufig waren sie zwei bis vier Jahre älter als ihre Frauen. In der armen Gebirgsgegend von Montaillou heirateten Ende des 13./Anfang des 14. Jahrhunderts – also noch vor der Pest – Mädchen mit vierzehn, fünfzehn, siebzehn und achtzehn Jahren.[27] In der ländlichen Gegend um Pisa betrug das durchschnittliche Heiratsalter der Mädchen 17,3 Jahre, das der Männer 26,3 bis 27,1.[28] Auch die Bauern brauchten gewisse finanzielle Mittel, um eine Familie zu gründen, viele gaben sich aber mit wenig zufrieden. Durch die Heirat bekam der Bauer eine zusätzliche Arbeitskraft und konnte so besser wirtschaften.

Da die Mädchen früh heirateten, gehörten sie nur kurze Zeit zu den unverheirateten *adolescenti* und *adolescentiae*, die ihre eigenen Vergnügungen hatten – Tanz auf dem Kirchplatz, Spiel und Gesang an Festtagen. Am Abend des ersten Fastensonntags (dimanche des Brandons) fand ein Fest statt, an dem vor allem die noch unverheirateten, jungen Dorfbewohner in der Dunkelheit mit Kerzen in der Hand durch die Weinberge und über das Weideland zogen, tanzten, Kirchenlieder sangen und Zaubersprüche gegen das Ungeziefer sprachen, das die Bäume befiel. In Frankreich wurden darüber hinaus Freudenfeuer entfacht. Kurz vor dem Erlöschen hüpften die Kinder und jungen Leute über die noch glühende Asche.[29] Die Dorfmädchen gingen, genauso wie die Städterinnen, gemeinsam spazieren.[30] In Jeanne d'Arcs Heimatort Domrémy sangen und tanzten Kinder, junge Männer und Frauen außerhalb des Dorfs um eine besonders schöne Buche, die sie mit Blumengirlanden behingen und um die sich verschiedene Legenden rankten. Die Dorfbewohner glaubten, sie sei der Unterschlupf der Feen.[31]

Die religiöse Erziehung der Bauernkinder durch die Eltern und den Dorfpfarrer beschränkte sich auf wenige Gebete. Jeanne d'Arc, deren Familie nicht gerade arm war – ihr Vater bekleidete mehrere Ämter – berichtete, ihren Glauben verdanke sie ausschließlich ihrer Mutter, die sie auch die drei wichtigsten Gebete gelehrt habe.[32] Es ist überliefert, daß ein besonders frommes Mädchen von zwölfeinhalb Jahren aus dem Dorf Cubas bei Madrid das Gegrüßet seist du Maria, das Vaterunser und zwei weitere Gebete auswendig konnte. Ein Mann aus demselben Dorf bezeugte, er habe zusammen mit seiner Frau seinem neunjährigen Sohn das Gegrüßet seist du Maria und das Vaterunser beigebracht.[33] Konrad von Megenberg beklagte, daß die meisten Bauernkinder nur selten Gelegenheit hätten, eine Predigt zu hören. Er empfahl den Bauern, ihre Kinder an Festtagen mit in die Stadt zu nehmen, damit sie nicht dumm wie die Ochsen blieben, sondern auch die Bräuche der Stadt kennenlernen und sich dort Predigten anhören könnten.[34] Die Bauern wurden oft dafür gerügt, daß sie sonntags arbeiteten und nicht in die Kirche gingen. Sie spotteten nicht nur über den Klerus und äußerten sich feindselig über die Kirche, die die Bauern verarmte, indem sie ihnen den Zehnten abverlangte, sondern gaben ausgesprochen ketzerische Äußerungen von sich. Von ihrem Spott blieb nicht einmal die Eucharistie verschont. Eine Gruppe junger Männer hielt bei der Arbeit eine Rübenscheibe in die Höhe und ahmte damit den Priester nach, der die Hostie erhebt.[35] Zum anderen waren die Bauern aber auch tief religiös und beschäftigten sich mit der Frage nach dem rechten Glauben, wie die Aussagen der Bauern von Montaillou belegen. Sie waren entweder katholisch, wobei ihr Glaube auch Elemente des vorchristlichen Volksglaubens enthielt, oder ketzerisch. Schlossen sich Bauern einer der ketzerischen Bewegungen an (unter ihnen gab es nicht nur Anhänger der Katharer), so war dies sowohl Ausdruck ihrer Suche nach einem erfüllten religiösen Leben als auch Protest gegen den katholischen Klerus und die gesellschaftliche Ordnung, deren Teil er war. Bisweilen waren Bauernmädchen schon im frühen Kindesalter sehr fromm, so das zwölfjährige Mädchen aus dem Dorf bei Madrid, das mit sechs Jahren erstmals zur Beichte ging und mit neun das Sakrament der Eucharistie empfing, oder Gemma Solomona, eine der wenigen Heiligen aus dem Bauernstand. Ob diese Frömmigkeit Folge der religiösen Erziehung war, die diese Mädchen von ihren Eltern erhielten, oder ob sie infolge des Eindruckes kirchlicher Rituale oder einer Predigt so fromm wurden, läßt sich kaum feststellen. Feststeht, daß bei den Katharern (nicht nur in Montaillou) Vater und Mutter sich als erste bekehrten und dann auch ihre Kinder den Glauben annehmen ließen.[36]

Die Macht des Glaubens zeigte sich im Kinderkreuzzug. Im Jahre 1212 fand, ausgehend von der Vendôme und den Rheinlanden, ein Kreuzzug mehrer tausend zehn- bis fünfzehnjähriger Kinder statt. Die meisten waren Kinder von Bauern und Schäfern, ihnen schlossen sich aber auch Schulkinder aus der Stadt an. Die Befreiung des Heiligen Grabes von heidnischer Herrschaft war Ziel ihres Kreuzzugs. Obwohl sie von der Bevölkerung verköstigt wurden, waren ihre Reihen schon gelichtet, als sie die Hafenstädte Marseille, Pisa und Brindisi erreichten. Einige starben unterwegs, andere blieben in den Städten zurück, und nur wenige traten den Heimweg an. Sie glaubten, das Meer werde sich vor ihnen auftun, damit sie ins Heilige Land ziehen könnten. Nachdem dieses Wunder nicht eintrat, bestiegen sie die Schiffe, die ihnen angeboten wurden. Einige ertranken im Meer, andere wurden gefangengenommen und zu Sklaven gemacht. Schon Jahre vor dem tragischen Kinderkreuzzug war verkündet worden, daß die ganze Christenheit die heiligen Stätten von islamischer Herrschaft befreien muß. Diesen Ruf hatten auch die Kinder vernommen. Die Anführer des Kinderkreuzzugs hielten sich für von Gott auserwählt. Sendungsbewußt zogen sie ins Heilige Land und glaubten, eine Mission zu erfüllen, bei der die Erwachsenen versagt hatten. Die meisten Geistlichen hielten dieses Unterfangen von Anfang an für eine Torheit. Einige Kleriker gaben den Kindern dennoch ihren Segen. Die Chronisten berichten, daß viele Laien die Macht der kindlichen Unschuld priesen. Nach dem Fehlschlag dieses kühnen Vorhabens hieß es aber auch, der Teufel sei am Werk gewesen. Die Erwachsenen hatten das Bild des reinen und unschuldigen Kindes beschworen, das sanftmütig im Geiste und daher auserwählt sei, und die Teilnehmer des Kinderkreuzzugs glaubten daran. Nach ihrem Tod waren sie für die Kirche die »neuen Unschuldigen«. Auf Initiative Papst Gregors IX. wurde zum Gedenken an den Kinderkreuzzug auf der Insel San Pietro vor Sardinien eine »Kirche der Unschuldigen« errichtet.[37]

Im Mittelalter wurden in Westeuropa die meisten Kinder in den Bauernstand hineingeboren. Es gibt jedoch keine schriftlichen Zeugnisse von den Beziehungen der Eltern zu ihren sieben- bis vierzehnjährigen Kindern. In den Aussagen der Bauern vor dem Inquisitionstribunal in Pamiers ist hauptsächlich von Kinderkrankheiten und von den Reaktionen der Eltern auf den Tod von Säuglingen und Kleinkindern die Rede. In Gerichtsunterlagen aus England werden Fälle erwähnt, in denen Eltern wegen einer Erbschaft mit ihrem Nachwuchs in Streit gerieten. Häufiger wurde jedoch der Besitz den Erben überschrieben, wenn sie volljährig wurden, ohne daß es zum Streit kam, oder die Eltern übergaben zu Lebzeiten ihren Besitz dem Sohn oder der Tochter, allerdings wenn sie älter als vierzehn waren. Die wenigen literarischen Darstellungen der Eltern-Kind-Beziehung im Bauernstand und die entsprechenden Aussagen von Schriftstellern, die selbst nicht bäuerlicher Herkunft waren, zeigen deutlich, daß die Bauern ihre Kinder liebten und sich um sie kümmerten.

Etienne Fougères stellte in seinem *Livre de Manières* die Bauern als Betrüger dar, die den Zehnten nicht zahlten, um ihre Kinder zu verwöhnen.[38] William Langland schrieb von den Bemühungen armer Bauern, für den Unterhalt ihrer Kinder zu sorgen. Bei Wolfram von Eschenbach heißt es, »ein habgieriger Mann, wie man ihm bei Menschen niederer Herkunft oft begegnet. Er war ein hartherziger Fischer.« Der Mann spricht die Worte: »Ich sorge nur für mich und meine Kinder.«[39] Im 12. Jahrhundert entwarf Walter Map folgendes Sittengemälde: die Adligen seien zu arrogant und zu faul, um sich um die Erziehung ihrer Kinder zu kümmern, die Bauern würden hingegen alle Anstrengungen unternehmen, um ihrem »entarteten und verdorbenen« Nachwuchs das Studium der *artes liberales* zu ermöglichen, nicht um ihren Kindern durch das Studium Untugenden abzugewöhnen, sondern »damit sie Reichtümer aufhäufen«.[40] Gebildete Bauernsöhne waren aber die Ausnahme von der Regel.

In Hartmann von Aues höfischer Legende *Der Arme Heinrich* ist ein achtjähriges Bauernmädchen bereit, ihr Leben hinzugeben, um den vom Aussatz befallenen Ritter Heinrich zu retten. Das Mädchen schläft am Fußende des Bettes ihrer Eltern. Als diese vom Entschluß ihrer Tochter erfahren, weinen und klagen sie. Erst als sie feststellen, daß der Entschluß feststeht, das Mädchen sie um Vergebung bittet und sie ihrer Liebe und Dankbarkeit versichert, lassen sie sie ziehen, bleiben aber mit dem Herzen voller Trauer und Kummer zurück, als hätten sie ihr eigenes Todesurteil vernommen. Sie haben die Freude am Leben verloren.[41] Durch die Bereitschaft des Mädchens, sich zu opfern, lernt der Ritter, daß es auch ihm beschieden ist, sein Kreuz auf sich zu nehmen. Diese gegenseitige Opferbereitschaft erfährt Gottes Gnade: Heinrich wird gesund und das Bauerntöchterchen seine Frau.

Die Verserzählung vom *Meier Helmbrecht* von Wernher der Gartenaere handelt von einem Bauernburschen, der das vierte Gebot mißachtet, sich über seinen Stand erhebt, ein Raubritter wird und, vom Vater verstoßen, umkommt. Nach der Gefangennahme des Sohnes werden ihm die Augen ausgestochen und eine Hand und ein Fuß abgeschlagen. Am Ende der Geschichte heißt es: »Der blinde Räuber Helmbrecht kam an einem Stock und an der Hand eines Kindes zurück in das Haus seines Vaters. Der nahm ihn nicht auf, sondern jagte ihn hinaus und half ihm nicht in seiner Not.« Der Vater ruft dem Sohn noch zu: »Niederträchtiger Schuft, sofort hinaus mit Euch vor die Tür, Euer Elend kümmert mich nicht.« Aber die »Mutter gab ihm doch ein Brot in die Hand wie einem Kind.«[42]

Die Beziehungen zwischen Eltern und Kindern waren im Bauerntum zweifelsohne auch durch das harte Leben geprägt und nicht immer zärtlich und liebevoll. Und das Sprichwort »Wer seinen Sohn liebt, züchtigt ihn« war sicher auch den Bauern geläufig.

Vom abgemilderten Generationskonflikt in Gesellschaften, in

denen Großvater, Vater und Sohn den gleichen Beruf ausüben, war schon bei den Handwerkern die Rede.[43] Dies trifft auch für die Bauern zu, denn die meisten Bauernkinder traten in die Fußstapfen ihrer Väter, nicht wenige blieben sogar im selben Dorf. Der Prediger John Bromyard gewann als einer der wenigen mittelalterlichen Gelehrten der Erziehung im Bauernstand positive Seiten ab. Die Kinder »armer und einfacher Leute«, so schrieb er, werden von ihren Vätern aufgezogen und erzogen, mit Nahrung und Kleidung versorgt und lernen arbeiten. Diese Kinder würden ihre Eltern im Alter nicht verachten. Der Nachwuchs des niederen Adels, der zur Erziehung in die Häuser des Hochadels geschickt werde, schäme sich hingegen seiner Eltern.[44] Aber auch im Bauerntum kam es vor, daß Kinder ihre Verpflichtungen gegenüber ihren alten Eltern nicht einhielten und sie sogar mißhandelten.[45] Nicht umsonst war die Sage vom König Lear auch bei den Bauern beliebt. Von den mittelalterlichen Gelehrten wurden die Bauern kaum je lobend erwähnt oder als Vorbild für andere Gesellschaftsschichten angeführt. Die Stadtbewohner sowie der Adel (die Schäferdichtung entstand erst gegen Ende des Mittelalters) und der niedere Klerus ließen sie ihre Verachtung deutlich spüren. Die Geistlichen hoben zwar die Bedeutung des Bauernstandes als Grundlage der Gesellschaft hervor, warfen den Bauern aber Unwissen, Gottlosigkeit und Geiz vor. Bromyard bekundet mit seiner einmaligen Äußerung offen seine Sympathie für die Erziehung im Bauernstand.

Nachbemerkung

Der aufmerksame Leser dürfte schon bemerkt haben, daß die Kindheit im Mittelalter in diesem Buch weder in Anlehnung an die Freudsche noch an eine andere psychologische Theorie dargestellt wurde. Die Interpretationen vergleichbarer Phänomene in Vergangenheit und Gegenwart wurden lediglich zur Klärung der psychologischen Bedeutung gewisser Merkmale der Kindererziehung im Mittelalter herangezogen.

Einige Psychologen bestreiten, daß die ödipale Phase eine Entwicklungsphase sei, die jedes Kind in der modernen westlichen Gesellschaft zwangsläufig durchmachen muß. Andere hingegen bezweifeln, gemeinsam mit Historikern und Anthropologen, daß Freuds Ödipuskomplex eine universale, für alle Zeiten und Kulturen gültige Bedeutung zukomme.[1] Daß alle Kinder zu allen Zeiten und in allen Kulturen die gleichen Liebes- und feindseligen Wünsche ihren Eltern gegenüber empfunden haben, läßt sich nicht beweisen.

Ich maße mir weder an zu behaupten, daß der Ödipuskomplex in der mittelalterlichen Familie erlebt wurde, noch daß er nicht erlebt wurde. Interessanterweise kommt er jedoch in der höfischen Dichtung und in den Volkssagen des Mittelalters mehr oder weniger offenkundig zum Ausdruck. Beide thematisieren auch die unbewußte Feindseligkeit von Vätern gegenüber ihren Söhnen. Es handelt sich um Abwandlungen der persischen Sage von Rustam und Sohrab – der Geschichte eines Vaters, der seinen Sohn auf dem Schlachtfeld erschlägt. Manchmal erscheinen die persische Sage und die Geschichte des Ödipus als zwei Seiten derselben Begebenheit und als Ausdruck wechselseitiger unbewußter Gefühle. (Auf das Problem der Kontinuität hat Freud aufmerksam gemacht: die Tatsache, daß jeder Vater auch Sohn ist und daher in seinem Verhalten dem Sohn gegenüber den eigenen Kindheitskonflikten Ausdruck verleiht.) Manchmal wird die Geschichte offen und direkt erzählt, manchmal in subtiler und abgemilderter Form. Die Feindseligkeit des Nachwuchses wird bisweilen auf einen Elternteil projiziert. In den vielen vaterlosen Helden der höfischen Dichtung (Roual de Cambrai, Tristan, Parzival, Lancelot) drückt sich, psychologisch betrachtet, der unbewußte Wunsch nach dem Tod des Vaters aus.

Die Geschichte des späteren Papstes Gregor, in der ein doppelter Inzest vorkommt, wurde bereits erwähnt. Das Inzestproblem beschäftigte die Menschen und besonders den Adel im 12. Jahrhundert sehr stark, bisweilen bis zur Obsession. Das kirchliche Verbot der Heirat zwischen Verwandten bis zum siebten Grad zu befolgen, fiel ihnen schwer und widersprach ihrem Interesse an familiären Bindungen. Wie andere Inzestgeschichten könnte auch die Gregorius-Legende auf dem Ödipuskomplex beruhen. In allen Legenden wird der Inzest als schwere Sünde dargestellt, die sich nur durch strengste Buße sühnen läßt.[2]

Der Theben-Roman (*Le Roman de Thèbes*) wurde vermutlich im 12. Jahrhundert von einem Geistlichen aus Poitou gedichtet. Der französische Versroman basiert auf dem Epos *Thebais*, das der römische Dichter Papinius Statius im 1. Jahrhundert n. Chr. verfaßte. Während das römische Epos hauptsächlich die Kriege von Ödipus' Söhnen, den sagenhaften Zug der Sieben gegen Theben und den Bruderzwist zwischen Eteokles und Polyneikes, behandelt, stellte der mittelalterliche Dichter die Geschichte von Ödipus in den Vordergrund. Bei ihrer Darstellung stützte er sich auf die Werke der mittelalterlichen Mythographen, vor allem auf den sogenannten *Mythographus Secundus*. In feudalem Gewand erzählt der Autor die Geschichte von Ödipus und seinen Söhnen. In den Nebenhandlungen geht es um Vater- und Sohnesmord sowie um schwere Erbschaftsstreitigkeiten unter Brüdern (das Gegenbild ist die wahre Freundschaft junger Männer, die keine Brüder sind). Die jüngeren Brüder sind eifersüchtig auf den Erben und auf ihre glücklicheren Brüder, die durch Heirat ein Lehen bekommen haben. Der

Roman de Thèbes enthält sowohl Greuelphantasien als auch ein gerüttelt Maß an Empörung über die Ungerechtigkeit der feudalen Weltordnung, die Patrilinearität, das Erstgeburtsrecht und die Tyrannei des Vaters. Verbotene, widernatürliche Taten führen zum Ruin des Landes, das sich am Ende in eine Wüstenei verwandelt.[3]

Das althochdeutsche *Hildebrandslied* erinnert an die persische Sage von Rustam und Sohrab, in der die unbewußte Feindseligkeit des Vaters gegenüber dem Sohn zum Ausdruck kommt. Vater und Sohn, die sich viele Jahre nicht gesehen haben, begegnen sich auf dem Schlachtfeld und bereiten sich auf den Zweikampf vor. Der Vater erkennt, daß der junge Mann, gegen den er antritt, sein Sohn ist, und nennt seinen Namen. Der Sohn will aber nicht glauben, daß der Mann sein Vater ist – ein Ausdruck seiner unbewußten Feindseligkeit –, so daß der Vater um seiner Ehre willen gegen den Sohn zum Zweikampf antritt. Das überlieferte Fragment endet damit, daß die beiden ihre Schwerter schwingen und zum Angriff übergehen. Aus der Art der Darstellung des Kampfes geht hervor, daß der Vater siegen und wissentlich den eigenen Sohn töten wird.[4]

Die unbewußte Feindseligkeit gegenüber der Mutter kommt in der Verserzählung der Marie de France *Die Esche* (Le Fresne) zum Ausdruck. Die Mutter Fresnes bringt Zwillinge zur Welt; um die Schande zu vertuschen, soll eines der beiden Mädchen getötet werden, dann wird es aber lediglich ausgesetzt. Als Fresne als junges Mädchen ins Elternhaus kommt und von der Mutter wiedererkannt wird, sagt sie dem unwissenden Vater die Wahrheit und bittet ihn um Vergebung.[5]

Das Motiv der Begegnung von Vater und Sohn, die einander nicht erkennen, kehrt in der mittelalterlichen Literatur häufig wieder. Mit Ausnahme des *Hildebrandslieds* nimmt die Geschichte jedoch in allen Werken – auch dort, wo der Ödipuskomplex offenkundig ist – ein gutes Ende. In der Ballade von *Sir Degar* wird der gleichnamige Held im Wald ausgesetzt, weil er die Frucht einer Vergewaltigung und eines Inzests ist. Der Knabe überlebt und begibt sich im Alter von zehn Jahren auf die Suche nach seinen Eltern. Er besitzt nur das Schwert seines Vaters, dessen Spitze abgebrochen ist, und einen Handschuh seiner Mutter. Mit deren Hilfe gelingt es ihm, beide zu erkennen, dadurch wird er vor der doppelten

Sünde bewahrt, den Vater zu töten und die Mutter zu heiraten. In *Milun*, einer anderen Verserzählung der Marie de France, wird der uneheliche Sohn nach der Geburt zur Schwester seiner Mutter gebracht. Jahre später begegnen sich Vater und Sohn bei einem Turnier am Mont-Saint-Michel. Der Sohn gewinnt und wirft Milun aus dem Sattel. Als er die grauen Haare und den grauen Bart des Verlierers sieht, bemerkt er, daß er einen alten Mann besiegt hat. In einer ritterlichen Geste nimmt er die Zügel des Pferdes und reicht sie ihm. Dabei sieht der Vater an seinem Finger den Ring, den die Mutter ihm mitgegeben hatte, als er als Kind fortgeschickt worden war. Vater und Sohn erkennen einander. Schließlich heiratet der Vater die Mutter, und der Sohn »gibt seine Mutter seinem Vater« zur Frau.[6] In dem Lai *Doon*, dessen Verfasser unbekannt ist, verläßt der Vater die Mutter wenige Tage nach der Hochzeit und hinterläßt ihr einen Ring für das Kind, das sie unter dem Herzen trägt. Jahre später begegnen sich Vater und Sohn unter den gleichen Umständen wie in *Milun*. Die Geschichte verläuft ähnlich. Am Ende heißt es, der Sohn »führte seine Mutter zu seinem Vater, den sie liebte und nach dem sie sich sehnte«.[7] Hier befreit sich der Sohn selbst aus der ödipalen Situation. Das Motiv der Begegnung von Vater und Sohn auf dem Schlachtfeld kommt auch in den Heiligenviten vor. Peter Armengol, der Sohn des katalanischen Grafen von Urgel, schloß sich als blutjunger Mann einer Räuberbande an. Als der König von Aragon 1285 durch das Gebiet reisen wollte, wurde Peters Vater als Anführer einer Schar von Kriegern vorausgesandt. Als Vater und Sohn gerade im Begriff sind, gegeneinander anzutreten, erkennt der Sohn den Vater, fällt ihm zu Füßen und bittet ihn um Vergebung. Diese Begegnung war der Wendepunkt in seinem Leben. Erschüttert, daß er beinahe den eigenen Vater getötet hätte, bekehrt er sich und tritt dem Orden der Mercedarier bei.[8] Auch in den Volkssagen nehmen die Geschichten ein gutes Ende. Ein erwachsener Sohn will seinen Vater töten, obwohl er ihm nichts angetan hat. Sie ziehen hinaus in die Wüste, wo der Vater dem Sohn vorschlägt, ihn hier zu töten, damit die Schande nicht bekannt wird. Als der Sohn das hört, bricht er zusammen, wirft sein Schwert zu Boden, kniet vor dem Vater nieder und bittet ihn um Vergebung.[9]

Die Geschichte der Begegnung von Vater und Sohn auf dem Schlachtfeld oder beim Turnier ist ein Topos der mittelalterlichen Literatur. Ernst Robert Curtius unterscheidet zwischen Topoi, die im wesentlichen literarische Klischees sind, und solchen, die nahezu universell und Ausdruck des kollektiven Unterbewußtseins sind – Archetypen im Jungschen Sinn. Er bemerkt auch, daß ein neues Ethos neue Topoi hervorbringt. Das Aufkommen neuer Topoi kann daher ein Hinweis auf psychologische Veränderungen in einer bestimmten Kultur sein.[10] Das Motiv von Rustam und Sohrab ist wie das Ödipus-Motiv ein Archetypus. Ihr allmählicher Wandel in der mittelalterlichen Literatur verweist auf einen Ethos-Wandel. Die Frage, ob sich daran auch psychologische Veränderungen ablesen lassen, ist nicht eindeutig zu beantworten. Die Kluft zwischen dem ursprünglichen Archetyp und den Normen der christlichen Moral scheint allzu groß gewesen zu sein und allmählich zu einem Motivwandel geführt zu haben. So begegnet man manchmal nicht mehr einem archetypischen Topos, sondern einem rein literarischen Klischee. Dies ist in den Werken der Fall, in denen sich nicht mehr Vater und Sohn begegnen, sondern Verwandte oder Freunde, die lange getrennt waren. In anderen Werken behält das Motiv seine ursprüngliche psychologische Bedeutung, auch wenn es in subtiler und abgemilderter Form erscheint. Die fortwährende Verwendung archetypischer Topoi in einer bestimmten Kultur ist ein Zeichen für ihre psychologische Wahrhaftigkeit. In diesem Sinne weisen meines Erachtens Literatur und Volkssagen darauf hin, daß in der mittelalterlichen Gesellschaft der Ödipuskomplex präsent war.

ANHANG

ANMERKUNGEN

VORWORT

1 Shulamith Shahar, *Die Frau im Mittelalter*, übers. v. Ruth Achlama (Königstein/Ts. 1981) Kap. IV–VII, S. 99–106, 131–136, 164–169, 198–202.
2 Philippe Ariès, *Geschichte der Kindheit*, aus dem Französischen von Caroline Neubaur und Karin Kersten (München 1975).
3 S. Shahar, a.a.O., S. 103 ff.

DIE EINSTELLUNG ZUR ZEUGUNG UND DAS BILD DES KINDES IN DER MITTELALTERLICHEN KULTUR

1 Peter Abaelard, Sermo 33, *De Sancto Joanne Baptista*, PL 178, Sp. 582.
2 Bernhard von Morlas, *De contemptu mundi*, ed. H. C. Hoskier (London 1929), Buch II, S. 57.
3 *Analecta Bollandiana* 64 (1946), S. 15.
4 *The Women Troubadours*, hg. u. übers. v. M. Bogin (London 1976), S. 144f. Daß Kinder nicht erwähnt werden, trifft beispielsweise für das unter dem Titel *Le Ménagier de Paris* bekannte Unterweisungsbuch zu, hg. v. J. Pichon (Paris 1846).
5 J. Ulrich, La riote du monde, *Zeitschrift für Romanische Philologie* 7 (1884), S. 282f.
6 Zit. nach Johan Huizinga, *Herbst des Mittelalters* (Stuttgart [11]1975), S. 42.
7 Peter Abaelard, *Historia Calamitatum*, hg. v. J. Monfrin (Paris 1962) S. 76; *PL* 178, Sp. 131; die deutsche Übersetzung ist der Textsammlung von Klaus Arnold, *Kind und Gesellschaft in Mittelalter und Renaissance* (Paderborn, München 1980), S. 106 entnommen. Zur Mühsal und den Leiden der Kindererziehung vgl. auch *Les Quinze joyes de mariage*, hg. v. J. Rychner (Paris 1963); *Proverbes français antérieurs au XVe siècle*, hg. v. J. Morawski (Paris 1925), S. 3; *Le Livre des proverbes français*, hg. v. Leroux de Lincy (Nachdruck Genf 1968), Bd. I, S. 218.
8 Humbert von Romans, *De Eruditione Praedicatorum* (Barcelona 1607), S. 274, zit. nach Etienne Fougères, *Le Livre de manières*, in: Charles Viot Langlois, *La Vie en France au moyen âge* (Paris [2]1926), Bd. 2, S. 23f.; Berthold von Regensburg, *Vollständige Ausgabe seiner Predigten*, hg. v. F. Pfeiffer (Wien 1862), Bd. I, S. 104; *Anecdotes historiques, légendes et apologues tirés du recueil inédit d'Etienne de Bourbon*, hg. v. A. Lecoy de la Marche (Paris 1877), S. 349.

9 Die deutsche Übersetzung ist der Textsammlung von Klaus Arnold, a.a.O., S. 127 entnommen. Der ursprüngliche Text wurde im 13. Jahrhundert auf französisch geschrieben und im 15. und 16. Jahrhundert in verschiedene europäische Sprachen übersetzt.

10 *Acta Sanctorum*, ed. J. Bollandus et G. Henschenius (Paris, Rom 1863–1940), Febr. III. S. 307f., vgl. auch Luk 14,26.

11 *Analecta Bollandiana* 64 (1946), S. 15.

12 »Infanticide«, *Dictionnaire de Théologie catholique*, hg. v. A. Vacant und E. Mangenot (Paris 1910), Bd. 8, Sp. 1717–26; J. T. Noonan, *The Morality of Abortion: Legal and Historical Perspectives* (Cambridge/Mass. 1971), S. 1–42.

13 Zum Aufschub der Ächtung von Frauen im isländischen Recht vgl. H. Jacobsen, Pregnancy and Childbirth in the Medieval North: A Topology of Sources and Preliminary Study, *Scandinavian Journal of History* 9 (1984), S. 100 sowie Anm. 30. Zum Aufschub von Hinrichtungen schwangerer Frauen vgl. R. W. Bosch, La femme dans les Pays-Bas septentrionaux, in: *Receuils de la Société Jean Bodin* 12/2 (Brüssel 1962), S. 343; B. A. Hanawalt, The Female Felon in 14th Century England, in: *Women in Medieval Society*, hg. v. S. Mosher-Stuard (University Park/Penn.), S. 136. Vgl. auch die *Acta Sanctorum*, Apr. I, S. 292, sowie G. Brucker (Hg. u. Übers.), *The Society of Renaissance Florence: A Documentary Study* (New York 1971), S. 167.

14 »Benedictio lectuli«, »Benedictio lecti«, V. Leroquais (Hg.), *Les pontificaux manuscrits des bibliothèques publiques de France* (Paris 1937), Bd. I, S. 167, Bd. II, S. 162.

15 Alvarus Pelagius, *De planctu ecclesiae*, (Venedig 1560), Buch II, S. 84; Konrad von Megenberg, *Ökonomik*, hg. v. S. Krüger (Stuttgart 1973, MGH Staatsschriften des späteren Mittelalters), III. Bd., Die Werke des Konrad von Megenburg, 5. Stück: Yconomica, Buch I, Kap. 2, S. 67ff. Siehe auch J. T. Noonan, *Empfängnisverhütung. Geschichte ihrer Beurteilung in der katholischen Theologie und im kanonischen Recht* (Mainz 1969, Walberberger Studien der Albertus-Magnus-Akademie. Theologische Reihe, Bd. 6), Kap. 5.

16 Thomas von Aquin, *Summa Theologiae* (London 1966–74), Prima Secundae, q. 94, art. 2 (Bd. 28, S. 80ff.); vgl. auch Secunda Secundae, q. 152, art. 2 (Bd. 43, S. 74); Aegidius Romanus, *De regimine principum* (Venedig 1505), Buch 2, Teil 2, Kap. 7.

17 *Specula Laicorum*, ed. J. Welter (Paris 1914), S. 86f.

18 Marie de France, *Lais*, hg. v. A. Ewert, Oxford 1965, S. 35–48; Geoffrey Chaucer, *Die Canterbury Tales*, (München1985), Die Erzählung des Kaufmanns, S. 275.

19 Philipp von Novara, *Les quatre ages de l'homme*, hg. v. M. de Fréville (Paris 1888), S. 46f.

20 *Dives et Pauper*, ed. P. H. Barnum (EETS, London 1976), Bd. I, S. 328.

21 Bartholomaeus Anglicus, *De proprietatibus rerum* (Straßburg 1505), Buch 6, Kap. 14 (= *On the Properties of Things: John Trevisa's Translation of Bartholomaeus Anglicus* (Oxford 1975), S. 309).

22 Thomas Chobham, *Summa Confessorum*, hg. v. F. Broomfield (Louvain, Paris 1963), S. 464.

23 M. Belmont, Levana, ou comment ›élever‹ les enfants, *Annales ESC* 28 (1973), S. 77–89.

24 *Acta Sanctorum*, Apr. I, S. 483; Jul. II, S. 455; Apr. II, S. 142; Mart. II, S. 181; *Analecta Bollandiana* 14 (1989), S. 175; *PL* 185, Sp. 227.

25 Thomas von Aquin, *Summa Theologiae,* a.a.O., Secunda Secundae, q. 189, art. 6 (Bd. 47, S. 250); vgl. auch J. Boswell, »*Expositio* and *Oblatio:* The Abandonment of Children and the Ancient and Medieval Family«, *American Historical Review* 89 (1984), S. 22, Anm. 29.

26 D. Herlihy, *Medieval Households* (London 1985), S. 117, 127ff. Ein Beispiel für einen Ehemann, der seine Frau, die Mutter seiner Kinder, beschützt, findet sich bei Bartholomaeus Anglicus, a.a.O., Buch 6, Kap. 15.

27 *Sancti Augustini Confessionum Libri XIII*, hg. v. L. Verheijen (Corpus Christianorum, Series Latina, Bd. 27, Turnhout 1981), S. 6; Aurelius Augustinus, *Bekenntnisse* (Zürich und München 1982), S. 39; *Sancti Aurelii Augustini De Civitate Dei Libri XXII* (Corpus Christianorum, Series Latina, Bd. 48, Turnhout 1955), Buch 22, Kap. 24.

28 Innocentius III., *De Contemptu Mundi, PL* 217, Sp. 703–707; Lotharii Cardinalis (Innocentii III), *De miseria humane conditionis*, ed. Michele Maccarrone (Rom 1955), S. 8–14. Ähnliche, wenn auch gemäßigtere Äußerungen enthält das medizinische und didaktische Werk des Bernhard von Gordon *De conservatione vitae humanae* (Leipzig 1570), S. 7–10. Vgl. auch G. R. Owst, *Literature and Pulpit in Medieval England* (Oxford 1961), S. 533f.

29 Aristoteles, *Die Nikomachische Ethik*, neu übers. mit e. Einl. u. Anm. vers. v. Olof Gigon (Zürich und Stuttgart 1967), Buch 3, Kap. 2 und Kap. 11. In aristotelischem Geiste schrieb Wilhelm von Conches im 12. Jahrhundert, daß der Mensch in seiner frühen Kindheit weder logisch denken könne noch vernünftig sei – dies seien aber die besten Eigenschaften des Menschen. ›Honorius Augustodunens‹, *De philosophia mundi, PL* 172, Buch 6, Kap. 18, Sp. 91 (Der Aufsatz wurde fälschlicherweise Honorius zugeschrieben.); siehe auch Bernhard von Gordon, a.a.O., S. 1ff. und Vincenz von Beauvais, *Speculum Quadruplex, Speculum Naturale* (Donai 1624), Sp. 2350f.

30 *Acta Sanctorum*, Apr. III, S. 861; vgl. auch Mart. III, S. 506; Mart. II, S. 36, 471; *Analecta Bollandiana* 9 (1890), S. 283; zur Kindheit des heiligen Nikolaus vgl. *Mirk's Festial: A Collection of Homilies*, hg. v. T. Erbe (EETS, London 1905), S. 12.

31 Ernst Robert Curtius, *Europäische Literatur und lateinisches Mittelalter* (Bern und München ^{7}1969), S. 108–112.

32 Hildegard von Bingen, *Causae et Curae,* ed. P. Kaiser (Leipzig 1903), S. 45; Thomas von Aquin, *In Quatuor Libros Sententiarum Magistri Petri Lombardi* (Parma 1856), Bd. 2, 20, q. 2, S. 464f.; Aegidius Romanus, *De regimine principum*, Buch 2, Teil 2, Kap. 7, 14; »...cum paululum de septennio exierunt, tunc amplius se commaculant pravis operibus, quia plus noverunt cogitare de malo...«, *Acta Sanctorum*, Jun. IV, S. 525.

33 Was die Sünden Jugendlicher anbelangt, vgl. *The Life of Ailred of Rievaulx by Walter Daniel*, hg. u. übers. v. M. Powicke (Nelson Series, London 1950), S. 2, 17; Vincenz von Beauvais, *De Eruditione Filiorum Nobiliorum*, ed. A. Steiner (Cambridge/Mass. 1938), S. 6, 7, 134; *Acta Sanctorum*, Mai. IV, S. 617; Jan. I, S. 553; *Analecta Bollandiana* 30 (1912), S. 55; Philipp von Novara, a.a.O., S. 102.

34 *Confessiones*, S. 8f.; *Bekenntnisse*, S. 42; siehe auch *De civitate Dei*, Buch 22, Kap. 22, S. 844.

35 Vgl. auch folgende Bibel-Stellen: »In jener Zeit sprach Jesus: Ich preise dich, Vater, Herr des Himmels und der Erde, weil du all das den Weisen und Klugen verborgen, den Unmündigen aber offenbart hast.« (Mt 11,25) »Doch Jesus sagte: Laßt die Kinder zu mir kommen; hindert sie nicht daran! Denn Menschen wie ihnen gehört das Himmelreich.« (Mt 19,14) »Aus dem Mund der Kinder und Säuglinge schaffst du dir Lob.« (Ps 8,3)

36 Bartholomaeus Anglicus, *De proprietatibus rerum*, Buch 6, Kap. 5 (= *John Trevisa's Translation*, S. 300f.).

37 John Bromyard, *Summa Praedicantium* (Antwerpen 1614), S. 5; den Vergleich mit dem Weizenmehl schreibt Bromyard Vincenz von Beauvais zu.

38 »male talis innocentia perditur et ad seniorem aetatem provehitur.« *Acta Santorum*, Sept. III, S. 645; vgl. auch Hildegard von Bingen, *Liber Divinorum Simplicis Hominis, PL* 189, Sp. 836f.

39 *Acta Sanctorum*, Mart. III, S. 193; Febr. I, S. 260.

40 Ebenda, Jan. I, S. 639.

41 Ebenda, Mart. I, S. 553, 574; *Magna Vita Sancti Hugonis,* ed. et trans. D. L. Douie u. Dom H. Farmer (Nelson Series, London 1961), Bd. I, S. 129; *Mirk's Festial*, S. 11f.

42 Dies wird im Brief eines Abbé aus der Normandie Anfang des 12. Jahrhunderts behauptet, der in *Life in the Middle Ages*, hg. u. übers. v. G. G. Coulton (Cambridge 1967), Bd. II, S. 21, zitiert wird.

43 Ebenda, S. 26; G. R. Owst, a.a.O., S. 34.

44 Beschreibungen des Kindes als eines Wesens, das keine Feindschaft hegt, nie lange böse ist, das sagt, was es denkt, und frei von allen Verlockungen des Fleisches ist, finden sich bereits in den Schriften des hl. Columbanus aus dem 7. Jahrhundert und anderswo, vgl. P. Riché, *Education et culture dans l'Occident barbare, VIe–VIIIe siècles* (Paris 1962), S. 505.

45 Bernhard von Clairvaux, *In Conversione S. Pauli Sermo II, PL* 183, Sp.

365; Jean Gerson, *De parvulis ad Christum trahendis*, in: *Oeuvres complètes*, hg. v. P. Glorieux, Bd. 9 (Paris 1973), S. 669. Vgl. auch S. 670f.

46 Vgl. u. a. die *Acta Sanctorum*, Mart. II, S. 57; Das Leben des Seligen Heinrich Seuse, in: Heinrich Seuse bzw. Suso, *Deutsche mystische Schriften*. Aus dem Mittelhochdeutschen übertragen u. hg. v. Georg Hofmann (Düsseldorf 1966), S. 75; *Mirk's Festial*, S. 21–25. Die Vision, in der dem Franziskanerbruder Salimba nach dem Bruch mit seinem Vater die Gottesmutter und das Jesuskind im Traum erschienen, galt ihm als Bestätigung seiner Entscheidung, ins Kloster zu gehen: Salimbene de Adam, *Chronica*, ed. G. Scalia (Bari 1966), S. 56.

47 *Acta Sanctorum* Apr. II, S. 168.

48 W. A. Christian, *Apparitions in Late Medieval and Renaissance Spain* (Princeton 1981), S. 116–125; *Jacobi de Voragine Legenda Aurea*, ed. T. Graesse (Leipzig 1850), Kap. 131, S. 588 (Nachdruck Osnabrück 1965).

49 Berthold von Regensburg, a.a.O., Bd. I, S. 411f., 480; Bd. II, S. 139.

50 Aegidius Romanus, a.a.O., Buch 1, Teil 4, Kap. 1–4.

51 Vgl. I. H. Forsyth, »Children in Early Medieval Art: Ninth through Twelfth Centuries«, *Journal of Psychohistory* 4 (1976/77), S. 56f.

52 Das Leben des Seligen Heinrich Seuse, a.a.O., S. 25f.

53 *Mirk's Festial*, S. 29, 35, 36; *The Chester Plays*, hg. v. H. Deimling (EETS, London 1893), Teil 1, S. 186–205; zum bethlehemitischen Kindermord in der bildenden Kunst vgl. F. Bonney, Enfance divine et enfance humaine, in: *L'Enfant au Moyen Age. Littérature et Civilisation* (*Senefiance* 9, Aix-en-Provence 1980), S. 9–23. Ein Beispiel für eine Predigt zu diesem Thema findet sich in F. Berier, L'humaniste, le prêtre et l'enfant mort: Le sermon *De Sanctis Innocentibus* de Nicolas de Clamanges, ebenda, S. 125–138.

54 Zit. in K. Fowler, *The Hundred Years War* (London 1971), S. 22.

55 L. Demaitre, The Idea of Childhood and Child Care in Medical Writings of the Middle Ages, in: *Journal of Psychohistory* 4 (1977), S. 481 u. Anm. 114f.

56 Aristoteles, *Die Nikomachische Ethik*, a.a.O., Buch 10, Kap. 9.

57 Guillaume de Lorris und Jean de Meun, *Le Roman de la Rose*, hg. v. F. Lecoy (Paris 1968), V. 1257–1276, Bd. I, S. 39f.; dies., *Der Rosenroman*, hg. u. übers. von Karl Ott (München 1976–1979), Bd. II, S. 666.

58 D. Buschinger, L'enfant dans les romans de Tristan en France et en Allemagne, in: *L'Enfant au Moyen Age. Littérature et Civilisation* (*Senefiance* 9, Aix-en-Provence 1980), S. 262–265.

59 T. Smith (Hg.), *English Guilds* (EETS, London 1870), S. 30; zur Position der Kinder bei religiösen Prozessionen im Spanien des 15. Jahrhunderts vgl. W. A. Christian, a.a.O., S. 217f.

60 »Felix etiam ignorantia parvulorum quia dum impassibilitatis moenibus circumdatur, angelica securitate laetatur«, Guibert von Nogent, *Tractatus de Incarnatione contra Judaeos, PL* 156, Sp. 497.

61 John Bromyard, a.a.O., S. 338.

62 Vgl. Reinhard Kuhn, *Corruption in Paradise. The Child in Western Literature* (London 1982), Kap. 3.

63 Dante Alighieri, *Die göttliche Komödie*, übertr. v. Wilhelm G. Hertz (München [10]1989), Paradies, 27. Gesang, S. 432.

64 Vgl. dazu M. Fishbein und I. Ajzen, *Belief, Attitude, Intention and Behaviour* (Reading/Mass. 1975), Kap. 1, S. 1–18; Kap. 7, S. 288–330.

DIE ENTWICKLUNGSPHASEN DER KINDHEIT

1 Jean Piaget, Sechs psychologische Studien, in: *Theorien und Methoden der modernen Erziehung*, Frankfurt/Main 1964, 153–277, S. 155f.

2 E. Erikson, Die acht Phasen des Menschen, in: *Kindheit und Gesellschaft*, Stuttgart [7]1979, S. 241–270.

3 Die Verfasser von Handbüchern für Prediger schrieben nicht nur extra Predigten für Männer und Frauen und für die verschiedenen Schichten der Gesellschaft, sondern auch eigene Predigten für Knaben, junge Männer und sogar für kleine Kinder. Einige Bemerkungen in diesen Predigten richten sich eher an die Eltern als an die Kinder. Humbert von Romans widmet beispielsweise den Kindern der zweiten Phase eine Predigt *(Sermo LXXXVII ad pueros)*, eine allen Schülern *(Sermo LXII ad omnes scholares)*, eine den kleinen Kindern in der Singschule *(Sermo LXIV ad scholares de cantu)* und eine andere den älteren in der Lateinschule *(Sermo LXIII ad scholares in grammatica ... qui pro magna parte sunt pueri)*, einige den Studenten der verschiedenen Fakultäten *(Sermones LXV–LXX)*; siehe *De Eruditione Praedicatorum* (Barcelona 1607), S. 86f.; vgl. auch R. Fluck, Guillaume de Tournai et son traîté *De modo docendi pueros*, in: *Revue des sciences religieuses 27* (1953), insbes. S. 349–356.

Ratherius von Verona widmete bereits im 10. Jahrhundert den Kleinkindern *(De parvulis)*, Knaben *(De pueris)* und Heranwachsenden *(De adolescentibus)* verschiedene Kapitel; siehe *Praeloquiorum Libri Sex, PL* 136, Sp. 203–210; unter dem Einfluß der griechischen und römischen Tradition unterschieden auch die Autoren des Frühmittelalters diese drei Phasen in der Nachfolge Gregors des Großen (540–604) und Isidors von Sevilla (560–636), deren Schriften für die Gelehrten in den folgenden Jahrhunderten maßgeblich waren. Vgl. dazu J. de Ghellinck, Juventus, gravitas, senectus, in: *Studia Medievalia in Honour of R. J. Martin* (Brügge 1948), S. 39–59; P. Riché, L'Enfant dans le Haut Moyen Age, *Annales de démographie historique* (1973), S. 95.

Beispiele aus dem Hochmittelalter: Aldebrandin von Siena unterschied im 13. Jahrhundert anfänglich vier Phasen im Leben des Menschen, 1. die *adolescentia* von der Geburt bis zum 25. bzw. 30. Lebensjahr, in diesem Lebensalter sei der Mensch heiß und feucht; 2. die *juventus* bis zum 30. bzw. 45. Lebensjahr, in diesem Alter sei er heiß und trocken; 3. die *senectus* bis zum 60. Lebensjahr, hier sei er kalt und trocken; 4. das *senium* bis zum Tode, hier sei er kalt und feucht. Dann fügt der Autor aber hinzu, man könne auch auf sieben Phasen kommen, indem man die *adolescentia* in vier Abschnitte unterteile: 1. die *infantia* von der Geburt bis zur Zahnung, etwa im Alter von zwei Jahren; 2. das Alter des Zahnens, *dentium plantativa*, von der Zahnung bis zum Alter von sieben Jahren; 3. die *pueritia* von 7–14; 4. die *adolescentia*. Vgl. *Le Régime du corps de Maître Aldebrandin de Sienne,* hg. v. L. Landouzy und R. Pépin (Paris 1911), S. 79. Aegidius Romanus widmet ein Kapitel der Kindererziehung von der Geburt bis zum Alter von 7 Jahren, ein zweites dem Alter zwischen 7 und 14 und ein drittes dem Lebensalter über 14. Siehe Aegidius Romanus, *De regimine principum* (Venedig 1505), Buch 2, Teil 2, Kap. 15–17. Bei Bernhard von Gordon enden die Altersstufen auch bei 7 und 14; siehe L. E. Demaitre, *Doctor Bernard de Gordon: Professor and Practitioner* (Toronto 1980), S. 12 und Anm. 55; in einem anderen Werk unterscheidet er weitere Phasen, die im Alter von 4 und 12 beginnen – *De conservatione vitae humanae* (Leipzig 1570), S. 2, 29.

Über die Entwicklung des Wortschatzes für Kleinkind, Knabe und Mädchen sowie für die verschiedenen Phasen der Kindheit im Englischen und in den romanischen Sprachen siehe Hilding Back, *The Synonyms for ›Child‹, ›Boy‹, ›Girl‹ in Old English* (Lund 1934); I. Pauli, *›Enfant‹, ›garçon‹, ›fille‹ dans les langues romanes. Essai de lexicologie comparée* (Lund 1919), S. VII–XVI; siehe auch W. A. Christian, *Apparitions in Late Medieval and Renaissance Spain* (Princeton 1981), S. 216f.

4 *Acta Sanctorum*, ed. J. Bollandus et G. Henschenius (Paris, Rom 1863–1940), Mart. I, S. 289f.; siehe auch Apr. II, S. 159.

5 »ad metas adolescentiae perduxisset postquam, igitur metas pueritiae excessisset«, *Acta Sanctorum*, Mart. I, S. 290; »deinde intervallo temporis exacto, cum iam inter pueritiam adolescentiam eaque medius esset«, *Acta Sanctorum*, Febr. III, S. 109; vgl. auch *The Life of St. Anselm, Archbishop of Canterbury by Eadmer,* hg. v. R. Southern (Nelson Series, London 1962), S. 39.

6 *Acta Sanctorum*, Apr. II, S. 803; Francesco Datini erwähnt das Sprichwort im Brief an seine Frau (siehe I. Origo, *The Merchant of Prato* (London 1957), S. 163).

7 R. Trexler, *Public Life in Renaissance Florence* (New York 1980), S. 368–371.

8 Bartholomaeus Anglicus, *Liber de proprietatibus rerum* (Straßburg 1505), Buch 6, Kap. 1 (= *On the Properties of Things: John Trevisa's Translation of Bartholomaeus Anglicus* (Oxford 1975), S. 291 f.); *Sancti Isidori Liber Numerorum, PL* 83, Sp. 188.

9 Vincenz von Beauvais, *Speculum Quadruplex: Speculum Doctrinale* (Douai 1624), Sp. 1031ff; Arnald von Villanova, *De regimine sanitatis,* in: *Opera omnia* (Basel 1585), Sp. 664–669 (dieses in der ersten Hälfte des 14. Jahr-

hunderts verfaßte Werk wird fälschlicherweise Arnald von Villanova zugeschrieben); Konrad von Megenberg, *Ökonomik*, hg. v. S. Krüger (Stuttgart 1973, MGH Staatsschriften des späteren Mittelalters), III. Buch, 5. Stück, Buch I/2, Kap. 13; Aegidius Romanus, a.a.O., Buch 2, Teil 2, Kap. 15; Bernhard von Gordon, *De conservatione vitae humanae*, S. 17–26; siehe auch L. E. Demaitre, a.a.O., S. 465f.

10 ›Honorius Augustodunens‹, *De philosophia mundi, PL* 172, Buch 4, Kap. 18, Sp. 91.

11 Beispielsweise Thomas Chobham, *Summa Confessorum*, ed. F. Broomfield (Louvain, Paris 1963), S. 466.

12 In Übereinstimmung mit den Dekreten der Kirchensynoden im 12. und 13. Jahrhundert wurden die Priester in England angewiesen, die Eltern über ihre Pflicht zu informieren, daß ihren Kindern spätestens ein Jahr und einen Tag nach der Geburt dieses Sakrament gespendet werden müsse (*Councils and Synods with Other Documents relating to the English Church*, hg. v. F. M. Powicke und R. Cheney [Oxford 1964], Bd. II, Teil I, S. 71, 453); auch Bartholomaeus von Exeter zufolge waren sie verpflichtet, dies so früh wie möglich zu tun (*Bartholomew of Exeter: Bishop and Canonist, with Text of Bartholomew's Penitential*, hg. v. A. Morey (Cambridge 1937), XCIX. *De Confirmatione*, S. 266); die meisten Kirchenrechtslehrer waren dafür, Kindern dieses Sakrament erst im Alter von 7 Jahren zu spenden (R. Metz, L'Enfant dans le droit canonique medieval, in: *Receuils de la Sociéte Jean Bodin*, Bd. 36/2 (Brüssel 1976), S. 60f. Zu den Bemerkungen von Raymond Llull vgl. *Doctrine d'enfant*, hg. v. A. Llinarès (Paris 1969), Kap. 24, S. 70f. Der Text wurde im letzten Viertel des 13. Jahrhunderts verfaßt (Rámon Llull, *Obres* (Palma 1906), Bd. I, S. 1–199) und zu Lebzeiten des Autors ins Französische übertragen. Alle Zitate stammen aus der französischen Übersetzung.
Über diejenigen, die das Sakrament erst im Erwachsenenalter empfingen, siehe *Les Statuts synodaux français du XIII siècle*, hg. v. O. Pontal (Paris 1971), Bd. I, S. 54, 142; Giraldus Cambrensis erwähnt Fälle, in denen die Eltern die Firmung ihrer Kinder so lange aufschoben, daß sie dieses Sakrament nie empfingen: *Gemma ecclesiastica*, ed. J. S. Brewer (Rolls Series, London 1862), Bd. 21/2, S. 45f.

13 Bartholomaeus Anglicus, *Liber de proprietatibus rerum*, Buch 6, Kap. 1 (= *John Trevisa's Translation*, S. 291f.); Konrad von Megenberg, a.a.O., Buch I/2, Kap. 13, S. 88; siehe auch R. Metz, a.a.O., S. 18.

14 S. Nagel und S. Vechio, Childhood, Speech and Silence in Medieval Culture, *Quaderni Storici* 57/a, 19/3 (1984), Anm. 99.

15 Bernhard von Gordon, a.a.O., S. 2; Philipp von Novara, *Les quatre ages de l'homme*, hg. v. M. de Fréville (Paris 1888), S. 5; R. Metz, a.a.O., S. 12–27; dem Autor des Arnald von Villanova zugeschriebenen Textes zufolge begann die *pueritia* mit sechs (a.a.O., Sp. 668).

16 *Corpus Iuris Canonici*, ed. A. Friedberg (Leipzig 1879), Bd. II, Buch 4, tit.

2, Kap. 1–14, Sp. 672–679; R. Helmholz, *Marriage Litigations in Medieval England* (Cambridge 1974), S. 98.

17 Thomas Chobham, a.a.O., S. 92–95, 152f.; *Corpus Iuris Canonici*, Bd. II, Sp. 824; *Les Status synodaux français,* Bd. I, S. 184; *Les Statuts synodaux de Jean de Flandre, évêque de Liège*, hg. v. E. Schoolmeester (Lüttich 1938), S. 20; vgl. auch R. Metz, a.a.O., S. 61–67.

18 *Bracton on the Laws and Customs of England*, hg. und übers. v. S. Thorne (Cambridge/Mass. 1968), Bd. II, S. 384 und Anm. 15; Philipp von Beaumanoir, *Coutumes de Beauvaisis*, hg. v. A. Salmon (Paris 1899–1900), § 560, S. 268.

19 Beispiele für die Hinrichtung von Kindern und für Nachsicht Kindern gegenüber finden sich bei E. Cohen, Youth and Deviance in the Middle Ages, in: *History of Juvenile Delinquency*, hg. v. A. G. Hess und P. F. Clement (1990), Kap. 1, Anm. 12, 20, 29; siehe auch W. M. Bowsky, *A Medieval Italian Commune: Siena under the Nine, 1287–1355* (Berkeley 1981), S. 20f.
Ähnliche Ansichten wie Philipp von Beaumanoir vertraten auch andere Juristen, siehe J. Iver, La Suspension des actions en période de minorité en France et son effacement progressif, XIIIe–XVIe siècles, in: *Receuils de la Société Jean Bodin* Bd. 36/2 (Brüssel 1976), S. 188.

20 Thomas von Aquin, *Summa Theologiae* (London 1966–1974), Prima Secundae, q. 96, art. 2 (Bd. 28, S. 122); Secunda Secundae, q. 88, art. 5 (Bd. 49, S. 242–244); *Corpus Iuris Canonici*, Bd. II, Buch 5, tit. 23, Kap. 1–11, Sp. 824f.; über leichtere Bußen für junge Leute wegen »widernatürlicher Unzucht« vgl. Bartholomaeus von Exeter, a.a.O., LXVIII. *De filia penitentiali*, S. 235f.; zur Sünde der Masturbation vgl. J. Benton, Commentary to L. deMause's article: ›The Evolution of Childhood‹, *History of Childhood Quarterly* 1/4 (1974), S. 587; über ungültige Eide und Gelübde von Jugendlichen unter 14 vgl. auch Bartholomaeus von Exeter, a.a.O. LXXVIII, S. 244.

21 Zu den Bemerkungen des Bernhard von Gordon vgl. L. E. Demaitre, a. a. O., S. 466.

22 Bartholomaeus Anglicus, *Liber de proprietatibus rerum*, Buch 6, Kap. 5, *De puero (= John Trevisa's Translation* S. 300f.); auch andere Schriftsteller betrachteten die Vorliebe für Äpfel und den raschen Übergang vom Weinen zum Lachen als typisch für dieses Alter. Vgl. beispielsweise *Don Michel's Ayenbite of Inwyt or Remorse of Conscience*, hg. v. R. Rommis (EETS, London 1886), S. 94, 208.

23 Bartholomaeus Anglicus, *Liber de proprietatibus rerum*, Buch 6, Kap. 6, *De puella* (= *John Trevisas's Translation*, S. 301f.)

24 Zum Beginn der Menstruation mit 12–13, manchmal früher oder später, vgl. *Medieval Woman's Guide to Health*, hg. u. ins Neuengl. übers. v. B. Rowland (London 1981), S. 58; *Vrouwengeneeskunde in Vlaanderen tijdens de late Middeleeuwen*, hg. v. A. B. C. M. Delva (Brügge 1983), S. 210,

Anm. 19; vgl. auch V. Bullough und C. Campbell, Female Longevity and Diet in the Middle Ages, *Speculum* 55 (1980), S. 322–325; C. J. Diers, The Age of Menarche in Medieval Europe, *Human Biology* 45 (1973), S. 363–369; bei Bartholomaeus Anglicus sind der Stimmbruch bei Knaben und ihre Zeugungsfähigkeit im Alter von 14 Jahren der Beginn der Pubertät, *Liber de proprietatibus rerum*, Buch 6, Kap. 5 (= *John Trevisa's Translation,* S. 300f.).

25 Aegidius Romanus, a.a.O., Buch 2, Teil 2, Kap. 14. Er nennt diese Altersgruppe *iuvenes,* bezieht sich aber eindeutig auf das *adolescentia* genannte Alter.

26 E. Le Roy Ladurie, *Montaillou. Ein Dorf vor dem Inquisitor. 1294 bis 1324* (Frankfurt am Main 1980), S. 237f.

27 In Frankreich wurde man mit 15 offiziell erwachsen (Philipp von Beaumanoir, a.a.O., Bd. I, § 522).

28 Vgl. hierzu G. Ashby, Une Analyse stylistique des formules épiques contenants ›enfant‹ ou l'un des synonymes, in: *L'Enfant au Moyen Age. Littérature et Civilisation* (*Senefiance* 9, Aix-en-Provence 1980), S. 221–231.

29 *Raoul de Cambrai*, hg. v. P. Meyer und A. Longnon (Paris 1882), S. 259.

30 A. D. Gabriel, *The Eductional Ideas of Vincent of Beauvais* (Notre Dame/ Ind. 1965), S. 39, 185; R. Barton-Tobin, Vincent of Beauvais on the Education of Women, *Journal of the History of Ideas* 35 (1974), S. 488; *Six Sermons inédits de Jean Gerson*, hg. v. I. Mourin (Paris 1946), S. 416ff.

31 Siehe z. B. die *Acta Sanctorum*, Febr. II, S. 203.

32 E. Le Roy Ladurie, a.a.O., S. 237.

33 Bartholomaeus Anglicus, *Liber de proprietatibus rerum,* Buch 6, Kap. 1 (*John Trevisa's Translation*, S. 291f.); Isidor, *Liber Numerorum, PL* 83, Sp. 186–189.

24 Vincenz von Beauvais, *Speculum Quadruplex: Speculum Naturale*, Sp. 2349. Für Ibn Sina, fügt Vincenz hinzu, endet sie erst mit 32. Aldebrandin von Siena zufolge dauert die *adolescentia* bis 25 oder 30 (vgl. Anm. 3).

35 G. Duby, Dans la France du Nord-Ouest au XIIe siècle: Les ›Jeunes‹ dans la société aristocratique, *Annales ESC* 19 (1964), S. 835–846; Bernhard von Gordon zufolge endet die *adolescentia* im Alter von 35 oder etwas später, a.a.O., S. 2.

36 R. Nelli, *L'Erotique des troubadours* (Paris 1974), S. 223f.

37 *Le Opere di Dante, Convivio*, hg. v. M. Barbi (Florenz 1921), S. 299–302.

38 Die Kanonisten unterschieden beispielsweise zwischen der *pubertas* mit 14 (dies war das Alter, in dem ein Jugendlicher in einem Benediktinerkloster das Mönchsgelübde ablegen konnte) und der *plena pubertas* im Alter von 18 (dies war in den neuen Mönchsorden des 12. Jahrhunderts das Mindestalter, um das Mönchsgelübde abzulegen); siehe. Metz, a.a.O. In den italienischen Städten gab es Posten, die ein Mann erst ab 30 bekleiden durfte, siehe R. Trexler, a.a.O., S. 16f.

39 *Fleta*, ed. H. G. Richardson et G. O. Sayles (Selden Society, London

1955), Bd. II, Kap. 9, S. 18f.; Kap. 11, S. 20f. Vor dem 21. Lebensjahr erwartete man nicht einmal von einem Adeligen, daß er ein Gottesurteil durch Kampf ausfechte (ebenda, Kap. 9, S. 18f.; Kap. 11, S. 20f.) Zu diesem Alter, in dem ein junger Mann frei über ein geerbtes Lehen verfügen konnte, vgl. E. J. Tardif, *Coutumiers de Normandie* (Nachdruck Genf 1977), Bd. I–II, S. 79, Bd. III, S. 101–104; Philipp von Beaumanoir, a.a.O., Bd. I, § 506–550, S. 244–263. Dem Gesetz nach war in den englischen Städten das Pubertätsalter 15, siehe *Borough Customs*, hg. v. M. Bateson (London 1906), Bd. II, S. 157ff. In einigen Städten durften junge Männer bestimmte Arten Eigentum jedoch erst mit 20 (Mädchen mit 16) verkaufen oder weggeben, siehe das Beispiel Godmanchester, ebenda, S. 158; über das Erwachsenenalter in deutschen Herrenhäusern siehe H. Fehr, *Die Rechtsstellung der Frau und der Kinder in den Weistümern* (Jena 1912), S. 92–99.

40 *Fleta*, Bd. II, Kap. 7, S. 16; *Bracton on the Laws and Costums of England*, Bd. II, S. 34f.; in Friedrichs II. Gesetzgebung für Sizilien war man mit 18 volljährig (*Die Konstitutionen Friedrichs II. von Hohenstaufen für sein Königreich Sizilien*, hg. v. H. Conrad, T. von Lieck-Buyken, W. Wagner (Wien 1973), Bd. II, 42, S. 234).

41 Konrad von Megenberg, *Ökonomik*, Buch I/2, Kap. 10, S. 84; Thomas von Aquin, *Summa Contra Gentiles*, in *Opera omnia*, ed. R. Busa (Mailand 1980), Buch 3, Kap. 122, Anm. 6–8 (Bd. II, S. 100f.)

42 N. Zemon-Davis, Youth Groups and Charivaris in 16th Century France, *Past and Present* 50 (1971), S. 41–75.

43 Siehe J. D. Osofsky, Historical Perspectives and Future Directions in Infant Development, in: *Handbook of Infant Development*, hg. v. J. D. Osofsky (New York 1985), S. 897–917.

DIE GEBURT

1 *Mirk's Festial: A Collection of Homilies*, hg. v. T. Erbe (EETS, London 1905), S. 193; *Dives et Pauper*, ed P. H. Barnum (EETS, London 1976), Bd. I, S. 306.

2 *Hali Meidenhad*, hg. v. F. J. Furnivall (EETS, London 1922), S. 471.

3 Burchard von Worms, *Decretorum Libri Viginti, PL* 140, Sp. 762; *Councils and Synods with Other Documents relating to the English Church*, hg. v. F. M. Powicke und C. R. Cheney (Oxford 1964), Bd. II, Teil I, S. 590; Teil II, S. 988; Myrc, *Instructions for Parish Priests*, hg. v. E. Peacock (EETS, London 1868), S. 3.

4 »Benedictio pro muliere gravida«, »De benedictione fetus in utero matris sue«, V. Leroquasis, *Les pontificaux manuscrits des bibliothèques publiques de France* (Paris 1937), Bd. I, S. 5, 53, 184.

5 Wolfram von Eschenbach, *Parzival und Titurel*, hg. v. E. Martin (Halle

1900–1903), Buch 2, 105–113, S. 37ff.; Buch 9, 477, S. 168; Wolfram von Eschenbach, *Parzival*, Band 1: Buch 1–8, Mittelhochdeutsch–Neuhochdeutsch, übers. v. Wolfgang Spiewok, Stuttgart 1981, S. 189–196, Bd. 2, S. 79f.

6 G. Jacobsen, Pregnancy and Childbirth in the Medieval North: A Topology of Sources and Preliminary Study, *Scandinavian Journal of History* 9/2 (1984), S. 97. Die Geburt eines Kindes ist auch der Wendepunkt in zwei Verserzählungen der Marie de France *(Milun* und *Le Fresne),* in: *Lais,* hg. v. A. Ewert (Oxford 1965).

7 D. Herlihy und Ch. Klapisch-Zuber, *Les Toscans et leurs familles. Une étude du Catasto florentin de 1427* (Paris 1978), S. 533f.

8 Vgl. hierzu P. Biller, Childbirth in the Middle Ages, *History Today* 36 (1986), S. 46.

9 *Medieval Woman's Guide to Health*, hg. u. übers. v. B. Rowland (London 1981), S. 1–48, 75, 125–135; ein ähnliches Werk ist die offenbar von einer Hebamme auf flämisch abgefaßte Schrift Trotula vom Beginn des 15. Jahrhunderts, *Vrouwengeneeskunde in Vlaanderen tijdens de late Middeleeuwen*, hg. v. A. B. C. M. Delva (Brügge 1983). Nur wenige Aussagen über die Geburt enthält auch eine der lateinischen Versionen der Trotula, ebenda, S. 209f.; zur Analyse des Texts der Trotula und zum Problem des bzw. der Autoren vgl. J. Benton, Trotula, Women's Problems and Professionalization of Medicine in the Middle Ages, *Bulletin of the History of Medicine* 59 (1985), S. 30–53; *Councils and Synods,* Bd. II, Teil 1, S. 70, 183, 234, 435; Myrc, a.a.O., S. 4; *Les Statuts synodaux français du XIII*e *siècle*, hg. v. O. Pontal (Paris 1971), § 58, S. 72.
Die ansonsten so ausführliche Enzyklopädie des Bartholomaeus Anglicus enthält keine Anweisungen für Hebammen. Zur Vielzahl der Handschriften und deren Übersetzung in verschiedene europäische Sprachen vgl. *Bartholomaeus Anglicus on the Properties of Soul and Body,* hg. v. R. Long (Toronto 1979), S. 1f.

10 Die Korrespondenz der Familie Datini enthält die Schilderung der äußerst schmerzhaften Niederkunft eines Dienstmädchens; sie zeigt, daß es damals keine schmerzstillenden Mittel gab, I. Origo, *The Merchant of Prato* (London 1957), S. 238.

11 T. H. Hollingworth, A Demographic Study of the British Ducal Families, *Population Studies* 11 (1957), S. 4–26. Siehe auch R. A. Houlbrooke, *The English Family, 1450–1700* (London 1984), S. 129, sowie die Tagebücher der Florentiner Luca di Matteo di Panzano und Gregorio Dati, die vom Tod ihrer Frauen im Kindbett berichten. Siehe G. Brucker (Hg. u. Übers.), *The Society of Renaissance Florence: A Documentary Study* (New York 1971), S. 45; ders., *Two Memoirs of Renaissance Florence: The Diaries of Buonaccorso Pitti and Greogirio Dati* (New York 1967), S. 132.

12 E. A. Wrigley und R. Schofield, *The Population History of England, 1541–1871* (London 1981), S. 248f.; D. McLaren, Fertility, infant morta-

lity and breast feeding in the 17th Century, *Medical History* 22 (1978), S. 80f.; Z. Razi, *Life, Marriage and Death in a Medieval Parish* (Cambridge 1980), S. 129, 151. Über die hohe Sterblichkeit bei Kaiserschnitten im 17.–19. Jahrhundert siehe *Obstetrics and Gynecology*, hg. v. D. N. Danforth (Philadelphia 1982), S. 11ff.

13 *The Miracles of Simon de Montfort*, hg. v. J. D. Halliwell (Camden Society, London 1849), S. 48; *Acta Sanctorum*, ed. J. Bollandus et G. Henschenius (Paris, Rom 1863–1940), Apr. III, S. 649; siehe auch R. C. Finucane, *Miracles and Pilgrims: Popular Beliefs in Medieval England* (London 1977), S. 105f.; G. Jacobsen, a.a.O., S. 102 und Anm. 39, 40. Über die Wohltaten der Corpus-Christi-Kongregation, die unter anderem die schwangeren Frauen salbte, die aus dem Dorf in die Stadt kamen, vgl. H. F. Westlake, *The Parish Gilds of Medieval England* (London 1919), S. 152.

14 *Medieval Woman's Guide to Health,* S. 31; siehe auch C. F. Bühler, Prayer and Charms in certain English Scrolls, *Speculum* 39 (1964), S. 270–278.

15 *Acta Sanctorum*, Apr. III, S. 642, 656.

16 *Medieval Woman's Guide to Health,* S. 33f.; Eliezer Ben Yehuda, *Mion ha-Ivrit ha-Yeshana veha-Hadasha* (Wörterbuch des Alt- und Neuhebräischen) (Jerusalem, New York 1959), siehe unter dem Stichwort *tequma.* Über diesen Brauch bei den Moslems vgl. H. Nunemaker, Obstetrical and Genito-Urinary Remedies of 13th Century Spain, *Bulletin of the History of Medicine* 15 (1944), S. 163; über Geburtsgürtel in Spanien im 17. und 18. Jahrhundert siehe W. A. Christian, *Apparitions in Late Medieval and Renaissance Spain* (Princeton 1981), S. 54; zu ähnlichen Bräuchen im Mittelalter vgl. D. Alexandre-Bidon und M. Closson, *L'Enfant à l'ombre des cathédrales* (Lyon 1985), S. 39–45; *Medieval Woman's Guide to Health*, S. 32f.

17 Über die Entwicklung der Hebammendienste als Zweig der Medizin siehe *Obstetrics and Gynecology,* S. 2ff.

18 Vgl. z. B. die *Acta Sanctorum*, Apr. I, S. 512.

19 *Malleus Maleficarum* (Frankfurt 1582), Teil I, q. 12, Kap. II; Teil II, q. 1, Kap. 13. Siehe auch R. Kieckhefer, *European Witch Trials. Their Foundations in Popular and Learned Culture, 1300–1500* (London 1976), S. 56.

20 T. H. Hollingworth, a.a.O.; R. C. Finucane, a.a.O., S. 106; D. McLaren, a.a.O., S. 383; *Medieval Woman's Guide to Health*, S. 58.

21 *Acta Sanctorum*, Mart. I, S. 591; Jun. VII, S. 211; Jan. I, S. 403; Mai. II, S. 538; Apr. I, S. 211; Jan. I, S. 403; Mai. II, S. 338; Apr. I, S. 507; Jul. I, S. 516; Mart. III, S. 197; *Analecta Bollandiana* 64 (1946), S. 44f; *Acta et Processus Canonizacionis Beate Brigitte* ed. I. Collijn (Uppsala 1931), S. 348. Über Gebete und Messen für unfruchtbare Frauen siehe die »Oratio pro sterilitate mulieris« und die »Missa pro sterilitate« in: *Les pontificaux manuscrits des bibliothèques publiques de France,* Bd. I, S. 168; Bd. II, S. 143.

22 Ein Beispiel für den Rat eines Arztes findet sich in Arnald von Villanova, *De regimine sanitatis,* in: *Opera omnia* (Basel 1585), Sp. 684; zu den Wünschen der Bauern von Montaillou und ihren Amuletten vgl. E. Le Roy La-

durie, *Montaillou. Village occitan de 1294 à 1324* (Paris 1975), S. 309f.; zur Verurteilung des Hostiendiebstahls vgl. P. Browe, Die Eucharistie als Zaubermittel im Mittelalter, *Archiv für Kulturgeschichte 20* (1930), S. 137; über die Eheprobleme, die Margherita Datinis Kinderlosigkeit verursachte, siehe I. Origo, a.a.O., Teil II, Kap. 1; über die Sehnsucht eines Ehepaars nach einem Kind in der Literatur siehe Raymond Llull, *Blanquerna* (Madrid 1924 = *Blanquerna: A 13th Century Romance,* übers. v. E. Alison Peers (London 1925), Kap. 1.

23 Über die Unfruchtbarkeit von Männern siehe Aegidius Romanus, *De regimine principum* (Venedig 1505), Buch 2, Teil 1, Kap. 6; L. E. Demaitre, *Doctor Bernard de Gordon: Professor and Practitioner* (Toronto 1980), S. 85–89, 130; *Medieval Woman's Guide to Health*, S. 35; Thomas von Aquins Anmerkungen zu diesem Thema finden sich in der *Summa Theologiae* (London 1966–1974), Secunda Secundae, q. 164, art. 2 (Bd. 44, S. 178).

24 *Acta Sanctorum*, Jul. I, S. 464; Mart. II, S. 97; Mai. VII, S. 458; R. Favreau, a.a.O., S. 601 und Anm. 75.

25 *Registrum Iohannis de Pontissara,* ed. C. Deeds (Canterbury and York Society 30, 1924), S. 20; *Medieval Woman's Guide to Health*, S. 7; L. Le Grand (Hg.), *Status d'Hôtels Dieu et de Léproseries* (Paris 1901), § 86, 88, S. 115. In Troyes wurde im Jahre 1270 ein besonderer Flügel des Hôtel Dieu für Geburten und kranke Frauen eingerichtet. Zuvor waren schwangere Frauen nur aufgenommen worden, wenn sie während der Niederkunft so schrien, daß man glaubte, sie schwebten in Todesgefahr. Nach der Niederkunft wurden Frauen jedoch mehrere Wochen lang zur Genesung aufgenommen. Vgl. desgleichen die *Statuts d'Hôtels Dieu*, § 13, S. 162; § 31–32, S. 124, 139; *Acta Sanctorum*, Mai. V, S. 103; R. Favreau, Pauvreté en Poitou et en Anjou à la fin du Moyen Age, in: *Etude sur l'histoire de la pauvreté (Moyen Age – XVIe siécle)*, hg. v. M. Mollat (Paris 1974), Bd. II, S. 596f.; J. Imbert, *Les Hôpitaux en droit canonique* (Paris 1947), S. 125, Anm. 3–4; M. Carlin, The Medieval Hospital of St Thomas the Martyr in Southwark, *Bulletin of the Society for Social History of Medicine* 37 (1985), S. 20; M. Rubin, *Charity and Community in Medieval Cambridge* (Cambridge 1987), S. 157f.

26 *Acta Sanctorum*, Mart. III, S. 53.

27 Ebenda, Aug. I, S. 652; Mart. II, S. 465; *Thesaurus Novus Anecdotorum*, ed. E. Martène et U. Durand (Paris 1717), Bd. III, Sp. 1776; *Analecta Bollandiana* 14 (1895), S. 193.
Offenbar holten sich manchmal auch Juden christliche Hebammen, dies geht aus den Dekreten der Synoden hervor, die dies verboten. In einem Dekret der Synode von Paris aus dem Jahre 1213 hieß es: »et ne Christianae obstetrices intersint puerperio Judaeorum« (S. Grazel (Hg.), *The Church and the Jews in the 13th Century* (New York 1966), S. 306). In Nordspanien holten christliche Frauen manchmal jüdische Hebammen zu Hilfe (E. Lourie, A Plot which Failed? The Case of the Corpes found in the Je-

wish Call in Barcelona, 1301, *Mediterranean Historical Review 1/2* (1986), Anhang S. 218).

28 *Hali Meidenhad,* S. 50.

29 *Analecta Bollandiana* 30 (1912), S. 73; 14 (1895), S. 192; *Acta Sanctorum,* Apr. I, S. 308, 511.

30 C. Jacobsen, a.a.O., S. 107 und Anm. 64; D. Alexandre-Bidon und M. Closson, a.a.O., S. 56.

31 *Medieval Woman's Guide to Health,* S. 41f.; A. Delva (Hg.), a.a.O., S. 83, Tafel 20 – siehe auch die weiteren Illustrationen, auf denen ein Kräuterbad dargestellt ist (aus einem Wasserkessel mit Heilkräutern, der auf glühenden Kohlen steht, strömt Dampf); durch Röhren sollte der Dampf in den Unterleib der Frau strömen, die auf einem Gebärstuhl in den Wehen lag (S. 29, 173, 177).

32 *Acta et Processus Canonizacionis Beate Brigitte,* S. 110, 153.

33 *Analecta Bollandiana* 64 (1946), S. 35, 39, 40, 43; *Acta et Processus Canonizacionis Beate Brigitte,* S. 160; *Acta Sanctorum,* Mai. II, S. 338; Mart. II, S. 99; Aug. I, S. 647; Jul. I, S. 508f.; Mai. II, S. 338.

34 »in partu iuvenculae magis dolent et periclitantur plures«, Aegidius Romanus, a.a.O., Buch 2, Teil 1, Kap. 16; Hildegard von Bingen, *Causae et Curae,* ed. P. Kaiser (Leipzig 1903), S. 18. Dem Arnald von Villanova zugeschriebenen Text zufolge (Sp. 684) war das ideale Zeugungsalter für Männer 25–33; nach Aldebrandin von Siena war es 20–25 (*Le Régime du corps de Maître Aldebrandin de Sienne,* hg. v. L. Laindouy und R. Pépin, Paris 1911), S. 80); Konrad von Megenberg meinte, bei Frauen hänge das ideale Alter für eine Geburt vom Klima und den lokalen Bedindungen ab; in Deutschland, wo die Feten kräftig sind, liegt es bei 14 oder 16 (*Ökonomik,* hg. v. S. Krüger (Stuttgart 1973, MGH Staatsschriften III/5), Buch I/2, Kap. 28, S. 115f.; Aegidius Romanus vertritt die Auffassung, eine Frau solle nicht vor dem 18. Lebensjahr gebären, a.a.O., Buch 23, Teil 1, Kap. 16.

35 *Acta Sanctorum,* Mart. II, S. 88; siehe auch Mai. V, S. 103; Mart. III. S. 197; Apr. I, S. 308.

36 »artis chirurgicae magister«, ebenda, Mart. I, S. 589; »et magister cum ferreis instrumentis ad extrahendum foetum advenerat...«, ebenda, Mai. I, S. 349. Siehe auch die *Analecta Bollandiana* 9 (1890), S. 347. Andere Operationen waren genauso gefürchtet, man schob sie daher so lang wie möglich auf, siehe hierzu unter anderem die *Miracles of Simon de Montfort,* S. 96.

37 *Acta Sanctorum,* Mai. VI, S. 455; Apr. II, S. 439.

38 *Miracles of Simon de Montfort,* S. 73; *Acta Sanctorum,* Mart. II, S. 88. Ärzte mit Universitätsausbildung waren bei allen Geburten von Blanca, der Frau Jaimes II. von Aragonien, anwesend, vgl. hierzu M. McVaugh, The Births of the Children of Jaime II, *Medievalia* 3 (1986), S. 7–16.

39 Über eine Fehlgeburt infolge des Tragens zu schwerer Lasten siehe *Acta Sanctorum,* Mart. II, S. 205. Die erste Frau des Florentiner Kaufmanns

Gregorio Dati starb nach einer längeren Krankheit, die durch eine Fehlgeburt im fünften Monat verursacht war. Seine vierte Frau hatte eine Fehlgeburt im vierten Monat, überlebte aber und gebar weitere sechs Kinder: *Two Memoirs of Renaissance Florence,* hg. v. G. Bruckner, S. 112, 137f. Über die Ansichten der Autoren von Bußbüchern siehe Thomas Chobham, S. 464; Peter Pictavensis, *Summa de Confessione,* ed. J. Longère (Turnhout 1980), S. 17; *Les Statuts synodaux français du XIIIe siècle,* hg. v. O. Pontal (Paris 1971), Bd. 1, § 98, S. 206. Wenn ein Mann beichtete, er habe mit einer Schwangeren Geschlechtsverkehr gehabt, und die Frau deswegen eine Fehlgeburt erlitt (bzw. kein anderer Grund ersichtlich war), konnte kein einfacher Priester ihm die Absolution erteilen, er mußte zum Bischof; weitere Ratschläge für schwangere Frauen von einem Arzt und vom Verfasser eines didaktischen Werks enthält *Le Régime du corps de Maître Aldebrandin de Sienne,* S. 71f.; Konrad von Megenberg, a.a.O., Buch I/2, Kap. 7, S. 76ff. Über die schwere Arbeit armer Frauen während der Schwangerschaft siehe Konrad von Megenberg in Buch I/2, Kap. 9, S. 82. Aussagen von Bauersfrauen finden sich in E. Le Roy Ladurie, a.a.O., S. 309f.

40 *Acta Sanctorum,* Jan. I, S. 630f.

41 Ebenda, Mart. I, S. 599.

42 Arnald von Villanova, a.a.O., Sp. 665.

43 »Nam temperatem calidus pannus esse debet similis matrici, quantum possibile est, quia omnia subita mutatio nocet nocumento magno«, ebenda.

44 Ebenda, Sp. 664; ›Honorius Augustodunens‹, *De philosophia mundi, PL* 172, Sp. 91.

45 Diese Ähnlichkeit stellte L. Demaitre fest, a.a.O., S. 39–42. Weitere triftige Gründe für einen allmählichen Übergang finden sich bei Aegidius Romanus, a.a.O., Buch 2, Teil 2, Kap. 15.

46 F. Leboyer, *Birth without Violence,* London 1975; *Geburt ohne Gewalt,* München [6]1990.

47 D. Alexandre-Bidon und M. Closson, a.a.O., S. 64.

48 Bartholomaeus Anglicus, *Liber de proprietatibus rerum* (Straßburg 1505), Buch 6, Kap. 4 (= *On the Property of Things: John Trevisa's Translation of Bartholomaeus Anglicus* (Oxford 1975), S. 298); Arnald von Villanova, a.a.O., Sp. 664f.; *Le Régime du corps de Maître Aldebrandin de Sienne,* S. 74f.; Bernhard von Gordon, *De conservatione vitae humanae* (Leipzig 1570), S. 11f.

49 »tempore hyemis posuerunt puerum in aquam frigidissimam et nulla signa vitae perceperunt in eo«, *Acta Sanctorum,* Febr. II, S. 731; »projiciebant aquam et vinum in faciem, volentes scire utrum esset mortuus ut videbatur«, ebenda, Mart. III, S. 205.

50 *Analecta Bollandiana* 14 (1895), S. 175; Guibert von Nogent, *Autobiographie,* hg. v. R. Labande (Paris 1981), Buch 1, Kap. 3, S. 18–21; über die Verdunklung des Zimmers, in dem die Niederkunft stattfand, im 17.

Jahrhundert in England vgl. A. Wilson, Participant or Patient? Seventeenth Century Childbirth from the Mother's Point of View, in: *Patients and Practitioners: Lay Perceptions of Medicine in Pre-Industrial Society,* hg. v. R. Porter (Cambridge 1985), S. 134.

51 Vor der gregorianischen Reform waren viele Priester verheiratet. Petrus Damiani wurde zum erbitterten Gegner von Verstößen gegen das Zölibat durch die Priesterschaft.

52 *Acta Sanctorum,* Febr. III, S. 416; über postpartale Depressionen vgl. T. Benedek, The Psychology of Pregnancy, in: *Parenthood, its Psychology and Psychopathology,* hg. v. E. J. Anthony und T. Benedek (Boston 1970), S. 370ff.; Anthony und Kreitman, Murderous Obsessions in Mothers towards Their Children, ebenda, S. 479–498.

53 *Analecta Bollandiana* 33 (1914), S. 170.

54 E. Bonney, Enfance divine et enfance humaine, in: *L'Enfant au Moyen Age. Littérature et Civilisation* (*Senefiance* 9, Aix-en-Provence 1980), S. 14f.; A. Delva (Hg.), a.a.O., S. 96; D. Alexandre-Bidon und M. Closson, a.a.O., S. 83. Zu den Utensilien, über die eine Frau in ihrem Testament verfügen konnte, gehörte nach dem Brauch eines deutschen Herrenhauses »ein kessel, darin man ein kind kann baden«, vgl. H. Fehr, *Die Rechtsstellung der Frau und der Kinder in den Weistümern* (Jena 1912), S. 73.

55 *Le Livre du Chevalier de la Tour Landry,* hg. v. M. Anatole de Montaiglon (Paris 1854), S. 109.

56 Zum Beispiel Hildegard von Bingen, a.a.O., S. 17f., 77f.; siehe auch P. Dronke, *Women Writers in the Middle Ages* (Cambridge 1984), S. 177f.

57 Bartholomaeus Anglicus, a.a.O., Buch 6, Kap. 3, 4, 7 (= *John Trevisa's Translation,* S. 294, 296, 298, 303); *Tractatus Henrici de Saxonia, Alberti Magni Disciplui de Secretis Mulierum* (Frankfurt 1615), S. 95f.; Aegidius Romanus, a.a.O., Buch 2, Teil 1, Kap. 17; siehe auch D. Herlihy und C. Klapisch-Zuber, a.a.O., S. 554.

58 *Medieval Woman's Guide to Health,* S. 35, 169.

59 G. G. Coulton, *Life in the Middle Ages* (Cambridge 1967), Bd. I, S. 224; Herlihy und Klapisch-Zuber, a.a.O., S. 554.

60 Leon Battista Alberti, *I Libri della Famiglia Über das Hauswesen,* übers. v. Walther Kraus, Zürich, Stuttgart 1962, S. 146f.

61 J. B. Ross, The Middle Class Child in Urban Italy: 14th to Early 16th Century, in: *History of Childhood,* hg. v. L. deMause (New York 1974), S. 206.

62 A. Lecoy de la March, *L'Esprit de nos aieux: Anecdotes et bons mots* (Paris 1892), S. 8; G. Duby, *Medieval Marriages: Two Models from 12th Century France* (London 1978), Kap. 2.

63 Wolfram von Eschenbach, *Parzival und Titurel,* Buch 2, 112, S. 39; in der neuhochdeutschen Übersetzung (siehe Anm. 5), S. 195. Diese Schilderung hat stark sexuelle Konnotationen. Während die Königin ihr Baby umarmt, hat sie das Gefühl, ihr Mann werde ihr zurückgegeben.

64 *Acta Sanctorum,* Apr. III, S. 91.

65 Ebenda, Aug. I, S. 652.

66 *Acta et Processus Canonizacionis Beate Brigitte,* S. 282.

67 *Acta Sanctorum,* Jul. I, S. 509.

68 Ebenda, Mart. I, S. 586.

69 Alberti, a.a.O., S. 152; über die Enttäuschung bei der Geburt einer Tochter im Spätmittelalter in der Toskana und eine freudige Reaktion vgl. J. B. Ross, a.a.O., S. 206.

70 Die Sätze aus dem Neuen Testament, auf die man sich berief, um die Säuglingstaufe zu rechtfertigen, sind alles andere als eindeutig: vgl. Mt 19,14; Mk 10,13–17; Apg 16,33; 1 Tim 2,4.

71 Zum Beispiel in des heiligen Augustinus *De Peccatorum Meritis et Remissione,* Buch 3, *PL* 44, Sp. 177, 189; *De Anima et Ejus Origine,* ebenda, Sp. 481. Augustinus wird zunehmend strenger; in *De Libero Arbitrio* war er noch unzufrieden mit dem Schicksal der weder guten noch bösen Kleinkinder, die noch nicht getauft waren, und glaubte noch, Gott werde sie belohnen (Buch 3, 68, in: *Sancti Aurelii Augustini Opera* (Corpus Christianorum, Turnhout 1970), Teil 2, S. 315).

72 Er bezog sich auf den unehelichen Sohn seines Vaters, der ungetauft gestorben war (*Autobiographie,* Buch 1, Kap. 18, S. 149–153).

73 Dante, *Die göttliche Komödie,* a.a.O., Hölle, 4. Gesang, S. 21. Siehe auch Thomas von Aquin, *Summa Theologiae,* Prima Tertiae, q. 68, art. 3 (S. 88, Anm. a).

74 Über die Feststellungen der Häretiker aus Arras im Jahre 1025 siehe *Gerardi I Cameracensis Episcopi Acta Synodi, PL* 142, Sp. 1273f.; zu der Ansicht, daß die Taufe nicht des Kindes Sünde sühnt, weil es ohne Sünde ist, vgl. *Le registre d'inquisition de Jacques Fournier, 1318–1325,* hg. v. J. Duvernoy (Toulouse 1965), Bd. II, S. 245, sowie R. I. Moore, *The Origins of European Dissent* (New York 1977), S. 100f.

75 Über den Standpunkt der katholischen Theologen vgl. Thomas von Aquin, *Summa Theologiae,* Prima Tertiae, q. 68, art. 9, S. 106–110; *Councils and Synods,* Bd. II, Teil 1, S. 68; *Corpus Iuris Canonici,* ed. A. Friedberg (Leipzig 1879), Bd. II, Decretal. Gregor. IX., Buch 2, tit. 42, Kap. 1–6, Sp. 644–647.

76 Beispielsweise Thomas Chobham, *Summa Confessorum,* S. 93; *Les Statuts synodaux français,* Bd. 1, § 4, S. 140; Anm. 7, S. 141; § 5, S. 55; *Councils and Synods,* Bd. II, Teil 1, S. 452.

77 D. Alexandre-Bidon und M. Closson, a.a.O., S. 75; J. D. Mansi, *Sacrorum Conciliorum Nova et Amplissima Collectio* (Nachdruck Graz 1960), Bd. XXXIII, Sp. 419f.

78 J. Duvernoy, *Le Catharisme. La Religion des Cathares* (Toulouse 1976), S. 145, Anm. 11.

79 *Councils and Synods,* Bd. II, Teil 1, S. 68; *Les Statuts synodaux français,* Bd. 1, § 8, S. 56.

80 Thomas Chobham, a.a.O., S. 397, 527.
81 *Acta Sanctorum,* Mart. II, S. 466, 479.
82 J. B. Ross, a.a.O., S. 189; I. Origo, a.a.O., S. 228.
83 E. Le Roy Ladurie, a.a.O., S. 501 f.
84 Über untergeschobene Kinder siehe J. C. Schmitt, *Le Saint Lévrier. Guinefort, guérisseur d'enfants* (Paris 1979), S. 110–118; auf französisch hießen sie *changelins,* auf deutsch *Wechselbalg.* Über Amulette für Kinder in der bildenden Kunst siehe E. Bonney, a.a.O., S. 14.
85 *Corpus Iuris Canonici,* Bd. II, Decretal. Gregor. IX., Buch 3, tit. 42, Kap. 2, Sp. 664; *Councils and Synods,* Bd. II, Teil 1, S. 31, 70, 234, 453; Thomas Chobham, a.a.O., S. 97.
86 R. Trexler, Infanticide in Florence: New Sources and First Results, *History of Childhood Quarterly* 1/1 (1973), S. 98–116.
87 *Galeran,* in: Ch. V. Langlois, *La Vie en France au moyen âge* (Paris ²1926), Bd. 1, S. 9.
88 *Councils and Synods,* Bd. II, Teil 1, S. 70; Teil 2, S. 988.
89 *Raoul de Cambrai,* hg. v. P. Meyer und A. Longnon (Paris 1882), S. 2 ff., 10, 272, 276 f.
90 Ch. Klapisch-Zuber zufolge bekamen die ältesten Söhne vornehmer Kaufleute in der Toskana im Spätmittelalter meist den Namen des Großvaters väterlicherseits, die Mädchen häufiger den Namen der Großmutter mütterlicherseits. In den unteren Schichten wurden die Kinder nur selten nach Verwandten benannt, gewöhnlich nach bekannten Heiligen (L'Attribution d'un prénom à l'enfant en Toscane à la fin du Moyen Age, in: *L'Enfant au Moyen Age. Littérature et Civilisation* (*Senefiance* 9, Aix-en-Provence 1980), S. 75–85). In Halesowen war es üblich, die Knaben nach dem Vater zu nennen (Z. Razi, a.a.O., S. 15).
91 »secundo propter periculum mortis, quia non potest eis alio remedio subveniri, nisi per sacramentum baptismi«, *Summa Theologiae,* Tertia pars, q. 68, art. 3 (Bd. 57, S. 88 ff.).
92 Burchard von Worms, a.a.O., Sp. 733; *Councils and Synods,* Bd. II, Teil 1, S. 31, 452; Teil 2, S. 988; *Les Statuts synodaux français,* Bd. I, § 4, S. 141 f.; § 7, S. 54.
93 Thomas von Aquin, *Summa Theologiae,* Tertia pars, q. 68, art. 11 (Bd. 57, S. 114–117); Stichwort ›Baptême‹ in: *Dictionnaire de Théologie catholique,* hg. v. A. Vacant und E. Mangenot (Paris 1910), Bd. II, Sp. 283 f.
94 Mansi, a.a.O., Bd. XXII, Sp. 981 f.; *Councils and Synods,* Bd. II, Teil 2, S. 233; R. Trexler, *Synodal Law in Florence and Fiesole, 1306–1518* (Vatikanstadt 1971), S. 67; Thomas Chobham, a.a.O., S. 96 f.
95 For to undo hyre wyth a knyf
And for to saue the chyldes lyf
And hye that hyt crystened be,
For that ys a dede of charyte.
Myrc, a.a.O., S. 4 sowie S. 5, 17, 18. Zugleich betonte Thomas von

Aquin, die Mutter dürfe nicht getötet werden, um das Kind zu taufen: »Et ideo non debet homo occidere matrem ut baptizet puerum« (*Summa Theologiae,* Prima Tertiae, q. 68, art. 11, bd. 57, S. 116).

96 *Acta Sanctorum,* Jul. I, S. 515.

97 Ebenda, S. 501.

98 Ebenda, Mart. I, S. 290, 581; Mart. II, S. 97; *Analecta Bollandiana* 9 (1890), S. 336; *Acta et Processus Canonizacionis Beate Brigitte,* S. 157.

99 Ein solches Ereignis beschreibt der Florentiner Lucca di Matteo in seinem Tagebuch (G. Brucker [Hg.], *The Society of Renaissance Florence,* S. 45).

100 Dante, *Die Göttliche Komödie,* a.a.O., Paradies, 32. Gesang, S. 452.

101 *Select English Works of John Wycliffe,* hg. v. T. Arnold (Oxford 1871), Bd. III, S .200.

102 R. Kuhn, *Corruption in Paradise: The Child in Western Literature* (London 1982), S. 109f.

103 Y. B. Brissaud, L'infanticide à la fin du Moyen Age. Ses motivations psychologiques et sa répression, *Revue historique de droit français et étranger* 50 (1972), S. 229–256. In einem Fall war eine Frau des Mordes an ihrem Baby angeklagt. Obwohl sie nicht vor dem Richterstuhl des Bischofs stand, sondern vor einem Laiengericht, klagte sie der Bischof von Lincoln an, sie habe ihr Kind nicht getauft, bevor sie es tötete. Siehe R. M. Wunderli, *London Church Courts and Society on the Eve of the Reformation* (Cambridge/Mass. 1981), S. 128, Anm. 76.

104 *Mirk's Festial,* a.a.O., S. 298.

105 Über den Glauben, die Frau sei bis hundert Tage nach der Niederkunft unrein, in China siehe M. Topley, Cosmic Antagonism: A Mother–Child Syndrome, in: *Religion and Ritual in Chinese Society,* hg. v. A. P. Wolf (Stanford 1974), S. 234, 237f.

106 A. J. Schulte, Churching of Women, *The Catholic Encyclopedia* (New York 1908), Bd. III, S. 761. K. Thomas zufolge hielten die Laien die Zeremonie für ein Reinigungsritual, während sie den Lehren der Kirche nach nur eine Danksagungszeremonie war. Die Zeremonie beruhte wohl eher auf dem Volksglauben an die Unreinheit, als daß sie die Quelle dieses Glaubens war. Siehe K. Thomas, *Religion and the Decline of Magic* (Harmondsworth 1973), S. 42f. Vermutlich hielten im Mittelalter die meisten Geistlichen die Zeremonie auch für ein Reinigungsritual. Siehe die Anmerkungen von Innozenz III. über die Unreinheit von Schwangerschaft und Geburt (*De contemptu mundi, PL* 217, Sp. 703–707), die in Kap. 1 zusammenfassend wiedergegeben sind (Anm. 28); danach ist das Menstruationsblut der Frau, das während der Schwangerschaft nicht fließt, so unrein, daß bei der Berührung mit ihm die Blätter eines Baums verwelken, Gras eingeht und Pflanzen ihre Früchte verlieren. Hunde, die es lecken, würden Tollwut bekommen, und ein Kind, das von einer menstruierenden Frau empfangen werde, sei von Geburt an aussätzig. Wegen der Besudelung mit Menstruationsblut mußte die Frau sich nach der Niederkunft reinigen.

Es stimmt, daß Beda Venerabilis schreibt, Gregor der Große habe (in einem Brief an den heiligen Augustinus von Canterbury) den Frauen die Erlaubnis erteilt, unmittelbar nach der Niederkunft in die Kirche gehen zu dürfen, um Gott zu danken, ohne daß dies als Sünde betrachtet würde (*Bede's Ecclesiastical History,* hg. v. B. Colgrave und R. Mynors [Oxford 1969], S. 90). In der *responsa* der Ärzte von Salerno wurde jedoch festgestellt, Säuglinge könnten nur deshalb unmittelbar nach der Geburt weder stehen noch sitzen, noch gehen, noch sprechen, weil sie, anders als die Tiere, im Mutterleib von Menstruationsblut ernährt würden und sich davon nicht so leicht reinigen könnten, während Tiere im Mutterleib reinere Nahrung erhielten (*The Prose Salernitan Questions,* hg. v. B. Lawn [Oxford 1979], q. 228, S. 115; siehe auch Bartholomaeus Anglicus, a.a.O., Buch 6, Kap. 4, und *Summa de Magister Rufianus,* ed. H. Singer (Aalen 1963), S. 16. Bei den Anglikanern hieß es in der zweiten Hälfte des 16. und im 17. Jahrhundert, eine Frau, die nach der Geburt nicht in die Kirche gegangen sei, habe es versäumt, »Gott für ihre Rettung bei der Niederkunft zu danken«. Im 15. Jahrhundert hieß es, sie sei nicht gereinigt gewesen (»non erat purificata«), siehe *A Series of Precedents and Proceedings,* hg. v. W. H. Hale (London 1847), Nr. 514, 696, 738, 812, 41, 57. Über die Zeremonie in der Liturgie »Ordo intrandi mulieres in ecclesiam post partum« siehe V. Leroquais, a.a.O., Bd. I, S. 89.
Der Laienglaube, daß eine Frau sich nach der Niederkunft reinigen muß, wird von einem Chronisten belegt, der berichtet, eine Adelige habe nach der Niederkunft getrennt von ihrem Mann geschlafen, da »für sie die Zeit der Reinigung noch nicht gekommen war« (»que intus parturierat, nec tempus purificationis ejus instabat«), *Chroniques des Comtes d'Anjou et des Seigneurs d'Amboise,* hg. v. L. Halphen und R. Pourpardin (Paris 1913), S. 99.

107 J. D. Mansi, a.a.O., Bd. XX, Sp. 399.

108 Burchard von Worms, a.a.O., Sp. 974f.

109 Über die Beerdigung ungetaufter Säuglinge im Nordosten Schottlands bis ins 19. Jahrhundert siehe W. Gregor, *The Folklore of the North East of Scotland* (London 1881), S. 214f.; über die Beerdigung von Säuglingen, die sofort nach der Geburt starben und von daher weder zur Gemeinschaft der Lebenden noch zur Gemeinde der Toten gehörten, siehe J. Pentikäinen, *The Nordic Dead Child Tradition* (FF Communications 202; Helsinki 1968), S. 61f., 354. Über den Brauch, tote Kinder zum Schrein eines Heiligen zu bringen mit der Bitte, sie sollten sie für einen Augenblick wieder lebendig machen, damit sie getauft werden könnten und dadurch ihre Seele gerettet würde, und über den (bis ins 19. Jahrhundert in Frankreich verbreiteten) Glauben, ein ungetauftes Kind sei ein Fluch, siehe J. Gélis, La Mort du nouveau-né et l'amour des parents. Quelques réflexions à propos des pratiques de répit, *Annales de démographie historique* (1983), S. 23–31.

1 *Obstetrics and Gynecology,* hg. v. D. N. Danforth (Philadelphia 1982), S. 791; Psychoanalytiker wie M. Klein und D. W. Winnicott halten das Stillen durch die Mutter für eine äußerst wichtige Bedingung der künftigen positiven psychischen Entwicklung des Kindes.

2 »quod gentiles lacte ferarum filios suos fecerunt nutriri ut ex inde feritates contraherent«, Thomas Chobham, *Summa Confessorum,* ed. F. Broomfield (Louvain, Paris 1963), S. 465; zu den Ansichten der antiken Philosophen siehe R. Etienne, La Conscience médicale antique et la vie des enfants, *Annales de démographie historique* (1973), S. 35–39.

3 J. B. Ross, The Middle Class Child in Urban Italy: 14th to Early 16th Century, in: *The History of Childhood,* hg. v. L. deMause (New York 1974), S. 186f.; D. Herlihy und Ch. Klapisch-Zuber, *Les Toscans et leurs familles. Une étude du Catasto florentin de 1427* (Paris 1978), S. 555. Francesco da Barberino, der zu Beginn des 14. Jahrhunderts ein Handbuch für Frauen verfaßt hat, richtete seine Warnungen vor allem an Ammen, die Kinder zu sich nach Hause nahmen. Er schreibt, die Milch von Mutterschafen sei weniger schädlich als die von weiblichen Ziegen, Hündinnen oder Schweinen (*Reggimento e costumi di donna,* hg. v. G. E. Sansone [Turin 1957], 13. Teil, S. 195).

4 Über die hohe Sterblichkeitsziffer bei Säuglingen, die im 19. Jahrhundert vor Erfindung der Pasteurisation mit der Milch von Tieren ernährt wurden, siehe G. Sussman, Wet Nursing in 19th Century France, *French Historical Studies* 9 (1975), S. 304–328, Anm. 18.

5 S. Grazel (Hg.), *The Church and the Jews in the 13th Century* (New York 1966), S. 73 und Anm. 141.

6 F. Piponnier, Les objets de l'enfance, *Annales de démographie historique* (1973), S. 70.

7 *Le Livre de Saint Gilbert,* hg. v. R. Foreville (Paris 1943), S. 81.

8 J. B. Ross, a.a.O., S. 187.

9 J. Knodel und E. van de Walle, Breast Feeding, Fertility and Infant Mortality: An Analysis of Some Early German Data, *Population Studies* 22 (1967), S. 119.

10 M. McLaughlin, Survivors and Surrogates: Children and Parents from the Ninth to the Thirteenth Centuries, in: L. deMause (Hg.), a.a.O., Anm. 75; D. Alexandre-Bidon und M. Closson, *L'Enfant à l'ombre des cathédrales* (Lyon 1985), S. 145; eine Statue von Daniel Mauche aus dem Jahr 1510 zeigt, wie Miriam Cleopas ihrem Kind mit einer Flasche mit Sauger Milch (oder Wasser) zu trinken gibt, siehe M. Baxandall, *The Limewood Sculptors of Renaissance Germany* (London 1981), Tafel 82.

11 M. Plouzeau, Vingt regards sur l'enfançonnet, ou fragments du corps puéril dans l'ancienne littérature française, in: *L'Enfant au Moyen Age. Littérature et Civilisation* (*Sénéfiance* 9, Aix-en-Provence 1980), S. 203–217.

12 *Origines islandicae,* hg. u. übers. v. G. Vigfusson und F. Y. Powell (Oxford 1905), Bd. II, S. 649.

13 Bartholomaeus Anglicus, *Liber de proprietatibus rerum* (Straßburg 1505), Buch 5, Kap. 34: De mamilla; Buch 6, Kap. 3: De creatione infantis; Kap. 7: De matre (*On the properties of Things: John Trevisa's Translation of Bartholomaeus Anglicus* [Oxford 1975], S. 294–298, 302f.); Arnald von Villanova, *De regimine sanitatis,* in: *Opera omnia* (Basel 1585), Sp. 666; Hildegard von Bingen, *Causae et Curae,* ed. P. Kaiser (Leipzig 1903), S. 67, 111; Albertus Magnus, *Quaestiones super libris de animalibus,* in: *Opera omnia,* Bd. XII (Münster 1955), Buch 18, q. 8, S. 301.

14 Thomas Chobham, a.a.O., S. 465.

15 M. Lindemann, Love for Hire: The Regulation of Wet-nursing Business in 18th Century Hamburg, *Journal of Family History* 6 (1981), S. 385; zu Paris siehe E. Badinter, *Die Mutterliebe* (München 1981), S. 48; zu Lyon siehe M. Garden, *Lyon et les lyonnais au XVIIIe siècle (Paris 1970);* Beispiele, in denen Säuglinge aus einer Kleinstadt Ammen auf dem Land anvertraut wurden, finden sich in A. Bideau, L'envoi des jeunes enfants en nourrice. L'exemple d'une petite ville: Thoissey-en Dombes 1740–1840, in: *Hommage à Marcel Reinhard. Sur la population française au XVIIIe et au XIXe siècles* (Paris 1970); S. 49–58.

16 Mit dem lateinischen Wort *nutrix* wurde im Mittelalter sowohl eine Amme bezeichnet als auch ein Kindermädchen oder eine weibliche Verwandte, die das Kind aufzog. Das Verb *nutrire* bedeutet ›stillen‹, ›ernähren‹ und ›aufziehen‹ wie das Verb *educare.* In den folgenden Beispielen bezeichnet das Wort *nutrix* eindeutig keine Amme: Als Bernardino von Siena im Alter von drei Jahren seine Mutter verlor, wurde er zu einer Tante gegeben, und es wird festgestellt, er sei »nutriciis disciplinae obsequens«, *Acta Sanctorum,* ed. J. Bollandus et G. Henschenius (Paris, Rom 1863–1940), Apr. I, S. 93; und als Juliana von Cornillon im Alter von fünf Jahren beide Eltern verlor, wurden sie und ihre Schwester in ein Kloster geschickt. Der Autor schreibt von einer Nonne, die sich dort um sie kümmerte: »Ipsa namque pascebat corpora sicut nutrix refeciebat, et mentes ut magistra«, ebenda, S. 443.

In den didaktischen Werken, die feststellen, die *nutrix* solle wie der Lehrer *(magister)* und die Eltern das Kind im christlichen Geist erziehen, ist von einer weiblichen Verwandten die Rede und nicht von einer Amme, siehe etwa J. Bromyard, *Summa Praedicantium* (Antwerpen 1614), Kap. 3, S. 4f. Das Verb *nutrire* wird mal in der Bedeutung von ›stillen‹, mal in der von ›erziehen‹ gebraucht in der Schilderung dessen, wie Bernhard von Clairvaux' Mutter ihre Kinder aufzog: »alienis uberibus nutriendos committere illustris femina refugiebat. Cum autem crevissent, quam diu sub manu eius erant, eremo magis quam curiae nutriebat«, *PL* 185, Sp. 227. Zum Gebrauch des Verbs *educare* in der Bedeutung ›stillen‹, siehe die *Acta Sanctorum,* Mart. XI, S. 181; Thomas Chobham, a.a.O., S. 465.

17 »Lac autem infantibus convenientius est lac matris propriae«, Arnald von Villanova, a.a.O., Sp. 666; zu weiteren Werken, die das Stillen durch die Mutter befürworten, siehe L. E. Demaitre, The Idea of Childhood and Child Care in Medical Writings of the Middle Ages, *Journal of Psychohistory* 4 (1976/1977).

18 Bartholomaeus Anglicus, a.a.O., Buch 6, Kap. 7: De matre (= *John Trevisa's Translation,* S. 303).

19 *Speculum Quadruplex: Speculum Doctrinale* (Douai 1624), Sp. 1091; über die richtige Ernährung der Ammen und die Gefahren des Geschlechtsverkehrs in der Stillzeit siehe auch Konrad von Megenberg, *Ökonomik,* hg. v. S. Krüger (Stuttgart 1973, MGH Staatsschriften III/5), Buch I/2, Kap. 9, S. 81.

20 Konrad von Megenberg, a.a.O., Buch I/2, Kap. 9, S. 78f.

21 Hildegard von Bingen, a.a.O., S. 160; Arnald von Villanova, a.a.O., Sp. 666; Francesco da Barberino, a.a.O., 13. Teil; Aegidius Romanus, *De regimine principum* (Venedig 1505), Buch 2, Teil 2, Kap. 14; *Le Régime du corps de Maître Aldebrandin de Sienne,* hg. v. L. Landouzy und R. Pépin (Paris 1911), S. 76f.; Bernhard von Gordon, *De conservatione vitae humanae* (Leipzig 1570), S. 12–16.

22 Thomas Chobham, a.a.O., S. 464f.

23 Wolfram von Eschenbach, *Parzival und Titurel,* hg. v. E. Martin (Halle 1900–1903), Buch 2, 110–111, S. 38; 113, S. 391; in der neuhochdeutschen Übersetzung Wolfram von Eschenbach, *Parzival,* a.a.O., Bd. 1, S. 191 und 195.

24 *Sancti Bernardi Opera Omnia,* ed. J. Mabillon (Paris 1690), Bd. I, ep. 322, Sp. 299; *Abbot Suger on the Abbey Church of St. Denis,* hg. u. übers. v. E. Panofsky (Princeton 1946), S. 30f.; über Hugo von Lincoln heißt es, »je mehr er die süßen Züge der himmlischen Lehre kostete, um so gieriger saugte er an den Brüsten von Mutter Kirche« (*Magna Vita Sancti Hugonis,* ed. et trans. D. L. Douie und Dom H. Farmer [Nelson Series, London 1962], Bd. I, S. 8); siehe auch C. W. Bynum, *Jesus as Mother: Studies in Spirituality of the High Middle Ages* (Berkeley 1982), Kap. 4.

25 *Legends of the Holy Rood,* hg. v. R. Morris (EETS, London 1871), S. 172f.; zur bildenden Kunst siehe auch *A Catalogue of Misericords in Great Britain,* hg. v. G. L. Remnant (Oxford 1969), Tafel 12*b, c, d;* 27*b*.

26 *Blanquerna: A 13th Century Romance,* ins Englische übers. v. E. Alison Peers (London 1925), Kap. 2, S. 38.

27 Marie de France, *Lais,* hg. v. A. Ewert (Oxford 1965), *Milun,* S. 110–113.

28 *The Vulgate Version of the Arthurian Romances,* hg. v. H. O. Sommer (Washington/DC 1910), Bd. III: *Le Livre de Lancelot del Lac,* S. 22.

29 *Les Lamentations de Mathieu,* in: Ch. V. Langlois, *La Vie en France au moyen âge* (Paris ²1926), Bd. 2, S. 254f.; *Les Quinze joyes de mariage,* hg. v. J. R. Rychner (Paris 1963), S. 67.

30 Im Jahre 1090 verlieh Heinrich IV. den Juden von Worms das Privileg,

»christliche Ammen ... zu halten«, siehe die *Regesten zur Geschichte der Juden im Fränkischen und Deutschen Reiche bis zum Jahre 1273,* hg. v. J. Aronius (Berlin 1902), S. 75. In den folgenden Beispielen war es Juden verboten, christliche Ammen zu halten, S. Grazel, a.a.O., S. 106, 198, 204, 252, 296, 306, 320ff., 332; J. D. Mansi, *Sacrorum Consiliorum Nova et Amplissima Collectio* (Nachdruck Graz 1960), Bd. XX, Sp. 399; in einem Edikt Innozenz' III. wurden die Juden beschuldigt, sie hätten ihren christlichen Ammen verboten, drei Tage nach Empfang der heiligen Kommunion die Kinder zu stillen, und sie gezwungen, ihre Milch in den Abort zu schütten (S. Grazel, a.a.O., S. 114).

31 *Ordonnances des Roys de France,* hg. v. M. de Laurière (Paris 1729), Bd. II, S. 370.

32 *Registre de l'inquisition de Jacques Fournier, 1318–1325,* hg. v. J. Duvernoy (Toulouse 1965), Bd. I, 77*a,* S. 382; Bd. III, 257*c,* S. 162; Bd. II, 203*d*–204*a,* S. 415; Bd. I, 74*b,* S. 370; 18*a,* S. 125. Siehe auch B. A. Hanawalt, *The Ties that Bound: Peasant Families in Medieval England* (Oxford 1986), S. 161 f. – Ein Beispiel aus der Toskana, in dem ein Dienstmädchen von ihrem Herrn ein Kind bekam, das dann zu einer Amme gegeben wurde, findet sich in I. Origo, *The Merchant of Prato* (London 1957), S. 167. Ihr Herr verheiratete sie mit einem anderen Mann, da das Kind jedoch schon sechs Monate nach der Hochzeit auf die Welt kam, wurde es zu einer Amme außer Haus gegeben, es starb unter der Obhut der dritten Amme. Als das Dienstmädchen ein eheliches Kind bekam, wurde es von ihr gestillt.

33 *Saxonis Gesta Danorum,* Bd. I, hg. v. J. Olrik und H. Raeder (Kopenhagen 1931), Buch 6, S. 164.

34 Zitiert in G. R. Quaife, *Wanton Wenches and Wayward Wives: Peasants and Illicit Sex in Early Seventeenth Century England* (London 1979), S. 219; siehe auch D. McLaren, Fertility, infant mortality and breast feeding in the 17th Century, *Medical History* 22 (1978), S. 387.

35 Illuminierung zum Manuskript des *Livre des histoires du commencement du monde,* Paris, Bibliothèque nationale, siehe R. Fossier, *Le Moyen Age* (Paris 1983), Bd. 3, S. 45.

36 G. Jacobsen, Economic Progress and the Sexual Division of Labour: The Role of Guilds in the Late Medieval Danish City, in: *Alltag und Fortschritt im Mittelalter* (Veröffentlichungen des Instituts für Mittelalterliche Realienkunde Österreichs 8, Wien 1986), S. 227, Anm. 10.

37 *Acta Sanctorum,* Apr. III, S. 869.

38 Ebenda, Jul. I, S. 499; *Acta et Processus Canonizacionis Beate Brigitte,* ed. I. Collijn (Uppsala 1931), S. 400; *The Vita Wulfstani of William of Malmesbury,* hg. v. R. R. Darlington (London 1928), S. 178.

39 Ch. Klapisch-Zuber, Blood Parents and Milk Parents: Wetnursing in Florence, 1300–1530, in: *Women, Family and Ritual in Renaissance Florence* (Chicago 1985), S. 132–163.

40 *Acta Sanctorum,* Febr. III, S. 620f.

41 Ebenda, Mai. I, S. 354; Apr. I, S. 515, 311, 708, 501; Apr. III, S. 258, 244; Mai. V, S. 193, Febr. III, S. 357; Aug. I, S. 649; *Analecta Bollandiana* 9 (1890), S. 337, 344; *Acta et Processus Canonizacionis Beate Brigitte,* S. 148.

42 *Acta Sanctorum,* Mai. VII, S. 471; Mai. IV, S. 621.

43 *PL* 185, Sp. 227; *Analecta Bollandiana* 14 (1895), S. 175; *Acta Sanctorum,* Apr. I, S. 483; Jul. I, S. 455; Apr. II, S. 142; Mart. II, S. 181.

44 Ebenda, Mart. I, S. 659; Mai. VII, S. 188; Mart. III, S. 504; Apr. III, S. 248; *Analecta Bollandiana* 33 (1914), S. 174; G. Brucker (Hg.), *Two Memoirs of Renaissance Florence: The Diaries of Buonaccorso Pitti and Gregorio Dati* (New York 1967), S. 87; *The Miracles of Simon de Monfort,* hg. v. J. O. Halliwell (Camden Society, London 1849), S. 85, 107; Guibert von Nogent erwähnt zwei Ammen, die seine und eine zweite, die seine Mutter für ein Waisenkind engagiert hatte, das sie bei sich aufgenommen hatte (*Autobiographie,* hg. v. E. R. Labande [Paris 1981], Buch 1, Kap. 18, S. 156; Kap. 12, S. 84. In den skandinavischen Ländern wurde der Brauch unter dem Einfluß des christlichen Europa übernommen, siehe D. J. Benedictow, The Milky Way in History: Feeding, Antagonism between the Sexes and Infant Mortality in Medieval Norway, *Scandinavian Journal of History* 10 (1985), S. 39 und Anm. 76.

45 »Cujus mater fovit Ricardum ex mamilla dextra, sed Alexandrum fovit ex mamilla sinistra«, Alexander Neckam, *De Naturis Rerum Libri Duo,* ed. T. Wright (Rolls Series, London 1863), p. IX. Über die Ammen der Söhne Johanns des Guten siehe Ph. Contamine, *La Vie quotidienne pendant la Guerre de Cent Ans. France et Angleterre* (Paris 1967), S. 165; eine Amme, die ihren eigenen Sohn an den Hof des Königs von Aragonien mitbringen durfte, wo sie den Sohn des Königs stillte, wird im *Archivo de la Corona de Aragón,* Canciller A. Reg. 1134, fo. 198v erwähnt; über Frauen, die englische Prinzen stillten, obwohl sie nicht dem niederen Adel entstammten, siehe N. Orme, *From Childhood to Chivalry: The Education of the English Kings and Aristocracy, 1066–1530* (London 1984), S. 12; Beispiele aus der Literatur finden sich in L. Gautier, *La chevalerie* (Paris 1895, Faks.-Neudr. Puiseaux 1988).

46 »deceptam ut dicunt, obstetricis consilio quae pro affluentis lactis copia, puerperae mammas stricta praeceperat illigari fascia«, William von Malmesbury, *De Gestis Regum Anglorum,* ed. W. Stubbs (Rolls Series, London 1889), S. 461. Thomas Chobham stellt nur fest, diese Frauen brächten die Milch zum Versiegen, »die Gott geschaffen hat« (a.a.O., S. 465).

47 *Obstetrics and Gynecology,* S. 790.

48 *Acta Sanctorum,* Mart. I, S. 738; in mehreren Biographien Thomas Beckets wird eine *nutrix* erwähnt, wahrscheinlich eine Amme und kein Kindermädchen, siehe William Fitz Stephen, *Vitae Thomae,* in: *Vita Sancti Thomae Cantuariensis Archiepiscopi et Martyris,* ed. I. A. Giles (Oxford 1845), Bd. I, S. 182; zwei ähnliche Versionen derselben Geschichte enthalten zwei weitere Biographien, ebenda, S. 5, 94.

49 J. B. Ross, a.a.O., S. 189 und Anm. 39; Ch. Klapisch-Zuber, a.a.O., S. 140f.; J. Heers, *Esclaves et domestiques au Moyen Age dans le monde méditerranéen* (Paris 1981), S. 200ff.

50 J. B. Ross, a.a.O., S. 187–191. Über Kinder, die Ammen anvertraut wurden, in den Heiligenviten siehe *Acta Sanctorum*, Mart. III, S. 207; Apr. I, S. 513; Mart. III, S. 330, 199, 182.

51 Marie de France, *Lais*, S. 40.

52 Leon Battista Alberti, *Über das Hauswesen*, a.a.O., S. 42–47; über die große Nachfrage nach Ammen in Nord- und Mittelitalien siehe auch J. B. Ross, a.a.O., S. 189 und Anm. 38; R. Trexler, Infanticide in Florence: New Sources and First Results, *History of Childhood Quarterly* 1 (1973), S. 100.

53 M. Laigle, *Le Livre des trois vertus de Christine de Pisan et son milieu historique* (Paris 1912), S. 156. Christine de Pisan wurde 1364 in Venedig geboren; als sie sechs Jahre alt war, ging ihr Vater als Arzt und Astrologe an den Hof Karls V. nach Paris, Christine und ihre Mutter bezogen den Familiensitz in der Nähe von Bologna.

54 Beispielsweise *The Miracles of Simon de Montfort*, S. 85, 107.

55 *The Book of Margery Kempe*, 1436, hg. v. W. Butler-Bowdon (London 1936), S. 27ff.; siehe auch Anm. 48 über Thomas Beckets Amme.

56 Giraldus Cambrensis, *Gemma Ecclesiastica*, ed. J. S. Brewer (Rolls Series, London 1862), Bd. 2, 1/2, S. 277.

57 *Leges Henrici Primi*, ed. L. J. Downer (Oxford 1972), S. 270.

58 *Councils and Synods with Other Documents relating to the English Church*, hg. v. F. M. Powicke und C. R. Cheney (Oxford 1964), Bd. II, Teil 1, S. 204; siehe auch S. 274, 351, 410, 432, 457, 520, 648.

59 M. K. McIntosh, *Autonomy and Community: The Royal Manor of Havering, 1200–1500* (Cambridge 1986), S. 174f. und Anm. 124; D. McLaren, a.a.O., der das 17. Jahrhundert behandelt, bringt auch ein Beispiel für ein Kind, das Ende des 15. Jahrhunderts zu einer Amme in Pflege gegeben wurde (Anm. 42).

60 *Ordonnances des Roys de France*, Bd. II, S. 370.

61 B. Delmaire, Le Livre de famille de Bourgnes (Arras 1347–1538). Contribution à la démographie historique médiévale, *Revue du Nord* 65 (1983), S. 305f.; Konrad von Megenberg, a.a.O., Buch I/2, Kap. 9, S. 81f.

62 *Hali Meidenhad*, hg. v. F. J. Furnivall (EETS, London 1922), S. 51.

63 »potest esse quod complexio nutricis complexioni parvuli sit contraria«, Thomas Chobham, a.a.O., S. 465.

64 *Acta Sanctorum*, Mart. III, S. 504; siehe auch die Kindheitsgeschichte von Robert de Chaise-Dieu (*PL* 171, Sp. 1507).

65 Siehe L. Demaitre, a.a.O., S. 473 und Anm. 62.

66 *Acta Sanctorum*, Apr. III, S. 248; *Analecta Bollandiana* 33 (1914), S. 174.

67 *Acta Sanctorum*, Mart. I, S. 659; Gervasius von Tilbury, *Otia imperialia*, MGHSS XXVII, S. 390.

68 *The Miracles of Simon de Montfort,* S. 107.
69 *Acta Sanctorum,* Jul. I, S. 514; Sept. V, S. 699; Sept. VII, S. 540.
70 Ein Beispiel für eine Frau, die zuerst Amme, dann Kindermädchen eines Waisenkindes war, findet sich in *Le registre d'inquisition de Jacques Fournier,* Bd. I, 18*a*, S. 215; E. Le Roy Ladurie, *Montaillou: village occitan de 1294 à 1324* (Paris 1975), S. 305 und Anm. 3; in der deutschen Ausgabe, S. 229f.; auch in der Familie der Earls of Leicester war dieselbe Frau zuerst Amme, dann Kindermädchen oder Zofe, bis die Tochter erwachsen wurde (siehe M. Labarge, *A Baronial Household of the Thirteenth Century* (New York 1966), S. 45.
71 M. Mead, *Growing up in New Guinea* (New York 1953), Kap. 4; M. Mead, *Coming of Age in Samoa* (London 1929), S. 21f.; dt. in der Reihe Margaret Mead, *Jugend und Sexualität in primitiven Gesellschaften* (München 1979ff.); über denselben Brauch bei einem Indianerstamm siehe E. Erikson, Jäger über der Prärie, in: *Kindheit und Gesellschaft,* a.a.O., S. 110–161.
72 Der Biograph von Musa Alami behauptet, dieser habe ihm gesagt, daß die Hebamme im frühen 12. Jahrhundert in Jerusalem jeweils zwei Mütter zusammenbrachte, die zur gleichen Zeit niedergekommen waren, selbst wenn sie verschiedener Religion waren oder aus verschiedenen sozialen Schichten stammten, damit sie ihre Kinder gemeinsam stillten. Dies sollte freundschaftliche Bande zwischen den Familien stiften. Wenn die Kinder größer wurden, betrachteten sie einander als Adoptivbrüder. Musa Alamis Adoptivbruder war der Sohn des jüdischen Lebensmittelhändlers in seiner Straße. Siehe Sir Geoffrey Furlonge, *Musa Alami: Palestine is my Country* (New York 1969), S. 6; über den Brauch, das Kind auch durch die anderen Frauen des Mannes stillen zu lassen, als Ausdruck der Gleichheit zwischen den Frauen, im Stamm der Tallensi in Nord-Ghana siehe J. Goody, *The Development of the Family and Marriage in Europe* (Cambridge 1983), S. 70.
73 Vincenz von Beauvais, a.a.O., Sp. 1091; L. B. Alberti, *Über das Hauswesen,* S. 46; D. Herlihy und Ch. Klapisch-Zuber, a.a.O., S. 559.
74 *Acta Sanctorum,* Mart. III, S. 330; J. Ross, a.a.O., S. 190.
75 D. Herlihy und Ch. Klapisch-Zuber, a.a.O., S. 561.
76 Interessanterweise macht Maimonides auf den Schaden aufmerksam, den ein Kind durch den Wechsel der Stillenden, die es bereits kennt, erleiden kann. »Eine geschiedene Frau sollte nicht zum Stillen gezwungen werden, außer wenn er (der geschiedene Mann) ihr Lohn zahlt und sie dafür das Kind stillt. Wenn sie nicht will, gibt sie ihm den Sohn, und er sorgt für ihn. Dies gilt nur für den Fall, daß sie das Kind nicht so lang gestillt hat, bis es sie erkennen kann. Aber wenn es sie erkennt, selbst wenn es blind ist, darf es seiner Mutter nicht weggenommen werden, weil das gefährlich ist. Dann muß sie gezwungen werden, das Kind gegen Bezahlung zu stillen, bis es vierundzwanzig Monate alt ist.« (*Mishneh Torah le-Rambam* [Buch der Frauen], Hilkhot Ishut [Ehegesetze], S. 127.)

78 *Acta Sanctorum,* Mart. III, S. 182.
79 J. B. Ross, a.a.O., S. 191.
80 J. Bowlby, *Attachment and Loss* (New York 1973), Bd. II, Kap. 2, 4.
81 B. Tizard und J. Rees, The Effects of Early Institutional Rearing on the Behaviour Problems and Affectional Relationship of Four-year-old Children, *Journal of Child Psychology and Psychiatry* 16 (1975), S. 61–73; L. J. Yarrow, Historical Perspectives and Future Directions in Infant Development, in: *Handbook of Infant Development,* hg. v. J. D. Osofsky (New York 1985), S. 900–905.
82 M. Garden, a.a.O., S. 134–140.
83 E. Badinter, a.a.O., S. 91–98, 108ff.; über die hohe Sterblichkeitsziffer bei von Ammen gestillten Säuglingen im 17. Jahrhundert in England siehe R. H. Houlbrooke, *The English Familiy, 1450–1700* (London 1984), S. 133 und Anm. 24.
84 In den Findelhäusern von Lyon war die Sterblichkeitsziffer gleichfalls sehr hoch. Manchmal starben bis zu 75% der zu Ammen in Pflege gegebenen Säuglinge (M. Garden, a.a.O., S. 134).
85 Über die Löhne von Ammen: J. B. Ross, a.a.O., S. 141; G. Brucker (Hg.), *The Society of Renaissance Florence: A Documentary Study* (New York 1971), S. 2; Ch. Klapisch-Zuber, a.a.O., S. 136f. Über die Beaufsichtigung: ebenda, S. 144f.
86 *Acta Sanctorum,* Mart. III, S. 207.
87 Ebenda, Apr. I, S. 513.
88 Ebenda, Mart. III, S. 199.
89 Konrad von Megenberg, a.a.O., Buch I/2, Kap. 9, S. 81f.
90 I. Origo, a.a.O., S. 200.
91 E. Badinter, a.a.O., S. 69f.
92 M. Bogin (Hg. u. Übers.), *The Women Troubadours* (London 1976), S. 144.
93 Bernhard von Gordon, a.a.O., S. 12; Vincenz von Beauvais, a.a.O., Sp. 1091; Thomas Chobham, a.a.O., S. 465.
94 *Acta Sanctorum,* Mart. II, S. 99; Jun. IV, S. 380; Jul. I, S. 507; *Le Livre de Saint Gilbert,* S. 55; *Medieval Woman's Guide to Health,* S. 160.
95 G. Brucker, *The Society of Renaissance Florence,* S. 19.
96 Siehe dazu J. Knodel, Breast Feeding and Population Growth, in: *Population Studies Center: University of Michigan* (Typoskript 1977); C. A. Corsini, Is the Fertility Effect of Lactation Really Substantial? *University of Florence* (Typoskript, 1977); D. McLaren, a.a.O.
97 Bekanntlich litten noch im Spätmittelalter – als die Ernährung schon mehr Eisen und Proteine enthielt, weil mehr Fleisch, Gemüse und Bohnen gegessen wurden – Frauen an Anämie wegen Protein- und Eisenmangels (V. Bullough und C. Campbell, Female Longevity and Diet in the Middle Ages, *Speculum* 55, 1980, S. 317–325).
98 Siehe M. Labarge, a.a.O., S. 45, 47.

99 »Narabat siquidem quod propter frequentes conceptiones nullum ex filiis potuerat proprio lacte nutrire; hanc autem ideo usque ad finem nutrivit quia quousque tempus nutrimenti ejus completum est, non est conceptio subsecuta« (*Acta Sanctorum,* Apr. III, S. 569, 868).

100 J. B. Ross, a.a.O., S. 187.

101 *Acta Sanctorum,* Mart. III, S. 522; siehe auch ebenda, Apr. III, S. 248.

102 D. Herlihy und Ch. Klapisch-Zuber, a.a.O., S. 556f.; G. Brucker, *The Society of Renaissance Florence,* S. 19.

103 Siehe S. Shahar, *Die Frau im Mittelalter,* a.a.O., S. 73–78.

104 Die Indianer von Nambikwara im Inneren Brasiliens, die Claude Lévi-Strauss erforscht hat, enthielten sich beispielsweise während der drei Jahre dauernden Stillzeit des Geschlechtsverkehrs. Das gleiche galt für die Sioux in Dakota in den Vereinigten Staaten (C. Lévi-Strauss, *Traurige Tropen,* übers. v. E. Moldenhauer, Frankfurt am Main 1978, S. 238–314).

105 J. Noonan, *Empfängnisverhütung. Geschichte ihrer Beurteilung in der katholischen Theologie und im kanonischen Recht* (Mainz 1969), Kap. 5.

106 Thomas Chobham, a.a.O., S. 465; über die ambivalente Haltung der Geistlichen in den folgenden Jahrhunderten und die letztendliche Entscheidung für die Erfüllung der ehelichen Pflichten siehe J.-L. Flandrin, *Familien. Soziologie, Ökonomie, Sexualität* (Frankfurt am Main 1978), Kap. 4; ders., L'attitude à l'égard de l'enfant et les conduites sexuelles dans la civilisation occidentale. Structures anciennes et évolution, *Annales de démographie historique* (1973), S. 143–205.

107 *Der Babylonische Talmud,* hg. u. übers. v. Lazarus Goldschmidt, Bd. 4, Leipzig 1916, Fol. 34b, S. 110; Bd. 9, Haag 1933, Fol. 45a, S. 857. Diese Erlaubnis wird weder in Maimonides' *Mishneh Torah* noch in Yaakov Ben Ashers in der ersten Hälfte des 14. Jahrhunderts geschriebener *Arba'ah Turin* erwähnt, obwohl Geschlechtsverkehr in der Stillzeit erlaubt war. Siehe *Arba'ah Turim: Even ha-Ezer* (Nachdruck Jerusalem 1963), Hilkhot Priah u-revia 47_1; Hilkhot seder ha-onah 25_2.

108 Die Äußerung Gregors des Großen ist eine Antwort auf die Frage des heiligen Augustinus von Canterbury. Die als *Libellus Responsionum* bekannten Fragen und Antworten finden sich in Bedas *Ecclesiastical History of the English People,* hg. v. R. Colgrave und R. Mynors (Oxford 1969), S. 92. Einige Experten bezweifeln, daß die Fragen wirklich von Augustinus gestellt und von Gregor beantwortet wurden. Die Gregor zugeschriebene Antwort lautet jedenfalls, ein Ehemann solle sich seiner Frau nicht nähern, bis das Kind entwöhnt sei. Der Verfasser prangert den Brauch an, Kinder Ammen anzuvertrauen, und führt ihn auf den Unwillen zurück, während der Stillzeit Enthaltsamkeit zu üben, bemerkt aber zugleich, daß Frauen, die ihre Kinder zu Ammen geben, sich bis zu ihrer Reinigung des Geschlechtsverkehrs enthalten sollen. Er anerkennt mit anderen Worten, daß man ein paar Wochen nach der Geburt wieder Geschlechtsverkehr haben kann, wenn man das Kind zu einer Amme gibt.

109 Ivo von Chartres, *Epistola* 155, *PL* 162, Sp. 158.
110 J.-L. Flandrin, *Familien* (Frankfurt am Main 1978).
111 Siehe Anm. 19. Francesco da Barberino schreibt, wenn die Amme »mit ihrem Mann zusammensein« möchte, soll sie die Mutter davon unterrichten und ihr helfen, eine andere Amme zu finden (a.a.O., Kap. 13, S. 182).
112 Die deutsche Übersetzung von Tacitus ist entnommen: K. Arnold, a.a.O., S. 89. Siehe hierzu J. Goody, a.a.O., S. 37, 68ff. Zu den Verfassern der medizinischen Werke der Antike, die nichts dagegen hatten, daß eine Freie ihr Kind nicht stillt, siehe R. Etienne, a.a.O.
113 Konrad von Megenberg, a.a.O., Buch I/2, Kap. 8, S. 78. Über die Beschäftigung von Ammen durch Juden im Mittelalter siehe Anm. 30 und *Arba'ah Turim: Even ha-Ezer,* Hilkhot Priah u-revia 2_1, *Mishneh Torah la-Rambam,* Sefer Nashim, Hilkhot Ishut, 821, S. 125ff.
114 Eine umfassende Erklärung für die oben erwähnten Veränderungen im Eherecht und in den Normen, die die Kirche nicht nur aus ethischen oder dogmatischen Gründen einführte, sondern auch zur Verbesserung ihrer Vermögenslage, denn dadurch stiegen die Aussichten, daß die Kirche erbte und ihren Besitz vermehrte, findet sich bei J. Goody, a.a.O.
115 Über den Kampf der Kirche mit dem Adel zur Durchsetzung des Verbots von Inzest, Bigamie und Scheidung siehe G. Duby, *Medieval Marriage* (Baltimore, London 1978); ders., *Le Chevalier, la femme et le prêtre* (Paris 1981); zwischen 1065 und 1215 war die Heirat zwischen Blutsverwandten bis hin zum siebten Grad verboten; es gab auch ein Verbot der Ehe mit Verwandten des Verstorbenen (im Unterschied zum biblischen Leviratseherecht durfte ein Mann also keinesfalls die Witwe seines Bruders heiraten). Auch Ehen mit Taufpaten und Patenkindern waren verboten. Auf dem 4. Lateran-Konzil im Jahre 1215 wurde das Inzest-Verbot gelockert und endgültig festgelegt, daß Ehen mit Blutsverwandten bis zum vierten Grad verboten sind.
116 Die Stimulation der Brustwarze durch das Saugen des Kindes führt zur Produktion des Hormons Prolaktin, welches den Eisprung verhindert. Im 18. und 19. Jahrhundert lagen in Friesland zwischen den Schwangerschaften durchschnittlich 30 Monate. In Bayern wurden die Kinder früh entwöhnt und mit in Milch oder Wasser verdünntem Brei gefüttert, hier betrug der Zeitraum zwischen den Schwangerschaften nur 21–22 Monate. Siehe R. A. Houlbrooke, a.a.O., S. 128; G. Sussmann, a.a.O., über Ammen in Frankreich im 19. Jahrhundert siehe F. Fay-Sallois, *Les Nourrices à Paris au XIXe siècle* (Paris 1980).
117 D. Herlihy und Ch. Klapisch-Zuber, a.a.O., S. 588.
118 Philipp von Novara, *Les Quatre ages de l'homme,* hg. v. M. de Fréville (Paris 1888), Abschnitt 2–3, S. 2f.; die deutsche Übersetzung befindet sich in: K. Arnold, a.a.O., S. 118f. Die gleiche Vorstellung, es sei unmöglich, die Kinder, die man aufziehe, nicht zu lieben, findet sich auch in einer Gesetzessammlung im Zusammenhang mit Waisenkindern und deren Erzie-

hern: »domini autem non possunt odio habere quos nutrierunt, immo eos diligent per sincere dilectionis nutrituram«, zit. in E. J. Tardif, *Coutumiers de Normandie* (Nachdruck Genf 1977), Bd. 1, S. 11.

DIE ERSTE PHASE DER KINDHEIT

1 L. Demaitre, The Idea of Childhood and Child Care in Medical Writings of the Middle Ages, *Journal of Psychohistory* 4 (1976), S. 463 ff.

2 Arnald von Villanova, *De regimine sanitatis,* in: *Opera omnia* (Basel 1585), Sp. 667; Francesco da Barberino, *Reggimento e costumi di donna,* hg. v. G. E. Sansone (Turin 1957), 13. Teil; *Le Régime du corps de Maître Aldebrandin de Sienne,* hg. v. L. Landouzy und R. Pépin (Paris 1911), S. 76.

2 Beispielsweise Hildegard von Bingen, *Causae et Curae,* S. 67.

4 Bartholomaeus Anglicus, *Liber de proprietatibus rerum* (Straßburg 1505), Buch 4, Kap. 4 (*John Trevisa's Translation,* Oxford 1975), S. 298 ff.); siehe auch L. Demaitre, a.a.O., S. 476 f.

5 »et quia parvulus erat, medici medicinam dare timebant«, *Acta Sanctorum,* ed. J. Bollandus et G. Henschenius (Paris, Rom 1863–1940), Apr. III, S. 248.

6 Arnald von Villanova, a.a.O., Sp. 667; Bartholomaeus Anglicus, a.a.O., Buch 5, Kap. 9; siehe auch L. Demaitre, a.a.O., S. 470 f.

7 Marie de France, *Lais,* hg. v. A. Ewert (Oxford 1965), S. 104.

8 *Acta Sanctorum,* Febr. III, S. 357.

9 Siehe R. Schaffer, *Mothering* (London 1977), Kap. 5; D. Stern, *The First Relationship* (Glasgow 1977), insbes. S. 130–142.

10 *Raoul de Cambrai,* hg. v. P. Meyer und A. Longnon (Paris 1882); siehe auch U. T. Holmes, Medieval Children, *Journal of Social History* 2 (1968/1969), S. 165 und Anm. 7.

11 Arnald von Villanova, a.a.O., Sp. 668; *Le Régime du corps de Maître Aldebrandin de Sienne,* S. 78; Vincenz von Beauvais, *Speculum Quadruplex: Speculum Doctrinale* (Douai 1624), Sp. 1091 f.

12 Konrad von Megenberg, *Ökonomik,* hg. v. S. Krüger (Stuttgart 1973, MGHSS III/5), Buch I/2, Kap. 10, S. 83.

13 J. B. Ross, The Middle Class Child in Urban Italiy: 14th to Early 16th Century, in: L. deMause (Hg.), *The History of Childhood* (New York 1974), S. 105.

14 L. L. Otis, Municipal Wetnurses in Medieval Montpellier, in: *Women and Work in Preindustrial Europe,* hg. v. B. A. Hanawalt (Bloomington/Ind. 1986), S. 88.

15 *The Miracles of Simon de Montfort,* hg. v. J. O. Halliwell (Camden Society, London 1849), S. 86; *Acta Sanctorum,* Mai. V, S. 93; *Analecta Bollandiana* 14 (1895), S. 175, 193.

16 *Le registre d'inquisition de Jacques Fournier, 1318–1325,* hg. v. J. Duvernoy

(Toulouse 1965), Bd. I, 105*a, b,* S. 499; *Acta Sanctorum,* Mart. III, S. 207; *Analecta Bollandiana* 14 (1895), S. 175; D. McLaren, Fertility, infant mortality and breast feeding in the 17th century, *Medical History* 22 (1978), S. 387.

17 Aegidius Romanus, *De regimine principum* (Venedig 1505), Buch 2, Teil 2, Kap. 15; Raymond Llull, *Doctrine d'enfant,* hg. v. A. Llinarès (Paris 1967), Kap. 91, S. 205.

18 *Acta Sanctorum,* Apr. I, S. 515; Apr. III, S. 248; *Analecta Bollandiana* 14 (1895), S. 193; Vincenz von Beauvais, a.a.O., Sp. 1092; Arnald von Villanova, a.a.O., Sp. 667; Bartholomaeus Anglicus, a.a.O., Buch 6, Kap. 9; Bernhard von Gordon, *De conservatione vitae humanae* (Leipzig 1570), S. 25f.

19 Raymond Llull, a.a.O., Kap. 91, S. 205.

20 Arnald von Villanova, a.a.O., Sp. 668; *Le Régime du corps de Maître Aldebrandin de Sienne,* S. 78; Francesco da Barberino, a.a.O., 13. Teil.

21 D. Alexandre-Bidon und M. Closson, *L'enfant à l'ombre des cathédrales* (Lyon 1985), S. 117.

22 G. R. Owst, *Preaching in Medieval England* (Cambridge 1926), S. 334; Berthold von Regensburg, *Vollständige Ausgabe seiner Predigten,* hg. v. F. Pfeiffer (Wien 1862), Bd. I, S. 433; Bd. II, S. 205.

23 *Robert Brunne's ›Handlyng Synne‹,* hg. v. F. J. Furnivall (EETS, London 1901), S. 231.

24 Raymond Llull, a.a.O., Kap. 91, S. 205.

25 Konrad von Megenberg, a.a.O., Buch I/2, Kap. 12, S. 86; siehe auch Bellino Bissolo, der in der Mitte des 13. Jahrhunderts das Werk *De regimine vite et sanitatis* schrieb, welches in K. Arnold, *Kind und Gesellschaft in Mittelalter und Renaissance* (München 1980), S. 122f. in Auszügen übersetzt vorliegt; Bartholomaeus Anglicus schreibt (ebenfalls ohne jede Kritik) von einer Amme, die ein Kind gegen seinen Willen mit dem Finger füttert (a.a.O., Buch 6, Kap. 9; = *John Trevisa's Translation,* S. 304).

26 Francesco Barbaro wird zitiert in D. Herlihy und Ch. Klapisch-Zuber, *Les Toscans et leurs familles. Une étude du Catasto florentin de 1427* (Paris 1978), S. 555f.

27 Das Leben des seligen Heinrich Seuse, in: Heinrich Seuse bzw. Suso, *Deutsche mystische Schriften.* Aus dem Mittelhochdeutschen übertragen und hg. v. Georg Hofmann (Düsseldorf 1966), S. 25f.

28 *Acta Sanctorum,* Febr. III, S. 152.

29 Arnald von Villanova, a.a.O., Sp. 663, 668: »supponamus... masculos calidiores et sicciores feminis in specie humana, et feminas frigidiores, humidiores et corpore minores masculis.« Siehe auch *The Prose Salernitan Questions,* hg. v. B. Lawn (Oxford 1979), q. 21, S. 12; Bartholomaeus Anglicus, a.a.O., Buch 6, Kap. 13 (= *John Trevisa's Translation,* S. 297).

30 Konrad von Megenberg, a.a.O., Buch I/2, Kap. 25, S. 110; über Paolo Certaldo siehe D. Herlihy und Ch. Klapisch-Zuber, a.a.O., S. 561.

31 Bernhard von Gordon, a.a.O., S. 16.

32 D. Herlihy und Ch. Klapisch-Zuber, a.a.O., S. 30; ein weiteres Beispiel für die weniger sorgsame Registrierung von Mädchen findet sich in M. Parisse, *La Noblesse lorraine, X^e–XIIIe siècles* (Lille, Paris 1976), Bd. I, S. 306.

33 J. B. Ross, a.a.O., S. 192; Ch. Klapisch-Zuber, Blood Parents and Milk Parents: Wet-Nursing in Florence, 1033–1530, in: *Women, Family and Ritual in Renaissance Florence* (Chicago 1985), S. 138f.

34 D. Herlihy und Ch. Klapisch-Zuber, a.a.O., S. 338ff.; R. Trexler, Infanticide in Florence: New Sources and First Results, *History of Childhood Quarterly* 1 (1973), S. 98–116; ders., The Foundling of Florence, 1395 bis 1455, *Journal of Psychohistory* 1 (1974), S. 284–295.

35 *Acta Sanctorum,* Mart. I, S. 659; Apr. I, S. 483; Jul. I, S. 455; Salimbene de Adama, *Chronica,* ed. G. Scalia (Bari 1966), S. 48.

36 *Le Régime du corps de maître Aldebrandin de Sienne,* S. 79; Bartholomaeus Anglicus, a.a.O., Buch 6, Kap. 9 (= *John Trevisa's Translation,* S. 304); Arnald von Villanova, a.a.O., Sp. 667; Hildegard von Bingen, *Liber Divinorum Simplicus Hominis, PL* 197, Sp. 837.

37 Bartholomaeus Anglicus, a.a.O., Buch 6, Kap. 4, 10 (= *John Trevisa's Translation,* S. 294, 305); Arnald von Villanova, a.a.O., Sp. 666; Francesco da Barberino, a.a.O., 13. Teil, S. 193f.; *Le Régime du corps de Maître Aldebrandin de Sienne,* S. 75.

38 Aegidius Romanus, a.a.O., Buch 2, Teil 2, Kap. 15; über Ärzte, die im 18. Jahrhundert empfahlen, Kinder in kaltem Wasser zu baden, siehe J. Gelis, M. Laget und M. F. Morel, *Entrer dans la vie. Naissance et enfance dans la France traditionnelle* (Paris 1978), S. 120f.

39 Marie de France, *Lais,* S. 104, 40.

40 *Acta Sanctorum,* Mart. I, S. 659f.; bei einem Unfall ertrank ein kleines Kind im Badehaus (ebenda, Apr. II, S. 803).

41 Bartholomaeus Anglicus, a.a.O., Buch 6, Kap. 9; Arnald von Villanova, a.a.O., Sp. 666; siehe auch J. B. Ross, a.a.O., S. 191.

42 I. H. Forsyth, Children in Early Medieval Art: Ninth through Twelfth Centuries, *Journal of Psychohistory* 4 (1976/1977), S. 39–44; die Beschreibung eines Säuglings in *fasciae* findet sich in den *Acta Sanctorum,* Febr. III, S. 357.

43 Arnald von Villanova, a.a.O., Sp. 665f.; Francesco da Barberino, a.a.O., 13. Teil, S. 183f.

44 Das Lied der Ammen: J. B. Ross, a.a.O., S. 194; D. Alexandre-Bidon und M. Closson, a.a.O., S. 92–102.

45 *Analecta Bollandiana* 9 (1890), S. 327.

46 *Acta Sanctorum,* Mart. VII, S. 463.

47 E. Lourie, A Plot which Failed? The Case of the Corpse Found in the Jewish *Call* in Barcelona in 1301, *Mediterranean Historical Review* 1/2 (1986), Anhang, S. 218.

48 Konrad von Megenberg, a.a.O., Buch I/2, Kap. 9, S. 82; Bernhard von Gordon, a.a.O., S. 12.

49 *Acta Sanctorum,* Mart. I, S. 513.

50 F. Loux, *Le jeune enfant et son corps dans la médecine traditionnelle* (Paris 1978), S. 201ff.; J. Gelis, M. Laget und M. F. Morel, a.a.O., S. 119ff., 201–205.

51 »ita fasciis involutum ut infantes recenter nati solent« (*Acta Sanctorum,* Mart. II, S. 57).

52 So im gereimten Text (aus dem 13. Jahrhundert) des Walter von Bibbesworth, *A Volume of Vocabularies,* hg. v. T. Wright (Privatdruck 1857), Bd. I, S. 143.

53 In der Biographie des Hugo von Lincoln wird ein sechs Monate alter Säugling erwähnt, bei dem zumindest Oberkörper und Arme frei waren (*Magna Vita Sancti Hugonis,* ed. et trans. D. L. Douie und Dom H. Farmer, Nelson Series, London 1961, Bd. I, S. 128ff.; L. Demaitre, a.a.O., S. 473).

54 *Acta Sanctorum,* Mart. III, S. 182.

55 R. H. Houlbrooke, *The English Family, 1450–1700* (London 1984), S. 132 und Anm. 21.

56 Siehe hierzu insbesondere L. deMause, The Evolution of Childhood, *History of Childhood Quarterly* 1 (1974), S. 539.

57 Bartholomaeus Anglicus, a.a.O., Buch 6, Kap. 4, 9; siehe auch L. Demaitre, a.a.O., S. 471f.; über die zarten Gliedmaßen des Säuglings siehe Hildegard von Bingen, *Causae et Curae,* S. 109f.

58 Roger von Pontigny, *Vita,* in: *Vita Sancti Thomae Cantuariensis Archiepiscopi et Martyris,* ed. I. A. Giles (Oxford 1845), S. 94. Zum Wärmebedürfnis des Säuglings siehe Aegidius Romanus, a.a.O., Buch 2, Teil 2, Kap. 15; Konrad von Megenberg, a.a.O., Buch I/2, Kap. 14, S. 90.

59 J. B. Ross, a.a.O., S. 194.

60 Lambert von Ardre, *Historia Comitum Ghisnensium* (MGHSS, Bd. 24), S. 624. Bei reichen Leuten hatten die Decken und Kleider der kleinen Kinder manchmal einen Pelzbesatz (Francesco da Barberino, a.a.O., 13. Teil, S. 183).

61 Über Unglücksfälle siehe Kap. 6.

62 *The Vulgate Version of the Arthurian Romance,* hg. v. H. O. Sommer (Washington D. C. 1910), Bd. III, *Le Livre de Lancelot del Lac,* S. 14f.

63 G. R. Owst, *Literature and Pulpit in Medieval England* (Oxford 1961), S. 35.

64 L. White, *Medieval Religion and Technology: Collected Essays* (Berkeley 1978), S. 273f.

65 Siehe R. Schaffer, a.a.O., S. 55.

66 Leon Battista Alberti, *Über das Hauswesen,* S. 40.

67 Arnald von Villanova, a.a.O., Sp. 666.

68 Bartholomaeus Anglicus, a.a.O., Buch 6, Kap. 9; Francesco da Barberino, a.a.O., 13. Teil, S. 185f.; *Le Régime du corps de Maître Aldebrandin de Sienne,* S. 75.

69 Siehe I. H. Forsyth, a.a.O., S. 46.

70 *Acta Sanctorum,* Apr. II, S. 142; Mai. III, S. 628; Jun. II, S. 371; *Le Livre de Lancelot del Lac,* S. 7; ein medizinisches Werk, dessen Autor unbekannt ist, ist unter dem Titel *Practica Puerorum in Cunabulis* (L. Demaitre, a.a.O., S. 465) bekannt.

71 J. B. Ross, a.a.O., S. 192, 196.

72 *Acta Sanctorum,* Mai. IV, S. 622.

73 R. Etienne, La conscience médicale antique et la vie des enfants, *Annales de démographie historique* (1973), S. 34f.; Raymund Llull war meines Wissens der einzige mittelalterliche Autor, der meinte, einige Kinder schrien auch, weil sie (falsch) gewiegt werden: »Wenn man die Kinder wiegt und sie weinen dabei, so ist diese Bewegung ihrer Natur zuwider und schadet dem Gehirn; denn wenn man sie zu heftig bewegt, widerspricht das der ursprünglichen Absicht. Folglich schadet Wiegen den Kindern mehr als Tränen; und viele weinen auch, weil man sie nicht so wiegt, wie sie es wollen, und weil sie nicht schlafen, wenn man sie nicht an das Wiegen gewöhnt hat...« (*Doctrine d'enfant,* Kap. 91, S. 206; die deutsche Übersetzung ist K. Arnold, *Kind und Gesellschaft in Mittelalter und Renaissance,* a.a.O., S. 125 entnommen).

74 *The Early English Version of the Gesta Romanorum,* hg. v. S. J. H. Herrtage (London 1879), S. 98; D. Alexandre-Bidon und M. Closson, a.a.O., S. 153f., 156ff.

75 P. Piponniers, Les objets de l'enfance, *Annales de démographie historique* (1973), S. 69f.

76 L. deMause, The Evolution of Childhood, *History of Childhood Quarterly* 1 (1973), S. 523.

77 *Peter Abelard's Ethics,* ed. et trans. D. E. Luscombe (Oxford 1971), S. 38f.

78 Bernhard von Gordon, a.a.O., S. 14f.

79 Über die Unfälle, die sich ereigneten, wenn die Kinder im Bett der Eltern schliefen, siehe das nächste Kapitel.

80 Bartholomaeus Anglicus, a.a.O., Kap. 4, 9; Aegidius Romanus, a.a.O., Buch 2, Teil 2, Kap. 15; siehe auch L. Demaitre, a.a.O., S. 470ff.

81 Arnald von Villanova, a.a.O., Sp. 666; siehe auch *Le Régime du corps de Maître Aldebrandin de Sienne,* S. 77.

82 Bernhard von Gordon, a.a.O., S. 15; *Acta Sanctorum,* Apr. I, S. 500.

83 Francesco da Barberino, a.a.O., 13 Teil.

84 J. B. Ross, a.a.O., S. 191.

85 *Acta Sanctorum,* Mart. I, S. 720.

86 J. Ulrich, La riote du monde, *Zeitschrift für Romanische Philologie* 7 (1884), S. 286; *Hali Meidenhad,* hg. v. F. J. Furnivall (EETS, London 1922), S. 51.

87 So beispielsweise in der Biographie des heiligen Vicent Ferrer (*Acta Sanctorum,* Apr. I, S. 483).

88 In den *Acta Sanctorum* werden alle Arten von Schlaftrunk als *medicinae* behandelt. Erst wenn sie sich als unwirksam erwiesen hatten, begab sich die

Mutter auf Pilgerfahrt (ebenda, Mart. I, S. 684). Zu Amuletten und Eiden siehe Alfonso X., *Lapidario,* hg. v. Sagrario Rodriguez M. Montalvo (Madrid 1981), S. 34; *Sefer Shimush Tehillim,* ein Manuskript antiken Ursprungs aus dem 16. Jahrhundert (Wellcome Institute, *Ms. Heb.* A. 34, Fol. 48; ein arabisches Manuskript (Biblioteca nacional, Madrid, Caja 18. 586–587, IV, Fol. 3r); in der Schweiz flößen noch heute Eltern Kleinkindern alkoholische Getränke ein, um sie zum Schlafen zu bringen (siehe A. Miller, *Am Anfang war Erziehung*, Frankfurt am Main 1980, S. 275).

89 *Acta Sanctorum,* Mart. I, S. 684.

90 Burchard von Worms, *Decretorum Libri Viginti, PL* 140, Sp. 974.

91 *Acta Sanctorum,* Jul. VI, S. 649; *Acta et Processus Canonizacionis Beate Brigitte,* ed. I. Collijn, Uppsala 1931), S. 176.

92 Guibert von Nogent, *Autobiographie,* hg. v. E. R. Labande (Paris 1981), Buch 1, Kap. 18, S. 156.

93 Siehe Kap. 3, Anm. 72.

94 *Acta Sanctorum,* Aug. I, S. 649.

95 Die Theologen vertraten die Auffassung, daß es keine Kinder gibt, die Dämonen zu Eltern haben; von Dämonen besessene Kinder seien aus menschlichem Samen gezeugt. Das gemeine Volk traf aber nicht so feinsinnige Unterscheidungen. Über Wechselbälger siehe Kap. 6, Anm. 56–58.

96 Hildegard von Bingen zufolge hing die Entwicklung von der Qualität des Blutes ab. Ein Kind mit dem richtigen Blut – es muß blutrot und dick sein – nimmt schnell zu, krabbelt, geht und steht früh, ermüdet nicht schnell, ist vorsichtig und intelligent. Die Kinder mit schlechtem Blut – es ist dünn und blaßrot – sind weniger intelligent, ermüden leicht und werden schnell zornig, haben Schwierigkeiten, sich anzustrengen, und gehen und sprechen spät (*Causae et Curae,* S. 242f.); daß Kinder erst dann sitzen und gehen lernen sollen, wenn sie es wollen, meint Arnald von Villanova, a.a.O., Sp. 667.

97 *The Fifty Earliest English Wills in the Court Probate, London,* hg. v. F. J. Furnivall (EETS, London 1882), S. 102.

98 *Über das Hauswesen,* S. 61.

99 Zitiert in L. Demaitre, a.a.O., S. 475; siehe auch *Le Régime du corps de Maître Aldebrandin de Sienne,* S. 78; Arnald von Villanova, a.a.O., Sp. 667; Bernhard von Gordon, a.a.O., S. 126.

100 D. Alexandre-Bidon und M. Closson, a.a.O., S. 110ff.

101 Konrad von Megenberg, a.a.O., Buch I/2, Kap. 12, S. 88.

102 Francesco da Barberino, a.a.O., 13. Teil, S. 194; *Le Régime du corps de Maître Aldebrandin de Sienne,* S. 78; siehe auch L. Demaitre, a.a.O., S. 466f.

103 Salimbene de Adam, a.a.O., S. 510; die deutsche Übersetzung ist der Textsammlung von K. Arnold, a.a.O., S. 126 entnommen. Eine andere Version dieser Geschichte findet sich bereits in Herodots Werken.

104 *Le registre d'inquisition de Jacques Fournier,* Bd. I, 38*a,* S. 221.

105 *De Eodum et Diverso,* ed. H. Willner, *Beiträge zur Geschichte des Mittelalters* 4 (1906), S. 25f.; über die Bedeutung von Wiegenliedern schreibt auch Bartholomaeus Anglicus, a.a.O., Buch 6, Kap. 4 (= *John Trevisa's Translation,* S. 299).

106 *Über das Hauswesen,* S. 57.

107 Ebenda, S. 40f.

108 »Ibi parvulum jam triennem saepius attentaverant erudire ad loquendum parentes, nec persuadere poterant ut responderet aliquando verbum unum« (*Acta Sanctorum,* Mai. II, S. 334).

109 Einige dieser Kinder waren zweifellos wegen körperlicher Gebrechen von Geburt an stumm oder taubstumm (ebenda, Mai. II, S. 329; Apr. II, S. 44; *The Vita Wulfstani of William of Malmesbury,* hg. v. R. R. Darlington, London 1928, S. 130); in anderen Fällen wird nur festgestellt, daß das Kind taub ist (*Analecta Bollandiana* 9, 1980, S. 187; *Acta Sanctorum,* Jul. I, S. 502f.; Juni. I., S. 150; *The Miracles of Simon de Monfort,* S. 71; *Acta et Processus Canonizacionis Beate Brigitte,* S. 131; manchmal heißt es auch, das Kind sei sprachlos geworden, weil es sich plötzlich erschreckt habe (*Acta Sanctorum,* Aug. I, S. 648; *The Vita Wulfstani,* S. 131, 146).

110 J. B. Ross, a.a.O., S. 202 und Anm. 125.

111 I. H. Forsyth, a.a.O., S. 60, Abb. 22; U. T. Holmes, a.a.O., S. 167 und Anm. 16, 17; D. Alexandre-Bidon und M. Closson, a.a.O., S. 83, 86, 90, 143, 153, 170, 178, 191, 198.

112 *Le Livre de Lancelot del Lac,* S. 18.

113 *Raoul de Cambrai,* S. 5.

114 Siehe M. Plouzeau, Vingt regards sur l'enfançonnet, ou fragments du corps puéril dans l'ancienne littérature française, in: *L'Enfant au Moyen Age. Littérature et Civilisation* (*Senefiance,* Aix-en-Provence 1980), S. 203–207.

115 *Acta Sanctorum,* Apr. II, S. 177.

116 *Magna Vita Sancti Hugonis,* Bd. I, S. 128ff.

117 Ph. Contamine, *La vie quotidienne pendant la Guerre de Cent Ans. France et Angleterre* (Paris 1967), S. 47.

118 E. Le Roy Ladurie, a.a.O., S. 235.

119 Ph. Cunnington und A. Buck, *Children's Costume in England from the 14th to the End of the 19th Century* (London 1965), S. 13; D. Alexandre-Bidon und M. Closson, a.a.O., S. 153, 155f., 188f.

120 *Sancti Bernardi Vita Prima, PL* 185, Sp. 257.

121 Arnald von Villanova, a.a.O., Sp. 668; Aegidius Romanus, a.a.O., Buch 2, Teil 2, Kap. 15; Francesco da Barberino, a.a.O., 13. Teil, S. 193f.

122 Arnald von Villanova, a.a.O., Sp. 668; Bernhard von Gordon, a.a.O., S. 27; Vincenz von Beauvais, a.a.O., Sp. 1092.

123 Francesco da Barberino, a.a.O., 13. Teil.

124 Konrad von Megenberg, a.a.O., Buch I/2, Kap. 10, S. 83.

125 *Blanquerna: A 13th Century Romance,* übers. v. E. Alison Peers (London 1925), Kap. 2, S. 38f.; siehe auch U. T. Holmes, a.a.O., S. 165–168.
126 Konrad von Megenberg, a.a.O., Buch I/2, Kap. 14, S. 89f.
127 Philipp von Novara, *Les quatre ages de l'homme,* hg. v. M. de Fréville (Paris 1888), S. 20, S. 13f.
128 Aegidius Romanus, a.a.O., Buch 2, Teil 2, Kap. 15; *Le Régime du corps de Maître Aldebrandin de Sienne,* S. 79f.
129 *Über das Hauswesen,* a.a.O., S. 46.
130 Philipp von Novara, a.a.O., § 12–13, S. 9.
131 Konrad von Megenberg, a.a.O., Buch I/2, Kap. 13, S. 88; »quasi omnino caret rationis usu« »Primo ergo septennio post receptionem baptismatis et sacramentorum ecclesiae intendendum est principaliter quasi circa unum; ut circa bonam dispositionem corporis« (Aegidius Romanus, a.a.O., Buch 2, Teil 2, Kap. 17); R. Levine, Child Rearing as a Cultural Adoption, in: P. H. Tulkin und S. R. Rosenfeld (Hg.), *Culture and Infancy Variations in the Human Experience* (London 1977), S. 15–27, 38f., 43, 51, 137, 219, 235.
132 *The Life of St. Anselm Archbishop of Canterbury by Eadmer,* hg. v. R. Southern (Nelson Series, London 1962), S. 20f. Die deutsche Übersetzung ist entnommen aus: K. Arnold, a.a.O., S. 102.
133 Myrc, *Instruction for Parish Priests,* hg. v. E. Peacock (EETS, London 1868), S. 5, 7.
134 *Kardinal Johannes Dominicis Erziehungslehre,* übers. v. A. Rösler (Freiburg 1894), S. 34f., 28.
135 *Six sermons inédits de Jean Gerson,* hg. v. L. Mourin (Paris 1964), S. 234.
136 Konrad von Megenberg, a.a.O., Buch I/2, Kap. 13, S. 89.
137 G. Duby, *Guillaume de Maréchal ou Le Meilleur Chevalier du monde* (Paris 1984), S. 49, 82.
138 Ph. Cunnington und A. Buck, a.a.O., Kap. 1.
139 *Analecta Bollandiana* 9 (1890), S. 344; über einen Onkel, der mit seinem drei Jahre alten Neffen in einem Bett schlief, siehe die *Acta Sanctorum,* Mart. III, S. 193.
140 *Anecdotes historiques. Légendes et apologues tirés du receuil inédit d'Etienne de Bourbon,* hg. v. A. Lecoy de la Marche (Paris 1877), S. 62; J.-L. Flandrin, *Familien,* a.a.O., S. 120.
141 Berthold von Regensburg, a.a.O., Bd. I, S. 33.
142 G. Ruggiero, *Violence in Early Renaissance Venice* (New Brunswick/ N.J. 1980), S. 158f., 165, 167, 170; Bartholomew of Exeter, *Bartholomew of Exeter: Bishop and Canonist, with Text of Bartholomews's Penitential,* hg. v. D. A. Morey (Cambridge 1937), LXIX, S. 236; Berthold von Regensburg, a.a.O., Bd. I, S. 189; siehe auch die Verhängung der vollen Strafe – Tod auf dem Scheiterhaufen – für die Entführung eines zehnjährigen Jungen (G. Brucker [Hg.], *The Society of Renaissance Florence: A Documentary Study*, New York 1971, S. 205f.).
143 *Acta Sanctorum,* Apr. I, S. 513f.

144 *Analecta Bollandiana* 56 (1938), S. 343; 64 (1946), S. 14; *Acta Sanctorum*, Mai. II, S. 322; Jun. V, S. 500; Mart. II, S. 94, und viele andere.

145 *Acta Sanctorum*, Mai. V, S. 103.

146 Jean Froissart, *L'Epinette amoureuse*, hg. v. J. Fourrier (Paris 1963), V. 148–286, S. 51–55; siehe auch A. Planche, Culture et contre-culture dans *L'Epinette amoureuse* de Jean Froissart, les écoles et le jeu, in: *L'Enfant au Moyen Age. Littérature et Civilisation* (*Senefiance* 9, Aix-en-Provence 1980), S. 391–403.

147 G. R. Owst, *Literature and Pulpit in Medieval England*, S. 34.

148 Über künftige Heilige, die im Sand spielen, siehe die *Acta Sanctorum*, Mart. I, S 289f.; Mart. III, S. 182; zuvor hatte Giraldus Cambrensis geschrieben, er habe sich in der Kindheit im Gegensatz zu seinen Brüdern so verhalten (*De rebus a se gestis*, ed. J. S. Brewer, Rolls Series, London 1861), Bd. 21/1, S. 21. Über ein Kind, das Messe spielte, siehe *Acta Sanctorum*, Mai. VII, S. 453.

149 *Kardinal Johannes Dominicis Erziehungslehre*, S. 37; R. Trexler, Ritual in Florence: Adolescence and Salvation in the Renaissance, in: *The Pursuit of Holiness in Late Medieval and Renaissance Religion*, hg. v. Ch. Trinkhaus und H. Oberman (Leiden 1974), S. 200–204; ders., *Public Life in Renaissance Florence* (New York 1980), S. 383ff.

150 *The Miracles of Simon de Montfort*, S. 74.

151 »omnia quae in ludibus infantilibus acquirebat et quae aliter habere poterat, Christi pauperibus erogabat«, *Acta Sanctorum*, Sept. VII, S. 540.

152 Wolfram von Eschenbach, *Parzival und Titurel*, hg. v. E. Martin (Halle 1900), Buch 4, 181, S. 61; über kleine Mädchen, die Reifen rollen, ebenda, Buch 7, 368, S. 129; über das Spiel mit Puppen ebenda, Buch 7, 372, S. 190; die betreffenden Stellen befinden sich in der neuhochdeutschen Übersetzung Wolfram von Eschenbach, *Parzival* (Stuttgart 1981) in Bd. 1: Buch 4, 181, S 309ff.; Buch 7, 368, S. 625; Buch 7, 372, S. 631; A. Planche, a.a.O., I. H. Forsyth, a.a.O., S. 50f.; K. Arnold, a.a.O., S. 204; D. Kraus, *The Hidden World of Misericords* (New York 1975), Tafel 161; D. Alexandre-Bidon und M. Closson, a.a.O., S 178, 182.

153 G. R. Owst, *Literature and Pulpit in Medieval England*, S. 27.

154 Zitiert in M. McLaughlin, Survivors and Surrogates: Children and Parents form the Ninth to the Thirteenth Century, in: *The History of Childhood*, hg. v. L. deMause (New York 1974), S. 118 und Anm. 84.

155 N. Elias, *Über den Prozeß der Zivilisation. Soziogenetische und psychogenetische Untersuchungen*, Frankfurt am Main 1976, Bd. I, insbes. S. 26–50.

156 Über ein Kind heißt es: »a patre imbuendus litteris traditus« (MGHSS, Bd. 30/2, Sp. 1323).

157 Arnald von Villanova, a.a.O., Sp. 668; Petrus Damiani, *Opusculum* XLV, *PL* 145, Sp. 698; J. B. Ross, a.a.O., S. 211.

158 Guibert von Nogent, a.a.O., Buch I, Kap. 5, S. 30–43; die deutsche Übersetzung ist K. Arnold, a.a.O., S. 105 entnommen.

159 *The Ecclesiastical History of Orderic Vitalis,* hg. u. übers. v. M. Chibnall (Oxford 1968), Bd. II, S. XIII; J. B. Ross, a.a.O., S. 212ff.; siehe auch J. H. Moran, *The Growth of English Schooling, 1340–1548* (Princeton 1985), S. 64.

160 *Acta Sanctorum,* Febr. III, S. 152.

161 Siehe J. P. Cuvillier, L'enfant dans la tradition féodale germanique, in: *L'Enfant au Moyen Age. Littérature et Civilisation* (*Senefiance* 9, Aix-en-Provence 1980), S. 53; U. T. Holmes, a.a.O., S. 165 und Anm. 6.

162 *Acta Sanctorum,* Apr. III, S. 869.

163 Thomas von Eccleston, *De Adventu Fratrum Minorum in Angliam,* in: *Monumenta Franciscana,* Bd. I., ed. J. S. Brewer (Rolls Series, London 1858), S. 67f.

164 *The Life of St. Anselm Archbishop of Canterbury by Eadmer,* S. 4f.

165 Wolfram von Eschenbach, *Parzival und Titurel,* Buch 3, 118, S. 42f.; in der neuhochdeutschen Übersetzung Bd. 1: Buch 3, 118, S. 203f.

166 C. Dyer, English Diet in the Later Middle Ages, in: *Social Relations and Ideas: Essays in Honour of R. Hilton,* hg. v. T. H. Aston, P. R. Cross, C. Dyer und J. Thirsk (Cambridge 1983), S. 197–214. In der zweiten Hälfte des 14. und im 15. Jahrhundert verbesserte sich die Ernährungslage der Bauern in England, Deutschland, Sizilien und dem Languedoc entscheidend.

167 Belege und Daten hierzu siehe Kap. 6, Anm. 1.

168 Aus einem von B. Hauréau publizierten lateinischen Manuskript, das in Ch. V. Langlois, *La Vie en France au moyen âge* (Paris [2]1926), Bd. II, S. 213, Anm. 2 zitiert wird.

169 H. Kraus, *The Living Theatre of Medieval Art* (Bloomington/Ind. 1967), S. 57, Tafel 34.

170 *Reliquiae Antiquae,* ed. T .Wright et J. O. Halliwell (London 1843), Bd. II, S. 196–199.

171 Siehe dazu K. Thomas, *Religion and the Decline of Magic* (Harmondsworth 1973), S. 42.

172 *The Life of St. Anselm Archbishop of Canterbury by Eadmer,* S. 102.

173 *Magna Vita Sancti Hugonis,* Bd. I, S. 127f.

174 *Select Cases from the Coroner Rolls, 1265–1413,* hg. v. Ch. Gross (Selden Society, London 1896), S. 82.

175 *Acta Sanctorum,* Febr. III, S. 356.

176 Psychologische Erklärungen des Mißbrauchs und Verprügelns von Kindern in der Neuzeit und Daten hierzu finden sich in B. F. Steele, Parental Abuse of Infants and Small Children, in: *Parenthood: Its Psychology and Psychopathology,* hg. v. E. J. Anthony und T. Benedek (Boston 1970), S. 447–477; S. Brody, A Mother is Being Beaten: An Institutional Derivative and Infant Care, ebenda, S. 427–447; die Zahl der 1981 registrierten Fälle stammt aus der *Time* vom Sept. 1983; zur Mißhandlung älterer Kinder in der Schweiz, die selbst in der Lage waren, als Zeugen aufzutreten, siehe A. Miller, a.a.O., S. 271–276.

177 J. B. Given, *Society and Homicide in 13th Century England* (Stanford 1977), S. 115.

178 Warnungen vor übermäßigem Alkoholgenuß – betrunkene Väter zündeten das Haus an oder taten ihren Kindern Gewalt an – finden sich in den *Councils and Synods with Other Documents relating to the English Church,* hg. v. F. M. Powicke und C. R. Cheney (Oxford 1964), Bd. II, Teil. 1, S. 214, 220; G. R. Owst, *Literature and Pulpit in Medieval England,* S. 464–468, 428f., 460.

179 A. E. Bernstein, Theology between Heresy and Folklore: William of Auvergne on Punishment after Death, *Studies in Medieval and Renaissance History* 5 (1982), S. 29 und Anm. 80.

180 Wolfram von Eschenbach, *Parzival und Titurel,* Buch 16, 805–806, S. 286; in der neuhochdeutschen Übersetzung Bd. 2: Buch 16, 805–806, S. 635ff.

181 *Über das Hauswesen,* S. 59.

182 Siehe die Worte des Gilles Li Muisis in Ch. V. Langlois, a.a.O., Bd. II, S. 355.

183 G. R. Owst. *Preaching in Medieval England,* S. 219; *Les Statuts synodaux français du XIIIe siècle,* hg. v. O. Pontal (Paris 1971), Bd. I, § 91, S. 86; § 15, S. 150.

184 Über Kinder bei Prozessionen in der bildenden Kunst siehe F. Bonney, Enfance divine et enfance humaine, in: *L'Enfant au Moyen Age. Littérature et Civilisation* (*Senefiance* 9, Aix-en-Provence 1980), S. 9.

185 Bartholomaeus Anglicus, a.a.O., Buch 6, Kap. 14 (*John Trevisa's Translation,* S. 310); nähere Ausführungen über den Vater als Brotverdiener siehe Aegidius Romanus, a.a.O., Buch 2, Teil 2, Kap. 1.

186 *The Early English Version of the Gesta Romanorum,* S. 435f.

187 Thomas von Aquin, *Super Epistolas Pauli Lecura,* ed. R. Raphaelis (Rom 1953), Bd. I, Super primam epistolam ad Corinthios lectura 37, S. 296; ders., *Summa Theologiae* (London 1966–1974), Secunda Secundae, q. 154, art. 2 (Bd. 43, S. 212).

188 Beispielsweise *Registrum Hamonis Hethe: Diocese of Rochester,* hg. v. C. Johnson (Oxford 1948), S. 455; siehe auch R. H. Helmholz, *Marriage Litigations in Medieval England* (Cambridge 1974), S. 108f. und Anm. 124; A. Lefebvre-Teillard, L'Enfant naturel dans l'ancien droit français, in *Receuils de la Sociéte Jean Bodin,* Bd. 36/2 (Brüssel 1976), S. 251–269; H. Fehr, *Die Rechtsstellung der Frau und der Kinder in den Weistümern* (Jena 1912), S. 50, 271; die uneheliche Geburt war fast ausnahmslos nur dann ein Problem, wenn die Mutter nicht verheiratet war. Das uneheliche Kind einer verheirateten Frau wurde gewöhnlich von der Familie angenommen und als legitim betrachtet. In solchen Fällen wollten weder der Ehemann noch der Richter der Sache auf den Grund gehen, ersterer aus Scham und letzterer, weil die uneheliche Geburt sehr schwer zu beweisen war. Die Kirche unterschied zwischen dem unehelichen Kind eines unverheirateten Paares *(ex soluto et soluta),* dem Sproß eines Ehebruchs

oder inzestuösen Verhältnisses und Fällen, in denen der Vater unbekannt war (*Fleta,* ed. H. G. Richardson et G. O. Sayers) (Selden Society, London 1955), Bd. II, Kap. 5, S. 14; *Bracton on the Laws and Customs of England,* hg. u. übers. v. S. Thorne (Cambridge/Mass. 1968), Bd. II, S. 31; *St. Raymundi de Peniafort Summa de Poenitentia et Matrimonio* (Farnborough 1967), S. 579ff.

189 Raymond Llull, *Doctrine d'enfant,* Kap. 91, S. 207; Vincenz von Beauvais, *De Eruditione Filiorum Nobiliorum,* ed. A. Steiner (Cambridge/Mass. 1938), S. 200f.; siehe auch *Acta Sanctorum,* Jun. IV, S. 525.

190 *Über das Hauswesen,* S. 40f.

191 A. Lefebvre-Teillard, a.a.O., S. 264f.

192 In der Literatur siehe beispielsweise Arnault Vidal de Castelnaudary: *Guillaume de la Barre,* hg. v. P. Meyer (Paris 1895), S. 81, 87, 90–97, 100–104.

193 *Acta Sanctorum,* Apr. I, S. 671.

194 Ebenda, Mart. III, S. 182.

195 D. Alexandre-Bidon und M. Closson, a.a.O., S. 210; *A Catalogue of Misericords in Great Britain,* hg. v. G. L. Remnant (Oxford 1969), S. 7.

196 Siehe Kap. 5, Anm. 169; Kap. 7, Anm. 98, 99; Kap. 8, Anm. 66.

197 Bartholomaeus Anglicus, a.a.O., Buch 6, Kap. 7, 14.

198 Thomas von Aquin, *Summa Theologiae,* Prima Pars, q. 92, art. 1 (Bd. 13, S. 34ff.); *Summa Contra Gentiles,* in: *Opera omnia* (Mailand 1980), Buch 3, Kap. 122, Anm. 6–8 (S. 100f.).

199 Burchard von Worms, *Decretorum Libri Viginti, PL* 140, Sp. 974; Bartholomew of Exeter, a.a.O., LIX, S. 224; Ivo von Chartres, *Decretum, PL* 161, Sp. 893.

200 *Diplomatarium Danicum,* ed. N. Skyum-Nielsen (Kopenhagen 1958), Bd. 1, S. 144.

201 Burchard von Worms, a.a.O., Sp. 835, 974.

202 *Acta Sanctorum,* Mai. V, S. 214; Febr. I, S. 261; Apr. II, S. 460.

203 R. C. Finucane, *Miracles and Pilgrims: Popular Beliefs in Medieval England* (London 1977), S. 148; A. Sen, *Poverty and Famines. An Essay on Entitlement and Deprivation* (Oxford 1981), S. 98–110.

204 Siehe hierzu B. H. E. Niestroj, Modern Individuality and the Social Isolation of Mother and Child, *Comparative Civilizations Review* 15/1 (1987), S. 23–40 (das Erasmus-Zitat findet sich ebenda, S. 36, Anm. 51); *Kardinal Johannes Dominicis Erziehungslehre,* S. 26.

205 Marie de France, *Lais,* Le Fresne, S. 35.

206 J. B. Ross, a.a.O., S. 190.

207 Myrc, a.a.O., S. 5, 36.

208 Giraldus Cambrensis, *Gemma Ecclesiastica,* ed. J. Brewer (Rolls Series, London 1862), Bd. 21/2, S. 45; *Old English Homilies of the Twelfth Century,* hg. v. R. Morris (EETS, London 1973), S. 17; siehe auch R. Fluck, Guillaume de Tournai et son traité *De modo docendi pueros, Revue des sciences religieuses* 27 (1953), S. 342f.

209 *Select English Works of John Wycliffe,* hg. v. T. Arnold (Oxford 1871), Bd. III, S. 196.

210 Siehe hierzu J. Goody, *The Development of the Family and Marriage in Europe* (Cambridge 1983), Kap. 9.

211 Ch. Klapisch-Zuber, L'attribution d'un prénom à l'enfant en Toscane à la fin du Moyen-Age, in: *L'Enfant au Moyen Age. Littérature et Civilisation* (*Senefiance* 9, Aix-en-Provence 1980), S. 75–78.

212 Myrc, a.a.O., S. 5; in einem englischen Text aus dem 14. Jahrhundert werden die Taufpaten vor dem sexuellen Mißbrauch ihrer Patenkinder gewarnt. Dies deutet darauf hin, daß der Autor glaubte, Paten und Patenkinder blieben in Kontakt miteinander, sonst hätte er es nicht für passend befunden, eine Warnung auszusprechen (*Robert of Brunnes' ›Handling Synne‹*, S. 303).

213 *Acta Sanctorum,* Aug. I, S. 645; ein kleines Mädchen hatte das Glück, eine künftige Heilige zur Taufpatin zu haben, deren Gebete ihr zur Heilung verhalfen (ebenda, Apr. II, S. 191).

214 J. P. Cuvillier, a.a.O., S. 51f.

215 Das *exemplum* wird zitiert in G. Duby, *Le Chevalier, la femme et le prêtre* (Paris 1981), S. 254–257.

216 *The Fifty Earliest English Wills in the Court Probate, London,* S. 39, 80.

217 Ebenda, S. 50.

218 Ebenda, S. 95.

219 Ebenda, S. 101f.

220 B. A. Hanawalt, *The Ties that Bound: Peasant Families in Medieval England* (Oxford 1986), S. 246f.

221 Thomas Chobham, *Summa Confessorum,* ed. F. Broomfield (Louvain, Paris 1963), S. 96.

222 Beispielsweise *Councils and Synods,* Bd. II, Teil 1, S. 183. Schließlich kam es zu der Entscheidung, daß ein Junge nicht mehr als zwei Paten und eine Patin haben soll und ein Mädchen nicht mehr als zwei Patinnen und einen Paten; siehe auch Giraldus Cambrensis, *Gemma Ecclesiastica,* S. 46.

223 *The Fifty Earliest English Wills in the Court Probate, London,* S. 27.

224 Siehe *Raoul de Cambrai,* S. 10.

225 *The Latin Text of the Ancrene Riwle,* ed. Ch. D'Evelyn (EETS, London 1944), S. 84.

226 M. Bloch glaubte, daß der Vater bereit war, seinen Sohn hinrichten zu lassen (*La Société féodale*, Paris 1939, Bd. I, S. 210); *L'Histoire de Guillaume le Maréchal,* hg. v. P. Meyer (Paris 1891), V. 513–634, S. 19–24; G. Duby, *Guillaume le Maréchal ou Le Meilleur Chevalier du monde,* S. 79–81).

227 Über die Hinrichtung von Kindergeiseln in der Literatur siehe Anm. 69 zu Kap. 6. Es gibt noch andere Beispiele für Kinder, die als Geiseln übergeben wurden: Louis von Toulouse als Vierzehnjähriger, gemeinsam mit seinen beiden jüngeren Brüdern (*Analecta Bollandiana* 9, 1830, S. 284); der

Ire Laurence O'Toole als Zehnjähriger (*Analecta Bollandiana* 33, 1914, S. 129f.); etwa im gleichen Alter Peter von Luxemburg (R. Kieckhefer, *Unquiet Souls: Fourteenth Century Saints and their Religious Milieu*, Chicago 1984, S. 33f.).

228 *Sancti Bernardi Vita Prima, PL* 185, Sp. 253.

KINDSAUSSETZUNG, KINDSMORD UND UNFÄLLE

1 Y. Razi, *Life, Marriage and Death in a Medieval Parish* (Cambridge 1980), S. 83ff.; in den Herrenhäusern von Rickinghall, Redgrave, ebenda, S. 86 und Anm. 178 bis S. 164; in vergleichbaren sozialen Schichten war die Kinderzahl auf dem Land größer als in der Stadt. Aufzeichnungen aus dem Jahre 1427 zufolge betrug die durchschnittliche Kinderzahl in wohlhabenden städtischen Familien 2,26; in wohlhabenden Familien auf dem Lande 3,21; in armen Familien in der Stadt 0,86; in armen Familien auf dem Land 1,47; siehe D. Herlihy, *Medieval and Renaissance Pistoia* (New Haven 1967), S. 117f.

2 Über die Verwendung von Verhütungsmitteln im Mittelalter siehe J. Noonan, *Empfängnisverhütung. Geschichte ihrer Beurteilung in der katholischen Theologie und im kanonischen Recht* (Mainz 1969), Kap. 6; P. Biller, Birth Control in the West in the 13th and 14th Centuries, *Past and Present* 94 (1982), S. 5–26.

3 J. M. Bienvenu, Pauvreté, misère et charité en Anjou aux XIe et XIIe siècles, *Moyen Age* 72 (1966), S. 399, 408f.; *Magna Vita Sancti Hugonis*, ed. D. L. Douie und Dom H. Farmer (Nelson Series, London 1961), Bd. I, S. 132; *Corpus Iuris Canonici*, ed. A. Friedberg (Leipzig 1879), Bd. II, Decretal. Gregor. IX., Buch 5, tit. 11, Kap. 1, Sp. 793; siehe auch J. Boswell, *Expositio* and *Oblatio:* The Abandonment of Children and the Ancient and Medieval Family, *American Historical Review* 89 (1984), S. 17 und Anm. 14; *Die Konstitutionen Friedrichs II. von Hohenstaufen für sein Königreich Sizilien*, hg. v. H. Conrad, T. von Lieck-Buyken und W. Wagner (Wien 1973), Bd. II, 80, S. 338; über eine Anklage wegen Nötigung eines Kindes zur Prostitution siehe G. Ruggiero, *Violence in Early Renaissance Florence* (New Brunswick/N. J. 1980), S. 70.

4 Siehe Kap. 3, Anm. 85–87 sowie *Corpus Iuris Canonici,* Bd. II, Buch 3, tit. 42, Kap. 11, Sp. 644; Myrc, *Instructions for Parish Priests,* hg. v. E. Peacock (EETS, London 1868), S. 19, 23.

5 *Councils and Synods with Other Documents relating to the English Church*, hg. v. F. M. Powicke und C. R. Cheney (Oxford 1964), Bd. II, Teil I, S. 357, 455, 632; Bd. II, Teil II, S. 1073; *Fleta*, ed. H. G. Richardson und G. O. Sayles (Selden Society, London 1955), Bd. II, Kap. 15, S. 31–34; *Bracton on the Laws and Customs of England*, hg. v. S. Thorne (Cambridge/Mass. 1968), Bd. II, S. 201–204; *Magna Vita Sancti Hugonis*, Bd. II, S. 20–27;

siehe auch M. McLaughlin, Survivors and Surrogates: Children and Parents from the Ninth to the Thirteenth Century, in *The History of Childhood,* hg. v. L. deMause (New York 1974), Anm. 126.

6 *Galeran*, in: Ch. V. Langlois, *La Vie en France au moyen âge* (Paris [2]1926), Bd. 1, S. 75; Marie de France, *Lais,* hg. v. A. Ewert (Oxford 1965), S. 35–48; der Glaube, Zwillinge hätten verschiedene Väter, war vor Christi Geburt auch in Afrika, Südamerika und Skandinavien weit verbreitet, siehe J. Pentikäinen, *The Nordic Dead Child Tradition* (FF Communications 202, Helsinki 1968), S. 60, 68.

7 Hartmann von Aue, *Gregorius*, hg. v. F. Maurer (Berlin 1968); siehe auch P. F. Baum, The Medieval Legend of Judas Iscariot, *Publications of the Modern Language Association of America* 31 (1916), S. 481–632.

8 Marie de France, *Lais*, S. 107–115.

9 D. Herlihy und Ch. Klapisch-Zuber, *Les Toscans et leurs familles. Une étude du Cataste florentin de 1427* (Paris 1978), S. 339; Ch. Klapisch-Zuber, Women Servants in Florence during the 14th and 15th Centuries, in: *Women and Work in Preindustrial Europe*, hg. v. B. A. Hanawalt (Bloomington/ Ind. 1986), S. 70.

10 Siehe *Vita Beati Bernardi Auctore Gaufrido Grosso, PL* 172, Sp. 1441.

11 L. Le Grand (Hg.), *Statuts d'hôtels dieu et de léproseries* (Paris 1901), S. 124, 139, 162; siehe auch J. Imbert, *Les hôpitaux en droit canonique* (Paris 1947), S. 125 und Anm. 6; *Medieval Woman's Guide to Health*, hg. v. B. Rowland (London 1981), S. 7.

12 L. Le Grand, a. a. O., § 99, S. 115.

13 Im Auffredi-Hospital in La Rochelle gab es in den Jahren 1471/72 33 ausgesetzte bzw. Waisenkinder (14 Jungen und 19 Mädchen), die zu Ammen in Pflege gegeben wurden, siehe B. Loriaud, Les pauvres malades et le personnel de l'aumônerie Auffredi à La Rochelle vers 1470, *Revue de la Société d'archéologie et d'histoire de la Charente maritime* 25 (1973–1974), S. 141; über die Kinder aus dem Findelhaus von Florenz, die zu Ammen in Pflege gegeben wurden, siehe R. Trexler, Infanticide in Florence: New Sources and First Results, *History of Childhood Quarterly* 1/1 (1973), S. 98–116; über die Kinder aus Saint Cyprien, die von den städtischen Behörden zu Ammen in Pflege gegeben wurden, siehe R. Favreau, Pauvreté en Poitou et en Anjou à la fin du Moyen Age, in: *Etudes sur l'histoire de la pauvreté (Moyen Age – XVIe siecle)*, hg. v. M. Mollat (Paris 1974), S. 597, 602; über Montpellier siehe L. L. Otis, Municipal Wetnurses in Medieval Montpellier, in: B. A. Hanawalt (Hg.), *Women at Work in Preindustrial Europe* (Bloomingdale/Ind. 1986), S. 83–93.

14 In der Lebensbeschreibung einer blinden Heiligen wird berichtet, daß ihre Eltern sie im Alter von sechs Jahren in einer Klosterkirche aussetzten, nachdem sie dorthin eine Pilgerfahrt unternommen hatten und kein Wunder geschehen war. Die Nonnen fanden eine Pflegefamilie für sie. Bei der Heiligen handelt es sich um die heilige Margarita von Città di Castello,

Acta Sanctorum, ed. J. Bollandus et G. Henschenius (Paris, Rom 1863–1940), Apr. II, S. 190; weitere Beispiele finden sich in den *Analecta Bollandiana 19* (1990), S. 24; der *Magna Vita Sancti Hugonis*, Bd. I, S. 131 ff.; siehe auch C. Billot, Les enfants abandonnés à Chartres à la fin du Moyen Age, *Annales de démographie historique* (1973), S. 167–186.

15 In dem Abenteuerroman *Guillaume de la Barre* wird der kleine Junge vom König von Armenien adoptiert (Arnault Vidal de Castelnaudari, *Guillaume de la Barre*, hg. v. P. Meyer, Paris 1895, S. 97f.) Den Säugling Julien, dessen Vater gefangengenommen wurde, adoptierte hingegen ein einfacher Krieger der Sarazenen (*Raoul de Cambrai*, hg. v. P. Meyer und A. Longnon, Paris 1882, S. 272).

16 Siehe Guibert von Nogent, *Autobiographie*, hg. v. E. R. Labande (Paris 1981), Buch I, Kap. 18, S. 156; über die Kinder von Sklavinnen, die von ihren Vätern anerkannt wurden, siehe J. Heers, *Esclaves et domestiques au Moyen Age dans le monde méditerranéen* (Paris 1981), S. 230ff.

17 J. Goody, *The Development of the Family and Marriage in Europe* (Cambridge 1983), S. 39–45, 71–75.

18 »Polfinus a wise Emperoure«, in: *The English Version of the Gesta Romanorum*, hg. v. S. J. H. Herrtage (London 1879), S. 206–219.

19 *Year Books of Edward II*, Bd. I, hg. v. F. W. Maitland (Selden Society, London 1904), S. 186f.

20 A. Lefebvre-Teillard, L'enfant naturel dans l'ancien droit français, in: *Receuils de la Société Jean Bodin*, Bd. 36/2 (Brüssel 1976), S. 265, Anm. 25.

21 Siehe hierzu W. Denis, *Children of the Creche* (New York 1973).

22 Siehe R. Trexler, a. a. O.

23 Herlihy und Klapisch-Zuber zufolge (a. a. O., S. 338ff.) wurden bereits im frühen 15. Jahrhundert vor allem in Zeiten von Hungersnot, Pest und Krieg viele Kinder ausgesetzt. Mit der Einrichtung der Innocenti-Findelhäuser wurden noch mehr Kinder ausgesetzt.

24 *Corpus Iuris Canonici*, Bd. II, Buch 5, tit. 11, Kap. 1, Sp. 793; Thomas Chobham, *Summa Confessorum*, ed. F. Broomfield (Louvain, Paris 1963), S. 218.

25 In den gerichtlichen Entscheidungen der *échevins* (Schöffen) von Ypres in Flandern vom Beginn des 14. Jahrhunderts wird von einem Mann und einer Frau berichtet, die ein Kind im Stich ließen, das noch keine sieben Jahre alt war. Sie wurden zu fünf Jahren Verbannung verurteilt, wobei der Mann auf Lebenszeit in die Verbannung mußte und die Frau dazu verurteilt wurde, lebendig begraben zu werden. Es wird nicht angegeben, ob es sich um ihre eigenen Kinder handelte, was jedoch mit großer Wahrscheinlichkeit anzunehmen ist, da in anderen Fällen des Kindsraubs erwähnt wird, daß es sich um fremde Kinder handelt. (Vgl. *Registres sur sentences des échevins d'Ypres* in: *Coutumes de Pays et Comté de Flandre: Quartier d'Ypres*, hg. v. Prosper de Pelsmaeker (Brüssel 1914), 751, S. 297).
Über Urteile wegen Weglockens und Diebstahls von Kindern, um sie zur

Prostitution oder zum Betteln zu nötigen, siehe ebenda, S. 258, 263, 316, 455, 460, 855.

26 *Councils and Synods*, Bd. II, Teil 1, S. 137; Myrc, a. a. O., S. 23.

27 B. A. Hanawalt, The Female Felon in 14th Century England, in: *Women in Medieval Society*, hg. v. S. Mosher-Stuard (University Park/Penn. 1976), S. 130f.; N. Hurnard, *The King's Pardon for Homicide before 1307 A. D.* (Oxford 1969), S. 161ff.; B. A. Kellum, Infanticide in England in the Later Middle Ages, *History of Childhood Quarterly* 1 (1974), S. 373 und Anm. 42.

28 Die Geschworenen wurden gebeten, Beweise für die Unzurechnungsfähigkeit einer Angeklagten beizubringen, siehe hierzu B. A. Hanawalt, *The Ties that Bound: Peasant Families in Medieval England* (Oxford 1986), S. 183 und Anm. 42, S. 184 und Anm. 46.

29 Siehe B. A. Kellum, a.a.O., S. 382.

30 C. Damme, Infanticide: The Worth of an Infant under Law, *Medical History* 22 (1978), S. 1–24.

31 J. Pentikäinen, a.a.O., S. 63–68.

32 Jean Gerson, *Traîté des diverses tentations de l'ennemi,* in: *Œuvres complètes,* hg. v. P. Glorieux, Bd. II (Tournai 1960), S. 355f.

33 In der weltlichen Gesetzgebung des Hochmittelalters fiel die Ermordung Neugeborener unter den Straftatbestand *homicidium*; getrennt behandelt wird nur die Abtreibung und die Körperverletzung einer Schwangeren (sofern sie zu einer Fehlgeburt führte); *Fleta*, Kap. 23, S. 60f.; *Bracton*, Bd. II, S.341f.; im normannischen Gewohnheitsrecht fiel die unabsichtliche, versehentliche Tötung eines Sohnes durch den Vater in den Bereich des kanonischen Rechts; Totschlag wurde vom Fürsten mit Verbannung, Mord mit dem Tod auf dem Scheiterhaufen geahndet, siehe E. J. Tardif (Hg.), *Coutumiers de Normandie* (Slatkine Reprint, Genf 1977), Bd. I, § 35, S. 29; *Corpus Iuris Canonici*, Bd. II, Buch 5, tit. 10, Kap. 1–2, Sp. 792.

34 Die meisten Kindsmorde werden heute von psychopathischen Müttern begangen, siehe E. J. Anthony und N. Kreitman, Murderous Obsessions in Mothers towards Their Children, in *Parenthood: Its Psychology and Psychopathology*, hg. v. E. J. Anthony und T. Benedek (Boston 1970), S. 479–498.

35 Burchard von Worms, *Decretorum Libri Viginti, PL 140,* Sp. 972f.; Myrc, a.a.O., S. 23; Thomas Chobham, a.a.O., S. 463ff. John Wyclif schreibt über die Tötung Neugeborener anläßlich der Sünden des Klerus. Manchmal wurden auch die Kinder von Priestern umgebracht (*The English Works of Wyclif Hitherto Unpublished*, hg. v. F. D. Matthew (EETS, London 1880), S. 100).

36 R. Trexler, a.a.O., S. 99f. und Anm. 14.

37 Herrad von Lansberg, *Hortus Deliciarum*, ed. J. Walter (Straßburg 1952), Tafel 44 und Anm. 101. Zur Strafe muß die Mörderin auf ewig am Leichnam ihres Säuglings nagen.

38 Y. Brissaud, L'infanticide à la fin du Moyen Age. Ses motivations psychologiques et sa répression, *Revue historique de droit français et étranger* 50 (1972), S. 229–256.

39 Über Anklagen wegen Ermordung Neugeborener in Italien und England siehe R. Trexler, a.a.O., Anm. 49; G. Brucker (Hg.), *The Society of Renaissance Florence: A Documentary Study* (New York 1971), S. 146f.; N. D. Hurnard, a.a.O., S. 169; B. A. Hanawalt, The Female Felon in 14th Century England, S. 130; G. Ruggiero, *Violence in Early Renaissance Florence*, S. 178; Dr. Herliny und Ch. Klapisch-Zuber, a.a.O., S. 339.

40 Burchard von Worms, a.a.O., Sp. 972f.; *Un manuel de confession archaïque dans le manuscrit Avranche 136*, hg. v. P. Michaud-Quantin (Paris 1962), S. 38.

41 Siehe Philippe de Beaumanoir, *Coutumes de Beauvaisis*, hg. v. A. Salmon (Paris 1899–1900), Bd. II, § 1813, S. 417f.; Burchard von Worms, a.a.O., Sp. 972; *Corpus Iuris Canonici*, Bd. II, Decretal. Gregor. IX. Buch 5, tit. 10, Kap. 1–2, Sp. 792.

42 Siehe R. M. Wunderli, *London Church Courts and Society on the Eve of Reformation* (Cambridge/Mass. 1981), S. 128.

43 Warnungen an die Adresse der Eltern finden sich bei Thomas Chobham, a.a.O., S. 215; *Councils and Synods*, Bd. II, Teil 1, S. 32, 70, 183, 214, 235, 590; Warnungen der Ammen ebenda, S. 204, 274, 351, 410, 432, 457, 520, 648; Francesco da Barberino, *Reggimento e costumi di donna*, hg. v. G. E. Sansone (Turin 1957), S. 195; siehe auch L. E. Boyle, The ›Oculus Sacerdotis‹ and some other works of William of Pagula, *Transactions of the Royal Historical Society* 5 (1955), S. 89; Warnungen der Paten bei Myrc, a.a.O., S. 5.

44 Siehe R. Trexler, a.a.O., S. 108; B. A. Hanawalt, Child Rearing among the Lower Classes of Late Medieval England, *Journal of Interdisciplinary History* 8 (1977), S. 20ff.

45 *Peter Abelard's Ethics*, ed. D. Luscombe (Oxford 1971), S. 38f.

46 *Corpus Iuris Canonici*, Bd. II, Decretal. Gregor IX., Buch 5, tit. 10, Kap. 2, Sp. 793.

47 *Councils and Synods*, Bd. II, Teil 1, S. 441; Teil 2, S. 1073; Thomas Chobham, a.a.O., S. 215, 466; Myrc, a.a.O., S. 45.

48 *A Series of Precedents and Proceedings*, hg. v. W. H. Hale (London 1847), 89, S. 21; 150, S. 41; 185, S. 52; R. M. Wunderli, a.a.O., S. 128ff.; R. Trexler, a.a.O., S. 103–109; ders., *Synodal Law in Florence and Fiesole*, 1306–1518, (Vatikanstadt 1971), S. 64, 126.; R. H. Helmholz, Infanticide in the Province of Canterbury during the 15th Century, *Journal of Psychohistory* 2 (1975), S. 379–390; den Vorschriften der dänischen Synode zufolge bekam die Mutter drei Jahre Buße auferlegt (*Diplomatarium Danicum*, hg. v. N. Skyum-Nielsen [Kopenhagen 1958], Bd. I, S. 143.); Bartholomeaus von Exeter spricht sich in seinem Bußbuch für die gleiche Strafe aus (*Bartholomew of Exeter: Bishop and Canonist, with Text of Bartholomew's Penitential*, hg. v. D. A. Morey [Cambridge 1937], 9, S. 224).

49 *Le registre d'inquisition de Jacques Fournier, 1318–1325* (hg. v. J. Duvernoy [Toulouse 1965], Bd. I, 33 *c, d,* S. 202.

50 *Scriptores Minores Historiae Danicae Medii Aevi*, ed. M. G. L. Gertz (Kopenhagen 1970), S. 275.

51 *Acta Sanctorum*, Mart. II, S. 103; *Analecta Bollandiana* 9 (1890), S. 344f.; R. C. Finucane, *Miracles and Pilgrims: Popular Beliefs in Medieval England* (London 1977), S. 109; auch unter den Edmund von Abingdon zugeschriebenen Wundern findet sich die Wiederbelebung von Säuglingen, die im Bett der Eltern erstickt waren. Es handelt sich allerdings nicht um einen persönlichen Bericht (*Thesaurus Novus Anecdotorum*, ed. E. Martène und U. Durand [Paris 1717], Bd. III, Sp. 1821).

52 A. Felber, *Unzucht und Kindsmord in der Rechtsprechung der freien Reichsstadt Nördlingen vom 15. bis 19. Jahrhundert* (Bonn 1961), S. 95, zit. in R. Trexler, Infanticide in Florence, a.a.O., S. 103, Anm. 39.

53 J.-L. Flandrin, *Familien*, S. 210–215; J. Pentikäinen, a.a.O., S. 96–99; Flandrin ist der Auffassung, daß nicht nur mehr uneheliche Kinder ausgesetzt, sondern auch mehr uneheliche Kinder geboren wurden, siehe J.-L. Flandrin, Repression and Change in the Sexual Life of Young People in Medieval and Modern Times, *Journal of Familiy History* 2 (1977), S. 203ff.

54 E. A. Wrigley, *Population and History* (London 1969), S. 125f.

55 »pro sanitate febrium«, Burchard von Worms, a.a.O., Sp. 835.

56 G. G. Coulton, *Life in the Middle Ages* (Cambridge 1967), Bd. II, S. 38.

57 Über den Glauben an Wechselbälger im Mittelalter und in der Neuzeit siehe J. Pentikäinen, a.a.O., S. 59; W. Gregor, *The Folklore of the North East of Scotland* (London 1881), S. 5, 9, 11f., 61f.; M. A. Courtney, Cornish Folk-Lore, *Folk-Lore Journal* 5 (1887), A. 183f.

58 J. C. Schmitt, *Le Saint Lévrier: Guinefort Guérisseur d'enfants depuis le XIIIe siècle* (Paris 1979); zum Bericht des Stephan von Bourbon siehe ebenda, S. 13ff.

59 F. C. Tubach, *Index Exemplorum* (FF Communications 204, Helsinki 1969), 5138, S. 388; *The Early English Version of the Gesta Romanorum*, S. 235; *The English and Scottish Popular Ballads*, hg. v. F. J. Child (New York 1965), Bd. I, S. 218–227.

60 *Malleus Maleficarum* (Frankfurt 1582), 2. Teil, q. 1, Kap. 13; Jakob Sprenger und Heinrich Institoris, *Der Hexenhammer*, hg. v. J. W. R. Schmidt (Berlin 1906), 2. Teil, Kap. 13, S. 135–146 (Über die Art, wie die Hexenhebammen noch größere Schädigungen antun, indem sie die Kinder entweder töten oder sie den Dämonen weihen.)

61 Siehe G. I. Langmuirs, Thomas of Monmouth: Detector of Ritual Murder, *Speculum* 59 (1984), S. 820–844.

62 N. Cohn, *The Pursuit of the Millenium* (New Xork 1961), S. 72f.

63 Siehe P. S. Schenk, *Berner Brunnen-Chronik* (Bern 1969), S. 26ff.

64 Siehe hierzu F. Xavier Baron, Children and Violence in Chaucer's Canterbury Tales, *Journal of Psychohistory* 7/1 (1979), S. 77–104.

65 Geoffrey Chaucer, *Die Canterbury Tales* (München 1985), Die Erzählung der Priorin, S. 391–397.

66 R. Kuhn, *Corruption in Paradise: The Child in Western Literature* (London 1982), S. 31.

67 Dante Alighieri, *Die Göttliche Komödie* (München [10]1989), Hölle, 33. Gesang, S. 146ff.

68 J. L. Borges, *Nueve Ensayos Dantescos*; eine Auswahl aus diesen Essays ist in englischer Übersetzung erschienen in *FMR* (1984), S. 76–80, sie enthält den Abschnitt über Ugolino.

69 E. Auerbach, *Mimesis. Dargestellte Wirklichkeit in der abendländischen Literatur* (Bern, München [4]1967), S. 222–236 (ebenda auch der Text im Original). Eine ähnliche, noch frühere mittelalterliche Geschichte ist die des Jourdain de Blaivies, darin opfert der Vassall seinen eigenen Sohn, um dem Sohn seines Feudalherrn das Leben zu retten. Die Mutter nimmt das Opfer auf sich, da es der Wunsch des Vaters ist; er hält sich aufgrund des feudalen Ehrenkodex für verpflichtet, seinen Sohn zu opfern, siehe L. Gautier, *La chevalerie* (Paris 1895, Faks.-Neudr. Puiseaux 1988), S. 76. Siehe auch D. Poiron, Edyppus et l'enigme du roman medieval in: *L'Enfant au Moyen Age. Littérature et Civilisation* (Senefiance 9, Aix-en-Provence 1980), S. 292.

70 R. Kuhn, a.a.O., Kap. 4.

71 *The Chester Plays*, hg. v. H. Deimling (EETS, London 1893), Teil 1, S. 76.

72 Das Leben des seligen Heinrich Seuse, in: Heinrich Suso bzw. Seuse, *Deutsche mystische Schriften* (Düsseldorf 1966), S. 153ff.

73 Flavius Josephus, *De Bello Judaico. Der Jüdische Krieg*, Griech./dt., hg. u. m. Anm. vers. v. Otto Michel u. Otto Bauernfeind (München 1962ff.), Bd. II, 2, Buch 6, Kap. 3, S. 34–39; *The Josippon (Josephus Goriodonis)*, hg. v. D. Flusser (Jerusalem 1978), Bd. I, S. 40, 407; über diese Geschichte in der Literatur des Mittelalters und der Neuzeit sowie zur Analyse derselben siehe N. Deutsch, The Myth of Maria of Azov, *Zmanim* 17 (1984), S. 20–28 (auf hebräisch); in einer anderen Version ist die gleiche Geschichte ein Wunder des heiligen Vicent Ferrer. Einer Überlieferung zufolge erweckte er ein kleines Kind wieder zum Leben, das die Mutter bereits zerstückelt und gekocht hatte und das dem Vater und dem Heiligen, der gerade gepredigt hatte, zum Essen serviert werden sollte. In einer zweiten Geschichte brachte ein schwangere Frau ihren zweijährigen Sohn um, weil sie unbedingt Fleisch essen wollte. Der Vater brachte den zerstückelten Leichnam zum Schrein des Heiligen, der die Stücke zusammenfügte und das Kind wieder zum Leben erweckte (*Acta Sanctorum*, Apr. I, S. 500f.)

74 Hier einige wenige Quellen über die Offenbarung Christi (manchmal blutend und zerfleischt) im Sakrament der Eucharistie: *Magna Vita Sancti Hugonis*, Bd. II, S. 86; *Robert of Brunne's ›Handlyng Synne‹*, hg. v. F. J. Furni-

vall (EETS, London 1901), Teil 1, S. 25–29, 312–317; in der Vita von Edward dem Bekenner wird berichtet, daß Edward in der Eucharistie einen Säugling sah, als in Westminster die Messe gelesen wurde; die Illuminierung dieses Ereignisses stammt aus dem 13. Jahrhundert (Cambridge University Library, Ee. 3.59, S. 212); Humbert von Romans, *Sermones* (Venedig 1603), 49, S. 59; siehe auch Kap. 5, Anm. 163; weitere wichtige Quellen und Analysen zu diesem Thema finden sich in L. Sinanoglou, The Christ Child as Sacrifice: A Medieval Tradition and the Corpus Christi Plays, *Speculum* 48, S. 491–509; zu den zahlreichen griechischen, lateinischen und volkssprachlichen Versionen der Geschichte des Judenknaben, der sich zum Christentum bekehren will, nachdem Christus sich ihm in der Hostie offenbart hat, und zu dem Wunder, das ihm widerfuhr (sein Vater steckte ihn in einen brennenden Ofen, und Maria rettete ihn), siehe E. Wolter, *Der Judenknabe* (Halle 1879).

75 E. S. Stern, The Medea Complex: The Mother's Homicidal Wishes to Her Child, *Journal of Mental Sience* 94 (1948), S. 321–331; J. Pentikäinen, a.a.O., S. 353–560.

76 Thomas Chobham, a.a.O., S. 215; *Councils and Synods*, Bd. II, Teil 1, S. 70, 183, 214.

77 Francesco da Barberino, a.a.O., 13. Teil.

78 Konrad von Megenberg, *Ökonomik*, ed. S. Krüger (Stuttgart 1973), MGHSS III/5), Buch I/2, Kap. 9, S. 81; Kap. 14, S. 90.

79 *Acta et Processus Canonizacionis Beate Brigitte*, ed. I. Collijn (Uppsala 1931), S. 143; *Acta Sanctorum*, Mart. III, S. 213. Im 16. Jahrhundert wurden in Italien an der Wiege Schutzvorrichtungen angebracht: ein kleiner Bogen (*arcuccio*), um zu verhindern, daß die Bettdecke auf das Kind fiel und es hinausfiel, wenn die Wiege zu stark geschaukelt wurde; in die Wiege selbst wurde ein Loch gebohrt, damit die Amme diese mit ins Bett nehmen und das Kind in der Wiege stillen konnte (siehe R. Trexler, Infanticide in Florence, S. 108); in der Antike wurde der Säugling manchmal mit einem Band an der Wiege befestigt (siehe Kap. 5, Anm. 74).

80 *Acta Sanctorum*, Mai. IV, S. 622.

81 Ebenda, Mai. I, S. 378; Jun. II, S. 374, 375, 377, 380; *Analecta Bollandiana* 4 (1890), S. 325.

82 *Acta Sanctorum* Febr. I, S. 261; Mart. I, S. 737; Apr. III, S. 93, 681; Aug. I, S. 649; *Acta et Processus Canonizacionis Beate Brigitte*, S. 130.

83 *Acta Sanctorum*, Mart. I, S. 332, 496, 736; Mart. III, S. 57, 199, 207, 237, 238, 524; Apr. I, S. 513, 514, 515; Apr. II, S. 193, 460, 461; Apr. III, S. 958; Mai. I, S. 352; Aug. I, S. 586; Bonaventura, *Legenda Sancti Francisci*, in: *Opera omnia* (Quaracchi 1898), S. 552; *Analecta Bollandiana* 19 (1900), S. 32.

84 *Acta Sanctorum*, Mart. III, S. 329; Aug. I, S. 644, 645, 651; Aug. III, S. 687; *Acta et Processus Canonizacionis Beate Brigitte*, S. 120.

85 *Acta Sanctorum*, Mart. I, S. 597.

86 Ebenda, Jan. II, S. 70; Apr. I, S. 311; Mai. VII, S. 472; Aug. I, S. 607.
87 Ebenda, Apr. I, S. 514.
88 Ebenda, Mart. III, S. 528; *Analecta Bollandiana* 64 (1946), S. 44.
89 *Acta Sanctorum*, Mart. II, S. 496, 497, 661.
90 Ebenda, Mart. I, S. 297; Mart. III, S. 199, 524; Apr. I, S. 512; Apr. II, S. 193; Mai. IV, S. 621; Mai. V, S. 103; Mai. VII, S. 464; Jul. I, S. 500, 501; Aug. I, S. 653; *The Miracles of Simon de Montfort*, hg. v. J. O. Halliwell (Camden Society, London 1849), S. 74, 77, 87, 101; *The Vita Wulfstani of William of Malmesbury*, ed. R. R. Darlington (London 1928), S. 160; *Acta et Processus Canonizacionis Beate Brigitte*, S. 140; *Analecta Bollandiana* 33 (1914), S. 160, 170, 171; 64 (1946), S. 44; und viele andere mehr.
91 *Acta Sanctorum*, Mart. III, S. 525; ein weiterer Sturz von der Leiter findet sich ebenda, Mart. III, S. 723.
92 Ebenda, Mart. I, S. 597.
93 Ebenda, Apr. I, S. 709; *Analecta Bollandiana* 9 (1890), S. 345.
94 *Acta et Processus Canonizacionis Beate Brigitte*, S. 139.
95 *Acta Sanctorum*, Mart. III, S. 524.
96 *The Vita Wulfstani*, S. 176.
97 *Acta Sanctorum*, Apr. I, S. 709; Mart. III, S. 516; Mai. V, S. 103; *Acta et Processus Canonizacionis Beate Brigitte*, S. 125, 131, 158, 159 und andere mehr.
98 *Select Cases from the Coroner's Rolls, 1265–1413*, hg. v. Ch. Gross (Selden Society, London 1896); Fälle, in denen kleine Kinder ertranken, finden sich auf S. 5, 7, 8, 11, 13, 41, 42, 50, 81; ein Fall, in dem Kinder allein zu Haus verbrannten, S. 6; Verbrennungen mit kochendem Wasser, S. 39, 40; Ertrinken eines Jungen beim Baden im Fluß, S. 12; Tod infolge eines Erdrutsches oder des Einstürzens einer Wand, S. 50, 81. Siehe auch B. A. Hanawalt, Child Rearing among the Lower Classes of Late Medieval England, S. 15–21. Im Leben des englischen Heiligen Richard von Chichester untersucht einmal der Leichenbeschauer ein Kind, das von einem betrunkenen Reiter im Galopp getötet worden war (*Acta Sanctorum*, Apr. I, S. 311).
99 *Select Cases from the Coroner's Rolls*, S. 38.
100 *Select Pleas of the Crown*, hg. v. F. W. Maitland (Selden Society, London 1888), Bd. I, S. 67.
101 *Select Cases from the Coroner's Rolls*, S. 4, 6, 14.
102 *Calendar of Letter Books: Letter Book G: 1352–1374*, hg. v. R. R. Sharpe (London 1905), S. 306; William Langland äußert in *Piers Plowman* sein Mißfallen über die Bettler, die Kinder zeugen, um sie zum Sammeln von Almosen einzusetzen. Diese Eltern verrenken und brechen die Gliedmaßen ihrer Kinder, um Mitleid zu erregen (William Langland, *Piers Plowman*, eine Ausgabe des C-Textes, hg. v. D. Pearsall (London 1978), Kap. I, V. 61–281; zu anderen Fällen stehlender Kinder siehe E. Cohen, Youth and Deviance in the Middle Ages, in: *History of Juvenile Delinquency*, hg. v. A. G. Hess und P. F. Clement (in Vorbereitung), Anm. 68.

103 L. deMause, The Evolution of Childhood, *History of Childhood Quarterly* 1/4 (1974), S. 511f.

104 Siehe *Six sermons français inédits de Jean Gerson*, hg. v. L. Mourin (Paris 1946), S. 80, 297; G. R. Owst, *Literature and Pulpit in Medieval England* (Oxford 1961), S. 207, 464; der Biograph des später heiliggesprochenen Bischofs von Soissons hielt den Tod aller Kinder eines Adligen hingegen für eine Strafe Gottes (*Ex Vita Arnulfi Episcopi Suessionensis Auctore Harialfo*, in: MGHS, Bd. 15/2, S. 883f.).

105 *Acta Sanctorum*, Mart. I, S. 332.

106 Ebenda, Jun. IV, S. 369.

107 Ebenda, Mai. VII, S. 464; *Acta et Processus Canonizacionis Beate Brigitte*, S. 140, 143; »minus tamen caute«, *Acta Sanctorum*, Apr. I, S. 311.

108 *The Miracles of Simon de Montfort*, S. 86.

109 *The Vita Wulfstani*, S. 160.

110 *Select Cases from the Coroner's Rolls*, S. 8, 42.

111 M. Sellers (Hg.), *York Memorandum Book* (Surtees Society, London 1912), Bd. I, S. LXX.

112 *Acta Sanctorum*, Febr. I, S. 261; Apr. II, S. 460.

113 Siehe R. Trexler, Infanticide in Florence, Anm. 7.

114 Verletzungen oder Tod infolge von Schlägereien siehe *Select Cases from the Coroner's Rolls*, S. 3, 8, 10, 12, 17, 44, 54, 60, 62, 69, 83, 89, 91, 93, 95; während des »Steinwerfen«-Spiels traf ein Stein einen Spieler am Kopf und verwundete ihn tödlich (S. 60); ein Stück glühende Kohle fiel auf das Strohlager eines Mannes, er erlag seinen Verbrennungen (S. 52); ein Mann starb an den Verbrennungen, die er bei einem Hausbrand erlitten hatte (S. 107); Ritter kamen zu Tode, wenn ihre Pferde strauchelten und hinfielen (S. 68, 125); Frauen fielen in kochendes Wasser und starben an den Verbrennungen (S. 6, 15, 91); ein Mann fiel auf eine Radachse, die seinen Bauch durchbohrte (S. 7); ein Mann kam ums Leben, als eine Wagenladung auf ihn fiel (S. 54); weitere Arbeitsunfälle und Stürze finden sich auf S. 94, 95, 96, 98, 99, 105, 117, 121, 122, 126; zum Tod infolge des Einstürzens einer Mauer, eines Sturzes in den Graben oder von der Brüstung eines Glockenturms (bei der Taubenjagd), S. 77, 82, 94; Fälle von Ertrinken, S. 5, 10, 12, 16, 49, 51, 59, 61, 105, 109, 121, 122, 124, 126, 127. Siehe auch R. C. Finucane, a. a. O., S. 147–151; B. A. Hanawalt, Seeking the Flesh and Blood of Manorial Families, *Journal of Medieval History* 14 (1988), S. 37–40.

115 *Acta Sanctorum*, Aug. I, S. 649.

116 Ebenda, Mai. III, S. 633.

117 B. A. Hanawalt, *The Ties that Bound: Peasant Families in Medieval England*, S. 175–182.

118 M. Mead, *Growing up in Guinea* (New York 1953), Kap. 3; auf deutsch erschienen als Band 2 der Reihe Margaret Mead, *Jugend und Sexualität in primitiven Gesellschaften*, München 1979ff.

119 »maternis viceribus super prole sic deformata commotis, irremediabiliter doleret«, *Acta Sanctorum*, Mart. I, S. 738.
120 Ebenda, Mart. I, S. 597; Apr. I, S. 709; Jul. I, S. 500; Aug. III, S. 687; *Acta et Processus Canonizacionis Beate Brigitte*, S. 140; *Analecta Bollandiana* 9 (1890), S. 325.
121 B. A. Hanawalt, The Female Felon in 14th Century England, S. 20f.
122 *Acta Sanctorum*, Febr. I, S. 260.
123 *Diplomatarium Danicum*, Bd. I, S. 144 (»cum magis notari possit in matre pena ex doloris vehemencia quam culpa«).

Krankheit, Verwaisung und Trauer

1 Ph. Ariès, *Geschichte der Kindheit* (München 1975), S. 98f.
2 P. Laslett, *The World we have Lost* (New York 1965), S. 95f.
3 R. Finucane, *Miracles and Pilgrims: Popular Beliefs in Medieval England* (London 1977); in der Kirche von St. Remi in Reims waren im Jahre 1145 98% aller Wunder Wunderheilungen (49% davon Wunderheilungen an Kindern). In der Aufstellung der Wunder von St. Foy machen die Wunderheilungen von Kindern 32% aus, von den Wundern in St. Wulfran im 11. Jahrhundert 40%, siehe P. A. Sigal, Maladie, pélérinage et guérison au XIIe siècle. Les miracles de Saint Gibrien, *Annales ESC* 24 (1969), S. 1526, 1535–1538. In den Aufzeichnungen der Wunder von St. Catherine-de-Fierbois waren es nur 19% (Y. Chauvin, Le Livre des miracles de Sainte Catherine-de-Fierbois, *Bulletin de la Société des antiquaires de l'ouest* 13, 1975, S. 281–307).
4 *Acta Sanctorum*, ed. J. Bollandus et G. Henschenius (Paris, Rom 1863–1940), Jan. I, S. 343.
5 Ebenda, Jan. II, S. 905. Ein Vater legte das Gelübde ab, die Dominikanerkirche in der Stadt mit aufzubauen, ebenda, Aug. I, S. 616.
6 Ebenda, Mart. I, S. 718; Apr. I, S. 475.
8 Ebenda, Mart. I, S. 722; Mart. II, S. 497; Apr. III, S. 91, 94; Aug. I, S. 555; Sept. VII, S. 548; *Analecta Bollandiana* 33 (1914), S. 173.
9 *Acta Sanctorum*, Jan. I. S. 345; Mai. V, S. 214; Aug. III, S. 687.
10 Ebenda, Jan. II, S. 70; Apr. I, S. 709; Jul. I, S. 514; *Analecta Bollandiana* 33 (1914), S. 171. In Frankreich war die Säuglingssterblichkeit aufgrund von Magen- und Darminfektionen im Spätmittelalter sowie im 17. und in der ersten Hälfte des 18. Jahrhunderts im September und Oktober besonders hoch. Am Ende des Winters starben viele an Lungenentzündung und Bronchitis. Siehe auch A. Armengaud, *La famille et l'enfant en France et en Angleterre du XVIe au XVIIIe siècle. Aspects démographiques* (Paris 1975), S. 74; D. Herlihy und Ch. Klapisch-Zuber, *Les Toscans et leurs familles,* a.a.O., S. 467; G. Brucker (Hg.), *Two Memoirs of Renaissance Florence: The Diaries of Buonaccorso Pitti and Gregorio Dati* (New York 1967), S. 127.

11 *Analecta Bollandiana* 9 (1890), S. 196.
12 *Acta Sanctorum*, Jan. II. S. 906; Apr. I, S. 301; Apr. III, S. 13.
13 Ebenda, Jan. I, S. 345; Apr. I., S. 312.
14 Ebenda, Jan. II, S. 906; Apr. III, S. 928.
15 Ebenda, Apr. III, S. 91; Jul. I, S. 507; Aug. I, S. 554.
16 Ebenda, Apr. III, S. 93; Mai. V, S. 98; Jul. I, S. 508; *Analecta Bollandiana* 9 (1890), S. 199.
17 *Acta Sanctorum*, Apr. III, S. 91.
18 Ebenda, Jan. I, S. 346; *Acta e Processus Canonizacionis Beate Brigitte*, ed. I. Collijn (Uppsala 1931), S. 149.
19 *Acta Sanctorum*, Jan II, S. 905; Mai. II, S. 338; Jul. I, S. 506; *The Miracles of Simon de Montfort*, hg. v. J. O. Halliwell (London 1849), S. 86.
20 *Acta Sanctorum*, Apr. I, S. 708; *Analecta Bollandiana* 14 (1895), S. 192.
21 *Acta Sanctorum*, Mart. II, S. 86, 241; Apr. II, S. 113; Apr. III, S. 475, 957; Jul. I, S. 518; Aug. I, S. 554; *Analecta Bollandiana* 9 (1890), S. 196.
22 Siehe L. Demaitre, The Idea of Childhood and Child Care in Medical Writings of the Middle Ages, *Journal of Psychohistory* 4 (1976/1977), S. 476f.; auch der Vater in Albertis Buch *Über das Hauswesen* zählt eine ganze Reihe von Kinderkrankheiten auf – Blattern, Windpocken, Masern (*Über das Hauswesen*, a. a. O., S. 43). Siehe auch die Kinderheilkunde *Practica Puerorum*, ed. K. Sudhoff (München 1925).
23 *Acta Sanctorum*, Mart. I, S. 720; Aug. I, S. 615; *Analecta Bollandiana 33* (1914), S. 174.
24 Humbert von Romans, *Sermones* (Venedig 1603), 99, S. 98.
25 *Acta Sanctorum*, Mart. II, S. 496; Mart. III, S. 526; Apr. I, S. 512; so auch im Falle eines Kindes, das verschwand: Mart. I, S. 735.
26 Ebenda, Mart. I, S. 722; Apr. I, S. 514.
27 *Analecta Bollandiana* 33 (1914), S. 174.
28 *The Miracles of Simon de Montfort*, S. 82; *Acta Sanctorum*, Mart. II, S. 497; *Analecta Bollandiana* 9 (1890), S. 196, 199; Bonaventura, *Legenda Sancti Francisci*, in: *Opera omnia* (Quaracchi 1898), S. 552.
29 *Acta Sanctorum*, Jun. IV, S. 37.
30 *Analecta Bollandiana* 33 (1914), S. 174.
31 *Acta Sanctorum*, Apr. III, S. 247; Jan. II, S. 906.
32 *Le registre d'inquisition de Jacques Fournier*, hg. v. J. Duvernoy (Toulouse 1965), Bd. I, 105 *a, b*, S. 499.
33 Ebenda, Bd. II, 203 *c, d*, S. 414f.; E. Le Roy Ladurie, *Montaillou. Ein Dorf vor dem Inquisitor, 1294 bis 1324* (Frankfurt am Main 1980), S. 242, Anm. 1 und S. 395f.
34 Berthold von Regensburg, *Vollständige Ausgabe seiner Predigten*, hg. v. Franz Pfeiffer (Wien 1862), Bd. I, S. 323–328. Berthold glaubte, diese Sünde begingen vor allem die Bauern, weil sie nicht wüßten, an welchen Tagen Geschlechtsverkehr verboten sei. Siehe auch Ivo von Chartres, *Decretum, PL* 161, Sp. 893f., und Peter Pictavensis, *Summa de Confessione*,

ed. J. Longère (Turnhout 1980), S. 17. Eine Zeitlang ließ es die Kirche in Norwegen zu, daß behinderte Säuglinge nach der Taufe ausgesetzt wurden, sie hatte Schwierigkeiten, das Verbot der Kindsaussetzung durchzusetzen (J. Pentikäinen, *The Nordic Dead Child Tradition* (FF Communications 202, Helsinki 1968), S. 78–81, 93.

35 R. Etienne, La conscience médicale antique et la vie des enfants, *Annales de démographie historique* (1973), S. 15.

36 *Acta Sanctorum*, Mart. III, S. 182.

37 Zitiert in R. Finucane, a. a. O., S. 106.

38 *Acta Sanctorum*, Febr. I, S. 572.

39 Ebenda, Apr. II, S. 190; *Analecta Bollandiana* 19 (1900), S. 24.

40 Zum Thema Blindheit siehe *Acta Sanctorum*, Jan. I, S. 345; Jan. II, S. 905; Mart. I, S. 586; Mart. II, S. 241; Apr. I, S. 709; Jul. I, S. 518; *The Miracles of Simon de Montfort*, S. 88; *The Vita Wulfstani of William of Malmesbury*, hg. v. R. R. Darlington (London 1928), S. 128, 119, 161 usw.; über Taubheit siehe *Acta Sanctorum*, Apr. I, S. 710; Jul. I, S. 504; Aug. I, S. 607; *Le Livre de Saint Gilbert*, hg. v. R. Foreville (Paris 1843), S. 69 usw.; über Stummheit siehe Kap. 5, Anm. 108, 109.

41 *Acta Sanctorum*, Jan. I, S. 630; Apr. III, S. 91.

42 Ebenda, Mart. I, S. 738.

43 Ebenda, Jan. I, S. 346; Mai. I, S. 329; Jun. IV, S. 782; *Acta et Processus Canonizacionis Beate Brigitte*, S. 131; *Analecta Bollandiana* 9 (1890), S. 327f.; *Legenda Sancti Francisci*, S. 563; *Sancti Bernardi Vita Prima, PL* 185, Sp. 253.

44 Über Lähmungen beider Beine oder des ganzen Körpers siehe *Acta Sanctorum*, Mart. I, S. 723; Mai. I, S. 318; Aug. I, S. 649; *Le Livre de Saint Gilbert*, S. 69; *Acta et Processus Canonizacionis Beate Brigitte*, S. 133; *Analecta Bollandiana* 9 (1890), S. 187.

45 Ebenda, S. 187.

46 *Acta Sanctorum*, Jan. I, S. 635; siehe auch Jan. II, S. 905.

47 Ebenda, Aug. I, S. 650.

48 Ebenda, Mai. VII, S. 458.

49 Siehe C. Haffter, The Changeling: History and Psychodynamics of Attitude to Handicapped Children in European Folklore, *Journal of the History of Behavioral Sciences* 4 (1968), S. 55 und Anm. 2, 7, 22.

50 E. A. Wrigley und R. Schofield, Infant and Child Mortality in England in the Late Tudor and Early Stuart Period, in: *Health, Medicine and Mortality in the 16th Century*, hg. v. C. Webster (Cambridge 1979), S. 65; T. H. Hollingworth, A Demographic Study of the British Ducal Families, *Population Studies* 11 (1957), Tabelle 5; über die Untersuchungen von Lebrun siehe E. Badinter, *Die Mutterliebe* (München 1981), S. 107.
Zur niedrigeren Sterblichkeitsziffer in der Pfarrgemeinde von Colyton siehe E. Wrigley, Mortality in Preindustrial England: The Example of Colyton, Devon, over Three Centuries, *Daedalus* 97 (1968), S. 546–580; siehe auch A. Armengaud, a. a. O., S. 175ff.

Mitte des 15. Jahrhunderts lag die Sterblichkeitsziffer bei Mädchen bis fünf Jahren in Florenz doppelt so hoch wie bei den zehn- bis vierzehnjährigen; siehe J. Kirshner und A. Molho, The Dowry Funds and the Marriage Market in Early Quattrocento Florence, *Journal of Modern History* 50 (1978), S. 421; siehe auch Kap. 3, Anm. 10, 11.

51 Aus einer Studie von Zvi Razi geht hervor, daß die Pestopfer in den Jahren 1360–1365 hauptsächlich Kinder waren (*Life, Marriage and Death in a Medieval Parish*, Cambridge 1980, S. 129, 151). Auch Herlihy und Klapisch-Zuber zufolge (a. a. O., S. 466f.) war der Prozentsatz an Kindern unter den Toten sehr hoch, von 874 Pestopfern des Jahres 1427 waren 604 Kinder (69,1%), während von 1385 bis 1436 nur 40 bis 50% der Toten Kinder waren. Von 41 Säuglingen, die 1427 starben, erlagen nur 10 der Pest.

52 Dies war von 1290 bis 1340 in Frankreich in der Picardie und in England in Winchester der Fall, siehe R. Fossier, *Le Moyen Age* (Paris 1983), Bd. 3, S. 44f.

53 *Two Memoirs of Renaissance Florence*, S. 134–136.

54 Zitiert in Ph. Contamine, *La vie quotidienne pendant la Guerre de Cent ans. France et Angleterre* (Paris 1967), S. 43.

55 *The Fifty Earliest English Wills in the Court Probate, London,* hg. v. F. J. Furnivall (EETS, London 1882), S. 13.

56 G. Duby, *Guillaume le Maréchal, ou Le Meilleur Chevalier du monde* (Paris 1984), S. 165f.; siehe auch I. Origo, *The Merchant of Prato* (London 1957), S. 189.

57 J. Kirshner und A. Molho, a.a.O., S. 406–425.

58 Zitiert in J. Huizinga, *Herbst des Mittelalters* (Stuttgart [11]1975), S. 208.

59 *Mirk's Festial: A Collection of Homilies*, hg. v. T. Erbe (EETS, London 1905), S. 3; *Medieval Manuscripts in British Libraries*, hg. v. N. Ker (Oxford 1983), Nr. 10, S. 244.

60 Hugo von Trimberg, *Der Renner,* in: K. Arnold (Hg. u. Übers.), *Kindheit und Gesellschaft in Mittelalter und Renaissance* (München 1980), S. 132. Die Illuminierung stammt aus der Universitätsbibliothek von Leiden, Ms. Voss G. G. F. 4, fol. 247.

61 Leon-Battista Alberti, *Über das Hauswesen,* a.a.O., S. 43.

62 *Hali Meidenhad,* hg. v. F. J. Furnivall (EETS, London 1922), S. 50.

63 G. R. Owst, *Preaching in Medieval England* (Cambridge 1926), S. 207; J. Gerson, *Œuvres complètes*, hg. v. P. Glorieux (Paris 1966), Bd. VII, S. 322.

64 Zit. in A. Murray, Religion among the Poor in Thirteenth Century France: The Testimony of Humbert de Romans, *Traditio* 30 (19074), S. 323 und Anm. 219.

65 *Select English Works of John Wycliffe*, hg. v. T. Arnold (Oxford 1871), Bd. III, S. 199f.

66 Zit. in S. Thrupp, *The Merchant Class of Medieval London* (Ann Arbor 1976), S. 172.

67 Thomas Cantimpratanus, *Bonum Universale de Apibus* (Douai 1607), Buch

3, Kap. 153, 17, S. 501; die englische Übersetzung findet sich in G. G. Coulton (Hg. u. Übers.), *Life in the Middle Ages* (Cambridge 1967), Bd. I, S. 118f.

68 J. Huizinga, a.a.O., S. 208; siehe auch J. Pentikäinen, a.a.O., S. 57.

69 In *Raoul de Cambrai* vergessen Beatrice und Bernier ihren Sohn Julien, der als Säugling von den Sarazenen gefangengenommen worden war, auch nicht nach der Geburt eines zweiten Sohnes; siehe *Raoul de Cambrai*, hg. v. P. Meyer und A. Longnon (Paris 1882), S. 258f. In *Lancelot del Lac* trauert dessen Mutter ihr Leben lang ihrem kleinen Sohn nach; *Le Livre de Lancelot del Lac (The Vulgate Version of the Arthurian Romance*, hg. v. H. O. Sommer, Washington/DC 1910, Bd. III, S. 14ff. 18, 41.

70 *Acta Sanctorum*, Mart. I, S. 332.

71 *Über das Hauswesen*, a.a.O., S. 47ff.

72 *The Vita Wulfstani*, S. 139; *Acta Sanctorum*, Apr. III, S. 245, 357.

73 R. Finucane, a.a.O., S. 109.

74 Ebenda; *Acta Sanctorum*, Apr. I, S. 513.

75 Bonaventura, a.a.O., S. 554; siehe auch *Acta Sanctorum*, Mart. III, S. 526.

76 *Acta Sanctorum*, Mai. VII, S. 466f.

77 Ebenda, Mart. III, S. 361; Jul. III, S. 770.

78 Zitiert in D. Herlihy und Ch. Klapisch-Zuber, a.a.O., S. 561.

79 J. Le Goff, *La civilisation de l'occident médiéval* (Paris 1964), Abb. 143.

80 *The Vita Wulfstani*, S. 139.

81 *Le registre d'inquisition de Jacques Fournier*, Bd. I, 61 *a, b*, S. 320; 33 *c, d*, S. 202.

82 Über den trauernden Bauern aus Montaillou siehe E. Le Roy Ladurie, *Montaillou. Ein Dorf vor dem Inquisitor, 1294 bis 1324*, S. 232.

83 Jean Gerson, *Œuvres complètes*, Bd. VII, S. 322; siehe auch *Acta Sanctorum*, Mart. I, S. 514; Mart. III, S. 528; *The Vita Wulfstani*, S. 124.

84 *The Vita Wulfstani*, S. 178; *Acta Sanctorum*, Apr. I, S. 308.

85 Herodot, *Historien*, Griech.-dt., hg. v. Josef Feix (München, Zürich [4]1988), Buch I, 136, Bd. I, S. 131.

86 Heloïse, *Epistola XXI, PL* 189, Sp. 428.

87 Ph. Contamine, a.a.O., S. 43.

88 G. Krupp, The Bereavement Reaction: A Special Case of Separation Anxiety, in: *The Psychoanalytic Study of Society* (New York 1962), S. 64f.; zitiert in W. Saffady, The Effect of Bereavement and Parental Remarriage in 16th Century England: The Case of Thomas More, *History of Childhood Quarterly* 1 (1973), S. 311.

89 Thomas Chobham, *Summa Confessorum*, ed. F. Broomfield (Louvain, Paris 1963), S. 96.

90 Siehe *Borough Customs*, hg. v. M. Bateson (Selden Society, London 1906), Bd. II, S. 16; *Die Konstitutionen Friedrichs II. für sein Königreich Sizilien*, hg. v. H. Conrad, T. von Lieck-Buyken, W. Wagner (Wien 1973), Bd. II, 152, S. 234; J. Yver, La suspension des actions en période de minorité et

son effacement progressif (XIIIe–XVIe siècles), in *Receuils de la Société Jean Bodin*, Bd. 36/2 (Brüssel 1976), S. 184–249; F. Pollock und F. Maitland, *A History of English Law* (Cambridge 1898), Bd. II, S. 390–443f.; S. Sheridan-Walker, Widow and Ward: The Feudal Law of Child Custody in Medieval Society, in *Women in Medieval Society,* hg. v. S. Mosher-Stuard (University Park/Penn. 1976), S. 159–172; *Rotuli de Dominabus et Pueris et Puellis de XII Comitatibus*, ed. J. H. Round (London 1913); *Borough Customs,* Bd. II, S. 147; *Year Books of Edward II,* Bd. I, hg. v. F. W. Maitland (Selden Society, London 1904), S. 158, 108, sowie *Calendar of Letter Books preserved among the Archives of the Corporation of the City of London at the Guildhall. Letter Book E: 1314–1337,* hg. v. R. R. Sharpe (London 1909), S. 267, 242; *Calendar of Letter Books. Letter Book I: 1400–1422,* hg. v. R. R. Sharpe (London 1909), S. 55, 141f.; *Letter Book E,* S. 47f.

91 *Acta Sanctorum*, Febr. III, S. 417. Siehe auch M. McLaughlin, Survivors and Surrogates: Children and Parents from the Ninth to the Thirteenth Century, in: *The History of Childhood*, hg. v. L. deMause (New York 1974).

92 Myrc, *Instructions for Parish Priests,* hg. v. E. Peacock, (EETS, London 1868), S. 31.

93 Siehe *Die Exempla des Jacob von Vitry*, hg. v. G. Frenken, in: *Quellen und Untersuchungen zur lateinischen Philologie des Mittelalters* 5/1 (1914), S. 114; *The Early English Version of the Gesta Romanorum*, hg. v. S. J. H. Herrtage (London 1879), S. 401f.; F. C. Tubach, *Index Exemplorum* (FF Communications 204, Helsinki 1969), 4716, S. 357; 4363, S. 334; 1441, S. 115.

94 M. McLaughlin, a.a.O., S. 110 und Anm. 30.

95 Siehe *Acta Sanctorum.*, Febr. II, S. 345; Mai. V, S. 77; *Analecta Bollandiana* 57 (1939), S. 381.

96 *Sancti Bernardi Vita Prima,* Sp. 231f.

97 *Thesaurus Novus Anecdotorum,* ed. E. Martène und U. Durand (Paris 1717), Bd. III, Sp. 1780.

98 Das Leben des seligen Heinrich Seuse, in: Heinrich Suso, *Deutsche mystische Schriften* (Düsseldorf 1966), S. 33f.

99 Anna Freud, *Das Ich und die Abwehrmechanismen* (München 1978).

100 *The Life of St. Anselm Archbishop of Canterbury by Eadmer*, ed. et trans. R. W. Southern (Nelson Series, London 1962), S. 5ff, 172f.
Über Depressisonen und Identitätskrisen in der Jugend siehe E. J. Anthony, Two Contrasting Types of Adolescent Depression and their Treatment, in *The Psychology of Adolescence*, hg. v. A. H. Esman (New York 1975), S. 285–300; E. Erikson, Das Problem der Ich-Identität, in *Identität und Lebenszyklus* (Frankfurt am Main 1977), S. 123–212.

101 Guibert von Nogent, *Autobiographie*, hg. v. E. R. Labande (Paris 1981), Buch 1, Kap. 14, S. 102.

102 *Acta Sanctorum*, Apr. II, S. 439.

103 Siehe hierzu J. Bowlby, *Attachment and Loss* (New York 1973), Bd. II, S. 5f.

104 Ch. Klapisch-Zuber, La mère cruelle. Maternité, veuvage et dot dans la Florence des XIVe–XVe siècles, *Annales ESC* 38 (1983), S. 1097–1109.

105 So in Gaytons Gesetzen *Borough Customs*, S. 135f.

106 Helene Deutsch, *Psychologie der Frau* (Bern 1954), Bd. II, S. 246–261.

107 Die böse Stiefmutter: *The Early English Version of the Gesta Romanorum*, S. 237f.; *Acta Sanctorum*, Jan. II, S. 249; *The Vita Wulfstani*, S. 124; zur bösen Stiefmutter eines zwanzigjährigen Jugendlichen: *The Early English Version of the Gesta Romanorum*, S. 233f.

108 Die Geschichte von den Volsungen, in *Isländische Heldenromane*, übertr. v. Paul Herrmann (Jena 1923, Repr. Düsseldorf, Köln 1965), S. 37–136; Die Geschichte von Erich dem Roten, in *Grönländer und Färinger Geschichten*, übertr. v. Felix Niedner (Jena 1929, Repr. Düsseldorf, Köln 1966), S. 23–48. In den Sagen kommt es häufiger vor, daß Stiefmütter Jungen schlechter behandeln als Mädchen (F. C. Tubach, a.a.O., 4618, 4620–4622, S. 350).

109 Die Geschichte von Ragnar Lodbrok, in *Isländische Heldenromane*, S. 137–195.

110 *Acta Sanctorum*, Jul. I, S. 499.

111 Ch. V. Langlois, *La Vie en France au moyen âge* (Paris ^{2}1926), Bd. II, S. 272; über Bernardino von Siena siehe J. B. Ross, The Middle Class Child in Urban Italy: 14th to Early 16th Century, in: *The History of Childhood*, a.a.O., S. 197 und Anm. 81.

112 Beispiele dafür, daß Tanten oder Großmütter mutterlose Kinder aufzogen, finden sich in *Acta Sanctorum*, Sept. VII, S. 544; Jul. I, S. 455f.; Mai. V, S. 23; *Vita Sancte Brigitte*, in *Scriptores Rerum Svevicarum Medii Aevi*, ed. C. Annerstedt (Uppsala 1871), Bd. III, S. 190, 166; *Acta Sanctorum*, Mai. VII, S. 453. Manchmal kamen Kinder, die den Vater verloren und deren Mütter wieder geheiratet hatten, früh in die Lehre; siehe F. Michaud-Fréjaville, Contrats d'apprentissage en Orléanais. Les enfants au travail (1380–1540), in: *L'Enfant au Moyen Age. Littérature et Civilisation* (*Senefiance* 9, Aix-en-Provence 1980), S. 63–71. Einige Kinder wurden Pflegefamilien anvertraut, so auch Francesco Datini (siehe I. Origo, a.a.O., S. 30f.).

113 B. A. Hanawalt, *The Ties that Bound: Peasant Families in Medieval England* (Oxford 1986), S. 250.

DIE ERZIEHUNG IN DER ZWEITEN PHASE DER KINDHEIT

1 Siehe L. Demaitre, The Idea of Childhood and Child Care in Medical Writings of the Middle Ages, *Journal of Psychohistory* 4 (1976/1977), S. 481.

2 Aristoteles, *Über die Zeugung der Geschöpfe*, in *Die Lehrschriften*, hg. übertr. u. erl. v. P. Gohlke (Paderborn 1959), Buch I, S. 20–70; über die Frau als

Gehilfin des Mannes im Rahmen der christlichen Lehre von der Erbsünde siehe K. E. Borresen, *Subordination and Equivalence: The Nature and Role of Woman in Augustine and Thomas Aquinas,* übers. v. C. H. Talbot (Washington/D.C. 1981), S. 219–221.

3 Bartholomaeus Anglicus, *Liber de proprietatibus rerum* (Straßburg 1505), Buch 6, Kap. 3; *The Prose Saliternan Questions,* hg. v. B. Lawn (Oxford 1979), q. 101, S. 47; L. Demaitre, *Doctor Bernard de Gordon: Professor and Practitioner* (Toronto 1980), S. 80 und Anm. 39; über die beiden Zeugungstheorien siehe auch C. Thomasset, Quelques principes de l'embryologie médiévale (de Salerne à la fin du XIIIe siècle), in: *L'Enfant au Moyen Age. Littérature et Civilisation (Senefiance* 9, Aix-en-Provence 1980), S. 109–121.

4 *The Prose Saliternan Questions*, q. 46, S. 22f.; siehe auch F. C. Tubach, *Index Exemplorum* (FF Communications 204, Helsinki 1969), 5288, S. 400.

5 Raymond Llull, *Blanquerna* (Madrid 1924; = *Blanquerna: A 13th Century Romance*, London 1925, Kap. 1, S. 32.

6 Siehe G. Duby, *Guillaume le Maréchal, ou Le Meilleur Chevalier du monde* (Paris 1984), S. 73. Die Frage, ob und wie mit der edlen Abstammung die edle Gesinnung vererbt wird, erörtert die aus der zweiten Hälfte des 14. Jahrhunderts stammende politisch-didaktische Abhandlung *Le Songe du Vergier* (Nachdruck der Brunet-Ausgabe von 1731, Straßburg 1957), S. 183–192; über die schöne Literatur zu diesem Thema siehe E. R. Curtius, *Europäische Literatur und lateinisches Mittelalter* (Bern und München ^{7}1969), S. 188f.

7 *Acta Sanctorum*, ed. J. Bollandus et G. Henschenius (Rom, Paris 1863–1940), Apr. III, S. 83; Apr. I, S. 671; Jul. I, S. 464f; *Analecta Bollandiana* 56 (1938), S. 343.

8 In der isländischen Saga The Tale of Geirmund Heljarskin, in *Sturlunga Saga*, in *Shorter Sagas of the Icelanders*, übers. v. J. H. McGrew und R. G. Thomas (New York 1974), Bd. II, S. 17ff; die Geschichte von Geirmund Heljarskin, in *Die Vinlandsagas,* übers. v. B. Gottschling (Bochum 1979).

9 *Lancelot del Lac* in *The Vulgate Version of the Arthuria Romances*, hg. v. H. O. Sommer, Bd. III (Washington/D.C. 1910); siehe auch Jean Frappier, *Amour courtois et table ronde* (Genf 1973), Kap. 10.

10 William Langland, *Piers Plowman*, eine Ausgabe des C-Textes, hg. v. D. Pearsall (London 1978), Passus 9, S. 168.

11 *The Opus Majus of Roger Bacon,* ed. J. H. Bridges (Oxford 1897), Bd. II, Teil 6, S. 205.

12 *The Prose Saliternan Questions,* q. 113, S. 194.

13 Siehe Kap. 3, Anm. 48; Kap. 4, Anm. 21.

14 Arnald von Villanova, *De regimine sanitatis,* in: *Opera omnia* (Basel 1585), Sp. 668; siehe auch Kap. 5, Anm. 25.

15 Leon-Battista Alberti, *Über das Hauswesen,* S. 78. Über das Temperament von Säuglingen siehe L. J. Yarrow, Historical Perspectives and Future Di-

rections in Infant Development, in: *Handbook of Infant Development,* hg. v. J. D. Osofsky (New York 1985), S. 898.

16 P. Dronke, *Women Writers of the Middle Ages* (Cambridge 1984), S. 171–183, 245–250; zur Überlegenheit der Sanguiniker siehe Konrad von Megenberg, *Ökonomik*, hg. v. S. Krüger (Stuttgart 1973, MGHSS III/5), Buch I/2, Kap. 8, S. 79.

17 Philipp von Novara, *Les quatre ages de l'homme*, hg. v. M. de Fréville (Paris 1888), Abschnitt 6, S. 4f.; vor dem Determinismus im medizinischen Schrifttum warnt L. Demaitre, *Doctor Bernard de Gordon: Professor and Pracititioner*, S. 147.

18 *Kardinal Johannes Dominicis Erziehungslehre,* übers. v. A. Rösler (Freiburg 1894), S. 37f.

19 *Über das Hauswesen,* S. 50–102.

20 Siehe Bernhard von Gordon, *De conservatione vitae humanae* (Leipzig 1570), S. 29f.

21 Siehe Aegidius Romanus, *De regimine principum* (Venedig 1505), Buch 2, Teil 2, Kap. 16.

22 Wolfram von Eschenbach, *Parzival und Titurel*, hg. v. E. Martin (Halle 1900), Buch 2, 112, S. 39; Buch 3, 119ff., S. 42ff.; Buch 3, 154–159, S. 53ff.; in der neuhochdeutschen Übersetzung Wolfram von Eschenbach, *Parzival,* a.a.O., Bd. 1: Buch 2, 112, S. 193ff.; Buch 3, 119ff, S. 205–209; Buch 3 154–159, S. 263–273. Über ähnliche Motive in anderen Werken siehe M. Combarieu, Enfance et démesure dans l'épopée médiévale, in: *L'Enfant au Moyen Age. Littérature et Civilisation,* (*Senefiance* 9, Aix-en-Provence 1980), S. 418ff.

23 »Litterae sine bona vita non salvant«, schrieb Humbert von Romans, *Sermones* (Venedig 1603), Sermo 63, S. 62.

24 *Anecdotes historiques, légendes et apologues tirés du recueil inédit d'Etienne de Bourbon*, hg. v. A. Lecoy de la Marche (Paris 1877), S. 221ff.; R. Bultot, La doctrine du mépris du monde chez Bernard le clunisien, *Moyen Age* 70 (1964), S. 191. Vom 12. Lebensjahr an mußten Jungen wie Mädchen an Fasttagen fasten, *Dictionnaire de Théologie catholique,* Bd. 8, ›Jeûne‹, S. 1415ff.

25 Bartholomaeus Anglicus, a.a.O., Buch 6, Kap. 16–19.

26 Konrad von Megenberg, a.a.O., Buch I/2, Kap. 15ff.

27 *Dives et Pauper*, ed. P. H. Barnum (EETS, London 1976), S. 305–330; *Robert of Brunne's ›Handlyng Synne‹,* hg. v. F. J. Furnivall (EETS, London 1901), Teil 1, S. 41f.; zur Vorstellung, daß Sünden die Eltern beleidigen, siehe auch Vincenz von Beauvais, *De Eruditione Filiorum Nobiliorum*, ed. A. Steiner (Cambridge/Mass. 1938), S. 112; über Belohnungen für respektvolle Kinder, siehe *Speculum Laicorum*, ed. J. Welter (Paris 1914), S. 86f.

28 R. J. Iannuci, *The Treatment of the Capital Sins and the Decalogue in German Sermons* (New York 1942), S. 81.

29 Philipp von Novara, a.a.O., Abschnitt 5, S. 3f.; Humbert von Romans, *Sermones*, Sermo 63, S. 63.

30 *The Sermons of Thomas Brinton, Bishop of Rochester, 1373–1389*, hg. v. M. Aquinas Delvin (London 1954), S. 20; *The Early English Version of the Gesta Romanorum*, hg. v. S. J. H. Herrtage (London 1879), S. 45–48, 153ff. Bartholomaeus Anglicus zufolge ist *pater* von *pascendo* abgeleitet, weil er zuerst seine Kinder ernährt und diese ihn dann im Alter ernähren, wie die Raben (a. a. O., Buch 6, Kap. 14, de patre; = *John Trevisa's Translation*, S. 310).

31 Zu den weitverbreiteten Geschichten über die Undankbarkeit von Kindern zählt die King-Lear-Sage in ihren verschiedenen Versionen, die auch in Predigten Eingang fand: *Historia Regum Britanniae*, ed. A. Griscon und R. E. Jones (New York 1929), S. 262ff.; *The Sermons of Thomas Brinton*, S. 297; *The Early English Version of the Gesta Romanorum*, S. 48ff.; *Liber Exemplorum*, ed. A. G. Little (Aberdeen 1908), S. 80–87.
Auch in der satirischen Literatur wird der alte sterbende Vater von seinen Kindern grausam behandelt. Sie kümmern sich nicht um ihn, drängen ihn, sein Testament zu ändern, und verbreiten das Gerücht, er sei nicht mehr bei Verstand. Die schlimmsten Übeltäter sind der älteste Sohn und die Ehefrau, die mit ihren Söhnen gemeinsame Sache gegen ihren Mann macht (siehe *Les Quinze joyes de mariage*, hg. v. J. Rychner (Paris 1963), S. 73–76.

32 *Dives et Pauper*, S. 313.

33 Ebenda, S. 227f.; Aegidius Romanus, a.a.O., Buch 2, Teil 1, Kap. 3.

34 *Ottonis et Rahewini Gesta Frederici I Imperatoris*, ed. G. Waiz (Hannover 1884), Buch 1, S. 19.

35 *Sermons of Thomas Brinton*, S. 20; Aegidius Romanus, a.a.O., Buch 2, Teil 2, Kap. 17.

36 John Bromyard, *Summa Praedicantium* (Antwerpen 1614), S. 6; G. R. Owst, *Literature and Pulpit in Medieval England* (Oxford 1961), S. 468, Anm. 5.

37 Denis Saurat, *The End of Fear* (London 1938).

38 Zitiert in J.-L. Flandrin, *Familien*, a. a. O.

39 *The Prose Salernitan Questions*, q. 101, S. 47.

40 Philipp von Novara, a.a.O., Abschnitte 2–3, S. 2f.

41 Siehe Thomas von Aquin, *Super Epistolas Pauli Lectura*, ed. R. Raphaelis (Rom 1953), Bd. I, 317, S. 296.

42 Z. Razi, Family, Land and Village Community in Later Medieval England, *Past and Present* 93, (1981), S. 7f.; ders., Was the English Peasant Family Small and Ego-focused? (erscheint demnächst); C. Dyer, English Diet in the Later Middle Ages, in: *Social Relations and Ideas: Essays in Honour of R. Hilton*, hg. v. T. H. Aston, P. R. Cross und J. Thirsk (Cambridge 1983), S. 198. Zu King Lear siehe Anm. 30 und *Robert of Brunne's ›Handlyng Synne‹*, hg. v. F. J. Furnivall (EETS, London 1901), Teil 1, S. 40ff.

43 *Calender of Plea and Memoranda Rolls preserved among the Archives of the Corporation of the City of London at the Guildhall, 1364–1381*, hg. v. A. Thomas (Cambridge 1929), S. 294; S. Thrupp, *The Merchant Class of Medieval London (1300–1500)* (Ann Arbor 1976), S. 151, Anm. 150.

44 Philipp von Novara, a.a.O., Abschnitte 10–11. S. 7ff.; John Bromyard, a.a.O., S. 6; *Select English Works of John Wycliffe*, hg. v. T. Arnold (Oxford 1871), Bd. III, S. 195; Vincenz von Beauvais, a.a.O., S. 62; Bernhard von Gordon, a.a.O., S. 28.

45 Philipp von Novara, a.a.O., Abschnitt 7, S. 6; John Bromyard, a.a.O., S. 5f.

46 J. Gerson, *De Parvulis ad Christum Trahendis*, in: *Œuvres complètes*, hg. v. P. Glorieux (Paris 1973), Bd. IX, S. 674.

47 Philipp von Novara, a.a.O., Abschnitt 18, S. 12; siehe auch Humbert von Romans, *Sermones*, 62, S. 61f., 87, S. 86f.

48 Raymond Llull, *Doctrine d'enfant*, hg. v. A. Llinarès (Paris 1969), Kap. 91, S. 208; Kap. 79, S. 169ff.

49 Myrc, *Instructions for Parish Priests*, hg. v. E. Peacock (EETS, London 1868), S. 31, 45; J. Gerson, *Œuvres complètes*, Bd. IX, S. 669–686; *Les Statuts synodaux français du XIII*[e] *siècle*, hg. v. O. Pontal (Paris 1971), Bd. I, Abschnitt 45, S. 166.

50 Thomas Chobham, *Summa Confessorum*, ed. F. Broomfield (Louvain, Paris 1963), S. 298.

51 Aegidius Romanus, a.a.O., Buch 2, Teil 2, Kap. 16; Vincenz von Beauvais, a.a.O., S. 8–17; Bernhard von Gordon, a.a.O., S. 31–34.

52 *Anecdotes historiques, légendes et apologues tirés du recueil inédit d'Etienne de Bourbon*, Abschnitt 43, S. 51f.; *Speculum Laicorum*, S. 60f.; Humbert von Romans, *Sermones*, 96, S. 96; Jean Gerson, *Œuvres complètes*, Bd. VII, S. 339; *Dives et Pauper*, Bd. I, S. 324.

53 *Select English Works of John Wycliffe*, S. 195–198; Raymond Llull, *Doctrine d'enfant*, S. 158f.

54 Bartholomaeus Anglicus zufolge ist Verdorbenheit wie Aussatz (a.a.O., Buch 6, Kap. 5; = *John Trevisa's Translation*, S. 301); siehe auch J. Gerson, *Œuvres complètes*, Bd. IX, S. 669–686; G. R. Owst, a.a.O., S. 466f.; Alberti, *Über das Hauswesen*, S. 69–83.

55 »iuvenes sunt nimius amatores amicitiae«, Aegidius Romanus, a.a.O., Buch 2, Kap. 13; Raymond Llull, *Doctrine d'enfant*, Kap. 91, S. 204, 207; Bernhard von Gordon, a.a.O., S. 28; zu Predigten für Kinder siehe Kap. 2, Anm. 3.

56 Humbert von Romans, *Sermones*, 85, S. 86f.

57 Raymond Llull, *Doctrine d'enfant*, Kap. 91, S. 204, 206f. Zu Giovanni Dominicis Plädoyer für eine spartanische Erziehung siehe I. Origo, *The Merchant of Prato* (London 1957), S. 186.

58 John Bromyard, a.a.O., S. 4; Jean Gerson, *Œuvres complètes*, Bd. VII, S. 334f.; Philipp von Novara, a.a.O., Abschnitt 8, S. 6f.; *Dives et Pauper*,

Bd. I, S. 324ff.; *Speculum Laicorum,* S. 61; Bartholomaeus Anglicus, a.a.O., Buch 6, Kap. 14 (=*John Trevisa's Translation,* S. 310f.).

59 Vincenz von Beauvais, a.a.O., S. 62.

60 Christine schrieb das Buch für ihren Sohn, aber eigentlich ist es ein allgemeines Handbuch für junge Männer und Väter. Siehe M. Laigle, *Le Livre des trois vertus de Christine de Pisan et son milieu historique* (Paris 1912), S. 157f.

61 Siehe E. J. Tardif, *Coutumiers de Normandie* (Slatkine Nachdruck, Genf 1977), Bd. III, 85, S. 204.

62 T. Smith (Hg.), *English Gilds* (EETS, London 1870), S. 390.

63 Siehe D. Herlihy, Medieval Children, in: B. K. Lachen und K. R. Pelp (Hg.), *Essays on Medieval Civilization* (Austin 1978), S. 125 und Anm. 62.

64 *The Life of St. Anselm, Archbishop of Canterbury by Eadmer,* hg. und übers. v. R. W. Southern (Nelson Series, London 1962), S. 37ff.

65 Thomas von Aquin, *In Quattuor Libros Sententiarum* (Parma 1856), 2, 20, q. 11, art. 1, S. 183.

66 Siehe Kap. 5, Anm. 196.

67 Siehe hierzu Llulls *Blanquerna,* Kap. 1, 3, S. 32; oder Bernardino von Siena (G. G. Coulton, *Life in the Middle Ages* (Cambridge 1967), Bd. 1, S. 217).

68 Siehe A. L. Gabriel, *The Educational Ideas of Vincent of Beauvais* (Notre-Dame/Ind. 1956), S. 38f.

69 Konrad von Megenberg, a.a.O., Buch 1/2, Kap. 25–27, S. 109ff.; Philipp von Novara, a.a.O., Abschnitte 21–31, S. 14–21; Bernhard von Gordon, a.a.O., S. 38ff.

70 Humbert von Romans, *Sermones,* 97, S. 96f.; B. Jarret, *Social Theories in the Middle Ages, 1200–1500* (Boston 1926), S. 88; A. A. Heutsch, *La Littérature didactique du Moyen Age* (Halle 1903), S. 151.

71 Vincenz von Beauvais, a.a.O., S. 172–219; A. L. Gabriel, a.a.O., S. 38; siehe auch R. Barton-Tobin, Vincent of Beauvais on the Education of Women, *Journal of the History of Ideas* 35 (1974), S. 488ff.

72 Konrad von Megenburg, a.a.O., Buch I/2, Kap. 25, S. 110f.; A. A. Heutsch, a.a.O., S. 53f., 101.
Zu Pierre Dubois Plan, Frauen zu erziehen, die ins Heilige Land geschickt werden sollten, siehe *De Recuperatione Terre Sancte,* ed. C. V. Langlois (Paris 1891), S. 50ff., 57–71.

73 Siehe hierzu Kap. 9 und 11.

74 Siehe *A Catalogue of Misericords in Great Britain,* hg. v. G. L. Remnant (Oxford 1969), Tafel 20b.

75 P. Burke, *Popular Culture in Early Modern Europe* (London 1979), S. 49f.

76 *The Life of St. Anselm, Archbishop of Canterbury,* S. 20f.; sowie S. 37ff.

77 Arnald von Villanova, a.a.O., Sp. 668; Aegidius Romanus, a.a.O., Teil 2, Kap. 16, 17.

78 Zu den Befürwortern der Kinderbeichte gehörten Humbert von Romans, *Sermones,* 63, S. 63; und Myrc, *Instructions for Parish Priests,* S. 31, 45.

79 *Les Statuts synodaux français,* Bd. I, Abschnitt 26, S. 62; Abschnitt 95, S. 204.

80 J. Gerson, *De Parvulis ad Christum Trahendis,* in: *Œuvres complètes,* Bd. IX, S. 669–686; *Brève manière de confession pour les jeunes,* ebenda, Bd. VII, S. 408f.; *Notes sur la confession,* ebenda, S. 355, 411f.; die Beichtväter sollten auch die Erwachsenen nicht fragen, mit wem sie gesündigt hätten (*Les Statuts synodaux français,* Bd. I, Abschnitt 37, S. 64).
In der spanischen Stadt Cubas in der Nähe von Madrid ging Mitte des 15. Jahrhunderts ein besonders frommes, zwölfeinhalbjähriges Mädchen regelmäßig zur Beichte, erstmals mit 6 Jahren, das Sakrament der Eucharistie empfing es bereits mit 9 Jahren; siehe W. A. Christian, *Apparitions in Late Medieval and Renaissance Spain* (Princeton 1981), S. 58f.

81 Den Dominikaner Robert Holcot zitiert J. M. Moran, *The Growth of English Schools, 1340–1548* (Princeton 1985), S. 40.

82 Aegidius Romanus, a.a.O., Buch 2, Teil 2, Kap. 17.

83 Raymond Llulls Vorbehalte richten sich gegen das *quadrivium*: Rechnen und Algebra nehmen die Aufmerksamkeit des Schülers so sehr in Anspruch, daß er vom Religionsunterricht abgelenkt wird; die Musik- und Astronomie-Lehrer seien Jongleure und Sterndeuter. Allerdings seien gewisse medizinische Kenntnisse für jedermann erforderlich (*Doctrine d'enfant,* Kap. 78, S. 164–169).

84 Siehe Anm. 77 und Humbert von Romans, *Sermones,* 87, S. 87; *Le Régime du corps de Maître Aldebrandin de Sienne,* hg. v. L. Landouzy und R. Pépin (Paris 1911), S. 80; Bernhard von Gordon, a.a.O., S. 27.

85 Siehe *Iannotii Manetti Vita Boccaccii Poetae Florentini,* in: *Philippi Villani Liber de Civitatis Florentiae Famosis Civibus,* ed. G. Mazzoni (Florenz 1847), S. 89.

86 *Magna Vita Sancti Hugonis,* hg. und übers. v. D. L. Douie und Dom H. Farmer (Nelson Series, London 1962), Bd. I, S. 132; Bartholomaeus Anglicus, a.a.O., Buch 6, Kap. 14; Philipp von Novara, a.a.O., Abschnitte 8–10, S. 6ff; *The Book of Vices and Virtues: A Fourteenth Century English Translation of the Somme Le Roi of Lorens D'Orléans,* hg. v. M. Francis (EETS, London 1942), S. 58; Giovanni Dominici, in: *Kardinal Johannes Dominicis Erziehungslehre,* übers. v. A. Rösler (Freiburg 1894), S. 28.

87 Siehe Kap. 7, Anm. 100.

88 Guibert von Nogent, *Autobiographie,* hg. v. E. R. Labande (Paris 1981), Buch 1, Kap. 5, S. 38–43.

89 Siehe N. Orme, *English Schools in the Middle Ages* (London 1973), S. 128f.; S. Thrupp, a.a.O., S. 159.

90 Siehe Kap. 11.

91 Bis zum Beginn des 12. Jahrhunderts wurde das Kinderfest am 28. Dezember gefeiert.

92 Zur Teilnahme der Laien in Bristol, siehe T. Smith, *English Gilds,* S. 422.

93 E. K. Chambers, *The Medieval Stage* (Oxford 1903), Bd. I, S. 276–371,

Bd. II, S. 282–285, 287 ff.; A. Leach, *The Schools of Medieval England* (London 1915); J. M. Fletcher, *The Boy-Bishop at Salisbury and Elsewhere* (Salisbury 1921).

Jean Gerson forderte entschieden die Abschaffung des Narrenfestes (*Contre la fête des fous,* in: *Œuvres complètes,* hg. v. P. Glorieux (Paris 1966), Bd. VII, S. 409 ff.).

94 A. Lecoy de la Marche, *Anecdotes historiques, légendes et apologues tirés du recueil inédit d'Étienne de Bourbon,* S. 423 f.

95 M. Bachtin, *Rabelais und seine Welt.* Volkskultur und Gegenkultur, hg. v. R. Lachmann, Frankfurt am Main 1987; N. Zemon Davis, The Reasons of Misrule: Youth Groups and Charivaris in 16th Century France, *Past and Present* 50 (1971), S. 41–75.

96 »et pueri in ipso festo Innocentium, quia innocentes pro Christo occisi sunt«, *Rationale Divinorum Officiorum Auctore Joanne Beletho, PL* 202, Sp. 77; »ratione innoventiae assecutae quoniam in ipso martirio assecuti sunt«, *Jacobi De Voragine Legende Aurea,* ed. T. Grässe (Leipzig 1850), Kap. 10, S. 62–66; in der englischen Übersetzung aus dem 15. Jahrhundert »Jesus Christ was slain in every each of them«, *The Golden Legend or Lives of the Saints as Englished by William Caxton,* hg. v. F. S. Ellis (London 1900), Bd. IV, S. 153.

97 Siehe J. M. Fletcher, a.a.O., G. R. Owst, *Preaching in Medieval England* (Cambridge 1926), S. 220 und Anm. 2–4.

DIE ERZIEHUNG FÜR KIRCHE UND KLOSTER

1 In den Gerichtsakten von Lincolnshire wird eine regelrechte Priester-»Dynastie« angeführt. Ein Neffe ging vor Gericht, um Anspruch auf das Vermächtnis seines Onkels zu erheben, der Bastard, Priester und Sohn eines Bastard-Priesters war (*The Early Lincolnshire Assize Rolls, 1202–12–3,* hg. v. D. M. Stenton (London 1926), S. 69, 105).

2 *Acta Sanctorum,* ed. J. Bollandus et G. Henschenius (Paris, Rom 1863–1940), Apr. I, S. 443.

3 Ebenda, Mai. II, S. 628. Als er erwachsen wurde, versuchten ihn seine Freunde zu überreden, den Priesterberuf aufzugeben, zu heiraten und von seinen Verwandten die Erbschaft zurückzuverlangen.

4 Vincenz von Beauvais, *De Eruditione Filiorum Nobiliorum,* ed. A. Steiner (Cambridge/Mass. 1938), S. 218; G. R. Owst, *Literature and Pulpit in Medieval England* (Oxford 1961), S. 263 und Anm. 2; E. Power, *Medieval English Nunneries* (Cambridge 1922), S. 31 f.; P. Riché, L'Enfant dans le Haut Moyen-Age, *Annales de démographie historique* (1973), S. 90–93; R. Rapp, Les Abbayes, hospices de la noblesse: L'Influence de l'aristocratie sur les couvents bénédictins dans l'empire à la fin du Moyen Age, in: *La Noblesse au Moyen Age,* hg. v. Ph. Contamine (Paris 1976), S. 321 f.

5 *Analecta Bollandiana* 33 (1913), S. 180; *Acta Sanctorum,* Mai. II, S. 338.

6 *The Ecclesiastical History of Orderic Vitalis,* hg. und übers. v. M. Chibnall (Oxford 1968), Bd. II, S. 126ff.

7 *PL* 135, Sp. 340.

8 In der ersten Hälfte des 15. Jahrhunderts wurden in Florenz mehr uneheliche als eheliche Töchter Nonnen; siehe hierzu J. Kirshner und A. Molho, The Dowry Funds and the Marriage Market in Early Quattrocento Florence, *Journal of Modern History* 50/3 (1978), S. 429f.

9 A. Lefebvre-Taillard, L'Enfant naturel dans l'ancien droit français, *Recueils de la Société Jean Bodin,* Bd. 36/2 (Brüssel 1976), S. 251–269; A. Beinard, »Bâtard«, *Dictionnaire de droit canonique,* hg. v. R. Naz (Paris 1924–1965), Bd. II, Sp. 250–261.

10 W. Hinnebusch, *The History of the Dominican Order* (New York 1965), S. 286.

11 *Magna Vita Sancti Hugonis,* hg. und übers. v. D. L. Douie und Dom H. Farmer (Nelson Series, London 1962), Bd. I. S. 6f.

12 *Acta Sanctorum,* Aug. III, S. 143; A. Vauchez, Charité et pauvreté chez Sainte Elisabeth de Thuringie d'après les actes du procès de canonisation, in: *Etude sur l'histoire de la pauvreté (Moyen Age – XVIe siècle),* hg. v. M. Mollat (Paris 1974), Bd. I, S. 163–173; die Mutter des Jakob von Venedig, der mit 17 Jahren dem Dominikanerorden beitrat, zog sich ins Kloster zurück, als ihr Sohn noch ein kleines Kind war. Sie überließ ihn der Obhut seiner Großmutter väterlicherseits (*Acta Sanctorum,* Mai. VII, S. 453).

13 *Acta Sanctorum,* Sept. III, S. 644f.; *MGHS* 30/2, S. 873.

14 *Acta Sanctorum,* Febr. III, S. 152; Mart. I, S. 699, 508, 800; Apr. III, S. 677.

15 Ebenda, Jan. I, S. 336; Apr. III, S. 677; Jun. I, S. 341. Die Hagiographen nehmen auch häufig auf die Begebenheit Bezug, wie Jesus in den Tempel gebracht wurde.

16 Ebenda, Mart. I. S. 481.

17 Ebenda. Jan. II, S. 900.

18 Philipp von Novara, *Les quatre ages d l'homme,* hg. v. M. de Fréville (Paris 1888), Abschnitt 15, S. 10f.

19 Edmund von Abingdon suchte lange ein Kloster, das seine Schwestern aufnahm, ohne eine Mitgift zu verlangen (was Edmund für Simonie hielt). Schließlich wurden sie im Kloster von Catesby aufgenommen (*Thesaurus Novus Anecdotorum,* ed. E. Martène et U. Durand (Paris 1717), Bd. III, Sp. 1780). Von den Armen kamen vor allem Findelkinder ins Kloster (siehe *Magna Vita Sancti Hugonis,* Bd. I, S. 132f.).

20 N. Orme, *English Schools in the Middle Ages* (London 1973), S. 16f.

21 Zitiert in Ph. Contamine, *La Vie quotidienne pendant la Guerre de Cent Ans. France et Angleterre* (Paris 1967), S. 169. Siehe auch M. T. Clanchy, *From Memory to Record: England, 1066–1307* (London 1979), S. 192–195.

22 Die Heiligenviten berichten häufig von Knaben, die bei einem Onkel, der Bischof war, aufwuchsen; so z. B. der heilige Theotonius (1160), *Acta*

Sanctorum, Febr. III, S. 102, 118; der heilige Wilhelm, ebenda, Jan. I, S. 636; der heilige Dominik (gest. 1221), ebenda, Aug. I, S. 524; Roger le Fort (gest. 1307), ebenda, Mart. I, S. 120. Auch Giraldus Cambrensis wurde nach St. David zu einem Onkel mütterlicherseits geschickt.

23 Siehe hierzu M. T. Clanchy, a.a.O., S. 181 ff.

24 Zu Hospitälern in York und Norwich siehe M. Rubin, *Charity and Community in Medieval Cambridge* (Cambridge 1987), S. 272. Zur Unterstützung bedürftiger Schüler und Studenten in Frankreich vom 13. Jahrhundert an siehe J. M. Reitzel, The Medieval Houses of Bons-Enfants, *Viator* 10 (1980), S. 179–207.

25 Geoffrey Chaucer, *Die Canterbury Tales* (München 1985), S. 393.

26 Zu Schulen siehe A. F. Leach, *The Schools of Medieval England* (London 1915); J. Leclerq, *The Love of Learning and the Desire for God* (New York 1962); N. Orme, a.a.O.; J. H. Moran, *The Growth of English Schooling, 1340–1548* (Princeton 1985); H. M. Jewell, The Bringing up of Children in Good Learning and Manners: A Survey of Secular Educational Provisions in the North of England, 1350–1550, *Northern History* 18 (1982), S. 1–30.

27 Im 11. und 12. Jahrhundert waren folgende Kinder Oblaten: Petrus Venerabilis (1092–1150) kam als kleines Kind ins Kloster von Cluny (*PL* 189, Sp. 17); Hugo von Lincoln wurde im Alter von 8 Jahren ins Kloster geschickt; Suger von St. Denis kam mit neun ins Kloster (*Abbot Suger of the Abbey Church of St. Denis*, hg. und übers. v. E. Panofsky (Princeton 1946), S. 30f.); Hildegard von Bingen wurde im Alter von 8 Jahren in ein Nonnenkloster gegeben (*Acta Sanctorum*, Sept. V, S. 683); William Godman, der spätere Abt von Gloucester (1113–1130) wurde mit 7 Jahren Oblat (D. Knowles, *The Monasteric Orders in England* (Cambridge 1963), S. 420).

28 Das Konzil von Toledo (633) legte fest, daß man Mönch werden kann »wegen der Frömmigkeit seines Vaters« *(paterna devotio)* oder aufgrund eines eigenen Gelübdes *(professio)*. In karolingischer Zeit wiederholte Rabanus Maurus u. a. diese Formel: *PL* 107, Sp. 419. Zur *oblatio*-Klausel in den Ordensregeln der Benediktiner siehe *La Règle de Saint Bénoit*, hg. v. J. Neufville (Paris 1972), Abschnitt 59, S. 632; zum Verbot der *oblatio* siehe *Corpus Iuris Canonici*, ed. A. Friedberg (Leipzig 1879), Bd. II, Buch 3, tit. 31, Kap. 12, 14, Sp. 572–573. Siehe auch D. Knowles, a.a.O., S. 418–422; zur Zeremonie der *oblatio* im 11. Jahrhundert siehe die *Decreta Lanfranci*, ed. D. Knowles (Nelson Series, London 1951), S. 110f.; zu den *oblati* in der Kunst siehe I. H. Forsyth, Children in Early Medieval Art: Ninth through Twelfth Centuries, *Journal of Psychohistory* 4 (1976–1977), S. 39ff.

29 *Statuta Capitulorum Generalium Ordinis Cisterciensis*, ed. J. Canivez (Louvain 1933), Bd. I, S. 31, 84.

30 *Acta Sanctorum*, Mart. I, S. 659.

31 *The Register of Eudes of Rouen*, übers. v. S. M. Brown (New York 1964), S. 259; zu Kindern in Benediktinerklöstern in Deutschland im Spätmit-

telalter siehe F. Rapp, a.a.O., S. 315–388; ein zehnjähriger Waisenknabe wurde auf seine Bitte hin in die Priorei von Lewes in England aufgenommen (S. Thrupp, *The Merchant Class of Medieval London* (Ann Arbor 1976) S. 188).

32 Siehe N. Orme, *Education in the West of England, 1066–1548* (Exeter 1976), S. 1.

33 Zu Änderungen bei den Aufnahmebedingungen ins Kloster von der Mitte des 12. Jahrhunderts an siehe D. Knowles, a.a.O., S. 418–422; über Mönche verschiedener Orden, die im Mittelalter in Oxford studierten, siehe T. H. Aston, Oxford's Medieval Alumni, *Past and Present* 74 (1968), S. 3–35.

34 J. Moorman, *The History of the Franciscan Order* (Oxford 1968), S. 344–348, 352f.

35 Einer der schärfsten Kritiker war John Wyclif, *The English Works of Wyclif Hitherto Unpublished*, hg. v. F. D. Matthew (EETS, London 1880), S. 9f., 223, 269–278, 500; siehe auch J. Moorman, a.a.O., S. 343f., 346.

36 Gertrud von Altenberg, die Tochter der Elisabeth von Ungarn, kam 1228 im Alter von 2 Jahren in ein Prämonstratenserinnen-Kloster (siehe Anm. 12); die heilige Margareta, die Tochter des Königs von Ungarn, wurde 1246 vor ihrem vierten Geburtstag in ein Dominikanerinnen-Kloster geschickt. Ihr Kindermädchen ging mit ihr und wurde »aus Liebe zu ihr und um Gott zu dienen« Nonne (*Acta Sanctorum*, Jan. II, S. 900); ein siebenjähriges Mädchen wurde Ende des 12. Jahrhunderts in ein Zisterzienser-Kloster aufgenommen (ebenda, Jun. I, S. 427); ein fünfjähriges Mädchen trat Ende des 12. Jahrhunderts in ein Nonnenkloster der Augustiner ein (ebenda, Apr. I, S. 443); Ende des 14. Jahrhunderts trat ein zehnjähriges Mädchen in ein Klarissinnenkloster ein (ebenda, Sept. I, S. 697); R. Trexler schätzt das Durchschnittsalter der Mädchen, die in Florenz in Klöster eintraten, auf neun Jahre (Le Célibat à la fin du Moyen Age: Les Religieuses de Florence, *Annales ESC 27* (1927), S. 1329–1350); Kirshner und Molho geben jedoch ein höheres Durchschnittsalter an (a.a.O., S. 424f.).

37 Humbert von Romans, *Sermones* (Venedig 1603), Sermo 52, S. 53.

38 E. K. Chambers, *The Medieval Stage* (Oxford 1903), Bd. I, S. 361f.

39 *Corpus Iuris Canonici*, Bd. II, Buch 3, tit. 31, Kap. 12, Sp. 572.

40 R. Riché, *De l'éducation antique à l'éducation chevaleresque* (Paris 1968), S. 30; ders., *Education et culture dans l'occident barbare, VIe–VIIIe siècles* (Paris 1962), S. 504.

41 *Decreta Lanfranci*, S. 3, 5, 7, 21, 24, 28, 31, 46, 49, 74, 115ff., 124.

42 Siehe M. de Jong, Growing up in a Carolingian Monastery: Magister Hildemar and his Oblates, *Journal of Medieval History* 9 (1983), S. 99–128.

43 Zu Lanfrancs Verweisen auf die Sitten anderer Klöster siehe *Decreta Lanfranci*, S. XI–XII; zu den monastischen Gewohnheiten siehe *Uldaricus Cluniacensis Monachus Consuetudines Cluniacenses, PL* 149, Kap. 9 (de custodia juvenum), Sp. 741–747; zu den Statuten des Klosters von Maillezais siehe

J. Becquet, Le Coutumier clunisien de Maillezais, *Revue Mabillon* 55 (1965), S. 16ff.; aus einem Brief des Antoninus von Florenz geht hervor, daß man sich der Möglichkeit des sexuellen Mißbrauchs von Kindern und jungen Knaben durch erwachsene Geistliche durchaus bewußt war; alle Mitglieder im Haushalt des Antoninus waren Männer über 25; er sprach mit Jungen und Frauen nur in der Öffentlichkeit (*Acta Sanctorum*, Mai. I, S. 322).

44 Siehe Kap. 8, Anm. 64.

45 *Magna Vita Sanctis Hugonis,* Bd. I, S. 6.

46 *Acta Sanctorum*, Jan. I, S. 336; in diesem Sinne schrieb auch Bernhard von Clairvaux in einem Brief an die Eltern eines Novizen aus seinem Kloster, daß er dem Knaben Vater und Mutter, Bruder und Schwester sein wolle und daß alle Mönche von Clairvaux ihn als ihren Bruder aufnehmen würden (*Sancti Bernardi Opera Omnia*, ed. J. Mabillon (Paris 1690), Bd. I, ep. 110, Sp. 118.

47 *The Life of St. Anselm Archbishop of Canterbury by Eadmer*, hg. und übers. v. R. W. Southern (Nelson Series, London 1962), S. 24.

48 *Acta Sanctorum*, Jan. II, S. 900.

49 Ebenda, Mart. III, S. 504.

50 *Caesarii Heisterbacensis Monachi Dialogus*, ed. J. Strange (Köln 1851), S. 33.

51 M. de Jong, a.a.O., S. 114.

52 *Magna Vita Sancti Hugonis*, Bd. I, S. 6ff.

53 *Acta Sanctorum*, Apr. I, S. 443f.

54 Ebenda, Jul. I, S. 482.

55 Zum seelischen Schaden eines Kindes, das seinen Schmerz, seine Frustration und die Feindschaft den Erwachsenen gegenüber nicht ausdrücken konnte, siehe A. Miller, *Am Anfang war Erziehung* (Frankfurt am Main 1980), S. 285–292.

56 *Acta Sanctorum*, Jun. IV, S. 191; die Eltern der Mechthild von Edelstetten (gest. 1160) ließen auf ihrem Grund und Boden in Dießen in Bayern ein Kloster erbauen und schickten ihre Tochter im Alter von 5 Jahren dorthin. Als sich das Kloster in Geldnöten befand, erinnerte sie ihren Vater daran, daß er sie dorthin geschickt habe und daß er ihr, falls sie einen Sterblichen geheiratet hätte, eine Mitgift hätte geben müssen. Ihr Vater willigte ein, das Kloster großzügiger finanziell zu unterstützen (ebenda, Mai. VII, S. 437f., 445).

57 »a suis progenitoribus voluntaris salubriter derelictus, a Domino autem assumptus«, ebenda, Jun. I, S. 341; siehe auch ebenda, Jan. II, S. 1132.

58 Hildegard wurde offenbar von ihrer Mutter großgezogen. Jutta war eine Einsiedlerin, die unweit Hildegards Elternhaus in der Nähe der Kirche St. Disibond lebte. Sie war die Schwester des Grafen Spondheim, des Feudalherrn von Hildegards Vater (ebenda, Sept. V, S. 683).

59 Diese Geschichte ist in der Vita der heiligen Colette (gest. 1447), die Äbtissin wurde, nachzulesen. Der Vater nahm sie gegen ihren Willen aus

dem Kloster. Doch wurde ihm, dank Colettes Gebeten, ein Zeichen vom Himmel gesandt: sein Pferd stolperte und fiel mehrere Male hin, so daß er seine Tochter ins Kloster zurückbrachte (ebenda, Mart. I, S. 559).

60 *The Ecclesiastical History of Orderic Vitalis*, Bd. VI, S. 552–555.

61 J. Boswell, *Expositio* and *Oblatio:* The Abandonment of Children and the Ancient and Medieval Family, *American History Review* 89 (1984), S. 10–33; zwar stellt der Autor die Gemeinsamkeiten und Unterschiede von *expositio* und *oblatio* richtig heraus, betont aber nicht genug, daß letztere im Hochmittelalter beinahe ausschließlich von den höheren Schichten praktiziert wurde.

62 Siehe das kleine Mädchen, das Colettes Kloster nicht verlassen wollte (siehe Anm. 59). Die Eltern der heiligen Margareta versuchten – trotz ihres Gelübdes – zweimal, sie aus dem Kloster zu holen, um sie zu verheiraten. Das erste Mal, als ihr Vater, der König von Ungarn, sie mit dem König von Polen verheiraten wollte, war sie noch ein Kind, aber sie weigerte sich standhaft, das Kloster zu verlassen, so daß ihre Eltern gezwungen waren nachzugeben (*Acta Sanctorum*, Jan. II, S. 909).

63 M. Chibnall, *The World of Orderic Vitalis* (Oxford 1984), S. 74ff.

64 L. Delisle, D'après le registre d'Eudes Rigaud, *Bibliothèque de l'École de Chartres* 25 (1840), S. 495ff.; *The Registre of Eudes of Rouen*, übers. v. S. M. Brown (New York 1904); *Visitations of Religious Houses in the Diocese of Lincoln 1420–1436*, Bd. I, hg. v. A. H. Thompson (Horncastle 1915). Zum moralischen Niedergang in deutschen Klöstern gegen Ende des Mittelalters siehe F. Rapp, a.a.O. Die Visitations-Berichte zeichnen zwar ein Bild der Mißstände, sind aber als Informationsquelle nur begrenzt tauglich: zum einen halten sie ausschließlich die Mißstände fest, zum anderen gab es sicher auch Mißstände, die vor dem Bischof oder seinem Vertreter geheimgehalten wurden (siehe hierzu C. R. Cheney, *Episcopal Visitations of Monasteries in the Thirteenth Century* (Manchester 1931), S. 149–167).

65 Humbert von Romans, a.a.O., 45, S. 47.

66 W. James, *The Varieties of Religious Experience* (Gifford-Vorlesungen, gehalten in Edinburgh 1901–1902, London 1960), S. 203. Ein Beispiel für ein kleines Mädchen, das mit Zustimmung der Eltern ins Kloster eintrat, war Agnes von Montepulciano; nach ihrem Beitritt mit 9 Jahren wurde sie in jungen Jahren Äbtissin eines Dominikanerinnenklosters (*Acta Sanctorum*, Apr. II, S. 791).

67 Siehe Kap. 7 zur Geschichte des Anselm von Canterbury. Zum Problem des Verlusts des Gefühls der Ich-Identität in der Jugend siehe E. H. Erikson, Das Problem der Ich-Identität, in: *Identität und Lebenszyklus* (Frankfurt am Main 1977), S. 123–212, S. 140–168.

68 Als Beispiele hierfür können Bernhard von Clairvaux und Edmund von Abingdon sowie Antonius von Padua (L. De Kerval, *St. Antonii de Padua Vitae Duae* (1904), S. 26ff.) angeführt werden.

69 Bernhard von Parma und Francesco da Fabriano wurden plötzlich bekehrt

(*MGHS* Bd. XXX, S. 1323 f.; *Acta Sanctorum*, Apr. III), während die Bekehrung des heiligen Franz von Assisi ein Prozeß war, der mehrere Jahre dauerte.

70 *Acta Sanctorum*, Apr. III, S. 642–656.

71 Giraldus Cambrensis, *De Rebus a se Gestis*, ed. J. S. Brewer (Rolls Series, London 1861), Bd. 21/1, S. 22.

72 *Acta Sanctorum*, Apr. I, S. 687 ff. Im Alter von 12 Jahren bat er die Prämonstratenser um Aufnahme ins Kloster, die ihm jedoch wegen seiner Jugend nicht gewährt wurde.

73 Ebenda, Mart. I, S. 540 f.

74 Zu Peter von Luxemburg siehe ebenda, Jul. I, S. 445 f.; siehe auch R. Kieckhefer, *Unquiet Souls: Fourteenth Century Saints and their Religious Milieu* (Chicago 1984), S. 33 f.

75 So reagierten z. B. die Eltern des Robert von Knaresborough, der der älteste Sohn war (*Analecta Bollandiana* 57 (1939), S. 378 ff.); und die der Beatrix Atestina (*Acta Sanctorum*, Jan. I, S. 1136).

76 *Acta Sanctorum*, Jul. V, S. 790. Siehe auch die Reaktion der Eltern des seligen Advertanus, der zu den Karmelitern ging (ebenda, Febr. III, S. 620 f.).

77 *Blanquerna* (Madrid 1924; = *Blanquerna: A 13th Century Romance*, übers. v. E. Alison Peers (London 1925)), Kap. 5, S. 54 f.; Kap. 7, S. 71–77.

78 *Acta Sanctorum*, Apr. III, S. 874; ihre Eltern duldeten die Äußerungen ihrer kindlichen Frömmigkeit. Sie hatte ihre erste Vision mit 6 Jahren. Erst als ihre älteste Schwester gestorben war, wurde Druck auf die 15jährige ausgeübt, sie solle heiraten.

79 Zur Reaktion des Vaters der Ida von Louvain siehe ebenda, Apr. II, S. 159; zum Vater der S. Margarita Vidua, siehe ebenda. Aug. II, S. 121.

80 Ebenda, Sept. V, S. 403.

81 Ebenda, Mart. I, S. 661 f.

82 Ebenda, Aug. III, S. 766; *The Life of St. Clare*, übers. v. P. Robinson (London 1910), S. 7–18, 40–43.

83 *Acta Sanctorum*, Apr. II, S. 504 f.

84 Thomas von Celano, *Legenda Prima in S. Francisci Assisiensis Vita et Miracula*, ed. P. E. Alencon (Rom 1906), S. 6–17; *Legenda Secunda*, ebenda, S. 169–177; *St. Francis of Assisi: Writings and Early Biographies*, hg. und übers. v. M. A. Habig (Chicago 1973), S. 891, 898; Bonaventura, *Legenda Sancti Francisci*, in: *Opera Omnia* (Quaracchi 1898), S. 510 f.

85 *Corpus Iuris Canonici*, Bd. II, Buch 3, tit. 31, Kap. I–II, Sp. 569.

86 *Legenda Secunda*, S. 711.

87 Siehe Kap. 1, Anm. 47.

88 Siehe *Acta Sanctorum*, Mai. V, S. 207 ff.

89 Ebenda, Mart. II, S. 93. Zur Abneigung gegen das andere Geschlecht und zur Suche nach Zuflucht im Kloster oder einer anderen religiösen Gemeinschaft siehe auch W. McDonell, *The Beguines and Beghards in Medieval Culture* (New York 1954), S. 354 f.

90 F. Fromm-Reichmann, Note on the Mother Role in the Family Group, in: *Psychoanalysis and Psychotherapy*, hg. v. R. A. Harper (Chicago 1959), S. 290–305.

91 Der Vater wird in den Vitae überhaupt nicht erwähnt, sondern nur in der Zeugenaussage vor dem Gremium, das über die Heiligsprechung zu befinden hatte (*Acta Sanctorum*, Mart. I, S. 711).

92 Ebenda, Mart. I, S. 661 f.

93 Es handelt sich um Heribert, der Bischof von Köln wurde (ebenda, Mart. II, S. 463); auch die selige Aldobrandesca wurde dafür gelobt, daß sie ihren Eltern gehorchte und in die Heirat einwilligte (ebenda, Apr. III, S. 473).

94 Saint Jérôme, *Lettres*, hg. v. J. Labourt (Paris 1949), Bd. I, Brief 14, S. 33–45. Zum Kommentar des Verfassers von *Dives et Pauper*, siehe Kap. 8, Anm. 32.

95 *Die Exempla des Jacob von Vitry*, hg. v. G. Frenken, in: *Quellen und Untersuchungen zur lateinischen Philologie des Mittelalters* 5/1 (1914), S. 130f.

96 Bernhard von Clairvaux, *Opera omnia*, a.a.O., Bd. I, ep. 113, Sp. 119; *The Letters of St. Bernard of Clairvaux*, hg. und übers. v. B. S. James (London 1953), S. 169ff.

97 Salimbene de Adam, *Chronica*, ed. G. Scalia (Bari 1966), S. 53–56; als Salimbenes Vater mit Briefen von Friedrich II. ins Kloster kam, um ihn fortzubringen, wurde ihm gesagt, sein Sohn habe nun das Alter erreicht, wo er für sich selbst sprechen könne (»etatem habet, ipse de se loquatur«, ebenda, S. 55); er war damals 17 Jahre alt.

98 Vincenz von Beauvais, *De Eruditione Filiorum Nobiliorum*, a.a.O., S. 218; *The Letters of John of Salisbury, 1153–1161*, hg. v. W. J. Millors und S. J. und H. E. Butler (Nelson Series, London 1955), S. 230.

99 *Dives et Pauper*, hg. v. P. H. Barnum (EETS, London 1976), S. 316f.; Thomas von Aquin, *Summa Theologiae*, Secunda Secundae, q. 189, art. 6 (Bd. 47, S. 250).

DIE ERZIEHUNG ADLIGER JUNGEN UND MÄDCHEN

1 Gottfried von Straßburg, *Tristan* (Stuttgart 1980), Teil 1, 207–208, S. 133.

2 Zur großen Zahl Kinder und Jugendlicher, die im Schloß des Grafen von Guînes erzogen wurden, siehe »cum multi in hac domo ab infancia educati et in virilem etatem producti« (Lambert von Ardre, *Historia Comitum Ghisnensium, MGHS* Bd. 24, Kap. 127, S. 624); zu Ailred von Rievaulx, Sohn eines Priesters aus Northumbria, der am Hof des Königs von Schottland mit dem Königssohn aufgezogen wurde, siehe *The Life of Ailred of Rievaulx by Walter Daniel*, hg. und übers. v. F. M. Powicke (Nelson Series, London 1963), S. XXXV, 2; Walter Map schreibt über einen Jungen, der bei Verwandten aufwuchs (*De Nugis Curialium*, ed. M. R. James

(Oxford 1983), Teil 4, Kap. 1, S. 278); Beispiele aus England zur Erziehung am Königshof finden sich in N. Orme, *From Childhood to Chivalry: The Education of the English Kings and Aristocracy, 1066–1530* (London 1984), S. 28.

3 Baldwin II., Graf von Guînes, hatte 23 uneheliche und 20 eheliche Kinder (G. Duby, *Medieval Marriage: Two Models from 12th Century France* (London 1978), S. 94f.); eine liebevolle Haltung des Vaters einem Bastard gegenüber galt als akzeptabel, so glaubten viele aufgrund des besonderen Verhaltens Heinrichs II. Hugo von Lincoln gegenüber, daß Hugo sein unehelicher Sohn war (*Magna Vita Sancti Hugonis*, hg. und übers. v. D. L. Douie und Dom H. Farmer (Nelson Series, London 1962, Bd. II, S. 69); zum ehelichen und unehelichen Sohn des Grafen von Foix, die zusammen aufwuchsen, siehe die *Oeuvres de Froissart: Chroniques*, hg. v. K. de Lettenhove (1867–1877; Nachdruck Osnabrück 1967), Bd. XI, S. 93f.; zu den Erbrechten der Bastarde siehe A. Lefebvre-Teillard, L'Enfant naturel dans l'ancient droit français, in: *Recueils de la Société Jean Bodin* 36/2 (Brüssel 1976), S. 251–269.

4 Zur Erziehung der Adligen siehe M. T. Clanchy, *From Memory to Written Record: England 1066–1307* (London 1979), S. 175–201; zu den verschiedenen Bedeutungen von *litteratus* und *illitteratus* ebenda; Guibert von Nogent berichtet, daß der Geistliche, der sein Hauslehrer war, vorher bei Guiberts Verwandten Hauslehrer gewesen war (*Autobiographie*, hg. v. E. R. Labande (Paris 1981), Buch 1, Kap. 4, S. 27–30).

5 Siehe hierzu G. Duby, *Guillaume le Maréchal ou Le Meilleur Chevalier du monde* (Paris 1984), S. 82–86.

6 L. Gautier, *La chevalerie* (Paris 1985, Faks.-Neudruck, Puiseaux 1988), S. 76.

7 »Que il ne peut chevalchier ne errer«, *Raoul de Cambrai*, hg. v. P. Meyer und A. Longnon (Paris 1882), S. 9.

8 In der Verserzählung *Doon* heißt es: »als das Kind reiten lernte«, wurde es an den Hof des Königs von Frankreich gebracht (G. Paris, Lais inédits, *Romania* 8 (1897), Lay de Doon, S. 63.

9 »ut postea in XIII anno instructi in luctativa et in equistativa et in aliis quae ad militiam requiruntur«, Aegidius Romanus, *De regimine principum* (Venedig 1505), Buch 2, Teil 2, Kap. 17.

10 Zur Ausbildung im Ringkampf siehe Giraldus Cambrensis, *De Rebus a se Gestis*, ed. J. S. Brewer (Rolls Series, London 1861), Bd. 21/1, S. 22.

11 Zur geringen Lebenserwartung adliger Männer siehe T. H. Hollingworth, A Demographic Study of the British Ducal Families, *Population Studies* 11 (1957), S. 4–26; J. T. Rosenthal, Medieval Longevity and the Secular Peerage, 1350–1500, *Population Studies* 27 (1973), S. 287–293; G. Duby, Dans la France du Nord-Ouest au XIIe siècle: Les »Jeunes« dans la société aristocratique, *Annales ESC* 19 (1964), S. 839–843.

12 Siehe M. Chibnall, *The World of Orderic Vitalis* (Oxford 1984), S. 132; *The*

Westminster Chronicle 1381–1394, hg. und übers. v. L. C. Hector und B. F. Harvey (Oxford 1982), S. 408ff.

13 Zur Schilderung einer Schar von Pagen siehe Wolfram von Eschenbach, *Parzival und Titurel*, hg. v. E. Martin (Halle 1900), 147, S. 124; Wolfram von Eschenbach, *Parzival* (Stuttgart 1981), Bd. 1, 147, S. 253; *PL* 175, Sp. 236; *Analecta Bollandiana* 9 (1890), S. 283.

14 E. J. Tardif (Hg.), *Coutumiers de Normandie* (Slatkine-Nachdruck, Genf 1977), Bd. I–II, S. 57.

15 Froissart erwähnt ein Ballspiel, das in einem Manuskript »le jeu de paume« und in einem anderen »le jeu de cache« heißt. Es wurde von den ehelichen und unehelichen Söhnen des Grafen von Foix gespielt (*Oeuvres de Froissart: Chroniques*, Bd. XI, S. 94 und Anm. 4 und 5).

16 Siehe F. Barlow, *William Rufus* (London 1983), S. 13.

17 *Le Livre de Lancelot del Lac (The Vulgate Version of the Arthurian Romance*, hg. v. H. O. Sommer (Washington/D.C. 1910), Bd. III, S. 38.

18 Das Exzerpt ist aus dem *Chanson de Willalme*, zitiert in U. T. Holmes, Medieval Children, *Journal of Social History* 2 (1968–1969), S. 170 und Anm. 30.

19 Siehe hierzu M. Combarieu, Enfance et démesure dans l'épopée mediévale française, in: *L'Enfant au Moyen Age. Littérature et Civilisation* (*Senefiance* 9, Aix-en-Provence 1980) S. 407–456.

20 Philipp von Novara unterstreicht die Bedeutung der Großmut (*Les quatre ages d l'homme*, hg. v. M. de Fréville (Paris 1888), Abschnitt 19, S. 13); Doon gewinnt die Herzen all jener, die mit ihm am königlichen Hofe großgezogen werden, durch seine Großmut (G. Paris, a.a.O., S. 62); nach der Konsolidierung der Königreiche war es nicht nur die Pflicht des Ritters, die Zivilbevölkerung zu beschützen, sondern auch, das Königreich zu verteidigen (siehe Raymond Llull, *Doctrine d'enfant*, hg. v. A. Linarès (Paris 1967), Kap. 80, S. 175).

21 Wie der Sohn des Grafen von Foix seinen Vater bei Tisch bedient, siehe *Œuvres de Froissart: Chroniques*, Bd. XI, S. 94f.

22 John Bromyard, *Summa Praedicantium* (Antwerpen 1614), S. 5; *Select English Works of John Wycliffe*, hg. v. T. Arnold (London 1871), Bd. III, S. 196.

23 Bernhard von Gordon, *De Conservatione Vitae Humanae* (Leipzig 1570), S. 29.

24 N. Elias, *Über den Prozeß der Zivilisation. Soziogenetische und psychogenetische Untersuchungen* (Frankfurt am Main 1976), Bd. I, insbes. S. 23 u. 283.

25 Bernhard von Gordon, a.a.O., S. 29f.

26 *Le Roman de Tristan par Thomas. Poème du 12e siècle*, hg. v. J. Bedier (SATF, Paris 1902), S. 28f.; Gottfried von Straßburg, a.a.O., Teil 1, 2055, S. 131ff.; J. Frappier, *Amour courtois et table ronde* (Genf 1973), S. 170; D. Buschinger, L'Enfant dans les romans de Tristan en France et en Allemagne, in: *L'Enfant au Moyen Age. Littérature et Civilisation* (*Senefiance* 9, Aix-en-Provence 1980), S. 255–268.

27 Zu diesen Privatschulen siehe J. M. Moran, *The Growth of English Schooling, 1340–1548* (Princeton 1985), S. 70, 83; N. Orme, a.a.O., S. 56; zur Erziehung des Ritters in der didaktischen Literatur siehe Konrad von Megenberg, *Ökonomik*, hg. v. S. Krüger (Stuttgart 1973, MGH Staatsschriften III/5), Buch I/2, Kap. 17, S. 95.

28 T. Wright, *A Volume of Vocabularies* (Privatdruck 1857), Bd. I, S. 142–174.

29 N. Orme, *English Schools in the Middle Ages* (London 1973), S. 31.

30 Siehe M. T. Clanchy, a.a.O., Kap. 7.

31 Petrus Abaelardus, *Historia Calamitatum*, ed. J. Monfrin (Paris 1962), S. 63; über einen adligen Ritter aus dem 11. Jahrhundert, der gebildet war, siehe Ordericus Vitalis. Er wurde schließlich Mönch, obwohl dies nicht die Absicht seines Vaters gewesen war. (*The Ecclesiastical History of Orderic Vitalis*, hg. und übers. v. M. Chibnall (Oxford 1968), Bd. II, S. 40).

32 *The Stonor Letters and Papers*, hg. v. C. L. Kingsford (Camden 3. Serie, Bd. XXIX, London 1919), Bd. I, S. 21.

33 J. H. Moran, a.a.O., S. 29, 70; J. Verger, Noblesse et savoir. Étudiants nobles aux Universités d'Avignon, Cahors, Montpellier et Toulouse (fin du XIVe siècle), in: *La Noblesse au Moyen Age*, hg. v. Ph. Contamine (Paris 1976), S. 283–313.

34 »Il fait mal nourrir autruy enfant, car il s'en va quant il est grant«, *Proverbes français antérieurs au XVe siècle*, hg. v. J. Morawski (Paris 1925), S. 32.

35 John Bromyard, a.a.O., S. 5.

36 J. Goody, *The Development of the Family and Marriage in Europe* (Cambridge 1983), S. 68.

37 E. Goody, Parental Strategies, Calculation or Sentiment? Fostering Practices among West Africans, in: *Interest and Emotion: Essays on the Study of Family and Kinship*, hg. v. H. Medick und D. W. Sabean (Cambridge 1984), S. 266–277.

38 »per tale servitium spes est de magna promotione«, John Bromyard, a.a.O., S. 5.

39 Die authentische Schilderung eines Kindes in der Vorschule um die Jahrhundertwende findet sich bei George Orwell, Such Were the Joys…, in: *A Collection of Essays* (New York 1954), S. 9–53 (er wurde im Alter von acht Jahren in die Vorschule geschickt); zu den Ängsten einer Mutter, deren Sohn gerade nach Eton geschickt werden sollte, siehe L. A. Pollock, *Forgotten Children: Parent-Child Relations from 1500 to 1900* (Cambridge 1983), S. 197.

40 *Acta Sanctorum*, ed. J. Bollandus et G. Henschenius (Paris, Rom 1863–1940), Apr. I, S. 420.

41 Ebenda. Apr. I, S. 38.

42 Mütter, die die Vormundschaft für ihre Söhne, Erben von Lehensgütern, ausübten, waren z. B. Havoise von Bretagne (M. Planiol, *Histoire des institutions de la Bretagne* (Rennes 1955), Bd. III, S. 30); Blanche von Na-

varra, Witwe des Grafen von Champagne (J. Longnon, La Champagne, in: F. Lot und R. Fawtier, *Histoire des institutions françaises au Moyen Age,* Bd. I, *Institutions seigneuriales* (Paris 1957), S. 128, 134); Ermessend, die als Vormund in den Grafschaften Barcelona, Gerona und Ausonien fungierte (P. Bonnassie, *La Catalogne du milieu du Xe à la fin du XIe siècle* (Toulouse 1957), Bd. I, S. 276f.). In England wurden Erben nicht Mündel der Mutter. Der Lehnsherr fungierte als Vormund. Wenn Kinder ihren Vater verloren, wurde daher der älteste Sohn zum Lehnsherrn gesandt oder zu demjenigen, den dieser zum Vormund ernannte.

43 *Raoul de Cambrai*, a.a.O., S. 35.

44 G. Duby, *Le Chevalier, la femme et le prêtre* (Paris 1981), S. 234–237.

45 Guibert von Nogent, *Autobiographie*, Buch I, Kap. 4, S. 24f.

46 *Oeuvres de Froissart: Chroniques*, Bd. XI, S. 90–100.

47 J. T. Rosenthal, *Nobles and the Noble Life, 1295–1500* (London 1976), S. 91.

48 *The Early English Version of the Gesta Romanorum*, hg. v. S. J. H. Herrtage (London 1879), S. 443f.

49 *Le Livre de Lancelot del Lac*; J. Frappier, *Amour courtois et table ronde*, Kap. 10.

50 G. Duby, *Guillaume le Maréchal ou Le Meilleur Chevalier du monde*, S. 85.

51 Siehe N. Orme, *From Childhood to Chivalry*, S. 29.

52 Zu den Töchtern der Familie Guînes, die in einem Nonnenkloster aufwuchsen, siehe Lambert von Ardre, a.a.O., Kap. 122, S. 621; über England im 13. und 14. Jahrhundert siehe N. Orme, *Education in the West of England, 1066–1548* (Exeter 1976), S. 54, 201, 204; über Deutschland im Spätmittelalter siehe F. Rapp, Les Abbayes, hospices de la noblesse: L'Influence de l'aristocratie sur les couvents bénédictins dans l'empire à la fin du Moyen Age, in: *La Noblesse au Moyen Age*, hg. v. Ph. Contamine (Paris 1976), S. 320; siehe auch N. Orme, *From Childhood to Chivalry*, S. 65.

53 Über das Kindermädchen einer Dreizehnjährigen im Elternhaus siehe M. W. Labarge, S. 45; in der Verserzählung *Le Fresne* der Marie de France lebt Le Coudre, die Schwester von Fresne, zu Hause, als ihre Eltern ihre Heirat planen; zwei der Schwestern von William Marshal waren mit ihrer Mutter am Bett des sterbenden Vaters (G. Duby, *Guillaume le Maréchal ou Le Meilleur Chevalier du monde*, S. 49f.); zu Hauslehrerinnen und Einsiedlerinnen, die diese Aufgabe wahrnahmen, siehe U. T. Holmes, a.a.O., S. 168 und Anm. 19–21; J. H. Moran, *The Growth of English Schooling, 1340–1548*, S. 69f.

54 *Le registre d'inquisition de Jacques Fournier, 1318–1325*, hg. v. J. Duvernoy (Toulouse 1965), Bd. I, S. 252.

55 Es gibt noch mehr Werke, die zur Unterweisung erwachsener Frauen geschrieben wurden, in denen auf die verschiedenen Aufgaben der Frau im Haushalt, für den Grundbesitz und das Lehen hingewiesen wird. Siehe das Unterweisungsbuch zur Verwaltung des Grundbesitzes, das Robert Grosseteste für Margaret, die Witwe des Grafen von Lincoln, geschrieben

hat: *Walter of Henley's Husbandry together with an Anonymous Husbandry, Senechaucie and Robert Grosseteste's Rules*, hg. v. E. Lamond (London 1890), S. 121–150.

56 Lambert von Ardre, a.a.O., Kap. 127, S. 624. In den Annalen der Lehnsherren von Amboise heißt es von einer Mutter, sie sei eine fromme Tochter, eine gehorsame Gattin, eine gütige Herrin und eine gute Mutter gewesen (*Chroniques des Comtes d'Anjou et des Seigneurs d'Amboise*, hg. v. L. Halphen und R. Pourpardin (Paris 1913), S. 98); siehe auch G. Dubys Kommentar zu dieser Stelle in dem Aufsatz An International Background: The Aristocratic Woman in France in the Twelfth Century, in: *Danish Medieval History: New Currents*, hg. v. S. Skyum-Nielsen und N. Lund (Kopenhagen 1981), S. 62.

57 Philipp von Novara, a.a.O., Abschnitte 21–31, S. 14–21.

58 Marie de France, *Lais*, hg. v. A. Ewert (Oxford 1965), S. 5f.

59 »non tamen nutrienda quam moribus erudienda et liberalibus studiis imbuenda«, Lambert von Ardre, a.a.O., S. 621.

60 Eine gewise Schulbildung war Bedingung für die Aufnahme erwachsener Frauen ins Kloster. Siehe *Visitations of Religious Houses in the Diocese of Lincoln*, Bd. I, *1420–1436*, hg. v. A. H. Thompson (Horncastle 1915), S. 53; E. M. McDonell, *The Beguines and Beghards in Medieval Culture* (New York 1969), S. 320; John von Salisbury erwähnt Frauen, die in der Falknerei besser waren als Männer, »weil das schwache Geschlecht einen größeren Hang zur Raubgier hat«, *Policraticus, PL* 199, Sp. 393.

61 Wolfram von Eschenbach, a.a.O., Buch 7, 368–375, S. 129ff.; *Parzival*, a.a.O., Bd. 1, 368–375, S. 625–637.

62 J. Hajnal, European Marriage in Perspective, in: *Population in History*, hg. v. D. V. Glass und E. C. Eversley (London 1965), S. 101–143.

63 Siehe hierzu T. H. Hollingworth, a.a.O., S. 4–26.

64 Die Kirchenbehörden erkannten die Annullierung der Ehe unter der Bedingung an, daß so viel Druck und Gewalt ausgeübt worden war, daß ein charakterfester Mensch nicht habe widerstehen können. Die Feststellung, ob dies zutraf, war nicht leicht. Siehe R. H. Helmholz, *Marriage Litigations in Medieval England* (Cambridge 1974), S. 91–94.

65 G. Duby, *Le Chevalier, la femme, et le prêtre*, S. 153.

66 Es gab in Südfrankreich im 14. Jahrhundert einen Fall, wo die Verlobung stattfand, als der Junge 10 und das Mädchen 12 Jahre alt waren; die Trauung wurde vollzogen, als der Bräutigam 13 und die Braut 15 Jahre alt waren (*Acta Sanctorum*, Sept. VII, S. 540); zu einer Heirat, bei der beide Partner 8 Jahre alt waren (sie wurden Eltern, bevor sie 14 waren), siehe E. Power, *Medieval Women*, hg. v. M. M. Postan (Cambridge 1975), S. 39; siehe auch J. T. Rosenthal, *Nobles and the Noble Life, 1295–1500*, S. 177f.; zum päpstlichen Erlaß über Frühehen siehe R. Metz, L'Enfant dans le droit canonique médieval, in: *Recueils de la Société Jean Bodin* 36/2 (Brüssel 1976), S. 31.

67 Das Durchschnittsalter, mit dem die jüngeren Söhne in Nordfrankreich im 12. Jahrhundert in den Ehestand traten, war 25 bis 30 Jahre (G. Duby, Dans la France de Nord-Ouest au XIIe siècle: Les »Jeunes« dans la société aristocratique, S. 835–846); bei Männern aus englischen Fürstenhäusern betrug es im 14. Jahrhundert 22; zum zunehmenden Altersunterschied zwischen Ehemännern und -frauen siehe D. Herlihy, *Medieval Households* (London 1985), S. 105, 121.

68 »iuveni matrimonialiter copulata... vitreis annulis more puellari luderet«, *Acta Sanctorum*, Jan. I, S. 345.

69 Lambert von Ardre, a.a.O., Kap. 134, S. 629; in den Gerichtsakten ist der Fall eines Mädchens aufgezeichnet, das mit einem Stein spielte, der ihr entglitt, wodurch ein Passant am Kopf verletzt wurde. Als die Sache zum Prozeß kam, wurde zu ihrer Verteidigung nicht vorgebracht, daß sie noch minderjährig war (*Select Pleas of the Crown*, hg. v. F. W. Maitland (Selden Society, London 1888), Bd. I, S. 119).

70 Arnaut Vidal de Castelnaudari, *Guillaume de la Barre*, hg. v. P. Meyer (Paris 1895), S. 113f.

ERZIEHUNG IN DER STÄDTISCHEN GESELLSCHAFT

1 Raymond Llull, *Blanquerna: A 13th Century Romance*, übers. v. E. Alison Peers (London 1925), S. 35.

2 *Chronica di Giovanni Villani*, hg. v. F. G. Dragomanni (Florenz 1845, Nachdruck Frankfurt 1969), Bd. III, Buch 11, Kap. 94, S. 324; siehe auch D. Herlihy, Medieval Children in: *Essays on Medieval Civilization* (Austin 1978), S. 122f.; zu Giovanni Morelli, der sowohl von einem Hauslehrer als auch in der Grundschule unterrichtet wurde, siehe J. B. Ross, The Middle Class Child in Urban Italy: 14th to Early 16th Century, in: *The History of Childhood*, hg. v. L. deMause (New York 1974), S. 212ff.; zu den verschiedenen Schultypen in London im 14. und 15. Jahrhundert siehe S. Thrupp, *The Merchant Class of Medieval London (1300–1500)* (Ann Arbor 1976), S. 155–163.

3 Giovanni Dominici, in *Kardinal Johannes Dominicis Erziehungslehre*, übers. v. A. Rösler (Freiburg 1894), S. 27f.

4 N. Orme, *English Schools in the Middle Ages* (London 1973), S. 54f.; in Paris war der Kanzler von Notre Dame für die Inspektion der *basses écoles* zuständig. 1357 wurden die ersten Verordnungen zur getrennten schulischen Erziehung von Knaben und Mädchen erlassen, aber nicht sofort durchgeführt. 1380 gab es in Paris 41 Lehrer und 22 Lehrerinnen. Siehe M. Jourdain, *L'Education des Femmes au Moyen Age* (Paris 1871); zu den von Beginen geleiteten gemischten Schulen in Deutschland siehe E. M. McDonell, *The Beguines and Beghards in Medieval Culture* (New York 1969), S. 272, 383, 386. In den toskanischen Städten wurden Knaben und

Mädchen im 15. Jahrhundert in der Grundschule getrennt unterrichtet; siehe D. Herlihy und Ch. Klapisch, *Les Toscans et leur familles: Une étude du Catasto florentin de 1427* (Paris 1978), S. 332. Froissart beschreibt seinen Unterricht an einer gemischten Schule in Valenciennes (Jean Froissart, *L'Epinette Amoureuse*, hg. v. J. Fournier (Paris 1963), V. 35–45, S. 48; siehe auch A. Planche, Culture et contre-culture dans L'Epinette amoureuse de Jean Froissart, in: *L'Enfant au Moyen Age. Littérature et Civilisation* (*Senefiance* 9, Aix-en-Provence 1980, S. 396f.).

5 J. B. Ross, a.a.O., S. 212f; zum Lehrplan für künftige Kaufleute siehe Raymond Llull, *Doctrine d'enfant*, hg. v. A. Llinarès (Paris 1969), Kap. 79; Konrad von Megenberg, *Ökonomik*, hg. v. S. Krüger (Stuttgart 1973), MGH Staatsschriften III/5, Buch I/2, Kap. 15, S. 92.

6 G. Brucker (Hg.), *Two Memoirs of Renaissance Florence: The Diaries of Buonoaccorso Pitti and Gregorio Dati* (New York 1967), S. 108.

7 Konrad von Megenberg, a.a.O., Buch I/2, Kap. 21, S. 101; D. Herlihy und Ch. Klapisch, a.a.O., S. 575.

8 S. Thrupp, a.a.O., S. 192f.

9 D. Herlihy und Ch. Klapisch, a.a.O., S. 575–578.

10 Giovanni Villani zufolge besuchten in Florenz 500–600 Knaben diese Schulen und 1000–1200 die Handelsschulen (*Chronica di Giovanni Villani*, S. 324).

11 *Ianotii Manetti Vita Ioannis Boccaccii Poetae Florentini*, in: *Philippi Villani Liber de Civitatis Florentiae Famosis Civibus*, hg. v. G. Mazzoni (Florenz 1847), S. 89.

12 *Two Memoirs of Renaissance Florence*, S. 112, 134; siehe auch *Acta Sanctorum*, ed. J. Bollandus et G. Henschenius (Paris, Rom 1863–1940), Apr. I, S. 516.

13 Leon Battista Alberti, *Über das Hauswesen*, a.a.O.

14 D. Herlihy und Ch. Klapisch, a.a.O., S. 567f.; S. Thrupp, a.a.O., S. 167ff.

15 *Two Memoirs of Renaissance Florence*, S. 108.

16 W. M. Bowsky, *A Medieval Italian Commune: Siena under the Nine, 1287–1355* (Berkeley 1981), S. 20 und Anm. 53; zu London siehe S. Thrupp, a.a.O., S. 151, Anm. 50; zu Genua siehe D. Owen Hughes, Urban Growth and Family Structure in Medieval Genova, *Past and Present* 66 (1975), S. 18; zu Florenz siehe D. Herlihy und Ch. Klapisch, a.a.O., S. 608.

17 *Two Memoirs of Renaissance Florence*, S. 10 und Anm. 2.

18 D. Herlihy, Vieillir à Florence au Quattrocento, *Annales ESC* 24 (1969), S. 1338–1353.

19 S. Thrupp, a.a.O., S. 192f., 196.

20 Jean Froissart, a.a.O., V. 35–45, S. 48.

21 I. Origo, *The Merchant of Prato* (London 1957), S. 162, 169f., 186–191.

22 Giovanni Villani zufolge, der die Florentiner Schulen der 2. Hälfte des 14.

Jahrhunderts beschreibt, besuchten Knaben und Mädchen gemeinsam die Grundschule. Die Latein- und Handelsschulen waren ausschließlich für Knaben (*Chronica di Giovanni Villani*, S. 324).

23 In einer Biographie heißt es: »imperio Ferrariam migravit cum matre« (*Acta Sanctorum*, Mart. II, S. 47; ebenda, S. 36).

24 Diese Aussagen finden sich in der Biographie von Juliana Falconieri (ebenda, Jun. IV, S. 768); *Le Ménagier de Paris*, hg. v. J. Pichon (Paris 1846, Bd. I).

25 Jean Froissart, a.a.O., V. 217–218, S. 53.

26 J. Heers, *Fêtes, jeux et joutes dans la société d'occident à la fin du Moyen Age* (Paris 1971), S. 112f.

27 *Iannotii Manetti Vita Dantis Poetae Florentini*, in *Philippi Villani Liber de Civitatis Florentiae Famosis Civibus*, S. 71f.

28 Siehe *Acta Sanctorum*, Apr. II, S. 273.

29 Der Hagiograph der Katharina von Siena berichtet bei der Beschreibung ihrer Kindheit, daß dies in ihrem Land Brauch war (ebenda, S. 273).

30 »more quo solent infantes a propinquis tangi et amplexari«, ebenda, Mart. II, S. 93.

31 So wollten eine Mutter und ihr zweiter Mann deren minderjährige Tochter mit dem minderjährigen Sohn des zweiten Ehemannes verheiraten. Die Verwandten des Mädchens reichten Klage bei Gericht ein, woraufhin das Kind der elterlichen Erziehungsgewalt entzogen wurde. Das Paar wandte sich an den königlichen Gerichtshof, aber das städtische Gericht weigerte sich, die Klage weiterzuleiten. Über den Ausgang des Prozesses weiß man nichts (*Calendar of Letter-Books of the City of London at the Guildhall: Letter Book E*, hg. v. R. R. Sharpe (London 1902), S. 47f.).

32 In der Vita der Lydwina von Schiedam wird berichtet, daß viele Freier um ihre Hand anhielten, als sie 12 Jahre alt war. Ihr Vater drängte sie, einen der Freier zu heiraten, aber ihre Mutter versuchte, ihn mit dem Verweis auf die Jugend der Tochter davon abzuhalten, Druck auf sie auszuüben. Mit 15 wurde sie bei einem Unfall verletzt, wovon sie nie mehr genas (*Acta Sanctorum*, Apr. I, S. 272).

33 D. Herlihy, Vieillir à Florence au Quattrocento, S. 1346; ders., *Medieval Households*, S. 104; D. Owen Hughes, From Bride Price to Dowry in Mediterranean Europe, *Journal of Family History* 3 (1978), S. 262–296; P. Desportes, La Population de Reims au XIVe siècle d'après un dénombrement de 1422, *Le Moyen Age* 72 (1966), S. 463–509; S. Thrupp, a.a.O., S. 196.

34 G. Brucker (Hg. und Übers.), *The Society of Renaissance Florence: A Documentary Study* (New York 1971), S. 41f.

35 Leon Battista Alberti, *Über das Hauswesen*, a.a.O.

36 G. Fagniez, *Etudes sur l'industrie et la classe industrielle à Paris aux XIIIe et XIVe siècles* (Paris 1877), S. 66; S. Thrupp, a.a.O., S. 158f.; H. M. Jewell, The Bringing Up of Children in Good Learning and Manners: A Survey of Secular Educational Provisions in the North of England, *Northern Hi-*

story 18 (1982), S. 3; J. H. Moran, *The Growth of English Schooling, 1340–1548* (Princeton 1985), S. 68.

37 Bernhard von Gordon, *De Conservatione Vitae Humanae* (Leipzig 1570), S. 30f.

38 F. Michaud-Fréjaville, Contrats d'apprentissage en Orleanais: Les Enfants au travail (1380–1450), in: *L'Enfant au Moyen Age. Littérature et Civilisation* (*Senefiance* 9, Aix-en-Provence 1980), S. 63–71.

39 *Règlements sur les arts et métiers de Paris, redigés au XIII*[e] *siècle et connus sous le nom du Livre des métiers d'Étienne Boileau*, hg. v. G. B. Depping (Paris 1887), S. 57, 64, 72, 131, 171, 184.

40 P. Viollet, Registre judiciaire de quelques établissements religieux du Parisis au XIIIe et au XIVe siècle, *Bibliothèque de l'Ecole de Chartres* 34 (1873), S. 329; *Calendar of Letter Books of the City of London: Letter Book E*, S. 19; wenn die Mutter wieder heiratete, wurde ihr oft die Erziehungsgewalt entzogen. Siehe J. Beauroy, Family Patterns and Relations of Bishop Lynn Will Makers in the 14th Century, in: *The World We Have Gained: Essays in Honour of P. Laslett*, hg. v. L. Bonfield, R. Smith und A. Wrighton (Cambridge 1986), S. 39.

41 T. Benedek, Fatherhood and Providing, In: *Parenthood: Its Psychology and Psychopathology*, hg. v. E. J. Anthony und T. Benedek (Boston 1970), S. 167–183.

42 D. Kraus, *The Hidden World of Misericords* (New York 1975), Tafel 135.

43 G. Fagniez (Hg.), *Documents relatifs à l'histoire de l'industrie et du commerce en France* (Paris 1900), Nr. 72, S. 169; Nr. 110, S. 209; ders., *Etudes sur l'industrie et la classe industrielle à Paris aux XIII*[e] *et XIV*[e] *siècles*, S. 56, 70; L. F. Salzmann, *English Industries of the Middle Ages* (Oxford 1923), S. 339; F. Michaud-Fréjaville, a.a.O., S. 65.

44 *Le Livre des métiers*, S. 38, 69, 175.

45 G. Fagniez (Hg.), *Documents relatifs à l'histoire de l'industrie et du commerce en France*, Nr. 140, S. 241; ders., *Etudes sur l'industrie et la classe industrielle à Paris aux XIII*[e] *et XIV*[e] *siècles*, S. 74; in einem Vertrag wurde festgelegt, daß die Lehrzeit durch die Bezahlung einer Geldsumme verkürzt werden kann (*Recueil des documents relatifs à l'histoire de l'industrie drapière en Flandre*, hg. v. F. Espinas und H. Pirenne (Brüssel 1906), Bd. I, S. 121).

46 *Le Livre des métiers*, S. 70, 72, 81, 115.

47 Beispiele für eine sieben- bis achtjährige Lehrzeit: *Calendar of Letter Books of the City of London at the Guildhall: Letter Book D*, hg. v. R. R. Sharpe (London), S. 141f., 147–150, 136, 138ff., 104, 107, 111, 113f., 124f., 131, 172, 175, 178; B. Geremek, *Le Salariat dans l'artisanat Parisien aux XIII*[e]*–XV*[e] *siècles*, übers. v. A. Posner und Ch. Klapisch (Paris 1968), S. 30f.

48 D. Herlihy und Ch. Klapisch, a.a.O., S. 573f.

49 *Le Livre des métiers*, S. 57; T. Smith (Hg.), *English Gilds* (EETS, London 1870), S. 180, 183, 315f.; zu Geldstrafen, mit denen Handwerker belegt wurden, wenn sie den Lehrling nicht in die Zunftlisten eingetragen hat-

ten, siehe: *Calendar of Letter Books of the City of London at the Guildhall: Letter Book I: 1400–1422*, hg. v. R. R. Sharpe (London 1909), S. 38; *Letter Book D*, S. 37, 66f., 97.

50 *Letter Book H*, S. 309.

51 *Le Livre des métiers*, S. 65, 69, 235, 116; B. Geremek, a.a.O., S. 45f.; G. Fagniez, *Etudes sur l'industrie et la classe industrielle à Paris aux XIIIe et XIVe siècles*, S. 62f.; L. Salzmann, a.a.O., S. 342.

52 *Le Livre des métiers*, a.a.O. 234f., 212, 216.

53 G. Fagniez (Hg.), *Documents relatifs à l'histoire de l'industrie et du commerce en France*, Nr. 72, S. 169.

54 *Letter Book D*, S. 171; B. Geremek, a.a.O., S. 32; G. Fagniez, *Etudes sur l'industrie et la classe industrielle à Paris aux XIIIe et XIVe siècles*, S. 66; S. Thrupp, a.a.O., S. 112.

55 G. Fagniez, *Etudes sur l'industrie et la classe industrielle à Paris aux XIIIe et XIVe siècles*, S. 64f.; E. Martin Saint-Léon, *Histoire des corporations des métiers* (Paris 1922), S. 95f.

56 G. Fagniez (Hg.), *Documents relatifs à l'histoire de l'industrie et du commerce en France*, Nr. 85, S. 182; B. Geremek, a.a.O., S. 52f.

57 T. Smith (Hg.), a.a.O., S. 389f.; G. Fagniez (Hg.), *Documents relatifs à l'histoire de l'industrie et du commerce en France*, Nr. 74, S. 170.

58 F. Michaud-Fréjaville, a.a.O., S. 67.

59 G. Fagniez (Hg.), *Documents relatifs à l'histoire de l'industrie et du commerce en France*, Nr. 54, S. 112f.; Nr. 91, S. 188f.; *Reliquiae Antiquae*, hg. und übers. v. T. Wright und J. H. Halliwell (London 1843), Bd. II, S. 223f.; Konrad von Megenberg, *Ökonomik*, hg. v. S. Krüger (Stuttgart 1973, MGH Staatsschriften III/5), Buch I/2, Kap. 23, S. 106.

60 B. Geremek, a.a.O., S. 34.

61 I. H. Forsyth, Children in Early Medieval Art: Ninth through Twelfth Centuries, *Journal of Psychohistory* 4 (1976–1977), S. 53 und Anm. 59.

62 G. Fagniez (Hg.), *Documents relatifs à l'histoire de l'industrie et du commerce en France*, Nr. 73, S. 170; *Calendar of Plea and Memoranda Rolls Preserved among the Archives of the Corporation of the City of London at the Guildhall, 1364–1381*, hg. v. A. Thomas (Cambridge 1929), S. 107; S. Thrupp, a.a.O., S. 164 und Anm. 21.

63 G. Fagniez (Hg.), *Documents relatifs à l'histoire de l'industrie et du commerce en France*, Nr. 101, S. 198; zu Prügeln siehe auch ders., *Etudes sur l'industrie et la classe industrielle à Paris aux XIIIe et XIVe siècles*, S. 68, 73.

64 *Le Livre des métiers*, S. 49, 67; E. Martin Saint-Léon, a.a.O., S. 97f.

65 G. Fagniez, *Etudes sur l'industrie et la classe industrielle à Paris aux XIIIe et XIVe siècles*, S. 67 und Anm. 4.

66 Ebenda.

67 Konrad von Megenberg, a.a.O., Buch I/2, Kap. 23, S. 106f.

68 G. Chaucer, *Die Canterbury Tales* (München 1985), Die Erzählung des Kochs, S. 144–146.

69 S. Thrupp, a.a.O., S. 170.

70 *The Fifty Earliest English Wills in the Court Probate, London*, hg. v. F. J. Furnivall (EETS, London 1882), S. 22, 78f.; S. Thrupp, a.a.O., S. 170, 158.

71 J. Beauroy, a.a.O., S. 30.

72 *The Fifty Earliest English Wills*, S. 12.

73 Zitiert in Ph. Contamine, *La Vie Quotidienne pendant la Guerre de Cent Ans. France et Angleterre* (Paris 1967), S. 175.

74 Zitiert in D. Herlihy und Ch. Klapisch, a.a.O., S. 574.

75 *Analecta Bollandiana* 1 (1882), S. 340; 14 (1895), S. 192; *Acta Sanctorum*, Apr. I, S. 510; *Acta et Processus Canonizacionis Beate Brigitte*, ed. I. Collijn (Uppsala 1931), S. 131.

76 W. O. Hassall, *How They Lived: An Anthology of Original Accounts Written before 1485* (Oxford 1965), S. 106.

77 *The Life of St. Anselm Archbishop of Canterbury by Eadmer*, hg. v. R. Southern (Nelson Series, London 1962), S. 90.

78 *Acta Sanctorum*, Jun. V, S. 714.

79 Ebenda, Jun. II, S. 366.

80 I. H. Forsyth, a.a.O., S. 50f.

81 L. Delisle, Lettre de l'abbé Haimon sur la construction de l'église de Saint-Pierre-Sur-Dives en 1145, *Bibliothèque de l'École de Chartres*, Abschnitt 21 (1860), S. 113–139.

82 Zum Heiratsverbot während der Lehrzeit siehe *York Memoranda Book*, hg. v. M. Sellers (Surtees Society, London 1912), Bd. I, S. 54.

83 S. Thrupp, a.a.O., S. 171; *Acta Sanctorum*, Mart. I, S. 551; J. H. Moran, a.a.O., S. 70.

84 F. Michaud-Fréjaville, a.a.O., zu Lehrverträgen für Mädchen (oder Gesuchen, die vom Vormund beim Stadtgericht eingereicht wurden, um die Genehmigung zu erwirken, die Geldmittel des minderjährigen Mädchens für seine Ausbildung verwenden zu dürfen) siehe G. Fagniez, *Etudes sur l'industrie et la classe industrielle à Paris aux XIIIe et XIVe siècles*, S. 70; *Letter Book E*, S. 200; S. Thrupp, a.a.O., S. 172; zum Schadenersatz, der an eine Handwerkerin gezahlt wurde, weil das vierzehnjährige Lehrmädchen den Vertrag brechen und Nonne werden wollte, siehe G. Fagniez, ebenda, S. 74.

85 G. Fagniez (Hg.), *Documents relatifs à l'histoire de l'industrie et du commerce en France*, Nr. 16, S. 201f.; Nr. 77, S. 172.

86 Ders., *Etudes sur l'industrie et la classe industrielle à Paris aux XIIIe et XIVe siècles*, S. 61f.

87 T. Smith (Hg.), a.a.O., S. 194, 340.

88 D. Herlihy und Ch. Klapisch, a.a.O., S. 331.

89 L. Lallemand, *Histoire de la charité* (Paris 1906), S. 131–151; M. Kowalewski, Women's Work in a Market Town: Exeter in Late Fourteenth Century, in: *Women and Work in Preindustrial Europe*, hg. v. B. A. Hanawalt (Bloomington/Ind. 1986), v. a. S. 148, 153.

90 J. Heers, *Esclaves et domestiques au Moyen Age dans le monde méditerranéan* (Paris 1981), S. 148–154; zu einem fünf- und einem achtjährigen Knaben, die in England in Stellung waren, siehe B. H. Putman, The Enforcement of the Statute of Labourers (New York 1908, Nachdruck 1970), S. 185f. und Anm. 3.

91 *Le Ménagier de Paris*, hg. v. J. Pichon (Paris 1846), Bd. II, S. 53–72.

92 *Acta Sanctorum*, Mart. III, S. 68.

93 Ebenda, Apr. III, S. 502–532.

DIE ERZIEHUNG DER BAUERNKINDER

1 Siehe Kap. 9, Anm. 20, 21; J. H. Moran, *The Growth of English Schooling, 1340–1548* (Princeton 1985), S. 67; E. Le Roy Ladurie, *Montaillou. Ein Dorf vor dem Inquisitor, 1294 bis 1324* (Frankfurt am Main 1980), S. 236; B. A. Hanawalt, *The Ties that Bound: Peasant Families in Medieval England* (Oxford 1986), S. 162f.

2 Das Unterhaus, dessen Mitglieder wohlhabende Bürger und Landadlige waren, legte 1399 dem englischen Parlament eine Petition vor, die sich gegen die Erziehung der Söhne von Leibeigenen aussprach (N. Orme, *English Schools in the Middle Ages* (London 1973), S. 192). Im 12. Jahrhundert rügte Walter Map öffentlich die Leibeigenen, die jede Anstrengung unternahmen, um ihre Kinder zum Studium der *artes liberales* zu schicken, das den Freien vorbehalten bleiben müsse (Walter Map, *De Nugis Curalium*, hg. und übers. v. M. R. James (Oxford 1983), Teil 1, Kap. 10, S. 12).

3 »Rustici filios suos quando parvuli sunt, sublimant et faciunt eis tunicas radiatas, et quando sunt adulti mittunt eos ad aratum«: Notices et extraits de quelques manuscrits latins de la bibliothèque nationale, in: Ch. V. Langlois, *La Vie en France au moyen âge* (Paris [2]1926), Bd. 2, S. 213, Anm. 2.

4 Über ein kleines Mädchen, das Gemüse erntete, siehe L. de Kerval (Hg.), *S. Antonii Padua Vitae Duae* (1904), S. 92; zu einem achtjährigen Jungen, der Botengänge machte, siehe Bonaventura, *Legenda Sancti Francisi*, in: *Opera Omnia* (Quaracchi 1898), S. 554; zu Kindern (ohne Altersangabe), die bei Arbeitsunfällen verletzt wurden, siehe *The Miracles of Simon de Montfort*, hg. v. J. O. Halliwell (Camden Society, London 1849), S. 87; *The Vita Wulfstani of William of Malmesbury*, hg. v. R. R. Darlington (London 1928), S. 131; *Acta Sanctorum*, ed. J. Bollandus et G. Henschenius (Paris, Rom 1863–1940), Apr. II, S. 256; Mart. III, S. 520; Mai. III, S. 181; zu einem siebenjährigen Jungen, der zum Kühehüten geschickt wurde, siehe M. Coens, La Vie de Christian de l'Aumône, *Analecta Bollandiana* 52 (1934), S. 14; zu einer zwölfeinhalbjährigen Schweinehirtin (ihr Vater war offenbar der Schweinehirt des Dorfes) aus einem Dorf südwestlich von Madrid am Beginn des 15. Jahrhunderts siehe W. A. Christian, *Apparitions in Late Medieval and Renaissance Spain* (Princeton 1981), S. 57ff; zu

acht- und neunjährigen Kindern, die die Schafe hüteten und bei der Ernte halfen, siehe ebenda, S. 116f.

5 *Acta Sanctorum*, Mart. I, S. 289.

6 Giorgio Vasari, *Lebensläufe der berühmtesten Maler, Bildhauer und Architekten der Renaissance* (Zürich, [4]1989).

7 Acta Sanctorum, Aug. II, S. 120.

8 Ebenda, Mart. III, S. 525.

9 B. Hanawalt, a.a.O., S. 159 und Anm. 9.

10 Ebenda, S. 183f.; zu königlichen Statuten, mit denen in England den unteren Schichten das Bogenschießen angeordnet wurde, siehe N. Orme, *From Childhood to Chivalry: The Education of the English Kings and Aristocracy, 1066–1530* (London 1984), S. 202.

11 In *Meier Helmbrecht*, einer deutschen Verserzählung aus dem 13. Jahrhundert, zählt der Held, als er seine Schwester davon abbringen will, einen Bauern zu heiraten, all die Hausarbeiten auf, die sie als Bauersfrau zu verrichten hat (Wernher der Gartenaere, *Helmbrecht*, Mhd. Text u. Übertr., Frankfurt a. M. 1987, S. 75); zur schweren Arbeit der Frauen in der bäuerlichen Gesellschaft siehe J. E. T. Rogers, *Six Centuries of Work and Wages* (London 1917), S. 235; R. Hilton, *The English Peasantry in the Later Middle Ages* (Oxford 1975), S. 101; ders., *The Economic Development of Some Leicestershire Estates in the 14th and 15th Centuries* (Oxford 1974), S. 145f.; E. Le Roy Ladurie, a.a.O., S. 34–39.

12 *Procès de condamnation de Jeanne d'Arc*, hg. v. P. Tisset (Paris 1960–1970), Bd. I, S. 45, Anm. 2; das kleine Mädchen, das die Schweine hütete, mußte zu Hause noch spinnen (W. A. Christian, a.a.O., S. 57ff.).

13 M. T. Kaiser-Guyot, *Le Berger en France au XIe–XVe siècles* (Paris 1974), S. 23f.

14 E. Clark, The Custody of Children in English Manor Courts, *Law and History Review* 3/2 (1985), S. 1–13; zu Müttern, denen das Sorgerecht für ihre kleinen Kinder zugesprochen wurde, siehe F. Maitland (Hg.), *Select Pleas in Manorial and Other Seignorial Courts* (Selden Society, London 1889), Bd. I, S. 6, 28; G. C. Homans, *English Villagers of the Thirteenth Century* (Cambridge/Mass. 1941), S.440; Z. Razi, *Life, Marriage and Death in a Medieval Parish* (Cambridge 1980), S. 61f., 68; zu Waisen, die von ihren Verwandten aufgenommen wurden, siehe ebenda, S. 43, Anm. 53, S. 105; B. A. Hanawalt, *The Ties that Bound: Peasant Families in Medieval England*, S. 249ff.; die Übertragung des Landes an Minderjährige, wie sie auf dem königlichen Gut von Havering praktiziert wurde, war eine Ausnahme. Während der Minderjährigkeit des Kindes kümmerte sich einer der Verwandten um es und das Land (M. K. McIntosh, *Autonomy and Community: The Royal Manor of Havering, 1200–1500* (Cambridge 1986), S. 118); zur Vormundschaft auf deutschen Rittergütern siehe H. Fehr, *Die Rechtsstellung der Frau und der Kinder in den Weistümern* (Jena 1912), S. 168–180.

15 *Analecta Bollandiana* 9 (1980), S. 104.

16 Zu unehelichen Kindern in Montaillou siehe E. Le Roy Ladurie, a.a.O. S. 63 f., 73 ff., 76; zu Bastarden in Halesowen siehe Z. Razi, a.a.O., S. 70 f.; R. Smith, A Note on the Net Work Analysis in Relation to Bastardyprone Subsociety, in: *Bastardy and its Comparative History*, hg. v. P. Laslett, K. Osterveen und R. Smith (London 1980), S. 240–246.

17 E. Le Roy Ladurie, a.a.O., S. 226–230.

18 »The Statute of Cambridge«, in: *Statutes of the Realm*, hg. v. A. Luders, T. E. Tomlins und J. Raithby (London 1810–1828), Bd. II, S. 56; B. H. Putnam, *The Enforcement of the Statutes of Labourers* (New York 1908, Nachdruck 1970), S. 79, Anm. 4; zur Kinderarbeit auf deutschen Rittergütern siehe H. Fehr, a.a.O., S. 87–92, 235.

19 R. H. Hilton, *The English Peasantry in the Later Middle Ages*, S. 51 f.; Z. Razi, Was the English Peasant Family Small and Ego Focused? (erscheint demnächst).

20 B. A. Hanawalt, *The Ties that Bound*, S. 162–166.

21 J. P. Cuvillier, L'Enfant dans la tradition féodale germanique, in: *L'Enfant au Moyen Age. Littérature et Civilisation* (*Senefiance* 9, Aix-en-Provence 1980), S. 53.

22 *Select Pleas in Manorial and Other Seignorial Courts*, Bd. I, S. 121; E. Clark, a.a.O.; B. Hanawalt, *The Ties that Bound*, S. 189; Z. Razi, a.a.O., S. 43, Anm. 53.

23 Z. Razi, a.a.O., S. 63.

24 Z. Razi, Family, Land and the Village Community in Later Medieval England, *Past and Present* 93 (1981), S. 6

25 Siehe Kap. 11, Anm. 84–87 sowie B. A. Hanawalt, Peasant Women's Contribution to the Home Economy in Late Medieval England, in: *Women and Work in Preindustrial Europe*, hg. v. B. A. Hanawalt (Bloomington/Ind. 1986), S. 18, Anm. 14.

26 Während die Zahl der unehelichen Kinder allgemein abnahm, stieg die Zahl der unehelichen Nachkommen von Witwen jedoch an. Als Land nicht mehr knapp war, ließ auch das Bedürfnis, Witwen zu heiraten, nach (Z. Razi, *Life, Marriage and Death in a Medieval Parish*, S. 65–72, 138 f.).

27 E. Le Roy Ladurie, a.a.O., S. 210–214.

28 C. Klapisch und M. Demonet, »A uno pane et uno vino«: La famille toscane au début du XVe siècle, *Annales ESC* 27 (1972), S. 873–901. Auf dem Rittergut Thornbury (in der Nähe von Bristol) heirateten Witwen, wenn sie wieder heirateten, oft sehr junge Männer ohne Erbteil; siehe P. Franklin, Peasant »Widow's Liberation« and Remarriage before the Black Death, *Economic History Review* 39 (1986), S. 200.

29 M. Sahlin, *Etude sur la Carole médiévale* (Uppsala 1940); G. C. Homans, a.a.O., Kap. 23; Ph. Contamine, *La Vie quotidienne pendant la Guerre de Cent Ans. France et Angleterre* (Paris 1967), S. 47.

30 *Procès de condamnation de Jeanne d'Arc*, Bd. I, S. 63.

31 Ebenda, Bd. I, S. 65 ff.; Bd. II, S. 65, Anm. 2, S. 66, Anm. 2.

32 Ebenda, Bd. I, S. 41.

33 W. A. Christian, a.a.O., S. 57f., 119.

34 Konrad von Megenberg, *Ökonomik*, hg. v. S. Krüger (Stuttgart 1973, MGH Staatsschriften III/5), Buch I/2, Kap. 15, S. 92.

35 *Le registre d'inquisition de Jacques Fournier, 1318–1325*, hg. v. J. Duvernoy (Toulouse 1965), Bd. III, S. 464.

36 Ebenda. S. 53ff.

37 Eine kurze Beschreibung der Reise findet sich in S. Runciman, *A History of the Crusades*, Bd. III (Cambridge 1955), S. 139–144; zur Werkanalyse der Chronisten des Kreuzzugs und zu folkloristischen Elementen in der Beschreibung siehe P. Alphandery, *La Chrétienté et l'idée de Croisade* (Paris 1959), S. 115–148.

38 Étienne Fougères, *Le Livre de Manières*, in: Ch. V. Langlois, a.a.O., Bd. 2, S. 23.

39 Wolfram von Eschenbach, *Parzival und Titurel*, hg. v. E. Martin (Halle 1900), Bd. I, Buch 3, 142, S. 50; Wolfram von Eschenbach, *Parzival* (Stuttgart 1981), Bd. 1, 142, S. 245.

40 Siehe Anm. 2.

41 Hartmann von Aue, *Der Arme Heinrich*, a.a.O.

42 Wernher der Gartenaere, *Helmbrecht*, a.a.O., S. 93–97.

43 Siehe Kap, 11, Anm. 41.

44 John Bromyard, *Summa Praedicantium* (Antwerpen 1614), S. 5.

45 In folgenden Prozessen haben Väter und Mütter ihre Kinder wegen Bruchs des Unterhaltsvertrags verklagt: am 7. August 1341 verklagte Alice, die Witwe des Thomas Green, eines Achtelhüfners aus Ridgacre, ihren Sohn William, weil er das Versprechen, sie zu unterhalten, gebrochen habe (*Birmingham Reference Library*, Nr. 346259); Philip und sein Bruder John de Pitway, Grundpächter aus Cakemore, hatten sich verpflichtet, im Alter für ihre Mutter zu sorgen. John hielt sich jedoch nicht an die Vereinbarung, weshalb ihn Philip am 13. Februar 1370 vor Gericht verklagte, nicht seinen Teil zur Unterstützung der Mutter beizutragen (*Birmingham Reference Library*, Nr. 346314); am 20. November 1279 wurde Thomas, der Sohn des Thomas von Linacre, von seinem Vater vor Gericht verklagt, die Vereinbarung über den Unterhalt nicht einzuhalten (J. Amphlet, in: S. G. Hamilton und R. W. Wilson (Hg.), *Court Rolls of the Manor of Hales, 1270–1307* (Worcestershire Historical Society, 1910–1933), S. 115).

NACHBEMERKUNG

1 J. Laplanche und J. B. Pontalis, *Das Vokabular der Psychoanalyse,* (Frankfurt am Main [5]1982), Bd. 2, S. 351, S. 351–357; in der westlichen Kultur der Vergangenheit war Lawrence Stone zufolge die Reduzierung der ödipalen Spannungen und der Inzestgefahr ein Ergebnis des – in England

vom 16. bis 18. Jahrhundert praktizierten – Brauchs, die Kinder bereits frühzeitig in einen fremden Haushalt zur Berufsausbildung fortzuschikken. Auch McFarlane zufolge befreite die Erziehung durch Fremde die Eltern nicht nur von der Notwendigkeit, mit dem Problem, den Jugendlichen Gehorsam abzuverlangen, fertig werden zu müssen, sondern reduzierte auch die sexuellen Spannungen, die in Haushalten unvermeidlich waren, wo die Menschen in beengten Verhältnissen zusammenlebten. M. Mittauer und R. Siedler sind der Meinung, daß die ödipale Spannung vor allem durch die Vielzahl von Haushaltsmitgliedern gemildert wurde; hinzukommt, daß die Kinder (mit Ausnahme des ältesten Sohnes) nur wenige Jahre im Elternhaus verbrachten. In den meisten Haushalten wohnten neben der Kernfamilie noch Verwandte, Arbeiter und Dienstboten. Das Kind hatte flüchtige Beziehungen zu vielen Personen und keine allzu engen und intensiven Kontakte zu seinen Eltern. Siehe L. Stone, *The Family, Sex and Marriage in England, 1500–1800* (London 1977), S. 108; A. McFarlane, *The Family Life of Ralph Josselin* (Cambridge 1970), S. 205; M. Mitterauer und R. Sieder, *The European Family: Patriarchy to Partnership from the Middle Ages to the Present*, übers. v. K. Oosterveen und M. Horzinger (Oxford 1982), S. 67, 100f.
Der psychoanalytischen Theorie zufolge tritt die ödipale Situation (oder der ödipale Konflikt) mit drei Jahren auf, also in einem Alter, in dem die Kinder noch nicht aus dem Haus geschickt wurden. Das Fortschicken der Kinder hätte demnach nicht den Konflikt verhindert, sondern nur seine Äußerung im täglichen Familienleben. Bruno Bettelheim behauptet, daß im israelischen Kibbuz, wo die Kinder schon in früher Kindheit nicht mit den Eltern zusammenleben, die ödipalen Konflikte nicht verschwunden sind, sondern nur abgemildert auftreten, und zwar weil die ödipale Situation nicht durch die biologische Tatsache der Elternschaft entsteht, sondern durch die ökonomische und soziale Abhängigkeit der Kinder von ihren Eltern und durch die Gefühle, die durch das enge Zusammenleben unter einem Dach entstehen. (*The Children of the Dream* (New York 1957), S. 183–187, 194f.).

2 Siehe auch Kap. 6, Anm. 7.

3 *Le Roman de Thèbes*, hg. v. G. Raynaud de Lage (Paris 1966–1967); D. Poirion, Edyppus et l'énigme du roman médiéval, in: *L'Enfant au Moyen Age. Littérature et Civilisation (Senefiance* 9, Aix-en-Provence 1980), S. 287–297.

4 *Denkmäler deutscher Poesie und Prosa aus dem VIII–XII Jahrhundert*, hg. v. K. Müllenhoff und W. Scherer (Berlin 1892), S. 2–6; Das *Hildebrandslied* in: *Althochdeutsche Literatur* mit Übertr. u. Anm. hg. v. H. D. Schlosser (Frankfurt am Main 1989), S. 264f.

5 Marie de France, *Lais*, hg. v. A. Ewert (Oxford 1965), S. 35–47.

6 Ebenda, S. 102–115.

7 G. Paris, Lais Inédits, *Romania* 8 (1897), S. 63f.; siehe Arnaut Vidal de Castelnaudari; *Guillaume de la Barre*, hg. v. P. Meyer (Paris 1895).

8 *Acta Sanctorum*, ed. J. Bollandus et G. Henschenius (Paris, Rom 1863–1940), Sept. I, S. 318.

9 *The Early English Version of the Gesta Romanorum*, hg. v. S. J. H. Herrtage (London 1879), S. 225.

10 E. R. Curtius, *Europäische Literatur und lateinisches Mittelalter* (Bern und München 1969), S. 77–82, 92, 110f.

BILDNACHWEIS

Bayerische Staatsbibliothek München: S. 117, 240.
Archiv für Kunst und Geschichte, Berlin: S. 99, 109, 254, 259, 269, 277.
Bibliothek der Universität Leiden (Hs. Voss, G. G. F. 4, f. 247^{v}): S. 181.
Verlagsarchiv: S. 44, 50, 122, 125, 131, 142.

REGISTER

Kabul

Kabul